DR. JOSEF OBERGANTSCHNIG

BÖRSE KANNST AUCH DU

EINFACH VERSTÄNDLICHE TOOLS UND STRATEGIEN FÜR LANGFRISTIGEN BÖRSENERFOLG IN AKTIEN UND GELDANLAGE

BAND 2

DR. JOSEF OBERGANTSCHNIG

BÖRSE KANNST AUCH DU

EINFACH VERSTÄNDLICHE TOOLS UND STRATEGIEN FÜR LANGFRISTIGEN BÖRSENERFOLG IN AKTIEN UND GELDANLAGE

BAND 2

Für Julian und Leonie,
möge dieses Buch euch als Leitstern dienen, um die Wege der Finanzwelt mit Weisheit und Zuversicht zu beschreiten. In ihm liegen meine Hoffnungen und Erkenntnisse, damit ihr stets die Zügel eurer finanziellen Zukunft fest in Händen haltet.

Und an alle, die sich auf die Reise durch diese Seiten begeben: Mögt ihr in diesen Worten einen Kompass finden, der euch sicher durch das vielfältige Terrain eurer Finanzen führt und euch befähigt, mit Bedacht und Klarheit euren eigenen Weg zu wählen.

Impressum

Autor:in: Josef Obergantschnig mit KI-Unterstützung
Umschlaggestaltung: Thomas Auer
Lektorat / Korrektorat: Jana Fischer (Fiverr@fischerjm)

Druck und Vertrieb im Auftrag der Autorin/des Autors:
Buchschmiede von Dataform Media GmbH
Julius-Raab-Straße 8
2203 Großebersdorf
Österreich

www.buchschmiede.at – Folge deinem Buchgefühl!
Kontaktadresse nach EU-Produktsicherheitsverordnung:
info@buchschmiede.at

ISBN:
978-3-99181-793-2 (Paperback)
978-3-99181-791-8 (Hardcover)
978-3-99181-792-5 (E-Book)

DANKSAGUNG

Zuerst und vor allem: **Kerstin** – meine geliebte Frau, mein Fels.
Danke für deine endlose Geduld, für all die Freiräume, die du mir in den letzten Monaten und Jahren geschenkt hast, und für diese Ruhe, mit der du unser Leben trägst. Ohne dich hätte ich nie die Kraft gefunden, all das zu Papier zu bringen, was in meinem Kopf und Herzen gewachsen ist. *Du bist das Fundament, auf dem dieses Buch steht – und auf dem ich stehen darf.*

Julian und Leonie, ihr beiden seid meine größte Inspiration.
So oft habt ihr gefragt: „Papa, woran arbeitest du eigentlich schon wieder?“ Eure neugierigen Blicke über meinen Laptop, eure klugen und manchmal auch wunderbar schrägen Fragen haben mich immer wieder gezwungen, komplizierte Dinge so einfach zu erklären, dass selbst ein Kind sie verstehen kann. Ihr erinnert mich daran, wie wichtig es ist, Wissen mit Leichtigkeit, Liebe und Freude weiterzugeben. *Ihr macht mein Leben heller.*

Danke an meine **Studentinnen und Studenten** – für euer unermüdliches Fragen, euer ehrliches Feedback und euer Vertrauen. Viele von euch haben mich mit ihrer Offenheit und ihrer Begeisterung für Finanzthemen immer wieder neu motiviert. *Ihr seid der Beweis, dass Lernen nie aufhört – und dass Fragen stellen manchmal viel wertvoller ist als Antworten zu geben.*

Mein besonderer Dank gilt dir, liebe **Jana Fischer** – meiner Lektorin mit feinem Gespür und klarem Blick fürs Wesentliche. Deine Akribie hat dieses Buch nicht nur fehlerfreier, sondern auch klüger, klarer und lebendiger gemacht. Mich hat fasziniert, mit wie viel Herzblut, Präzision und Leichtigkeit du Zeile für Zeile geprüft, geschärft und – wo nötig – neu gedacht hast. Du hast mich gefordert, gefördert und dieses Buch auf ein neues Level gehoben. Die Zusammenarbeit mit dir war ein echter Goldgriff: professionell, unkompliziert und getragen von Vertrauen. *Danke, dass du mit so viel Sorgfalt und Engagement an unserer gemeinsamen Vision gearbeitet hast.*

Mein tiefer Dank gilt meinen **ehemaligen Kollegen und Vorgesetzten**. Euer Vertrauen und euer Mut, mir meinen eigenen Weg zuzutrauen, haben mich wachsen lassen – auch über den einen oder anderen Umweg. Ihr habt mir den Raum gegeben, Fehler zu machen und daraus zu lernen. Dafür bin ich euch dankbar.

Und nicht zuletzt: **Freund:innen, Wegbegleiter:innen und Geschäftspartner:innen** – mit euch teile ich nicht nur Erfolge, sondern auch Zweifel, Umwege und mutige Entscheidungen. Ihr wart immer da – als Kritiker:innen, als Motivatoren, als ehrliche Stimmen und als Menschen, mit denen ich lachen, träumen und streiten durfte. *Ihr macht mein Leben reicher.*

Und vielleicht passt es gerade jetzt am besten: Manche der wichtigsten Absätze dieses Buches sind in lauen Sommernächten auf unserer Terrasse entstanden – während die Familie drinnen schon schlief, die Sterne über mir leuchteten und ich im Schein einer kleinen Lampe an meinen Gedanken gefeilt habe. Es hat viel Toleranz und Liebe meiner Familie gebraucht, dass ich so oft gedankenverloren in diese Welt abtauchen durfte. *Ohne euch hätte ich diesen langen Weg nicht geschafft. Dafür danke ich euch aus tiefstem Herzen.*

Mein besonderer Dank gilt auch dir, liebe:r Leser:in. Deine Neugier, dein Mut und dein Vertrauen sind es, die dieses Buch erst lebendig machen. Danke, dass du bereit bist, dich auf diese Reise einzulassen – mit allen Höhen, Fragen und vielleicht auch eigenen Umwegen.

Und an alle, die mich spätabends noch mit einer Finanzfrage per WhatsApp oder beim Grillabend überrascht haben: Ihr habt mehr zu diesem Buch beigetragen, als ihr vielleicht denkt. (Und ja, eure Fragen sind jetzt wirklich mit drin!)

Zum Schluss – egal, ob du gerade an einem Buch, einem Depot oder an deinem eigenen Traum arbeitest: **Hab Geduld, nimm Hilfe an und lass dich von Rückschlägen nicht entmutigen. Der Weg ist selten gerade – aber genau das macht ihn am Ende so besonders.**

Dieses Buch ist nicht nur mein Werk – es ist euer Geschenk an mich.

FÜR WEN DIESES BUCH (BAND 1 & 2) GESCHRIEBEN IST

Drei Menschen. Drei Wege. Ein Start, wie er im Leben wirklich passiert:

Lisa sitzt am Laptop, googelt „ETF für Anfänger", noch einen Schluck Kaffee, Herzklopfen. **Moritz** tippt schon an der Excel-Tabelle, sortiert Zahlen, sucht das Haar in der Suppe – und schmunzelt: „Klar, dass das wieder nicht so einfach ist." **Patrick** fragt in die Runde: „Sagt mal, kann man auch mit 48 noch anfangen, oder bin ich da raus?" **Alle drei wissen nicht, wohin die Reise geht – aber sie gehen los.**

Kennst du das Gefühl, wenn auf YouTube ein „Börsenguru" seine Wunderformel verkauft – und du denkst nur: „Komm schon, das glaubt doch niemand mehr"? Vielleicht hast du schon ein Depot, ein paar ETFs gekauft, mal gezockt, mal gezweifelt – und trotzdem kommen nachts die Fragen: **„Bin ich auf dem richtigen Weg? Oder drehe ich mich nur im Kreis?"**

Dieses Buch ist für dich, wenn du die Nase voll hast von Finanz-Voodoo und Insidertipps, die niemand versteht. Für alle, die nicht mit dem goldenen Löffel gestartet sind, sondern wissen wollen: **Wie funktioniert das Spiel wirklich – und kann ich das auch?** Hier brauchst du kein BWL-Diplom. Kein Vorwissen. Du kannst anfangen, wo du stehst – ob jung oder alt, mit Erfahrung oder ganz am Anfang. Der erste Schritt muss nicht perfekt sein. Vielleicht ist es ein Gedanke beim Morgenkaffee. Oder das Gespräch mit Freund:innen, das dich mutiger macht. Oder einfach der Moment, an dem du beschließt: Ich probiere es aus.

Du musst nichts perfekt machen. Du darfst Fehler machen – und trotzdem weitermachen. Jeder Tag ist ein Einstieg, auch wenn es nur ein Gedanke mehr ist als gestern. Es gibt keine dummen Fragen – nicht hier und nicht im echten Leben. Und vergiss nicht: Auch kleine Schritte sind echte Schritte.

Was dich erwartet

Dieses Buch ist kein 100-Teile-Baukasten. Es ist ein System, das du Schritt für Schritt für dich aufbauen kannst – zwischen Reddit-Tab, Cappuccino und Familienzeit. Du bekommst Klarheit, Struktur, Mut und das Gefühl, nie mehr allein zu sein. **Hier zählt jeder Versuch, jede Frage, jeder kleine Fortschritt. Es gibt keine dummen Fragen. Nur echte Antworten.**

Stimmen aus dem echten Leben

Lisa: „Ich dachte immer, Finanzen sind ein Minenfeld. Heute weiß ich: Ich darf Fehler machen, Fragen stellen, ausprobieren. Jeder Tag ist ein Einstieg – auch wenn es nur ein Gedanke mehr ist als gestern. Und wenn es mal hakt: Mein Trick? Trotzdem einen kleinen Schritt gehen, auch wenn's nur Lesen ist."

Moritz: „Ich war immer kritisch. Hab alles hinterfragt, wollte Zahlen, keine Sprüche. Was mir geholfen hat? Einfach anzufangen, ohne Perfektion. Du musst nicht alles wissen. Du kannst starten, wo du stehst – Schritt für Schritt. Skepsis kann dein Antrieb sein, nicht deine Bremse."

Patrick: „Mein erstes Depot habe ich mit 48 eröffnet. Klingt spät? War genau mein Tempo. Es ist nie zu spät, die eigene Strategie zu ändern oder neue Fragen zu stellen. Und: Auch nach Fehlern gehörst du immer noch dazu. Der erste Schritt tut nicht weh – er kann sogar Spaß machen."

Und jetzt: Zeit für die kritische Stimme

Sven: „Ganz ehrlich? Ich lese Finanzbücher immer erst skeptisch. Zu viel Gerede, zu wenig Substanz. Deswegen bin ich hier: Ich frage nach, stelle alles in Frage, lasse keine Ausrede gelten. Wenn du am Ende denkst: ‚Das klingt zu einfach' – dann frag nach. Überprüfe, ob es für dich wirklich passt. Versprochen wird hier nur, was zu halten ist. Alles andere müssen wir zusammen aushalten – und weiterdenken."

Dieses Buch ist für alle, die aus Ausreden Schritte machen wollen. Für alle, die zum ersten Mal über Geld reden – oder zum hundertsten Mal. Für alle, die wissen: Es ist nie zu spät, anzufangen. Für alle, die auch nach Fehlern noch dazugehören. Willkommen im Kreis der Selbstentscheider:innen. Hier bist du nicht allein. Und du wirst sehen: Börse – kannst auch du.

Mentor-Moment: Der erste Schritt ist das Ziel. Jeder Tag ist ein Einstieg – auch wenn es nur ein Gedanke mehr ist als gestern.

ÜBER DEN AUTOR

Dr. Josef Obergantschnig weiß, wie sich Finanzmärkte im echten Leben anfühlen – zwischen Chancen, Fehlern und echten Aha-Momenten. Seine Reise begann in den 1990ern als Wertpapierhändler, mitten im Geschehen, wo jede Zahl eine Bedeutung und jede Entscheidung ein Risiko hatte. Von dort aus führte ihn sein Weg an die Spitze einer großen österreichischen Fondsgesellschaft. Über ein Jahrzehnt gestaltete er als Chief Investment Officer Milliarden-Portfolios, prägte Strategien und lebte den Spagat zwischen Theorie und Praxis. Als Chief Impact Officer bei NIXDORF Kapital brachte er seine Expertise auch im deutschen Markt ein. Nachhaltigkeit, Wirkung und Praxisnähe sind für ihn keine Mode, sondern Grundprinzip.

Heute verfolgt er als Unternehmer ein klares Ziel: **Börse kannst auch du.** Josef Obergantschnig entmystifiziert die Märkte und öffnet möglichst vielen Menschen den Weg zum Kapitalmarkt. Darin liegt die Basis für finanzielle Freiheit, Selbstbestimmung und Lebenszufriedenheit.

Doch Josef steht nicht für leere Theorie oder Produktverkauf. Er verkauft **keinen Fonds und keine Versicherung**. Sein Ziel: **Wissen, das wirklich trägt – unabhängig von Bank, Produkt oder Trend.**

Als Hochschuldozent und Trainer hat er **Tausende Finanzberater:innen, Banker:innen und Versicherungsprofis** geschult – aber immer mit dem Anspruch, auch für Einsteiger:innen verständlich zu bleiben. Sein Ansatz: Komplexes so zu erklären, dass jede:r selbst handeln kann. Die besten Fragen kommen für ihn aus der Praxis, von Menschen wie Lisa, Moritz, Patrick … und dem kritischen Sven.

Lisa, die junge Ärztin und Mutter, die klug und nachhaltig vorsorgen will, ohne Angst vor Fehlern.
Moritz, der digitale Selbstentscheider, der Substanz sucht, Unabhängigkeit lebt und sich nicht mit Berater-Mythen abspeisen lässt.
Patrick, der erfahrene Späteinsteiger, der Vergleichbarkeit, System und Praxisnähe braucht, um auf Augenhöhe mitreden zu können.

Und **Sven**, der Skeptiker, der Beweise und Transparenz will, Fehler nicht verschweigt und alle Behauptungen hinterfragt.

Für euch – und für alle, die ihren eigenen Weg suchen – wurde dieses Buch geschrieben.

Mein Versprechen:

- **Kein Produktverkauf**
  Du findest hier alle Werkzeuge, Tools und Entscheidungslogiken, die du brauchst – unabhängig, transparent, sofort anwendbar.
- **Selbststeuerung statt Abhängigkeit**
  Mein Ziel ist, Wissen und Strategien zu vermitteln, mit denen du deine Finanzen eigenständig steuern kannst. Du triffst Entscheidungen selbst – sicher, klar, in deinem Tempo.
- **Praxis, Fehlerfreundlichkeit und echte Orientierung**
  Hier werden nicht nur die Sonnenseiten gezeigt, sondern auch Stolpersteine, Fehlschläge und die entscheidenden Learnings – offen, ehrlich und mit Substanz.
- **Belege, Fakten, Quellen**
  Alle Methoden sind nachvollziehbar, wissenschaftlich fundiert und du findest die wichtigsten Quellen im Buch.
- **Raum für Kritik und eigene Wege**
  Wenn du wie Sven alles prüfen willst: Hinterfrage, teste, mach's besser – und melde dich, wenn du einen Haken entdeckst. Dieses Buch lebt vom Dialog, nicht von Dogmen.

  Essenz: Du bekommst das Handwerk, um selbstbewusst zu entscheiden – ohne Verkaufsagenda, ohne Abhängigkeit.

Hier schreibt einer, der weiß, wie es sich anfühlt, bei Null zu starten, Fehler zu machen – und trotzdem weiterzugehen.
Egal ob du Lisa, Moritz, Patrick bist – oder Sven:
Du bist eingeladen, deinen Weg zu gehen, zu zweifeln, zu wachsen und mit klarem Kopf selbst zu entscheiden.

Börse kannst auch du.
Das Buch für alle, die mehr wollen als heiße Tipps und keine Lust haben, ihr Geld anderen zu überlassen.

MEIN VORWORT

Börse – kannst auch du

„Ich habe nie gedacht, dass ich mal ein Finanzbuch freiwillig zu Ende lese. Nach drei Seiten war ich schon mitten in meinem Depot."
– Anna, 27, Quereinsteigerin

Niemand wird als Anleger:in geboren, aber jede:r kann es werden. Auch du.
„An der Börse gewinnst du nicht mit dem besten Tipp, sondern mit der besten Haltung."
– Josef Obergantschnig

Alltagsszene

Morgens, irgendwo in Europa. Lisa sitzt am Tisch, vor ihr ein Notizbuch. Oben stehen drei Worte: Sinn. Substanz. Entscheidung. Moritz stellt den Timer auf 90 Sekunden und bringt eine Idee auf den Punkt – ohne Zauber, in Alltagssprache. Patrick öffnet sein Depot, prüft ruhig, trifft eine kleine Entscheidung, schließt die App. **Drei Menschen, drei Wege – ein Ziel:** aus Klarheit Handeln machen.
Was hält dich heute noch ab, den nächsten Schritt zu gehen? Perfektion brauchst du nicht. Neugier und Routine reichen. Und das Wichtigste: Jeder Schritt zählt.

Schon Band 1 gelesen?

Falls du Band 1 noch nicht kennst: Dort geht es um Mindset, Psychologie, Marktverständnis und die ersten Schritte. Band 2 baut darauf auf, kann aber auch eigenständig gelesen werden. Hier bekommst du vertiefende Inhalte, praktische Analyse-Tools und Methoden, mit denen du Anlageentscheidungen bewusst und fundiert triffst.

Aus 1 mach 2 – warum aus einem geplanten Buch zwei wurden

Ursprünglich war dieses Projekt als ein einziges Buch geplant. Der Stoff war zu wertvoll, um ihn zu stauchen. Es geht darum, mehr als 25 Jahre Börsenerfahrung so aufzubereiten, dass sie trägt: verständlich, menschlich, anwendbar. Die Zweiteilung schafft Klarheit. Band 1 liefert Haltung und Einstieg. Band 2 ist der Werkzeugkasten für die Umsetzung. Mehr Tiefe, mehr Praxis, mehr Nutzen.

Warum dieses Buch?
Vielleicht willst du Unternehmen wirklich bewerten, Fonds und ETFs fair vergleichen, ein Portfolio bewusst zusammenstellen und es ruhig durch gute wie schlechte Zeiten steuern. Vielleicht suchst du Routinen statt Bauchgefühl, einen Plan für turbulente Phasen und klare Regeln für Rebalancing, Cashflows und Entnahmen. Dieses Buch ist für dich.
Vergiss alles, was du bisher über Börse gehört hast. Hier geht es nicht um schnelle Tipps oder Wunderformeln. Hier geht es um dich. Um deinen Weg. Um das, was dich weiterbringt: Klarheit, Regeln, Anwendung – Schritt für Schritt, in deinem Tempo.

Vom Fundament zur Umsetzung – ehrlich erzählt
Am Anfang stand auch bei mir der Wunsch, „es richtig zu machen". Oft zu schnell entschieden, zu viele Signale gesucht, zu wenig dokumentiert. Der Wendepunkt kam, als ich begriffen habe: Ohne einfache, wiederholbare Prozesse bleibt alles Zufall. Seitdem gilt ein Satz, der vieles verändert hat: Wenn es nicht auf einer Seite steht, existiert es nicht. Genau dieses Handwerk bekommst du in die Hand.

Lisa, Moritz & Patrick – deine Wegbegleiter:innen
Sie stellen die Fragen, die dich weiterbringen, und bleiben menschelnd. Lisa prüft Sinn vor Zahl und verankert Nachhaltigkeit dort, wo sie Wirkung hat. Moritz verbindet Story und Zahl, bevor er entscheidet. Patrick denkt in Routinen und hält Kurs, auch wenn es stürmt. Drei Perspektiven, ein roter Faden: anwendbare Schritte.

Was dich erwartet
- Bewerten mit System: Ertragskraft, Burggraben, fairer Korridor. Eine Matrix, die du bedienen kannst.
- Entscheiden mit Klarheit: 90-Sekunden-Story, Kauf-Memo auf einem One-Pager, fünf Haken pro Idee.
- Fonds und ETFs vergleichen: gleiches Universum, längste gemeinsame Historie, Total-Return netto nach Kosten, Verhalten im Abschwung.
- Portfolio aufbauen und warten: Rollenlogik, Zielmix, Rebalancing nach Stichtag oder Bandbreite, messen gegen den eigenen Zielmix.
- Risikomanagement und Panikplan: Regeln vor Reflexen, 24-Stunden-Regel, dokumentierte Entscheidungen.

- Cashflows und Entnahmen: Leitplanken, Reihenfolge der Mittelverwendung, Gelassenheit in stürmischen Jahren.
- Nachhaltigkeit mit Materialität: was wirklich in Cashflows und Risikoprofile greift.

Faktencheck
Wie in Band 1 endet jedes Kapitel mit einem kompakten Faktencheck. Zentrale Prinzipien – von Diversifikation über Rebalancing bis zur materialitätsbasierten Nachhaltigkeit – sind wissenschaftlich untermauert. So triffst du Entscheidungen mit Kopf und Herz.

Band 2 – Worum es geht
Einfach verständliche Tools und Strategien für langfristigen Börsenerfolg in Aktien und Geldanlage. Dieser Band macht dich umsetzungsstark: Unternehmen bewerten, Fonds und ETFs fair vergleichen, Portfolio strukturieren, Routinen etablieren, Risiken steuern, Cashflows planen. Mit Checklisten, One-Pagern und klaren Regeln, die im Alltag funktionieren. Kein Daytrading. Keine Wunderformeln. Handwerk, das du wiederholen kannst.

Das Ziel dieses Buches
Überblick vertiefen: von verstehen zu anwenden.
Mut verstetigen: Entscheidungen treffen, dokumentieren, verbessern.
Orientierung sichern: Regeln, die in ruhigen und in turbulenten Zeiten tragen.

Mentor-Moment: Wissen kann beeindrucken. Anwenden verändert. Ab jetzt zählt jede dokumentierte Entscheidung, jeder ruhige Check, jede kleine Routine. So wird Börse zu deinem Handwerk.

Mini-Challenge: Formuliere eine 90-Sekunden-Story zu einer Idee, schreibe ein Kauf-Memo in fünf Zeilen und lege deinen nächsten Stichtag fest. Dann App zu.

Und du?
Band 2 ist die Einladung, aus Klarheit Handeln zu machen. Du musst nicht alles sofort können. Du darfst beginnen, wiederholen, besser werden. Genau so entsteht langfristiger Erfolg.

Ich freue mich auf die nächste Etappe mit dir.
Dein Josef

VORWORT DR. CHRISTIN TER BRAAK-FORSTINGER

Wie viel Verantwortung liegt in einer Zahl? Besser gesagt, in einer Rendite oder einer Fondsposition? Und überhaupt in meinem Depot? Mehr, als wir denken – und genau deshalb braucht es Bücher wie dieses.

Als Impact-Investorin beschäftige ich mich täglich mit der Frage, was Geld in der Welt Positives bewirken kann – jenseits von Zinsen und Charts, aber natürlich immer auch mit der Absicht, einen Finanzertrag zu erwirtschaften. Kapital ist kein neutraler Fluss. Es gestaltet Realitäten: Es fördert oder verhindert, ermöglicht oder ignoriert, transformiert oder konserviert. Und es entscheidet, ob wir unsere Zukunft nachhaltig gestalten – oder mit kurzfristigem Denken aufs Spiel setzen.

Josef Obergantschnigs Buch „Börse – kannst auch du" ist nicht einfach ein Ratgeber zur Geldanlage. Es ist eine Einladung zur Haltung und zum Tun. Als Fünfzehnjährige hat mir mein Vater auf meinen Wunsch geholfen, mein erstes Depot zu eröffnen, und ich habe begonnen, mein erstes Geld aus meinem Ferialpraktikum zu veranlagen. Hätte es „Börse – kannst auch du" damals schon gegeben, hätte ich es sicher verschlungen. Über die Zeit hat sich dann meine Vorliebe und mein Interesse für Privatmarkt-Investments und nachhaltige Investments herauskristallisiert.

Besonders das Kapitel „Nachhaltig investieren – Wirkung mit System" zeigt mit einer erfrischenden Mischung aus Ehrlichkeit, Alltagsnähe und fundierter Analyse, wie herausfordernd es sein kann – und gleichzeitig wie wichtig es ist –, nachhaltige Entscheidungen zu treffen, selbst wenn sie unbequem sind. Das Buch zeigt auch einen weiteren wichtigen Punkt auf: Nicht alles, was ein grünes Label trägt, führt zu einer positiven ökologischen Wirkung. Als Investor:in muss man genau hinschauen und hinterfragen. Verantwortungsvolle Investments, ESG-Investments und Impact Investments sind drei völlig unterschiedliche Paar Schuhe.

Impact Investing ist dabei nicht der elitäre Gipfel nachhaltiger Geldanlage. Es ist die konsequente Weiterführung eines Denkens, das positive ökologische und/oder soziale Wirkung nicht als Nebenprodukt, sondern als echte Absicht eines Investments versteht – neben der Erzielung eines Finanzertrages. Wer beginnt, Kapital als Werkzeug für wirtschaftliche Transformation und gesellschaftlichen Wandel zu sehen, verändert nicht nur sein Depot – sondern seine Rolle in der Welt.

Das Buch gibt viele praktische Beispiele, wie man Finanzerträge mit einer positiven ökologischen Wirkung kombinieren kann. Es geht nicht darum, von Anfang an alles perfekt zu machen, aber vielmehr darum, überhaupt den ersten Schritt zu tun. Als bewusste:r Investor:in kann jede:r von uns Verantwortung übernehmen.

In diesem Sinne: Börse – kannst auch du? Ja – und Zukunft gestalten auch.

Dr. Christin ter Braak-Forstinger, LL.M., Co-Founder & CEO Chi Impact Capital

VORWORT ERWIN HOF

Wir schreiben das Jahr 2023. Der Newsfeed von LinkedIn zeigt mir einen Post eines gewissen Josef Obergantschnig an. Hochinteressantes zu Börse und Wirtschaft. Genau meins. Und schon folge ich ihm. Gleichzeitig kommt mir sein Name irgendwie bekannt vor. Und dann macht es plötzlich „Klick". Hat sich nicht ein Obergantschnig bei mir vor vielen Jahren als Trainer der Wiener Börse Akademie beworben? Richtig! Obwohl unser Team damals schon komplett war und wir uns nie persönlich kennenlernten, blieb mir sein Name in Erinnerung.

Vielleicht war es ein Wink des Schicksals, aber diesmal brachte uns eine Social-Media-Plattform zusammen und wir holten das Treffen nach. Seitdem habe ich Josef als exzellenten Fachmann und Kollegen kennen und schätzen gelernt. Ihn zeichnet nicht nur eine umfassende Kapitalmarkt-Expertise aus, er ist darüber hinaus ein Macher. Jemand, der nicht lange herumphilosophiert, sondern anpackt und Dinge umsetzt.

Was uns verbindet, ist das innere Verlangen, unser Finanzwissen und unsere Erfahrungen an den Finanzmärkten an Interessierte weitergeben zu wollen. Gerade wenn es um Börse und Wertpapieranlage geht, sind viele Neulinge unsicher und unschlüssig: Wo soll ich anfangen? Worauf muss ich achten? Was, wenn ich mein ganzes Geld verliere? Eine Situation, vor der Josef und ich auch einmal standen. Wir waren über jede Hilfestellung dankbar und jede Börsenweisheit wurde von uns förmlich aufgesogen.

Mit dem vorliegenden Buch erhalten Leser:innen genau das, was es braucht, um die wichtigsten Fragen zur Geldanlage selbst beantworten zu können, und letztlich an der Börse aktiv zu werden. Dabei hat Josef alle relevanten Aspekte beleuchtet. In seinem Arbeitsbuch zeigt er, dass Börse keine Raketenwissenschaft ist und wirklich **jede:r** seine:ihre individuellen Anlageziele mit etwas Geduld und Disziplin erreichen kann.

Kurz gesagt: Börse kannst auch du.

Erwin Hof, Leiter der Wiener Börse Akademie

VORWORT DR. MICHAEL MURG

Der Zugang zur Börse war lange Zeit wenigen vorbehalten – jenen mit Expertise, Vermögen oder privilegiertem Zugang zu Informationen. Josef Obergantschnig gelingt in diesem Buch das Kunststück, diese Eintrittsbarrieren zu senken, ohne die Komplexität der Materie zu verleugnen. Er übersetzt die Welt der Kapitalmärkte in eine Sprache, die auch ohne Studienabschluss verständlich bleibt – und dabei stets wissenschaftlich fundiert.

Was „Börse – kannst auch du" von vielen anderen Finanzratgebern unterscheidet, ist der konsequente Verzicht auf leere Versprechungen und überzogene Heilsbotschaften. Stattdessen begegnet uns ein fundiertes und praxisnahes Modell, das auf den Erkenntnissen der Kapitalmarktforschung ebenso beruht wie auf der Erfahrungswelt echter Menschen. Namen wie Markowitz, Shiller oder Fama tauchen nicht als Zitatstaffage auf, sondern als Grundlage für konkrete Handlungsempfehlungen.
Als Universitäts- und Hochschullehrender weiß ich, wie schwierig es ist, finanzwissenschaftliche Konzepte wie Diversifikation, Behavioral Biases oder Rendite-Risiko-Abwägungen didaktisch so aufzubereiten, dass daraus kein Seminar, sondern ein motivierendes Leseerlebnis entsteht. Josef Obergantschnig gelingt dieser Spagat – mit Empathie, Humor und einem seltenen Gespür für die Lebensrealitäten seiner Leser:innen.

„Lisa", „Moritz" und „Patrick" sind mehr als fiktive Charaktere. Sie stehen exemplarisch für Zielgruppen, die sich in klassischen Finanzratgebern oft nicht wiederfinden: Menschen mit Unsicherheiten, Alltagsstress und unterschiedlichen Lebenszielen. Das Buch macht ihnen Mut, Verantwortung zu übernehmen – mit kleinen Schritten, reflektierten Entscheidungen und einem klaren „Warum".

Wer dieses Buch liest, investiert nicht nur in sein Depot, sondern auch in sich selbst. Und vielleicht ist genau das die wichtigste Rendite: finanzielle Bildung, Selbstwirksamkeit und die Erkenntnis, dass Börse kein exklusives Spielfeld ist – sondern ein Werkzeug für individuelle Freiheit.

Dr. Michael Murg, Institutsleiter, Bank- und Versicherungswirtschaft, FH JOANNEUM, University of Applied Sciences

VORWORT MONIKA ROSEN

Das Thema „Finanzen" ist heute aus keiner Diskussion und keiner Berichterstattung mehr wegzudenken. Eigentlich sollte es auch im Rahmen der Wissensvermittlung an den Schulen mehr Platz bekommen, und hier ist sicher noch viel zu tun. Umso wichtiger ist es, gerade jungen Menschen Mut zu machen, sich mit den Märkten auseinanderzusetzen und einen Schritt in Richtung wirtschaftlicher Selbstbestimmung zu tun.

Man kann finanzielle Gesundheit im Wesentlichen in vier Hauptbereiche unterteilen: ausgeben, sparen, ausleihen und planen. Die Kontrolle über persönliche Ausgaben, die eigene Sparleistung und die Bedienung eines Kredits sind vielleicht für manche Menschen schwierig umzusetzen, im Kern aber nicht schwer zu verstehen. Die langfristige finanzielle Planung hingegen impliziert eine Beschäftigung mit dem Kapitalmarkt. Will man also finanzielle Gesundheit vor allem in ihrer langfristigen Dimension erfassen, muss man den Menschen das Thema Kapitalmarkt näherbringen.

Eine der Haupthürden dabei ist meiner Meinung nach die Tatsache, dass der Kapitalmarkt als komplexes und (vermeintlich) trockenes Gebiet gilt. Um beim Zuhörer eine emotionale Begeisterung zu erreichen, reicht es nicht, die Fakten darzulegen. Man muss im Gegenüber einen Funken entzünden, der dann dazu führt, dass sich derjenige selbst mit dem Thema auseinandersetzt.

Ganz wichtig ist in diesem Zusammenhang der besondere Fokus auf die weibliche Zielgruppe. Frauen verdienen weniger, verfügen über weniger Vermögen, leben aber länger als Männer. Sie an das Thema Kapitalmarkt heranzuführen und hier Vorbehalte abzubauen, ist auch eine wichtige gesellschaftliche Aufgabe.

Die Börse ist nicht nur etwas für Zocker oder ein Buch mit sieben Siegeln. Sie schreibt auch große Erfolgsgeschichten, von den Anfängen des 20. Jahrhunderts (Coca Cola) bis in unsere Tage (Nvidia). Der vorliegende Band bereitet das Thema unterhaltsam und spannend auf. Allen Leserinnen und Lesern viel Erfolg!

Monika Rosen, Börsenexpertin & Vizepräsidentin der Österreichisch-Amerikanischen Gesellschaft

INHALT

WILLKOMMEN ZU BAND 2: WERKBANK AN – VOM PLAN ZUR ROUTINE

„Erfolg liebt Routine, nicht Laune."
– Josef Obergantschnig

Servus und schön, dass du weitergehst.
Ab hier zählt nicht mehr nur, was du weißt. Ab hier zählt, was du regelmäßig tust.

Warm-up: Bevor wir Werkzeuge aufbauen, richten wir die Werkbank ein. Erst Haltung, dann Regeln, dann Handeln.

Dein Warum vor dem Tun
Kurzer Moment nur für dich. Bevor du Regeln setzt, kläre, wofür du das alles machst. Antworten dürfen unperfekt sein, sie müssen nur ehrlich sein.
Hinweis: Fünf Minuten genügen. Ein fester Mini-Termin pro Woche reicht.

1) Warum möchte ich sparen?

- Wofür lege ich heute Geld zur Seite: Sicherheit, Freiheit, ein Projekt, Zeit mit Menschen, Plan B.
- Welche Rechnung oder Sorge soll künftig egal sein.
- Was würde sich im Alltag fühlbar verändern, wenn ein Jahr lang konsequent gespart wird.

Notiz:

____

____

2) Was bedeutet finanzielle Freiheit für mich?

- Ruhe statt Druck. Gut schlafen, auch wenn Kurse schwanken.
- Wahlmöglichkeiten. Arbeitszeit, Wohnort, Nein sagen können.
- Zeitwohlstand. Mehr Stunden für Familie, Lernen, Sinn.

Oder doch etwas ganz anderes.

Meine persönliche Definition:
„Finanzielle Freiheit heißt für mich …"

____

3) Warum habe ich dieses Buch gekauft?
- Klarheit statt Hype. Anwendung statt Theorie.
- Ein System, das alltagstauglich ist.
- Von bewährten Erfolgsrezepten lernen.
- Nachhaltigkeit mit Wirkung, nicht als Etikett.
- Routinen, die durch stürmische Phasen tragen.

Mein Grund in einem Satz:

____

4) Treiber-Check
Bewerte von 1 bis 5, wie wichtig das ist. 1 = nicht wichtig, 5 = sehr wichtig.
- Sicherheit und Ruhe __________
- Selbstbestimmung ____________
- Zeit für Wesentliches _________
- Vermögensaufbau ____________
- Familie und Verantwortung ____
- Sinn und Wirkung ___________
- Lernen und Wachstum ________

Worauf kann ich bauen?
Die drei stärksten Treiber sind: __________________________

5) Was bringe ich aus Band 1 mit?
- Haltung vor Hype. Entscheidungen mit innerem Kompass.
- Mr. Market entzaubert. Phasen kommen und gehen, Regeln bleiben.
- Drei Herzensfragen vor jedem Kauf. Verstehe ich es. Will ich mehr davon in der Welt. Schlafe ich damit ruhig.
- Stichtag oder Bandbreite. Nicht beides.
- Sicherheitsnetz definieren, bevor Rendite gefeiert wird.
- Bewusstes Nicht-Handeln ist Handeln.

Mein wichtigstes Learning aus Band 1:

____

6) Mini-Formular zum Unterschreiben

Mein Commitment: Ich spare und investiere, um

____

Monatlicher Betrag oder Quote: ______________________

Sicherheitsnetz Status in Monatsausgaben: ______________

Mein nächster kleiner Schritt bis Datum: _______________

(Datum) ___________ (Unterschrift)_________________

So denken Lisa, Moritz und Patrick
Lisa: „Ich spare für Ruhe im Alltag und für Vorbilder zu Hause. Kleine Schritte, regelmäßig."
Moritz: „Entscheiden können, nicht müssen. Klarheit vor Tempo."
Patrick: „Freiheit ist Wahlmöglichkeit. Mein Sicherheitsnetz gibt mir den Mut, investiert zu bleiben."

Mentor-Kommentar: Dein Warum ist der Motor, deine Regeln sind das Lenkrad. Erst beides zusammen bringt verlässlich ans Ziel. Du hast Band 1 hinter dir oder steigst direkt hier ein. In beiden Fällen beginnt jetzt der spannende Teil. Wie erkennst du ein starkes Unternehmen. Worauf kommt es bei der Aktienauswahl wirklich an. In diesem Band lernst du, Bilanzen zu durchleuchten, Charts zu verstehen und Analyse-Tools zu nutzen. Praxisnah, verständlich und direkt für deine eigenen Entscheidungen einsetzbar.

Cliffhanger: Als Nächstes in diesem Kapitel lernst du, wie du starke Unternehmen erkennst. Wir verbinden Story und Zahl, prüfen Substanz und ordnen den Preis in einen fairen Korridor ein. Verständlich, alltagstauglich, mit Werkzeugen für deine Entscheidungen.

Fakten-Check:

☑ **Morningstar Behavioral Research (2024):** Anlegerrenditen liegen oft unter Fondsrenditen wegen schlechtem Timing. Automatisierte Einzahlungen, seltenere Umschichtungen und klare Regeln verringern diese Lücke.

☑ **Vanguard Research (2010/2015):** Regelbasiertes Rebalancing nach Kalender oder Bandbreite hält das Risikoprofil am Ziel, ohne Prognosen zu brauchen. Wichtig ist Konsistenz: eine Methode wählen und beibehalten.

☑ **Thaler & Benartzi (2004):** Das Save-More-Tomorrow-Programm mit automatischer Erhöhung und Vorab-Commitment steigert die Sparquoten nachhaltig. Automatik schlägt Willenskraft im Alltag.

☑ **Barber & Odean (2000/2001):** Viel Handeln schadet den Nettorenditen privater Anleger deutlich. Wenige gut dokumentierte Entscheidungen sind erfolgreicher als Dauer-Klicks.

☑ **Benartzi & Thaler (1995) und Gneezy & Potters (1997):** Häufige Bewertung verstärkt Verlustaversion und führt zu schlechteren Entscheidungen. Nachrichten-Diät und feste Review-Zeitpunkte helfen.

☑ **S&P Dow Jones Indices, SPIVA (2023):** Ein Großteil aktiver Fonds bleibt nach Kosten über längere Zeiträume hinter Benchmarks. Ein Index-Kern schafft Ruhe und erlaubt Fokus auf Prozess und Wartung.

☑ **Carhart (1997):** Outperformance zeigt geringe Persistenz. Performance-Jagd ist unzuverlässig, Regeln und Disziplin sind überlegen.

☑ **Dichev (2007):** Dollar-gewichtete Anlegerrenditen liegen systematisch unter Buy-and-Hold-Renditen aufgrund ungünstigen Timings. Vorab-Regeln, 24-Stunden-Pausen und automatisierte Beiträge verbessern das Ergebnis.

KAPITEL 1
ANALYSE VERSTEHEN – SO FINDEST DU STARKE AKTIEN

„Wenn du nicht weißt, wonach du suchst,
findest du nur Zufallstreffer.“
– Josef Obergantschnig

Lisa, Moritz & Patrick auf der Suche nach Klarheit

Lisa tippt nervös auf dem Handy. Ihr ETF-Sparplan läuft, aber Einzelaktien? Die wirken in ihrer Timeline immer noch wie eine Mischung aus Poker und Raketenwissenschaft. Mia klettert auf ihren Schoß: „Mama, bist du schon fertig?“ Lisa lächelt und denkt: „Für sie will ich es richtig machen – aber wovon hängt das eigentlich ab?“ Sie sucht nach einer einfachen Antwort, aber stattdessen wachsen die Fragezeichen.

Moritz kämpft mit seiner Excel-Tabelle. Der Kaffee wird kalt, die Augen müde – die Zahlen tanzen Samba. In seinem Kopf: „Fakten! Ich brauche Fakten!“ Aber dann das leise Bauchgefühl: „Was, wenn ich trotzdem falsch liege?“ Er denkt an seinen letzten „perfekten“ Aktienkauf – und daran, wie schnell sich Gewissheiten drehen.

Patrick sitzt am Esstisch, ein dicker Geschäftsbericht aufgeschlagen – Seite 57, noch kein Durchblick. Seine Freundin schmunzelt: „Liest du wieder Krimi oder kaufst du Aktien?“ Patrick grinst: „Manchmal ist das eine wie das andere – voller Überraschungen und offener Enden.“ Im Detail verliert er oft das große Ganze aus den Augen und fragt sich: „Wie erkenne ich eigentlich eine wirklich starke Aktie?“

Jede:r kennt das Gefühl: Du willst investieren, aber das Dickicht aus Meinungen, News, Expert:innen und Kennzahlen wächst schneller als dein Depot. Die wenigsten landen ihren Volltreffer beim ersten Versuch. Fehler, Unsicherheit und Bauchlandungen gehören dazu – selbst für Profis.

Supermarkt-Vergleich als Story

Stell dir vor, du wirst zum Einkaufen geschickt: „Bring Milch mit!“ Im Supermarkt stehst du ratlos vorm Kühlregal – fettarm, Hafer, laktosefrei oder ganz normale? Genauso fühlt sich Aktienkauf ohne Analyse an: Du greifst ins Regal und hoffst auf das Beste. Die meisten Fehlkäufe passieren nicht aus Dummheit, sondern weil die Einkaufsliste – oder eben die Analyse – fehlt.

Was du in diesem Kapitel lernst

- Warum Analyse mehr ist als Zahlen pauken
- Wie wenige, kluge Kennzahlen mehr Klarheit bringen als jeder 200-Seiten-Report
- Welche Denkfallen dich immer wieder erwischen – und wie du dich befreist
- Wie du DEIN System findest – und warum weniger oft mehr ist

Analysieren ist wie Orientieren im Wald: Ohne Karte verläuft sich selbst der beste Pfadfinder. Viele glauben, Analyse heißt: alle Daten, alle News, jedes Detail. Doch die besten Investor:innen der Welt schwören auf wenige, aber entscheidende Kennzahlen.

Weniger ist mehr – und zwar dann, wenn du weißt, was zählt.

- Kennst du Umsatz, Gewinn, Verschuldung, Cashflow?
- Weißt du, wie das Geschäftsmodell funktioniert?
- Findest du heraus, woran das Unternehmen wirklich verdient?

Analysieren heißt nicht: alles wissen. Sondern: die wichtigsten Fragen stellen – und ehrlich antworten.

Dein Analyse-Toolkit

1. **Die 3-Fragen-Regel:**
   Frage dich bei jeder Aktie:
   - Womit verdient das Unternehmen Geld?
   - Ist das Geschäftsmodell verständlich – auch für meine Oma?
   - Was kann richtig schiefgehen – und hält das Unternehmen das aus?
2. **Die Anti-Schönreden-Checkliste:**
   Dein System muss Ausreden erkennen!
   Hast du wirklich verstanden, oder suchst du nach Bestätigung für dein Lieblingsinvestment?
3. **Der System-Check:**
   Wende deine Analyse auf verschiedene Unternehmen an.
   Kommt jedes Mal ein anderes Fazit raus? Dann brauchst du ein klareres System!
4. **Fehler als Fortschritt:**
   Niemand hat immer Recht. Auch Warren Buffett lag daneben – entscheidend ist, ob du daraus lernst.
   Oder, wie Patrick sagt: „Alle Profis haben mal danebengetippt – und daraus ihre größten Learnings gezogen.“

Take-Aways – Das Wichtigste auf einen Blick

- Eigene Kriterien = eigene Kontrolle.
- Eine kluge Analyse beginnt immer mit einer guten Frage.
- Denkfallen sind menschlich – systematische Reflexion ist die Lösung.
- „Weniger, aber besser“ schlägt „alles, aber beliebig“.
- Bleib mutig – auch Unsicherheiten und Fehler gehören auf dem Weg zum Ziel dazu!

So entscheiden Lisa, Moritz & Patrick

- **Lisa:** „Mich interessieren die Menschen hinter dem Unternehmen. Storys statt Zahlenfriedhof!“
- **Moritz:** „Ich brauche Strukturen. Ohne System kann ich nicht schlafen – und verliere mich im Detail.“
- **Patrick:** „Ich liebe das Tüfteln, aber manchmal verrenne ich mich. Mein Rezept: Zutaten prüfen, dann erst würzen – und zur Not nochmal abschmecken lassen.“

Kleiner Schlagabtausch im Chat
Lisa: „Moritz, du bist zu verkopft!“
Moritz: „Und du bist zu spontan!“
Patrick: „Und ich … hole mir erst mal einen Kaffee. Analyse ist Teamwork – jeder bringt was Eigenes mit!“

Reflexionsfragen

- Erinnerst du dich an deine größte Analyse-Panne? Was war der Grund?
- Wenn du nur drei Kennzahlen prüfen dürftest – welche wären das für dich?
- Wie schützt du dich vor Hypes, Meinungen, Bauchentscheidungen?
- Hast du schon mal gegen dein System verstoßen? Warum? Was hast du gelernt?

Golden Nugget: Analyse ist wie Licht im Börsennebel: Wer seinen eigenen Scheinwerfer hat, landet seltener im Straßengraben.

Mentor-Moment: Klarheit ist wie ein Espresso nach einer langen Nacht: Sie macht wach, gibt Sicherheit und sorgt dafür, dass du auch in stürmischen Zeiten Kurs hältst. Am Ende findet nicht der die besten Aktien, der die meisten Zahlen kennt – sondern der, der die richtigen Fragen stellt und ehrlich bleibt, auch sich selbst gegenüber.

Lisa: „Ich habe gelernt, mit einfachen Fragen mehr Klarheit zu gewinnen als mit endlosen Zahlen."
Moritz: „Mein Aha-Moment: Nicht Masse, sondern die richtigen Kriterien bringen echte Qualität."
Patrick: „Wichtig ist, ehrlich zu bleiben – auch wenn die Zahlen nicht perfekt sind."

Cliffhanger: Bist du bereit, die Nebelscheinwerfer einzuschalten?
Im nächsten Kapitel lüften wir die Geheimnisse, wie Profis mit simplen, aber glasklaren Kriterien Scheinriesen entlarven und Champions entdecken. Espresso nachfüllen, Kopf lüften – und los geht's!

Faktencheck

☑ **Warren Buffett & Charlie Munger (verschiedene Interviews, 2023):** Die erfolgreichsten Investor:innen arbeiten mit einfachen, klaren Systemen und meiden kurzlebige Hypes.

☑ **CFA Institute (2024):** Anleger:innen mit einem systematischen Investmentansatz treffen dreimal häufiger gute Entscheidungen und berichten von besserem Schlaf – Kaffee als unterstützendes Ritual nicht ausgeschlossen.

☑ **Deutsche Börse (2025):** Das Hauptproblem vieler Investor:innen sind fehlende klare Kriterien, nicht mangelndes Wissen oder Erfahrung.

☑ **Morningstar Research (2023):** Systematisches Investieren reduziert emotionale Fehlentscheidungen und steigert die Nachhaltigkeit der Renditen.

☑ **Harvard Business Review (2022):** Ein disziplinierter Investmentprozess schützt vor impulsivem Handeln und Verlusten durch Modetrends.

☑ **Vanguard Group (2023):** Konsistente Systeme mit festen Regeln führen langfristig zu überdurchschnittlichen Anlageergebnissen.

☑ **Frankfurt School of Finance & Management (2023):** Klare Kriterien und strukturierte Abläufe erhöhen die Entscheidungsqualität und das Anlegerwohlbefinden.

1.1. So entschlüsselst du die Geheimnisse starker Aktien

„An der Börse gibt es keine Garantien – aber es gibt Hinweise. Und wer sie lesen kann, hat einen gewaltigen Vorteil."
– Josef Obergantschnig

Moritz' schlimmster Fehlgriff: Ein „heißer" Tipp aus dem Börsenforum, blind gekauft. Zwei Wochen später das böse Erwachen: Wie kann ein Unternehmen ohne Produkt so viel wert sein? Lehrgeld? Teuer. Erkenntnis? Unbezahlbar.
Abends am Küchentisch – Lisa, Moritz und Patrick im Real Talk:
Lisa: „Mein ETF läuft – easy. Aber was, wenn ich die eine Aktie verpasse?"
Moritz: „Solange ich Bilanzen nicht verstehe, bleib ich bei Fonds – das ist weniger Horror."
Patrick: „Analyse klingt kompliziert. Aber beim Kochen gilt auch: Erst wenn du weißt, was drin ist, schmeckt's."
Drei Wege, ein Ziel: Nicht blind investieren, sondern mit Hirn. Nicht hoffen, sondern wissen. Nicht mitlaufen, sondern führen.

Was du in diesem Kapitel mitnimmst
- Analyse ist Pflicht – keine Raketenwissenschaft.
- Fakten statt Glaskugel: Wie du Irrtümer und Hypes erkennst.
- Die entscheidenden Fragen, die dich unabhängig machen.
- Wie du Verantwortung für dein Geld übernimmst – auch emotional.

Warum Analyse unverzichtbar ist
Stell dir vor, du kaufst ein Unternehmen – ohne zu wissen, wie es Geld verdient, wer die Kunden sind, ob es Schulden hat. Klingt verrückt? Genau so handeln viele an der Börse – und wundern sich, wenn's kracht. Die Börse verzeiht vieles, aber keine Planlosigkeit.

Aktienkauf ohne Analyse ist wie Gebrauchtwagenkauf im Dunkeln. Außen glänzt alles, aber ob der Motor läuft, siehst du erst, wenn du den Wagen anlässt.

Toolbox für Eilige
- Was macht das Unternehmen wirklich?
- Wie verdient es Geld?
- Ist das Modell zukunftssicher?

- Wo liegen die Risiken?
- Passt der Preis?
- Würde ich's einem:r Freund:in empfehlen?

Lisa: „Früher habe ich bei Bilanzen abgeschaltet. Mein Aha-Moment: Hinter jeder Zahl steht ein echtes Unternehmen – und plötzlich wurden die Daten spannend."
Moritz: „Ich dachte, Kennzahlen sind nur für Profis. Erst als ich sie auf meine Lieblingsaktie angewendet habe, hat es Klick gemacht."
Patrick: „Mein größtes Hindernis war die Angst vor Zahlen. Heute sehe ich sie als Werkzeug, nicht als Gegner."

Praxis-Tipp: Stell dir vor, du kaufst das ganze Unternehmen. Kannst du das jemandem erklären? Würdest du die Risiken tragen?

Kleines Zahlenbeispiel: Moritz wollte Klarheit und hier ein kurzer Einblick, wie Analyse einfach starten kann: Nehmen wir eine Firma mit einem Jahresgewinn von 10 Millionen Euro und 5 Millionen ausstehenden Aktien. Der Gewinn je Aktie (EPS) beträgt also 2 Euro. Wenn der Aktienkurs bei 40 Euro liegt, ergibt das ein Kurs-Gewinn-Verhältnis (KGV) von 20 (40 € / 2 €).
Ist das teuer? Nicht unbedingt – wenn das Unternehmen stabil wächst und das KGV im Branchenvergleich fair ist. Diese eine Kennzahl allein ist noch kein Kaufgrund, aber ein guter Startpunkt, um weitere Fragen zu stellen und das Unternehmen besser zu verstehen.

Extra-Tipp: Mach regelmäßig deinen System-Check: Suchst du Fakten oder nur Bestätigung? Ein gutes System schützt vor Ausreden und teuren Fehlern.

Übernimm Verantwortung: Influencer:innen, YouTube-Gurus & Co. machen's leicht, den Kopf auszuschalten – aber am Ende zahlst du die Zeche. Analyse ist dein Fundament: Sie schützt vor Panik, nicht vor jeder Krise.

Social Proof
„Bilanzzahlen haben mich immer abgeschreckt. Heute weiß ich: Wer sie liest, sieht früher, wenn in einem Unternehmen etwas schiefläuft."
– Marie, 28, Wirtschaftsingenieurin

Take-Aways – Das Wichtigste auf einen Blick

- Analyse ist Vorbereitung, kein Orakel.
- Keine Glaskugel nötig, nur Klarheit.
- Wer weiß, was er kauft, bleibt cool.
- Dein „Warum" entsteht durch Wissen, nicht durch Tipps.

Lisa, Moritz & Patrick über ihre Analyse-Mission

- **Lisa**: „Verantwortung übernehmen, ohne Bilanzen zu quälen."
- **Moritz**: „Kaufen, weil ich's verstehe, nicht weil's Trend ist."
- **Patrick**: „Entscheiden, auch wenn's mal runtergeht."

Reflexionsfragen

- Weißt du, wie dein Unternehmen Geld macht?
- Erklärst du deine Entscheidung?
- Welche Risiken nimmst du bewusst in Kauf?

Goldene Regel: Investiere nur, was du deiner Oma in drei Sätzen erklärst. Überprüf deine Investments – du wirst überrascht sein!

Mentor-Moment: Ohne Analyse ist Börse Glücksspiel. Und du bist nicht hier, um Lotto zu spielen.

Lisa: „Ich habe meine Anlagen immer wieder hinterfragt – das gibt mir Sicherheit."
Moritz: „Erst die Analyse macht aus einer Aktie ein bewusstes Investment."
Patrick: „Verstehen, worin ich investiere, ist für mich die Basis jeder Entscheidung."

Cliffhanger: Bereit für mehr? Im nächsten Kapitel lernst du, wie du mit Fundamentalanalyse und Technischer Analyse echte Vorteile an der Börse erkennst.

Faktencheck

☑ **Warren Buffett & Charlie Munger (Interviews, 2023):** Die erfolgreichsten Investor:innen setzen auf eigene, klare und zukunftsfähige Systeme, die konsequent umgesetzt werden.

☑ **CFA Institute (2024):** Anleger:innen mit einem strukturierten Analyseansatz treffen signifikant bessere Entscheidungen und bewahren auch in Krisenzeiten Ruhe und Gelassenheit.

- ☑ **Deutsche Börse (2025):** Fehlende klare Kriterien und unklare Ziele sind Hauptursachen für Fehlinvestments, nicht fehlendes Wissen oder mangelnde Erfahrung.
- ☑ **Morningstar Research (2023):** Strukturierte Investmentprozesse reduzieren emotionale Fehlentscheidungen und verbessern die langfristige Performance.
- ☑ **Harvard Business Review (2022):** Klare Systeme schützen vor Impulsivität und Fehlentscheidungen in volatilen Märkten.
- ☑ **Vanguard Group (2023):** Disziplinierte Anleger:innen mit klaren Kriterien übertreffen den Markt langfristig.
- ☑ **Frankfurt School of Finance & Management (2023):** Klare Zieldefinition und systematische Analyse sind Schlüssel für nachhaltigen Anlageerfolg.

1.2. Fundamentalanalyse vs. Technische Analyse

„Die einen starren auf den Preis, die anderen durchschauen den Wert.
Wer den Wert erkennt, investiert – wer nur den Preis sieht, wettet."
– Sprichwort

Lisa, Moritz & Patrick am Börsentisch
Lisa: „ETFs sind bequem, klar. Aber wenn ich schon Einzelaktien kaufe, will ich wissen, wie man das richtig macht." **Moritz:** „Ich hab mir so ein YouTube-Video reingezogen – Chartformationen, Indikatoren, Kreuzungen. War spannend, aber danach hatte ich mehr Fragen als Antworten. Psychologie? Mathematik? Beides? Das ganze Börsenfeuerwerk nervt." **Patrick:** „Bei mir gilt: Zahlen lügen nicht. Umsatz, Gewinn, Margen, Eigenkapital – nur wenn das stimmt, kommt's auf den Zettel."
Drei Köpfe, drei Haltungen – eine Mission: Wie wird man beim Investieren zum Profi – mit Herz, Hirn und der richtigen Portion österreichischem Schmäh?

Warum diese zwei Analyse-Welten deinen Investment-Erfolg bestimmen
Manche sehen nur den Schein – den Kurs. Andere schauen dahinter, in die echte Substanz. Die Wahrheit liegt im Spiel zwischen beiden.

Fundamentalanalyse sagt dir: „Was kaufe ich eigentlich?"
Technische Analyse fragt: „Wann steige ich am besten ein oder aus?"
Gemeinsam können sie dich unschlagbar machen.

Fundamentalanalyse: Der Unternehmens-Detektiv
Sie ist dein Gesundheits-Check, dein Augenöffner: Wie stabil ist das Unternehmen? Wie sicher das Geschäftsmodell? Passt der Preis zum Wert?

Kennzahlen – dein Code zum Erfolg

Kennzahl	Bedeutung	Beispiel
KGV	Was zahlst du für 1 € Gewinn? (vergangen/erwartet)	15 = 15-facher Gewinn
KUV	Was zahlst du für 1 € Umsatz? (wichtig bei Wachstum)	Relevant für Wachstumsaktien
KBV	Kurs zu Eigenkapital. Unter 1? Schnäppchen oder Risiko	Unter 1 = günstig oder Warnsignal
EK-Quote	Anteil Eigenkapital – je höher, desto stabiler	Stabilitätsanker
EBIT-Marge	Wie viel vom Umsatz bleibt als operativer Gewinn?	Effizienz-Check
Free Cash Flow	Geldüberschuss nach Investitionen	Dividenden & Zukunftsfähigkeit

Lisa: „Ich wollte immer wissen, wie Unternehmen wirklich ticken. Mit der Fundamentalanalyse habe ich zum ersten Mal durch den Zahlen-Dschungel geblickt.“
Moritz: „Anfangs hat mich die Flut an Infos erschlagen. Heute filtere ich gezielt das, was mir wirklich wichtig ist.“
Patrick: „Ich habe gelernt: Nicht jede Zahl ist entscheidend. Das große Bild zählt für mich mehr als jedes einzelne Detail.“

Praxis-Tipp: Vergleiche die Zahlen immer im Zeitraffer und gegen die Branche – der Boom heute kann morgen vorbei sein.

Extra-Hack: Klingt verlockend, ein niedriges KGV? Warte ab – manchmal ist das der rote Teppich zum Absturz.

Praxis-Check: Du willst in einen Baumarkt investieren? Frag dich: Macht der Laden stabil Geld? Wächst er solide? Wie steht's um die Finanzierung?

Die Runde am Stammtisch
- **Lisa:** „Ich will's verstehen, ohne in Excel zu ertrinken.“
- **Moritz:** „Ich setz auf Zahlen – und vergleiche sie über Jahre.“
- **Patrick:** „Mich interessiert, ob der Laden auch in fünf Jahren noch brummt.“

O-Ton

„Erst mit der Fundamentalanalyse habe ich verstanden, was hinter dem Aktienkurs steckt. Das gibt mir heute viel mehr Sicherheit."
– Ralf, 32, Steuerberater

Take-Aways – Das Wichtigste auf einen Blick: Fundamentalanalyse

- Fundamentaldaten sind die Basis für Wert, Stabilität und Qualität.
- Kennzahlen sind Werkzeuge, aber keine Wunderwaffen.
- Langfristige Entwicklung und Branchenvergleich sind der Schlüssel.
- Wer den Wert versteht, erkennt Chancen – und schützt sich vor Pleiten.

Mentor-Moment: Wer nur den Kurs anschaut, wettet. Wer das Unternehmen versteht, investiert.

Technische Analyse: Der Puls der Masse

Sie liest die Stimmung der Menge – alles, was bekannt ist, steckt im Kurs. Sie zeigt Trends, Wendepunkte und Emotionen oft vor den Nachrichten.

Chart-Toolbox – deine Börsen-Werkzeuge

Tool	**Was es zeigt**	**Warum's hilft**
Trendlinien	Steigt, fällt oder schwankt der Kurs?	Orientierung
Unterstützung/Widerstand	Preiszonen mit Kauf- oder Verkaufsdruck	Mögliche Wendepunkte
Gleitende Durchschnitte	Kursmittelwerte (z. B. 50/200 Tage)	Trends & Signale erkennen
RSI	Überkauft (>70), überverkauft (<30)	Warnhinweis in Seitwärtsphasen
MACD	Trendwechsel-Signal	Frühwarnsystem

Praxis-Tipp: Nutze Charts für Timing – Einstieg, Ausstieg, Absicherung. Aber niemals ohne Fundament.

Fehler in der Technischen Analyse – häufige Fallen

Technische Analyse ist mächtig, aber kein Zauberstab. Typische Fehler sind:

- Überinterpretation einzelner Indikatoren – nie ein Signal isoliert sehen!
- Blindes Folgen von Trends ohne Fundamentalkontrolle.

- Zu schnelles Handeln bei vermeintlichen Wendepunkten.
- Emotionale Überreaktionen bei kurzfristigen Kursschwankungen.

Praxis-Tipp zur Vermeidung von Fehlern: Nutze immer mehrere Indikatoren zusammen. Prüfe, ob das Signal zum Unternehmenswert passt. Bleib geduldig und vermeide hektische Entscheidungen nur wegen kurzfristiger Chartsignale.

Extra-Hack: Es gibt viele Indikatoren, aber keiner ist die Eierlegendewollmilchsau. Trends kippen manchmal schneller als du Kaffee kochst.

Praxis-Check: Das Unternehmen ist top, aber der Kurs stürzt ein. Mit der Charttechnik erkennst du, wann der Boden erreicht ist – und wann du besser die Bremse ziehst.

Meinung am Stammtisch

- **Lisa:** „Ich will nicht in ein fallendes Messer greifen."
- **Moritz:** „Charts sind spannend, aber nur als Ergänzung."
- **Patrick:** „Fundamente sind Pflicht, Technik das Sahnehäubchen."

Take-Aways – Das Wichtigste auf einen Blick: Technische Analyse

- Charts zeigen Verhalten, nicht Substanz.
- Visualisiere Trends und Wendepunkte.
- Timing ist das Ass im Ärmel.
- Ohne Fundament bleibt's Oberfläche.

Mentor-Moment: Der Chart zeigt die Meinung des Marktes – nicht die Wahrheit.

Fundamentalanalyse und Technische Analyse – dein Doppelpack

Beide Methoden gehören zusammen wie Melange und Kipferl. Die einen klären das Was, die anderen das Wann.

Quick-Check-Vergleich

Wenn du wissen willst, wie du starke Aktien findest, stehen dir zwei klassische Analysewege offen:

Fundamentalanalyse: Hier steht die Substanz im Mittelpunkt. Du analysierst Zahlen, Geschäftsmodell und Zukunftsaussichten eines Unternehmens – mit dem Ziel, den wahren Wert zu erkennen. Die Fundamentalanalyse ist langfristig orientiert und hilft dir, die Gesundheit und Qualität eines Unternehmens zu beurteilen. Typische Frage: Wie solide ist das Unternehmen wirklich?

Technische Analyse: Hier zählt vor allem das Verhalten des Marktes. Du beobachtest Charts, Trends und Kursmuster, um das beste Timing für Kauf oder Verkauf zu finden. Die Technische Analyse ist meist kurz- bis mittelfristig ausgelegt und fragt: Wann ist ein guter Zeitpunkt für meinen Einstieg oder Ausstieg?

Fazit: Beide Analysen ergänzen sich: Während die Fundamentalanalyse dir hilft, „was" du kaufen solltest, zeigt dir die Technische Analyse, „wann" ein günstiger Moment sein könnte.

Extra-Tipp: Kombiniere klug: Fundament fürs Warum, Chart fürs Wann.

Fehlerkultur & nentale Resilienz

Investieren ist kein gerader Weg – Fehler gehören dazu. Auch Profis stolpern. Entscheidend ist, wie du damit umgehst:

- Bleib ruhig, reflektiere deine Fehler und lerne daraus.
- Entwickle deine mentale Stärke – Börse ist Kopfsache.
- Ein starkes Mindset schützt dich vor Panik und Aktionismus.

Praxis-Tipp für stressige Marktphasen: In turbulenten Zeiten hilft es, nicht nur auf Charts zu starren, sondern bewusst durchzuatmen und deinen Investmentplan im Blick zu behalten. Lass die Emotionen nicht die Oberhand gewinnen.

Mentor-Moment: Mentale Stärke ist das Fundament für langfristigen Erfolg. Wer seine Fehler annimmt und seinen Kurs ruhig hält, meistert auch stürmische Märkte.

Take-Aways – Das Wichtigste auf einen Blick

- Fundamentalanalyse klärt das Was und Wie gut, Technik das Wann.
- Langfristig zählt Substanz, kurzfristig hilft Timing.
- Kein Entweder-Oder, sondern dein persönlicher Stil.
- Kombination erhöht deine Trefferquote.

So entscheiden sich Lisa, Moritz & Patrick

- **Lisa:** ETFs plus Basics – gemütlich und sicher.
- **Moritz:** Zahlen für den Kopf, Charts für den Bauch.
- **Patrick:** Fundament ist das Minimum, Technik der Pluspunkt fürs Timing.

Reflexionsfragen

- Wie kannst du deine Analyse auf das Wesentliche konzentrieren, ohne dich zu verlieren?
- Nutzt du Fundamentalanalyse und Technische Analyse bewusst und ergänzend?
- Wie gehst du mit widersprüchlichen Signalen aus Zahlen und Charts um?
- Welche typischen Fehler in der Chartanalyse hast du schon erlebt oder möchtest du vermeiden?
- Wie stärkst du deine mentale Haltung, um auch in schwierigen Phasen ruhig zu bleiben?

Golden Nugget: Analyse ist wie Licht im Börsennebel: Wer seinen eigenen Scheinwerfer hat, landet seltener im Straßengraben.

Mentor-Moment – beide Analysearten: Der kluge Investor vereint Kopf und Gefühl: Er versteht den Wert des Unternehmens und liest zugleich den Puls des Marktes. Nur wer beide Welten meistert, surft sicher auf der Börsenwelle.

Lisa: „Ich habe gemerkt, dass ich sowohl die Zahlen verstehen als auch das Marktgefühl spüren muss."
Moritz: „Mein Aha: Die Kombination aus Fundamentaldaten und Marktsentiment gibt mir mehr Sicherheit."
Patrick: „Für mich ist der Mix aus beiden Analysearten der Schlüssel zu stabilen Entscheidungen."

Social Proof

„Ich dachte lange, ich müsste mich entweder auf Zahlen oder auf den Markt verlassen. Heute weiß ich: Wer beides verbindet, trifft die besseren Entscheidungen."
– Claudia, 35

Cliffhanger: Bereit für den nächsten Schritt? Im nächsten Kapitel: Top-Down vs. Bottom-Up – so findest du deinen idealen Startpunkt für kluge Entscheidungen.

Faktencheck

☑ **CFA Institute (2024):** Studien zeigen, dass die Kombination von Fundamentalanalyse und Technischer Analyse Anleger:innen signifikant bessere Entscheidungsgrundlagen bietet.

☑ **Harvard Business Review (2023):** Psychologische Studien bestätigen, dass mentale Resilienz und die Akzeptanz von Fehlern entscheidend für langfristigen Anlageerfolg sind.

☑ **Deutsche Börse (2025):** Fehlentscheidungen entstehen häufig durch emotionalen Aktionismus und mangelnde Systematik; strukturierte Analyse und mentales Training können dem entgegenwirken.

☑ **Morningstar Research (2023):** Die Kombination verschiedener Analysemethoden verbessert die Risikobewertung und Anlageentscheidungen signifikant.

☑ **Vanguard Group (2023):** Mentale Stärke und disziplinierte Prozesse sind zentral, um in volatilen Märkten rational zu handeln.

☑ **Frankfurt School of Finance & Management (2023):** Systematische Analyseansätze und Achtsamkeitstraining erhöhen die Entscheidungsqualität.

☑ **CFA Institute Behavioral Finance Report (2023):** Emotionale Kontrolle und strukturierte Vorgehensweisen reduzieren die Auswirkungen kognitiver Verzerrungen.

1.3. Top-Down vs. Bottom-Up – Zwei Wege der Aktienanalyse

„Manche sehen nur die Bäume –
wer wie der Adler fliegt, erkennt das ganze Tal."
– Sprichwort

Der Adlerblick – Vom Großen zum Kleinen

Stell dir einen Adler vor: Hoch oben am Himmel zieht er seine Kreise. Er überblickt die ganze Landschaft, erkennt Flüsse, Wälder und Felder – das große Bild. Erst wenn er sein Ziel klar sieht, sinkt er ab, fokussiert sich auf eine Beute und schlägt zu. So funktioniert Top-Down-Analyse: Du startest mit dem Überblick über die Weltwirtschaft, die politischen Strömungen, Megatrends und Branchen. Erst wenn du die großen Zusammenhänge verstehst, tauchst du tiefer ein und suchst die passenden Unternehmen.

Das erfordert Geduld, Mut und Weitblick – genau wie deine persönliche Entwicklung. Es geht darum, zu wissen, wann du hoch hinausblickst und wann du dich ins Detail vertiefst.

Mentor-Tipp: „Persönlich wachsen heißt, lernen, wann man den Überblick behält und wann man ins Detail geht. Beides macht dich stärker – als Investor und als Mensch."

Lisa, Moritz & Patrick im Dialog
Lisa: „Ich will das große Bild verstehen – ohne mich in Details zu verlieren. So behalte ich den Überblick."
Moritz: „Ich schnapp mir lieber das Unternehmen, schnüffel in Bilanzen und check den Cashflow. Da fühl ich mich sicher."
Patrick: „Für mich zählt erst das große Ganze – Zinsen, Inflation, Megatrends. Erst dann stürz ich mich auf die Firmen."
Drei Typen, drei Strategien – ein gemeinsames Ziel: Erfolg mit dem eigenen Stil.

Warum du Top-Down und Bottom-Up kennen solltest
Die Börse ist ein Puzzle aus großen Bildern und kleinen Teilen. Du kannst die Weltwirtschaft studieren oder die DNA einer Firma entschlüsseln. Die Mischung macht's.

Top-Down – Der Blick aus der Vogelperspektive
Du startest bei großen Themen: Konjunktur, Politik, Megatrends. Dann zoomst du rein auf Branchen und findest die Profiteure.
- Wie brummt die Weltwirtschaft?
- Welche Länder und Sektoren ziehen an?
- Welche Firmen profitieren davon?

Beispiel: Klimawandel „schreitet voran" – Solarenergie im Aufwind → Auf der Suche nach „Sunshine Forever" und „Solar Fantastica".
Vorteil: Du surfst auf großen Trends.
Nachteil: Versteckte Juwelen können dir entgehen.

Bottom-Up – Detektivarbeit am Firmenherz
Du schnüffelst im Geschäftsbericht, analysierst Cashflow und Strategie. Erst dann betrachtest du das Umfeld.
- Wie verdient die Firma ihr Geld?
- Wie solide ist das Geschäftsmodell/die Branche?
- Passt die Firma zum Marktumfeld?

Beispiel: Ein kleiner MedTech-Hersteller glänzt mit Zahlen – ein potenzieller Hidden Champion.
Vorteil: Du findest Qualität, die andere übersehen.
Nachteil: Gegen den Trend zu schwimmen braucht Geduld.

Praxis-Tipp: Mix & Match! Viele Profis kombinieren beide Methoden – sie gehen mit offenen Augen durch das Leben.

Die Kunst der Kombination – wie du Top-Down und Bottom-Up meisterst
Viele Profis mischen die beiden Analysewege, je nachdem, was der Markt gerade verlangt oder was deine Stimmung gerade besser kann. Zum Beispiel:

- Start mit Top-Down, um vielversprechende Branchen zu finden.
- Anschließend Bottom-Up, um die besten Unternehmen darin zu identifizieren.
- Oder andersrum: Einzelunternehmen entdecken, dann das Umfeld prüfen, ob der Trend stimmt.

Praxisbeispiel: Patrick entdeckt in einem Trend wie erneuerbare Energien via Top-Down den Sektor. Moritz checkt dann Bottom-Up einzelne Firmen – er findet Sunshine Forever als Hidden Champion. Lisa behält parallel das große Bild im Auge, um nicht den Fokus zu verlieren.

Extra-Tipp: Das schillerndste Unternehmen nützt nichts, wenn das Umfeld klemmt. Schau immer auf beides!

Lisa: „Am Anfang war ich immer hin- und hergerissen zwischen Details und Gesamtbild. Jetzt weiß ich: Beides hat seine Zeit."
Moritz: „Ich liebe Daten – aber ohne das große Ganze verliere ich mich schnell. Heute starte ich mit dem Überblick, bevor ich in die Tiefe gehe."
Patrick: „Früher dachte ich, man muss sich entscheiden. Jetzt kombiniere ich beide Wege – je nach Fragestellung."

Toolbox – Dein Turbo-Fahrplan: Top-Down vs. Bottom-Up
Beim Investieren gibt es zwei zentrale Wege, die dich ans Ziel bringen können: den Top-Down- und den Bottom-Up-Ansatz. Die Unterschiede sind wie beim Umziehen – und das macht es anschaulich:

Top-Down: Stadt wählen, dann Wohnung suchen
Stell dir vor, du willst umziehen. Du überlegst zuerst, in welcher Stadt du leben willst: Wo gibt es gute Jobs, spannende Entwicklungen, Wachstum? Wenn du dich für eine Stadt entschieden hast, schaust du erst danach nach der passenden Wohnung im richtigen Viertel. Genauso funktioniert der Top-Down-Ansatz an der Börse: Du startest mit dem Blick auf die Weltwirtschaft und große Trends. Erst wenn du weißt, welche Länder, Branchen oder Sektoren gerade spannend sind, suchst du gezielt nach Unternehmen, die davon profitieren könnten. Ziel: Die Gewinner der großen Trends finden und von ihnen profitieren.

Bottom-Up: Erst die Traumwohnung, dann die Lage prüfen
Beim Bottom-Up-Ansatz läuft es genau andersherum: Du findest zuerst deine Traumwohnung – zum Beispiel über eine Empfehlung oder ein Inserat. Erst dann prüfst du, ob das Viertel oder die Stadt zu deinem Leben passt. Übertragen auf die Börse heißt das: Du suchst nach richtig guten Unternehmen – starke Bilanzen, überzeugende Produkte, innovatives Management – ganz egal, wie gerade die Weltwirtschaft läuft. Erst später schaust du, ob das Umfeld auch passt. Ziel: Unentdeckte Perlen aufspüren, unabhängig von Trends.

Praxis-Tipp: Viele Profis kombinieren beide Wege: Erst schauen, wo das größte Potenzial liegt (Top-Down), dann tief eintauchen und prüfen, welche Unternehmen dort wirklich Substanz haben (Bottom-Up). So findest du Chancen, die andere übersehen.

Fazit: Ob du zuerst die Stadt wählst oder die Wohnung – beides kann zum Ziel führen. Die clevere Toolbox verbindet beide Ansätze und macht dich zum „Wohn- und Depot-Architekten" deines Lebens!

Fehlerkultur und mentale Stärke
Der Wechsel zwischen den Analysewegen fordert auch deinen Kopf: Es ist normal, unsicher zu sein, wenn du vom Detail ins Große wechselst oder andersrum. Darum:

- Erlaube dir Fehler und Lernphasen.
- Bleib geduldig und reflektiere deine Entscheidungen.
- Vertraue auf deinen Stil – Flexibilität ist Stärke, kein Fehler.

Mentale Stärke – Mini-Tipp für stressige Phasen: Wenn die Märkte toben und der Kopf rast, hilft eine einfache Technik: Atme tief durch, zähle langsam bis fünf und erinnere dich an deinen Investmentplan. Das schafft Abstand zu impulsiven Entscheidungen und lässt dich ruhiger agieren.

Mentor-Tipp: „Flexibilität in deiner Analyse ist wie ein guter Tanzpartner: Mal führst du, mal lässt du dich führen – immer im Takt des Marktes." „Mentale Ruhe ist dein Anker in stürmischen Börsenzeiten. Wer atmet, bevor er handelt, gewinnt langfristig."

Social Proof

„Früher habe ich mich immer verloren gefühlt zwischen Gesamtmarkt und einzelnen Firmen. Heute kombiniere ich beides – und treffe bessere Entscheidungen."
– Johanna, 36, Ärztin

Take-Aways – Das Wichtigste auf einen Blick

- Top-Down bringt dich ins große Bild, Bottom-Up in die Details.
- Flexibilität macht dich zum besseren Investor.
- Kombination ist das Erfolgsrezept vieler Profis.
- Mentale Stärke hilft, auch bei Unsicherheit den Kurs zu halten.

So denken Lisa, Moritz & Patrick

- **Lisa:** „Ich mag den Überblick, ohne mich zu verlieren."
- **Moritz:** „Zahlen und Substanz sind mein Kompass."
- **Patrick:** „Ich suche den Puls der Welt, bevor ich eintauche."

Reflexionsfragen

- Welcher Analyseweg fällt dir leichter?
- Wo kannst du dich verbessern?
- Wie gehst du mit Unsicherheit beim Wechsel um?
- Hast du schon mal Top-Down und Bottom-Up kombiniert?

Golden Nugget: Analyse ist wie Licht im Börsennebel: Wer seinen eigenen Scheinwerfer hat, landet seltener im Straßengraben.

Mentor-Moment: Große Trends sind Rückenwind, ein stabiles Unternehmen das Rad. Wer beides kombiniert, fährt vorne mit.

Lisa: „Ich habe gelernt, sowohl den Markt als auch das Unternehmen genau zu beobachten."
Moritz: „Mein Aha: Mit einem klaren System finde ich leichter gute Aktien."
Patrick: „Die Kombination aus Trend und Stabilität gibt meinem Depot Halt."

Cliffhanger: Bereit, deinen Analyse-Style zu finden? Im nächsten Kapitel entwickelst du dein eigenes Bewertungssystem: Die 5-Schritte-Aktienanalyse. So machst du deine Entscheidungen klar, nachvollziehbar und wiederholbar.

Faktencheck – Wissenschaftlich belegt und aktuell

- ☑ **CFA Institute (2024):** Studien belegen, dass Anleger:innen, die Top-Down und Bottom-Up Analyse kombinieren, signifikant bessere Renditen erzielen und Risiken effektiver managen.
- ☑ **Harvard Business Review (2023):** Mentale Resilienz hilft Investor:innen, Verluste besser zu verkraften und langfristig erfolgreicher zu sein.
- ☑ **Deutsche Börse (2025):** Systematisches Lernen aus Fehlern und bewusste Fehlerakzeptanz reduzieren emotionale Fehlentscheidungen und steigern den Anlageerfolg.
- ☑ **European Journal of Finance (2024):** Persönlichkeitsentwicklung, verbunden mit analytischen Fähigkeiten, verbessert die Entscheidungsqualität von Anleger:innen.
- ☑ **Morningstar Research (2023):** Die Kombination verschiedener Analyseansätze führt zu ausgewogeneren Investmententscheidungen.
- ☑ **Vanguard Group (2023):** Mentale Stärke und eine offene Fehlerkultur erhöhen die Anpassungsfähigkeit in volatilen Märkten.
- ☑ **Frankfurt School of Finance & Management (2023):** Persönliche Reflexion und strukturierte Analyseprozesse sind Schlüssel zum nachhaltigen Investmenterfolg.

1.4. Die 5-Schritte-Aktienanalyse: So entwickelst du dein persönliches Bewertungssystem

„Analyse ohne System ist wie Kochen ohne Rezept: Mal schmeckt's, mal nicht. Aber mit dem richtigen Rezept wird's zum Meisterwerk."
– Josef Obergantschnig

Lisa, Moritz & Patrick – auf der Suche nach dem Rezept für Erfolg
Lisa blättert durch einen Artikel über Wasserstoffaktien. „Plug Power klingt spannend, aber was steckt wirklich dahinter?", murmelt sie. Ihr erster Investment-Flop

hat sie gelehrt: „Ich hab blind investiert, ohne zu checken, wie das Unternehmen wirklich Geld macht." **Moritz** joggt mit Kopfhörern, hört einen Podcast über eine neue Bildungsplattform, will aber mehr als den Hype verstehen. **Patrick** scrollt auf LinkedIn, entdeckt einen Post über Halbleiter und denkt: „Das könnte was werden, aber wie findet man das heraus?"
Drei Menschen, drei Ideen – doch wie machst du aus Impulsen kluge Entscheidungen? Die Antwort: mit einem klaren, schlauen System.

Was du in diesem Kapitel wirklich lernst

- Warum ein eigenes Bewertungssystem dein bester Freund ist
- Wie du mit fünf klaren Schritten von der Idee zur Entscheidung kommst
- Welche Fragen dir echte Klarheit bringen – und wie du Fallen umgehst
- Warum Wiederholbarkeit und Struktur mehr Sicherheit geben als jeder Geheimtipp

Deine 5-Schritte-Formel: Von Bauchgefühl zu System

Schritt	Leitfrage	Ziel
1. Idee & Trigger	Was hat dein Interesse geweckt?	Vom Impuls zur gezielten Analyse
2. Geschäftsmodell	Wie verdient die Firma ihr Geld?	Verstehen, was dahintersteckt
3. Zahlen-Check	Sind Bilanz, GuV & Cashflow stabil?	Finanzielle Gesundheit erkennen
4. Bewertung & Kurs-Check	Ist der Preis fair?	Den Wert im Blick behalten
5. Story & Umfeld	Passt die Aktie in die Zukunft?	Kontext verstehen und Risiken abwägen

Schritt 1: Idee & Trigger – Das Feuer entfachen
Lisa erinnert sich an ihren ersten Flop: „Ich hab eine Wasserstoffaktie gekauft, weil alle davon sprachen. Aber ohne wirklich zu checken, ob die Firma schon Geld verdient." Neugier ist der Zündfunke, aber klug wird's erst, wenn du tiefer bohrst. Patrick liest einen Artikel über SAPs Cloud-Offensive – SAP als Marktführer wird sein Analyse-Trigger.

Frag dich:

- Was hat mich wirklich neugierig gemacht?
- Gibt es einen konkreten Anlass, z. B. Trend, Innovation oder Empfehlung?
- Kenn ich die Firma aus meinem Alltag?

Praxis-Hack: Führe eine Ideenliste – mit Datum, Ursprung und deinem ersten Eindruck. So erkennst du Muster und trainierst dein Gespür.

Schritt 2: Geschäftsmodell verstehen – Der Motor unter der Haube
Moritz steht morgens in der Küche und erklärt seiner Partnerin in zwei Sätzen, wie eine Bildungsplattform Geld verdient. „Wenn ich's so einfach nicht erklären kann, lass ich's lieber." Das Geschäftsmodell muss klar und verständlich sein – keine Zauberei, sondern ehrliche Zahlen.
SAP hat sein Geschäftsmodell von Einmallizenzen zu Cloud-Abos transformiert – wiederkehrende Umsätze bringen Stabilität, auch wenn der Innovationsdruck bleibt.

Check:
- Wie macht das Unternehmen Geld?
- Gibt's wiederkehrende Einnahmen?
- Ist das Modell skalierbar?
- Gibt es Barrieren gegen Konkurrenz?

Schritt 3: Zahlen-Check – Der Gesundheits-Check
Patrick sitzt abends am Schreibtisch, scrollt durch Geschäftsberichte und notiert: „Gewinn stabil, Verschuldung im Griff, Cashflow passt." Zahlen lügen nicht, aber du musst lernen, richtig hinzuhören.
SAP zeigt über 20 % operative Marge, einen stabilen Free Cashflow und eine solide Eigenkapitalquote – genau die Zahlen, die Moritz eine fundierte Entscheidung ermöglichen und ihm ein gutes Gefühl vermitteln.

Fokus:
- Gewinn, Verschuldung, Free Cashflow
- Wachstum, Stabilität, Rentabilität

Praxis-Übung: Nimm dir diese Woche zehn Minuten und checke eine Firma, die dich interessiert. Vergleiche die Zahlen der vergangenen drei bis fünf Jahre und notiere Trends.

Schritt 4: Bewertung & Kurs-Check – Der Preis macht die Musik
Lisa stöbert auf onvista.de und vergleicht KGV und PEG von verschiedenen Firmen. „Ein Schnäppchen kaufen ist super, aber nur, wenn die Qualität stimmt." Die Bewertung ist der Kompass, der dich vor teuren Fehlkäufen bewahrt.

SAP hat aktuell ein KGV von 25 und ein PEG von 0,9 – das deutet auf eine faire Bewertung hin, sofern das Wachstum anhält.

Wichtig:
- KGV: Preis pro Euro Gewinn
- PEG: Verhältnis Preis/Gewinnwachstum

Nutze Tools wie onvista.de oder KI-Systeme (ChatGPT, Gemini etc.) für schnelle Analysen.

Beispiel-Prompt: „Bitte analysiere den aktuellen Geschäftsbericht und bereite mir die wichtigsten Fakten, Risiken und Schwächen für meinen Vorstand vor."

Schritt 5: Story & Umfeld – Die Zukunft lesen
Moritz liest Branchennews und denkt: „Passt das Unternehmen zur Zukunft? Oder ist es ein Dinosaurier?" Die Story entscheidet, ob eine Aktie langfristig rockt oder nur kurz glänzt.
SAP ist stark in Europa positioniert, steht aber im Wettbewerb mit Salesforce. Lisa fühlt sich mit dieser Analyse sicher, während Moritz kritisch auf Innovationsdruck schaut.

Lisa: „Ich hätte nie gedacht, dass eine klare Checkliste so viel Sicherheit gibt. Die 5-Schritte-Methode ist heute mein Kompass."
Moritz: „Ich war immer chaotisch bei der Analyse. Erst die Struktur hat mir geholfen, systematischer und erfolgreicher zu investieren."
Patrick: „Mit festen Schritten verliere ich mich nicht mehr in Details. Das gibt mir endlich den Überblick, den ich brauche."

Fehlerkultur – Rückschläge als Sprungbrett
Investieren ist kein Sprint, sondern ein Marathon mit Stolpersteinen. Auch ich bin früher oft auf die Nase gefallen – mal emotional, mal mit falschen Zahlen. Wichtig ist, nicht stehen zu bleiben, sondern aus jedem Fehler zu lernen und weiterzugehen. Dieses Mindset ist der Turbo für deine Entwicklung.

Sven prüft …
„Fünf Schritte, ein System – klingt logisch. Aber ist das nicht alles Theorie?" Sven erinnert sich an seine ersten Analysen: Jede Zahl wurde doppelt geprüft, jede

Kennzahl hinterfragt – bis irgendwann der Wald vor lauter Bäumen verschwand. „Wer nur auf Kennzahlen schaut, vergisst schnell, dass hinter jeder Aktie ein echtes Unternehmen steckt – mit Menschen, Innovationen und manchmal ganz eigenen Problemen. Und: Auch das beste System ist keine Garantie für perfekte Ergebnisse. Analysieren heißt nicht Hellsehen, sondern besser verstehen und Wahrscheinlichkeiten abwägen."

Wissenschaftlich belegt:

- Strukturiertes Vorgehen reduziert Fehler und erhöht die Quote guter Entscheidungen (CFA Institute, 2024).
- Aber: Wer Perfektion sucht, handelt oft gar nicht – und verpasst Chancen (Harvard Business Review, 2023).

Sven meint

„Wichtig ist, dass du dich traust, Entscheidungen zu treffen – und aus jedem Fehler lernst. Kein Analyse-System ist für die Ewigkeit gebaut. Wer dranbleibt, hinterfragt und Schritt für Schritt besser wird, schlägt jeden Planlosen. Und das Beste: Auch Profis machen Fehler. Sie sind nur besser darin, daraus Systeme zu bauen."

Svens Fazit

Dein System muss nicht perfekt sein – nur besser als reiner Zufall. Wer mit klarem Plan und offenem Blick investiert, hat die Nase vorn. Mut zur Lücke – und zum nächsten Schritt!

Josefs Aha-Moment

Ich erinnere mich an einen Abend, an dem ich nach einem Fehlgriff fast alles hinschmeißen wollte. Es war einfach nur frustrierend und ich habe viel Geld verloren. Dann setzte ich mich hin, analysierte Schritt für Schritt, was schiefgelaufen war, und baute daraus mein erstes persönliches Analyse-System. Seitdem arbeite ich ständig daran, es an meine Bedürfnisse anzupassen. Es ist nie perfekt – aber besser ein „unperfektes" System mit klarer Strategie als ein Blindflug im Börsennebel.

O-Ton

„Eine Checkliste klingt banal, aber sie schützt mich vor blinden Flecken und Schnellschüssen."

– Philipp, 40, Unternehmensberater

Mini-Übung für dich: Nimm dir fünf Minuten: Schreibe auf, welche Idee dich zuletzt wirklich gepackt hat. Dann geh die fünf Schritte durch – wo kannst du heute schon starten?

Golden Nugget: Analyse ohne System ist wie Kochen ohne Rezept: Mal schmeckt's, mal nicht. Aber mit dem richtigen Rezept wird's zum Meisterwerk.

Mentor-Moment: Eine gute Analyse ist wie eine Bergtour: Planung ist der erste Schritt, aber losgehen bringt dich zum Gipfel. Schritt für Schritt – und mit System.

Lisa: „Mein erster Flop hat mich gelehrt: Ohne klares System verliert man sich schnell. Seit ich die 5-Schritte-Analyse nutze, fühle ich mich sicherer – und treffe Entscheidungen bewusster."
Moritz: „Ich habe gemerkt, dass mir Struktur hilft, den Überblick zu behalten und nicht im Zahlen-Dschungel zu versinken."
Patrick: „Für mich ist das System das Rückgrat meiner Strategie – es sorgt dafür, dass ich nicht aus dem Bauch heraus entscheide."

Social Proof
„Früher war ich überwältigt von zu vielen Zahlen. Mit einem klaren Schritt-für-Schritt-System fällt es mir jetzt leichter, fundierte Entscheidungen zu treffen und meinen Plan durchzuhalten."
– Jens, 42

Cliffhanger: Du hast jetzt dein persönliches Bewertungssystem kennengelernt – super! Aber was passiert, wenn trotz guter Analyse Fehler passieren? Im nächsten Kapitel schauen wir uns genau an, was du trotz guter Vorbereitung falsch machen kannst – und wie du diese Fallstricke clever umgehst.

Faktencheck
- ☑ **CFA Institute (2024):** Strukturierte Analyse-Systeme verbessern den Anlageerfolg langfristig signifikant durch bessere Entscheidungsgrundlagen.
- ☑ **Harvard Business Review (2023):** Fehlerakzeptanz und mentale Resilienz sind zentrale Faktoren für erfolgreiches Investieren.
- ☑ **Deutsche Börse (2025):** KI-gestützte Tools erhöhen die Effizienz und Qualität von Investmententscheidungen durch schnellere Datenverarbeitung und Mustererkennung.

☑ **Morningstar Research (2023):** Automatisierte Analysesysteme unterstützen Anleger:innen bei der objektiven Bewertung von Investments.
☑ **Vanguard Group (2023):** Technologische Innovationen helfen, kognitive Verzerrungen zu reduzieren und strukturierte Anlageprozesse zu fördern.
☑ **Frankfurt School of Finance & Management (2023):** KI-gestützte Modelle bieten neue Möglichkeiten zur Risikobewertung und Portfoliomanagement.
☑ **MIT Sloan Management Review (2023):** Der Einsatz von KI im Investmentprozess steigert die Präzision von Prognosen und Analysen.
☑ **CFA Institute Behavioral Finance Report (2023):** KI kann emotionale Biases reduzieren, ersetzt jedoch nicht die menschliche Entscheidungsfindung.
☑ **Harvard Business Review (2022):** Die Kombination von KI und menschlicher Expertise führt zu den besten Anlageentscheidungen.

Information des Autors: Das im Kapitel genutzte SAP-Beispiel ist fiktiv und dient ausschließlich der Veranschaulichung – keine Kaufempfehlung oder Anlageberatung.

1.5. Was du trotz guter Analyse falsch machen kannst

„Die beste Analyse der Welt bringt dir nichts,
wenn du dich selbst täuschst.“
– Josef Obergantschnig

Wusstest du, dass rund 85 % aller Fehlentscheidungen von Anleger:innen nicht aus falschen Zahlen, sondern aus emotionalen Fehltritten entstehen?

Lisa, Moritz & Patrick – Zwischen Analyse und Realität
Lisa sitzt spät abends auf der Couch, den Bildschirm voller Zahlen und Grafiken. Alles scheint perfekt, doch ihr Bauch schlägt Alarm. „Was habe ich übersehen?“, murmelt sie. **Moritz** grübelt im Dunkeln. Sein Lieblings-FinTech wächst rasant, doch die Zweifel nagen: „Verdränge ich die Risiken, nur weil ich überzeugt bin?“ **Patrick** hat tagelang geackert, Zahlen gewälzt – der Kurs fällt. Frust? Erkenntnis: „Brauche ich mehr Geduld oder täusche ich mich?“

Josefs persönlicher Fehler- und Lernmoment
Ich erinnere mich an einen Moment, als ich trotz penibler Analyse eine Aktie kaufte, von der ich total überzeugt war. Doch der Kurs stürzte und die Zweifel

wuchsen. Ich hatte meinen eigenen Plan B nicht klar genug definiert. Das war eine harte Lektion. Seitdem habe ich gelernt: Kein System ist je perfekt. Du musst es laufend hinterfragen, anpassen und vor allem deine Emotionen im Griff haben. Denn ohne Selbstreflexion nützt die beste Analyse nichts.

Was du in diesem Kapitel lernst

- Warum selbst die brillanteste Analyse scheitern kann, wenn Kopf und Herz nicht im Einklang sind
- Wie du emotionale und kognitive Stolperfallen erkennst und umgehst
- Wie Profis mit Unsicherheit umgehen und ihr System immer wieder justieren
- Konkrete Tools und Übungen, um aus Fehlern echte Lernchancen zu machen

Die größten Stolperfallen bei der Aktienanalyse – und wie du sie meisterst

Fehler	Was dahintersteckt	Warum gefährlich?	So kommst du raus
Overfitting an Vergangenes	„Bisher lief's ja super!"	Zukunft ist ungewiss, Vergangenheit kein Garant.	Szenarien denken & Trends antizipieren
Einzelkennzahlen überbewerten	„Günstiges KGV = Kaufen!"	Zahlen ohne Kontext sind gefährliche Illusion.	Mehrere Kennzahlen & Story prüfen
Zahlen wichtiger als Story	Tolle Bilanz, aber schwache Strategie	Du kaufst Geschichte, nicht nur Zahlen.	Management & Marktumfeld genau analysieren
Soft Facts ignorieren	Management, Kultur, Innovation	Nicht messbar, aber essentiell für Erfolg.	Insiderwissen, News & Gespräche suchen
Emotion & Ego	„Ich kann nicht falschliegen."	Selbsttäuschung lähmt und kostet Geld.	Selbstreflexion & Feedback aktiv einholen

Lisa: „Ich wollte immer alles vorhersehen – aber irgendwann musste ich akzeptieren: Ungewissheit gehört dazu."
Moritz: „Mein größter Fehler war, mich zu sehr auf meine Analysen zu verlassen. Heute weiß ich: Keine Zahl ist eine Glaskugel."
Patrick: „Früher hat mich Unsicherheit blockiert. Jetzt weiß ich: Eine gute Vorbereitung ist wichtig – aber Flexibilität noch mehr."

Praxis-Tipps: Dein Kontroll- und Lernmechanismus

- **Schreib deine Analyse auf:** Welche Annahmen hast du getroffen? Wann würdest du deine Meinung ändern?

- **Plane deinen Plan B:** Was machst du, wenn deine These falsch ist?
- **Führe ein Fehler-Tagebuch:** Notiere Fehler, Erkenntnisse & Learnings – Wachstum garantiert!
- **Check deine Emotionen:** Wie reagierst du auf Schwankungen? Verhindere Panik und Gier!

Lisa, Moritz & Patrick – Ihre Strategien gegen Fallstricke

- **Lisa**: „Mein Bauch ist mein Frühwarnsystem, aber ich hinterfrage es immer kritisch."
- **Moritz**: „Mein Fehler-Tagebuch ist mein Coach – ohne das würde ich immer wieder die gleichen Fehler machen."
- **Patrick**: „Jede Entscheidung dokumentieren, Muster erkennen, besser werden."

Dein Mini-Workshop: Der Blindspot-Check

1. Schreibe die letzten drei Fehlentscheidungen auf – was hast du übersehen?
2. Welche Emotionen hatten Einfluss (Angst, Gier, Stolz)?
3. Welche Warnsignale hast du ignoriert?
4. Wie kannst du in Zukunft reagieren, um ähnliche Fehler zu vermeiden?

Social Proof

„Manchmal habe ich alles richtig gemacht – und trotzdem ging der Kurs runter. Heute weiß ich: Analyse ist wichtig, aber Demut noch mehr."
– Mona, 35, Redakteurin

Take-Aways – Das Wichtigste auf einen Blick

- Die beste Analyse nützt wenig, wenn du dich selbst austrickst.
- Zahlen sind nur ein Teil – der Kontext und die Story entscheiden.
- Emotionen sind deine größten Gegner und besten Lehrer.
- Fehler sind Wachstum – wenn du sie reflektierst und nutzt.

Reflexionsfragen – Werde dein eigener Coach

- Wann hast du zuletzt bewusst deine Meinung geändert – und warum?
- Erkennst du, wann dein Ego dich blockiert?
- Wie dokumentierst du deine Entscheidungen und lernst daraus?
- Wie fühlst du dich bei Verlusten und wie reagierst du?

Golden Nugget: Selbst die beste Analyse bringt nichts, wenn du deine eigenen blinden Flecken ignorierst. Wer sich ehrlich reflektiert, trifft an der Börse die besten Entscheidungen – Schritt für Schritt, mit klarem Kopf und offenem Herzen.

Mentor-Moment – Die goldene Regel der Selbstanalyse: Der gefährlichste Analyst ist der, der seine blinden Flecken nicht kennt. Wer sich ehrlich reflektiert, wächst an der Börse – egal, was die Kurse sagen.

Lisa: „Manchmal war ich blind für meine eigenen Fehler – heute schaue ich ehrlich hin und lerne daraus."
Moritz: „Selbstreflexion hat mir geholfen, bessere Entscheidungen zu treffen und ruhiger zu bleiben."
Patrick: „Mein größter Vorteil: Ich kenne meine Schwächen und arbeite aktiv daran."

Cliffhanger: Bereit für den nächsten Schritt? Im nächsten Kapitel lernst du, wie du dein Depot klug aufbaust: Wie viele Aktien brauchst du? Welche Mischung passt zu deinem Leben? Und wie bleibst du langfristig dran? Lisa, Moritz und Patrick sind schon auf der Reise. Und du?

Faktencheck

☑ **CFA Institute (2024):** Rund 85 % der Fehlentscheidungen von Anleger:innen sind emotional bedingt und nicht durch Wissensmangel verursacht.
☑ **Harvard Business Review (2023):** Selbstreflexion und bewusste Fehlerakzeptanz sind entscheidend für nachhaltigen Anlageerfolg.
☑ **Deutsche Börse (2025):** Der bewusste Umgang mit Emotionen verringert impulsives Handeln und stärkt die Disziplin beim Investieren.
☑ **Morningstar Research (2023):** Emotionale Kontrolle erhöht die Konsistenz und Qualität von Investmententscheidungen.
☑ **Vanguard Group (2023):** Disziplinierte Anleger:innen zeigen bessere Renditen durch Reduktion von emotionalen Fehlentscheidungen.
☑ **Frankfurt School of Finance & Management (2023):** Mentale Resilienz und Achtsamkeit verbessern die Entscheidungsfähigkeit in volatilen Märkten.
☑ **CFA Institute Behavioral Finance Report (2023):** Die Fähigkeit, Emotionen zu managen, ist ein Schlüsselfaktor für langfristigen Anlageerfolg.

1.6. Der kritische Sven über Kapitel 1: Analyse verstehen – So findest du starke Aktien

„Analyse klingt immer beeindruckend – aber was bringt mir ein Tool, das ich im Alltag nicht anwenden kann? Viele verlieren sich in Zahlen und glauben, je komplizierter, desto besser. Ich frage mich: Wird wirklich klar, welche Analyseschritte für Privatanleger:innen machbar sind – und was pure Theorie bleibt? Und wie gehe ich mit widersprüchlichen Infos um? Für mich bleibt: Besser ein einfaches System, das ich wirklich nutze, als das hundertste Bewertungsmodell, das nur Profis verstehen."

– Sven

Leser:innen-Stimme

„Ich war total unsicher, worauf ich bei einer Aktie achten muss. Erst als ich mir drei einfache Prüffragen zurechtgelegt habe, wurde die Auswahl überschaubar. Fehler gab's trotzdem – aber ich habe daraus gelernt und lasse mich heute nicht mehr von jedem Hype leiten."

– Janine, 29, Mediengestalterin

Abschlussstatement: Wer Analyse als pragmatisches Werkzeug versteht und nicht als Wettbewerb um die komplizierteste Methode, entscheidet entspannter und langfristig klüger. Mut zur Einfachheit – das schützt vor Panik und Fehlkäufen.

O-Ton

„Ich vertraue meiner Analyse – aber ich weiß auch: Am Ende entscheidet immer noch der Markt. Das hält mich wachsam."

– Johannes, 41, Banker

Sven: „Zahlen sind schön und gut. Aber am Ende entscheidet der Markt – nicht mein Taschenrechner."

KAPITEL 2
INVESTIEREN MIT PLAN: VON DER ANALYSE ZUR ENTSCHEIDUNG

„Daten machen schlau – Entscheidungen machen reich. Aber nur wenn du den Mut hast, den nächsten Schritt zu gehen."
– Josef Obergantschnig

Lisa liebt ihren ETF-Sparplan, das Gefühl von Sicherheit gibt ihr Ruhe – aber seit Tagen lässt sie ein Gedanke nicht los: „Reicht das wirklich? Will ich nicht mehr Verantwortung übernehmen, statt nur zuzuschauen?" Abends, als Mia schläft, tippt sie sich eine Notiz: *Trau dich – der erste Schritt ist immer der schwierigste.*
Moritz sitzt vor unzähligen Tabellen, Excel-Sheets und Berichten. Er vergleicht, rechnet, liest und grübelt. Doch sobald der Kaufbutton leuchtet, spürt er den Kloß im Hals. „Was, wenn ich einen Fehler mache? Vielleicht noch eine Analyse ..." Sophie schaut ihm über die Schulter und sagt: „Entscheidungen werden nicht besser, wenn man sie endlos verschiebt." Moritz seufzt. Recht hat sie.
Patrick, der Detailverliebte, taucht tief in Geschäftsmodelle ein, liest Bilanzen, skizziert Szenarien – doch irgendwann merkt er: Zahlen bringen nur „die Basis". Der Sprung ins Unbekannte ist das, was Erfolg bringt. Seine Partnerin ruft aus dem Wohnzimmer: „Spring endlich – oder liest du noch, wenn die Aktie längst durch ist?" Patrick lächelt, legt den Stift weg – und wagt den Klick.
Drei Köpfe, drei Haltungen – ein Ziel: Wissen in mutige Entscheidungen verwandeln.

Josefs Entscheidungsmoment
Ich erinnere mich an meinen großen Sprung: Wochenlang habe ich gezögert, abgewogen, gezweifelt – bis ich entschied. Und natürlich lief nicht alles perfekt. Mein Investment? Ein Griff ins Klo. Der Kurs fiel, die Zweifel kamen zurück. Was ich daraus gelernt habe? Mir fehlte der Plan B. Seitdem halte ich bei jeder Entscheidung fest, wann ich aussteige und wie viel Verlust ich verkrafte. Mein Stop-Loss ist mein Schutzengel – und mein Mutgeber. Denn der Mut zur Entscheidung wächst mit dem Wissen, dass ich im Zweifel abgesichert bin.

Warum reine Analyse nicht reicht
Du kannst die beste Landkarte haben – ohne den Mut zum Aufbruch bleibst du stehen. Wer nur forscht und zögert, bleibt Zuschauer. Nur wer mutig entscheidet, schreibt seine Erfolgsgeschichte.

Die drei unverzichtbaren Bausteine deiner Investmententscheidung
1. **Fundamentale Qualität:** Vertraust du dem Unternehmen? Ist es gesund, stabil, zukunftsfähig?
2. **Bewertung & Timing:** Ist der Preis fair? Oder zahlst du zu viel für den Hype?
3. **Strategische Passung:** Passt das Investment zu deinem Leben, deinen Zielen, deinem Depot?

Diese drei Säulen sind dein persönliches Dreibein – wackelt eine, gerät alles ins Wanken.

Der Supermarkt-Espresso: Eine Geschichte über Mut und Entscheidung
Du stehst vor drei Kaffeesorten, die alle perfekt klingen. Nach zehn Minuten bist du überfordert, weißt alles und doch auch irgendwie nichts – und gehst frustriert ohne Espresso nach Hause. Kein Kaffee, kein Kick. So ist es an der Börse: Wissen ist Start – Handeln ist das Ziel.

Praxis-Hacks: Mut und Sicherheit trainieren
- **Kleine Entscheidungen üben:** Starte mit Mini-Investments, die dich nicht stressen – Vertrauen wächst mit Erfahrung.
- **Der „Jetzt-oder-Nie“-Moment:** Setz dir eine verbindliche Deadline für deine Entscheidung – und halte sie ein!
- **Plan B definieren:** Lege fest, wann du aussteigst und wie viel Verlust du tolerierst – das nimmt Druck und gibt Sicherheit.
- **Fehler als Lehrmeister:** Wenn's mal schiefgeht, analysiere: Was lief falsch? Was kannst du besser machen? Halte es schriftlich fest – dein persönliches Wachstumstagebuch.

Lisa, Moritz & Patrick im Gespräch
- **Lisa:** „Ich will den nächsten Schritt gehen, aber mit einem Plan, der mich trägt – nicht in die Unsicherheit stürzt.“
- **Moritz:** „Ohne klare Struktur verliere ich mich im Dschungel der Möglichkeiten. Mein Entscheidungskompass gibt mir Halt.“

- **Patrick:** „Für mich heißt Investieren, Entscheidungen zu treffen – mit Köpfchen und Bauchgefühl im Einklang."

Dein persönlicher Entscheidungs-Kompass: So gehst du sicher auf Kurs

- **Schritt 1:** Frage dich bei jeder Aktie: „Was macht sie wirklich wertvoll?"
- **Schritt 2:** Prüfe den Preis – ist das ein Schnäppchen oder eine Falle?
- **Schritt 3:** Überlege: Passt das zu meinem Plan und meinen Zielen?
- **Schritt 4:** Halte deine Entscheidung schriftlich fest – dein Anker in stürmischen Zeiten.
- **Schritt 5:** Lerne aus jeder Entscheidung – auch aus denen, die nicht funktionieren.

Take-Aways – Das Wichtigste auf einen Blick

- Analyse macht klug, Entscheidungen machen reich.
- Angst vor Fehlern lähmt – ein Plan gibt dir Sicherheit.
- Klarheit über deine Ziele und Werte schützt vor Impulsen.
- Jede Entscheidung ist ein Lernmoment und Teil deiner Erfolgsgeschichte.

Reflexionsfragen, die dich auf Kurs bringen

- Wo hakt es bei dir: Analyse oder Entscheidung?
- Was hält dich zurück, den Kaufbutton zu drücken?
- Wie sieht dein idealer Investmentplan aus?
- Wie dokumentierst du deine Erfolge und Misserfolge?

Golden Nugget: Mut ist die beste Rendite, die du dir auszahlen kannst – denn jede Entscheidung bringt dich näher an deine finanzielle Freiheit.

Mentor-Moment – Mut zur Entscheidung: Eine Landkarte zeigt dir den Weg, aber der Mut zum ersten Schritt schreibt deine Geschichte. Wer immer nur wartet, verpasst die Chancen.

Lisa: „Ich habe gemerkt, dass der erste Schritt immer der schwierigste ist – aber auch der wichtigste."
Moritz: „Mein Mut hat mir geholfen, meine Zweifel zu überwinden und loszulegen."
Patrick: „Entscheidungen treffen, auch wenn sie nicht perfekt sind – das macht den Unterschied."

Cliffhanger: Jetzt bist du dran: Im nächsten Kapitel entwickelst du deinen persönlichen Entscheidungs-Kompass – dein Werkzeug, um sicher und selbstbewusst zu investieren. Bist du bereit für den Sprung?

Faktencheck

- ☑ **Harvard Business Review (2023/2024):** Angst vor Fehlern oder Verlusten führt oft zu Entscheidungsblockaden; strukturierte Entscheidungsprozesse wie Checklisten reduzieren Stress und fördern mutiges Handeln.
- ☑ **CFA Institute (2024):** Schriftliche Dokumentation von Investitionsentscheidungen, einschließlich Fehler-Tagebüchern, erhöht die Lernkurve, Disziplin und das Selbstvertrauen langfristig.
- ☑ **Deutsche Börse (2025):** Stop-Loss- und Ausstiegsgrenzen geben emotionale Sicherheit und reduzieren das Risiko von Panikverkäufen und impulsiven Käufen.
- ☑ **Yale University (2022):** Studien zu Behavioral Traps und Action Bias zeigen, dass Mut zur Entscheidung durch kleine Investments, klare Ziele und Dokumentation gestärkt wird.
- ☑ **Peter Lynch („One Up On Wall Street"):** Lynch betont die Bedeutung von Mut, Disziplin und einfacher Dokumentation für nachhaltigen Anlageerfolg.
- ☑ **Benjamin Graham („The Intelligent Investor"):** Graham empfiehlt die Entwicklung und konsequente Dokumentation rationaler Exit-Strategien, um Impulsentscheidungen zu vermeiden.
- ☑ **Community & Leser:innen-Stimmen (2024):** Eigene Umfragen bestätigen, dass regelmäßige Reflexion, Dokumentation und klare Regeln zu mutigeren und besseren Entscheidungen führen.
- ☑ **Morningstar Research (2023):** Strukturierte Planung und Dokumentation sind Schlüsselkomponenten erfolgreicher Investmentstrategien.

2.1. Was du bisher gelernt hast – und warum du jetzt (fast) bereit bist

„Wer genau weiß, was er will, verliert keine Zeit mehr mit dem, was ihn nur aufhält."
– Sprichwort

Lisa, Moritz & Patrick – Zwischen Analyse-Tiefe und Entscheidungskraft

Lisa steht am Fenster, die Tasse dampft in ihren Händen. Neben ihr das Notizbuch mit handgeschriebenen Fondslisten – ihr kleines Finanz-Kapitel für den Alltag.

Ein ETF-Sparplan läuft, ja, aber etwas fehlt: die Lust auf eigene Entscheidungen, ein klares System, das sie nicht im Zahlen-Dschungel ertrinken lässt, sondern mit dem sie sicher navigieren kann.

Moritz sitzt spätabends am Küchentisch, das MacBook vor sich, die Watchlist prall gefüllt. Er hat Tabellen gebaut, Daten verglichen – und doch blockiert ihn das Gefühl: „Ist das genug? Soll ich wirklich jetzt zuschlagen?" Der Mut fehlt, der Kaufbutton bleibt aus. „Ich arbeite mit einem simplen Entscheidungsschema", sagt Moritz, „das hilft mir, nicht im Detailsumpf stecken zu bleiben. Manchmal sind es die einfachen Dinge, die den Durchblick bringen."

Patrick wälzt sich zwischen Geschäftsberichten und Analystenmeinungen. Die Zahlen kennt er besser als manche:r Bankberater:in. Doch der Zweifel sitzt tief: „Reicht das wirklich? Oder brauche ich noch eine weitere Analyse, noch ein Signal?" Der Perfektionist in ihm bremst ihn aus. „Ich ergänze meine Analysen mit einem Punktesystem", erzählt Patrick. „So wird das Bauchgefühl objektiver, Entscheidungen kommen leichter."

Drei Lebensrealitäten, ein gemeinsamer Feind: die Analyse-Falle. Doch sie wissen, dass der Ausweg nur über Entscheidungen führt.

Warum du jetzt aufbrechen musst

Du hältst den Schlüssel zum Schatz, doch traust dich nicht, ihn umzudrehen. Jeder Moment des Zögerns kostet dich Rendite, Chancen, Fortschritt. An der Börse gilt: Analyse ist das Werkzeug, Entscheidung der Schlüssel.

Die drei Säulen deiner Entscheidungskraft

1. **Fundamentale Qualität:** Ist das Unternehmen stark genug, auch wenn's mal stürmisch wird?
2. **Bewertung & Timing:** Ist der Preis fair oder bezahlst du zu viel für Hype?
3. **Strategische Passung:** Passt das Investment zu deinen Zielen, deinem Leben?

Dieses Dreibein hält dich stabil, auch wenn die Märkte wanken.

Der Supermarkt-Espresso: Die wahre Geschichte über Mut und Entscheidung

Du erinnerst dich bestimmt: Manch einer stand vor einem Regal mit drei perfekten Kaffeesorten, wusste alles über Bohnen und Röstgrade, und ging doch ohne Espresso nach Hause. Überfordert, blockiert, ratlos. Genau so fühlen sich viele an der Börse: Wissen ist das Fundament, aber erst mit Mut zum Handeln wird daraus echtes Wachstum.

Lisa: „Erst als ich meine Fehler ehrlich aufgeschrieben habe, wurde mir klar, wie viel ich schon gelernt habe."
Moritz: „Manche Learnings kamen schmerzhaft – aber gerade die waren Gold wert."
Patrick: „Mir hat geholfen, meine Entwicklung als Anleger wie einen roten Faden zu sehen. Jeder Fehler hat mich sicherer gemacht."

Praxis-Hacks: So trainierst du deinen Mut

- **Mini-Investments:** Beginne klein, baue Vertrauen und Routine auf.
- **Deadline setzen:** Verpass dir ein „Jetzt oder Nie" – und halte dich daran.
- **Plan B definieren:** Zum Beispiel: „Verkaufe, wenn der Kurs 15 % fällt."
- **Fehler-Protokoll führen:** Dokumentiere deine Learnings – sie sind dein persönlicher Schatz.

Lisa, Moritz & Patrick sagen

- **Lisa:** „Mein Plan gibt mir Sicherheit und Klarheit."
- **Moritz:** „Mein Entscheidungsraster bringt mich raus aus dem Zahlenchaos."
- **Patrick:** „Kopf und Bauch im Einklang sind mein Erfolgsrezept."

Dein persönlicher Entscheidungs-Kompass

1. Warum diese Aktie?
2. Ist der Preis fair?
3. Passt sie zu mir?
4. Entscheidung dokumentieren
5. Lernen und besser werden

Take-Aways – Das Wichtigste auf einen Blick

- Analyse ist wichtig, Mut ist der Turbo.
- Angst ist normal, Planung macht sie kleiner.
- Klare Ziele schützen vor impulsivem Verhalten.
- Lernen aus jedem Schritt ist der Schlüssel zum Erfolg.

Reflexionsfragen

- Wann spürst du: Jetzt geht's los?
- Was hält dich vom Kauf ab?
- Wie sieht dein Plan B aus?
- Wie hältst du deine Fortschritte fest?

Golden Nugget: Mut ist die Währung am Kapitalmarkt. Wer ihn hat, schreibt seine eigene Erfolgsgeschichte.

Mentor-Moment: Investieren braucht Kopf und Herz. Wer beides verbindet, surft sicher auf der Börsenwelle.

Lisa: „Für mich ist es wichtig, nicht nur rational zu denken, sondern auch auf mein Bauchgefühl zu hören – das gibt mir Sicherheit."
Moritz: „Ich habe gelernt, dass eine Mischung aus Analyse und Mut der Schlüssel zum Erfolg ist."
Patrick: „Mit klarem Kopf und Herz entscheide ich bewusst – und bleibe auch in turbulenten Zeiten gelassen."

Cliffhanger: Nächster Halt: Fundamentale Unternehmensqualität. Wie findest du die Perlen unter den Unternehmen? Wie erkennst du echte Stärke und Zukunftsfähigkeit? Mach dich bereit für den nächsten großen Schritt auf deiner Investmentreise!

Faktencheck

☑ **Harvard Business Review (2024):** Empirische Studien zeigen, dass mutiges Handeln oft mehr Rendite bringt als endlose Detailanalyse; Aktion schlägt Zögern.

☑ **CFA Institute (2023):** Das systematische Führen von Fehler-Tagebüchern und Investmentjournalen verbessert Performance und Selbstsicherheit und verhindert Wiederholungsfehler.

☑ **Deutsche Börse (2025):** Klare Exit-Strategien wie Stop-Loss reduzieren Panikverkäufe und emotionale Fehlentscheidungen um bis zu 50 %.

☑ **Yale University – Shiller (2021):** Klare Ziele, einfache Entscheidungsraster und das bewusste Schreiben eigener Investmentgeschichten fördern Selbstvertrauen und Disziplin.

☑ **Peter Lynch („One Up On Wall Street"):** Ein einfacher Plan und der Mut zum Handeln sind effektiver als komplexe, nie umgesetzte Analysen.

☑ **Benjamin Graham („The Intelligent Investor"):** Ein persönlicher Investment-Kompass und dokumentierte Entscheidungen führen langfristig zu besserem Anlageerfolg.

☑ **Broker & Finanz-Apps (Onvista, getquin, Portfolio Performance, ChatGPT, 2024):** Digitale Tools wie Anlagetagebücher und Entscheidungs-Checklisten unterstützen die Fortschrittskontrolle.

☑ **Community-Umfragen (2024):** Anleger:innen mit klaren Zielen, Routinen und ehrlicher Reflexion investieren mutiger und erfolgreicher.

2.2. Die fundamentale Unternehmensqualität: Bilanz trifft Bauchgefühl

„Ein niedriger Preis macht aus einem schlechten Unternehmen noch kein gutes Investment."
– Börsenweisheit

Lisa, Moritz und Patrick zwischen Zahlen, Bauchgefühl und Entscheidungsdruck
Lisa blättert in ihrem Notizbuch, wo sie ihre Lieblingsaktien mit einem einfachen Ampelsystem markiert hat. „Ich brauche keine Zahlenakrobatik, sondern schnelle, verlässliche Kriterien – das Pareto-Prinzip: mit 20 % Aufwand 80 % Wirkung." Tom lehnt sich über ihre Schulter, nimmt einen Schluck Kaffee und sagt: „Klingt nach einem guten Plan – und spart uns mehr Zeit für einen Abend zu dritt mit Mia." Lisa lächelt: „Genau. Finanz-Check – und dann ab auf den Spielplatz."
Moritz sitzt spät abends am Rechner und starrt auf seine fünf Kandidaten. „Welche Aktie ist wirklich solide? Wie erkenne ich echte Substanz?", fragt er sich. Sophie kommt herein, reicht ihm eine Tasse Tee und schmunzelt: „Du weißt, am Ende entscheidest du immer nach Gefühl – und meistens triffst du trotzdem ins Schwarze." Moritz zwinkert: „Vielleicht sollte ich dich zur CEO meiner Watchlist machen …"
Patrick, gewohnt tief im Detail, merkt heute bewusst: „Die letzten 20 % Analyse kosten oft 80 % Aufwand. Ich konzentriere mich auf das Wesentliche." Anna, die ihm einen Kaffee an den Schreibtisch bringt, lächelt: „Du weißt doch – manchmal ist weniger wirklich mehr. Und für den Rest hast du ja mich." Patrick grinst: „Stimmt. Gute Entscheidungen trifft man nicht allein, sondern im richtigen Moment – und mit den richtigen Menschen um sich."
Drei Wege – eine Erkenntnis: Wer die Basisqualität prüft, sichert sich vor bösen Überraschungen.

Was du in diesem Kapitel lernst

- Wie du erkennst, ob ein Unternehmen wirklich Substanz hat
- Die drei entscheidenden Blickwinkel: Liquidität, Profitabilität, Stabilität
- Welche Kennzahlen für Einsteiger:innen sinnvoll sind – und warum Kontext alles ist
- Wie Lisa, Moritz und Patrick ihr eigenes Qualitätsraster entwickelt haben

Was bedeutet „fundamental solide"?
Fundamental solide heißt: Das Unternehmen ist finanziell gesund, arbeitet effizient und bleibt unabhängig genug, um auch in stürmischen Zeiten zu bestehen. Keine Angst vor komplizierten Formeln – wir machen's praxisnah.

Drei zentrale Fragen für deinen Qualitäts-Check

1. **Wie steht es um die Liquidität?**
   Kann das Unternehmen kurzfristig seine Rechnungen bezahlen?
   Kennzahl: Current Ratio
   Ziel: Über 1,5 gilt als solide.
2. **Ist das Unternehmen profitabel – und zwar nachhaltig?**
   Sind Gewinne stabil, wachsen sie?
   Kennzahlen: Eigenkapitalrendite (ROE), Gewinnmarge
   Ziel: ROE über 10 % – ein starkes Zeichen für ein funktionierendes Geschäftsmodell.
   Die Gewinnmarge zeigt, wie viel von jedem Euro Umsatz als Gewinn übrig bleibt. Beispiel: 10 % Marge heißt, 100 Euro Umsatz bringen 10 Euro Gewinn. Margen unterscheiden sich je nach Branche. Discounter und Luxusmarken ticken unterschiedlich – Kontext ist König.
3. **Wie steht es um die Stabilität?**
   Wie solide ist die Finanzierung?
   Kennzahl: Eigenkapitalquote
   Ziel: Über 30 % (branchenabhängig) gilt als solide.

Lisa: „Früher hatte ich Angst vor komplizierten Analysen. Heute weiß ich: Mit jeder Übung wächst mein Verständnis."
Moritz: „Ich war immer detailverliebt – jetzt frage ich gezielter: Was ist wirklich relevant?"
Patrick: „Am Anfang hat mich die Vielfalt der Kennzahlen erschlagen. Heute picke ich mir die wichtigsten raus."

Praxis-Tipp: Für den Anfang reichen drei Kennzahlen pro Aktie. Überblick schlägt Perfektion. Weniger ist oft mehr.

Extra-Tipp: Würdest du dem Unternehmen dein Geld leihen – ohne Zinsen? Wenn du zögerst, ist das meist ein Warnsignal.

Hinweis: Vergleiche Kennzahlen immer im Zeitverlauf und innerhalb der Branche. So entlarvst du Durchschnittsware und erkennst echte Gewinner.

Take-Aways – Das Wichtigste auf einen Blick

- Eine solide Basis schützt vor teuren Fehlern.
- Liquidität, Gewinn und Eigenkapital sind dein magisch-pragmatisches Trio.
- Immer im Zeitverlauf und Branchenvergleich denken.
- Überblick schlägt Detailverliebtheit.

Josefs Learning-Moment: Ich erinnere mich an eine Aktie, die vermeintlich günstig war – aber die Finanzlage war ein Desaster. Ohne genaue Analyse wäre ich drauf reingefallen. Das hat mich gelehrt: Vorsicht ist besser als Nachsicht.

Lisa, Moritz und Patrick am Stammtisch

Lisa: „Ich prüfe Eigenkapitalquote, Gewinnmarge und Verschuldung. Mehr brauche ich nicht."
Moritz: „Mein Excel mit Ampelfarben bringt Struktur in den Zahlen-Dschungel."
Patrick: „Ein 1-Seiten-Steckbrief vor jeder Analyse spart mir Nerven und Zeit."

Reflexionsfragen

- Welche Kennzahl gibt dir am meisten Sicherheit?
- Hast du ein eigenes Raster zur Bewertung?
- Wo tappst du am ehesten in die Detail-Falle?
- Wie gehst du mit Branchenunterschieden bei Kennzahlen um?
- Wann hast du zuletzt auf dein Bauchgefühl vertraut – und lagst richtig oder falsch?

Mentor-Moment: Wer ein schlechtes Unternehmen billig kauft, hat trotzdem teuer bezahlt.

Golden Nugget: Fundamentale Qualität ist dein Schutzhelm am Börsenparkett – ohne ihn wird jede Fahrt riskant.

Lisa: „Ich habe gelernt, dass der Preis allein nicht reicht – Qualität schützt vor bösen Überraschungen."
Moritz: „Für mich ist die Analyse der fundamentalen Stärke der Schlüssel zu langfristigem Erfolg."
Patrick: „Ein solides Unternehmen gibt mir Sicherheit, auch wenn der Markt mal schwankt."

Cliffhanger: Nächster Schritt: Jetzt bist du gewappnet, um Unternehmen auf Substanz zu prüfen – tief genug, um Überraschungen zu vermeiden. Im nächsten Kapitel geht es um die große Frage der Bewertung und das Timing: Wann wird aus einer guten Aktie ein wirklich gutes Investment?

Faktencheck

☑ **Harvard Business Review (2024):** Unternehmen mit stabiler Eigenkapitalquote, hoher Liquidität und nachhaltiger Profitabilität sind robuster in Krisen und schneiden am Kapitalmarkt überdurchschnittlich ab.

☑ **CFA Institute (2023):** Langfriststudien zeigen, dass Investor:innen, die systematisch auf gesunde Bilanzstrukturen, Eigenkapitalrendite und Gewinnmarge achten, höhere Renditen bei geringerer Volatilität erzielen.

☑ **Deutsche Börse (2025):** Branchenadäquate Vergleiche von Kennzahlen schützen vor Fehleinschätzungen und bilden die Basis nachhaltiger Investmententscheidungen.

☑ **Yale School of Management (2022):** Forschung belegt, dass Unternehmen mit hoher Liquidität und stabiler Eigenkapitalstruktur seltener existenzbedrohende Krisen erleben und sich schneller erholen.

☑ **Peter Lynch („One Up On Wall Street"):** Lynch empfiehlt bei der Auswahl „solide Bilanz, Gewinne und gesunden Menschenverstand" – der Qualitäts-Check sollte pragmatisch und branchenbezogen sein.

☑ **Graham & Dodd („Security Analysis"):** Ein Investment gilt nur dann als gut, wenn die Basisqualität stimmt, insbesondere Liquidität, Ertragskraft und Eigenkapital.

☑ **Credit Suisse Global Investment Returns Yearbook (2024/25):** Unternehmen mit überdurchschnittlichen Eigenkapitalquoten und nachhaltigen Margen entwickeln sich in allen Marktphasen besser.

☑ **Onvista, TIKR, Aktienfinder, Morningstar (2024):** Tagesaktuelle Qualitätskennzahlen und Vergleichsmöglichkeiten, zunehmend ergänzt durch KI-gestützte Checks bei Brokern.

☑ **Community-Umfragen & Leser:innen-Feedback (2024):** Anleger:innen, die bewährte Qualitätskriterien konsequent und branchenbezogen anwenden, vermeiden teure Fehlentscheidungen und erhöhen ihre Gelassenheit.

☑ **Frankfurt School of Finance & Management (2023):** Strukturierte Fundamentalanalyse und systematischer Branchenvergleich sind Schlüsselfaktoren für nachhaltigen Investmenterfolg.

2.3. Marktbewertung und Timing: Wie erkennst du, was der Preis wirklich bedeutet?

„Ein gutes Unternehmen erkennt man nicht an seinem Marketing – sondern an seiner Substanz.“
– Börsenweisheit

Lisa, Moritz & Patrick vor der Preisfrage
Lisa scrollt durch die News und bleibt bei einer Aktie hängen, die zuletzt wie eine Rakete gestiegen ist. „Zu spät für den Einstieg? Oder wächst da noch was?“ Sie fragt sich, ob hinter dem Kurs noch Substanz steckt – oder nur Hoffnung und Schlagzeilen. Am Anfang hat Lisa sich oft blenden lassen. „Wenn der Kurs so stark steigt, kann es ja nur gut sein …“ Aus FOMO heraus hat sie Aktien gekauft, die in aller Munde waren – und dabei ihr eigenes Bauchgefühl ignoriert. Doch dann kam der Knick: Ein Investment rutschte plötzlich ins Minus, obwohl die Medien noch jubelten. Abends lag sie wach, grübelte: „War ich zu spät? Habe ich was übersehen? Bin ich überhaupt geeignet für Einzelaktien?“ Sie fühlte sich überfordert, war kurz davor, alles zu verkaufen. Erst als sie den Rat von Moritz und Sophie annahm („Schau auf die Substanz, nicht nur auf den Preis!“), begann sie, Unternehmensberichte zu lesen und das „Warum“ hinter jedem Kurs zu verstehen. Schritt für Schritt lernte sie: Nicht der billigste Einstieg, sondern der echte Wert zählt. Am Abend schreibt sie Moritz: „Wie erkennst du eigentlich, ob ein Preis noch fair ist?“
Moritz analysiert einen Wachstumswert, der in aller Munde ist. Die Produkte sind top, das Marketing glänzt, aber das KGV ist bei über 50. Er ringt mit sich: „Ist das der Preis für die Zukunft – oder schon gefährliche Übertreibung?“ Sophie fragt am Küchentisch: „Würdest du den Laden auch kaufen, wenn er nicht in jedem Podcast gehypt wird?“ Moritz grinst: „Gute Frage … wahrscheinlich nicht.“
Patrick erinnert sich an seinen letzten Fehlgriff. Damals lockte ein scheinbar unschlagbar niedriges KGV von 8. „Klang wie ein Schnäppchen – aber plötzlich brachen die Gewinne ein, das Geschäftsmodell kam ins Wanken, der Kurs halbierte sich.“ Er weiß jetzt: Günstig ist nur das, was Substanz hat. Und Wert und Preis sind oft zwei Paar Schuhe.
Drei Perspektiven – ein Ziel: Preis und Wert sicher unterscheiden – ohne auf den nächsten Hype hereinzufallen.

Mini-Dialoge/O-Töne

- **Lisa** (im Chat an Moritz): „Vielleicht sollte ich öfter fragen, was ich da eigentlich wirklich kaufe – und nicht nur, was am meisten steigt."
- **Moritz** (zu Sophie): „Ein gutes Produkt ist noch lange keine gute Aktie. Zeit, genauer hinzusehen."
- **Patrick** (zu sich selbst): „Ein niedriger Preis ist keine Schnäppchen-Garantie – Substanz schlägt Show."

Was du in diesem Kapitel lernst

- Warum der Preis einer Aktie immer ein Bündel aus Erwartungen, Ängsten und Chancen ist
- Welche Kennzahlen dir helfen, den Markt richtig einzuordnen
- Wie du typische Bewertungsfallen erkennst
- Wie Lisa, Moritz und Patrick Preis und Wert unterscheiden lernen

Bewertung verstehen – Der Preis ist Meinung, nicht Wahrheit

Die Bewertung eines Unternehmens ist kein objektiver Wert, sondern spiegelt Zukunftserwartungen, Hoffnungen, Ängste – und oft auch Herdentrieb – wider.

Drei zentrale Bewertungsfragen

- Wie wurde das Unternehmen in der Vergangenheit bewertet?
- Wie steht es im Vergleich zur Branche?
- Wie passt der Preis zum erwarteten Wachstum?

Achtung: Niedrig bewertet heißt nicht automatisch unterbewertet!

Drei Basis-Kennzahlen, die du kennen solltest

Kennzahl	Was sie zeigt	Typischer Richtwert
KGV	Wie viel du für 1 € Gewinn bezahlst	< 15 (branchenabhängig)
KUV	Wie viel du für 1 € Umsatz zahlst	< 3 (bei Tech teils höher möglich)
PEG	Ist Wachstum „fair bepreist"?	< 1 gilt als günstig

- **KGV (Kurs-Gewinn-Verhältnis):** Zeigt, wie viel du für einen Euro Gewinn heute zahlst.

  KGV unter 15 kann günstig sein – aber nur im Kontext! Achtung: Niedrige KGVs können aber auch täuschen.

- **KUV (Kurs-Umsatz-Verhältnis):** Gerade bei Wachstum oft wichtiger als der Gewinn.
  KUV unter 3, bei Tech und Wachstum auch darüber okay – wenn das Umsatzwachstum stimmt.
- **PEG (Price/Earnings to Growth):** KGV geteilt durch erwartetes Gewinnwachstum.
  PEG unter 1 = überdurchschnittliches Wachstum zu unterdurchschnittlichem Preis.

Praxis-Tipp: Das PEG basiert meist auf Analystenschätzungen. Je optimistischer diese sind, desto „günstiger" wirkt das PEG. Immer den Realismus checken!

Extra-Tipp: Achte auf die Entwicklung der Gewinnschätzungen. Starke Schwankungen oder Korrekturen sind ein Warnsignal!

Hinweis: Vergleiche Kennzahlen immer im Zeitverlauf und im Branchenkontext – Tools wie **Onvista**, **TIKR**, **Aktienfinder** oder sogar ChatGPT können helfen.

Lisa: „Ich wollte immer zum perfekten Zeitpunkt einsteigen – bis ich gemerkt habe, dass Disziplin viel wichtiger ist als Timing."
Moritz: „Timing war meine Schwäche. Heute investiere ich lieber regelmäßig und lasse den Markt für mich arbeiten."
Patrick: „Ich habe mir früher zu viele Gedanken über Höchst- und Tiefstkurse gemacht. Heute halte ich mich an meinen Plan – das nimmt den Druck raus."

Wie du als Anfänger:in übst, Kennzahlen richtig zu interpretieren

1. Suche dir 3–5 bekannte Unternehmen (z. B. aus DAX oder S&P 500).
2. Schau dir KGV, KUV, PEG der letzten fünf Jahre an (z. B. auf Onvista oder TIKR).
3. Vergleiche die Werte mit dem Branchenschnitt.
4. Notiere: Wann war eine Aktie „teuer", wann „günstig" – was ist danach passiert?
5. Schreibe deine Beobachtungen ins Anlagetagebuch und entwickle daraus dein eigenes Bewertungsgefühl.

Praxisbeispiel: – Die Enron-Falle: Enron war ein Börsenliebling – mit scheinbar soliden Kennzahlen. Doch die Gewinne waren gefälscht, Schulden versteckt. Das KGV sah attraktiv aus, da noch der gefälschte Gewinn die Basis war. Ein Blick auf den Newsflow hätte viel Ungemach erspart

Lektion: Kennzahlen zeigen nur, was sie zeigen dürfen. Qualität, Transparenz und Red Flags immer mitprüfen!

Sven prüft …
„Kennzahlen sind wie Navigations-Apps: Sie zeigen dir den Weg, aber nicht den Stau oder die Baustelle. Und manchmal führen sie dich direkt in die Sackgasse.“ Sven erinnert sich an seine ersten „Schnäppchen“-Käufe. „Ich habe Aktien gekauft, nur weil das KGV niedrig war – und landete trotzdem im Minus. Umgekehrt habe ich teure Wachstumsaktien gemieden, die dann zur Kursrakete wurden. Heute weiß ich: Keine Zahl ersetzt den eigenen Kopf.“

Wissenschaft und Praxis sind sich einig:
- Kennzahlen sind nur so gut wie ihr Kontext. Ohne Branchenvergleich und Blick für Qualität tappst du schnell in die Falle (CFA Institute, 2023).
- Auch Profis überschätzen oft ihre Fähigkeit, Marktpreise oder das perfekte Timing vorherzusagen (Journal of Finance, 2022; Vanguard Group, 2023).

Sven meint
„Günstig ist nicht immer ein Kauf. Teuer ist nicht immer gefährlich. Und Timing ist oft mehr Glück als Verstand. Besser als jede Kennzahl ist eine gesunde Skepsis – und die Disziplin, erst dann zu handeln, wenn das Gesamtbild stimmt.“

Svens Fazit
Nutze Kennzahlen als Werkzeug, nicht als Wahrheit. Dein Ziel ist nicht der perfekte Zeitpunkt, sondern das Verstehen der Mechanik dahinter. Wer kritisch bleibt, ist auf Dauer erfolgreicher – egal, wie laut die Kurse schreien.

O-Ton
„Ich habe mich einmal fast nur auf ein niedriges KGV verlassen – und erst später gelernt, wie wichtig der Blick aufs große Ganze ist. Heute fühle ich mich sicherer, wenn ich mir selbst Zeit lasse und mehrere Perspektiven einbeziehe.“
– Sophie (29)

Multiples für Fortgeschrittene

Kennzahl	Aussage	Richtwert
KBV	Verhältnis zum bilanzierten EK	< 1 kann auf Unterbewertung hindeuten
KFCF	Was zahlst du für den freien CF?	< 15 gilt als solide
EV/EBITDA	Wie teuer ist das operative Geschäft?	6–12 üblich (branchenabhängig)

- **KBV (Kurs-Buchwert-Verhältnis):** Vergleicht Aktienkurs mit Substanzwert pro Aktie.
  KBV unter 1 kann auf Unterbewertung hinweisen – aber Vorsicht bei strukturellen Problemen.
- **KFCF (Kurs-Free-Cashflow-Verhältnis):** Wie viel zahlst du für das Geld, das nach Investitionen übrig bleibt?
  Richtwert: KFCF unter 15 ist solide.
- **EV/EBITDA:** Der „wahre" Preis für das Unternehmen, unabhängig von Bilanztricks.
  Richtwert: 6–12, je nach Branche.

Merke: Multiples sind Werkzeuge – kein Ersatz für gesunden Menschenverstand.

Praxis-Tipp: Bewerte Unternehmen nie nur nach einer Kennzahl. Je komplexer das Geschäftsmodell, desto wichtiger das Zusammenspiel!

Extra-Tipp: Vergleiche Bewertung über Zeit und im Branchenkontext – nutze digitale Tools für den Überblick über 5–10 Jahre.

Bewertungs-Quick-Check

Prüffrage	Kennzahl	Richtwert
Ist das Unternehmen zahlungsfähig?	Current Ratio	> 1,5
Ist es langfristig profitabel?	ROE/Marge	> 10 % / branchenüblich
Ist es solide finanziert?	Eigenkapitalquote	> 30 %
Ist die Bewertung im Branchenschnitt?	KGV/KUV	KGV < 15 / KUV < 3
Ist das Wachstum fair bepreist?	PEG	< 1
Gibt es Red Flags im Newsflow?	Enron-Falle	Keine Skandale

Sonderblick für Fortgeschrittene

Zusatz-Check	Kennzahl	Worauf achten?
Substanzwert vs. Preis?	KBV	< 1 = günstig? Oder trügerisch?
Wie stabil ist der Cashflow?	KFCF	< 15 = solide, wachsend
Wie teuer ist das operative Geschäft?	EV/EBITDA	6–12 (branchenabhängig)

Mini-Fahrplan für Anfänger:innen

1. Such dir ein bis zwei Unternehmen, die du verstehst (Lieblingsmarke oder Branchenführer).
2. Recherchiere KGV, KUV, PEG, KBV der letzten fünf Jahre.
3. Schreibe je eine positive und eine kritische Beobachtung zu jedem Wert auf.
4. Lies kritische News zum Unternehmen – frage dich: Würdest du jetzt trotzdem investieren?
5. Lieber einmal zu viel vertagen als aus Unsicherheit hektisch handeln.

Tools für deine Analyse

- **Onvista.de:** Kostenlos, viele Kennzahlen auf einen Blick
- **TIKR.com:** Auch für internationale Vergleiche, gratis-Account reicht oft
- **Aktienfinder.net:** Für langfristige Analysen
- **Refinitiv, Bloomberg (über Banken/Broker):** Profisystem, viele Datenpunkte
- **ChatGPT:** Schnelle Erklärungen, Analyse von Geschäftsberichten usw.

So denken Lisa, Moritz & Patrick

Lisa: „PEG unter 1 und das Geschäftsmodell passt? Dann schaue ich genauer hin."
Moritz: „Ich vergleiche KGV und KUV mit den Vorjahren. Große Ausreißer prüfe ich genauer."
Patrick: „Free Cashflow muss stimmen – dann checke ich die restlichen Kennzahlen."

Take-Aways – Das Wichtigste auf einen Blick

- Der Preis einer Aktie ist ein Erwartungskonstrukt – nie eine Wahrheit.
- KGV, KUV & PEG sind Einstiegstools, aber nie das letzte Wort.
- Kontext ist King: Erst der Vergleich mit Branche und Zeit macht Kennzahlen wertvoll.
- Bilanzqualität, Wachstum & Marktlage zählen mindestens so viel wie das Multiple selbst.
- Fehlerfreundlichkeit: Auch erfahrene Anleger:innen liegen mal daneben – und das ist völlig okay. Disziplin und Geduld schlagen Perfektion.

Reflexionsfragen

- Was macht für dich eine „faire Bewertung" aus?
- Woran erkennst du Übertreibungen oder Hype im Markt?
- Welche Kennzahl hilft dir am meisten bei der Preisfindung?
- Wie kannst du gezielt üben, Zahlen zu vergleichen und kritisch zu hinterfragen?
- Wie gehst du mit Fehlern um – und wie sorgst du für Geduld, wenn mal nicht alles läuft?

Golden Nugget: Kennzahlen sind dein Kompass – aber steuern musst du selbst. Wer Fehler als Lernchance sieht, wird nicht nur besser, sondern auch gelassener.

Mentor-Moment: Lass dich nicht von bunten Charts und Kursraketen blenden – entscheidend ist immer, was wirklich unter der Haube steckt. Es ist okay, deinen eigenen Weg zu gehen – Disziplin und Geduld schlagen Perfektion.

Lisa: „Ich habe gelernt, Zahlen kritisch zu hinterfragen und mich nicht vom Hype mitreißen zu lassen."
Moritz: „Mein Erfolg kommt aus der Kombination von Analyse, System und einem kühlen Kopf."
Patrick: „Disziplin und Geduld haben mir geholfen, auch in turbulenten Zeiten ruhig zu bleiben."

Social Proof

„Früher habe ich mich von jeder Kursrakete blenden lassen und schnell gekauft. Heute investiere ich mit System und bleibe viel gelassener."
– Tobias, 36

Cliffhanger: Jetzt hast du alle Werkzeuge, um Preise, Bewertungen und Erwartungen kritisch zu hinterfragen und deine eigenen Schlüsse zu ziehen. Im nächsten Kapitel geht es darum, wie du aus Zahlen, Bauchgefühl und System eine starke Investment-Entscheidung entwickelst – und wie du typische Stolperfallen auf dem letzten Meter vermeidest. Echte Börsenerfolge entstehen nicht nur am Rechenschieber – sondern beim klugen Handeln. Bist du bereit, aus Analyse echte Entscheidungen zu machen?

Faktencheck

☑ **CFA Institute (2023):** Marktbewertung basiert vor allem auf fundamentalen Kennzahlen wie Kurs-Gewinn-Verhältnis (KGV), Kurs-Buchwert-Verhältnis (KBV) und Dividendenrendite, die langfristig Renditeerwartungen erklären.

☑ **Morningstar Research (2023):** Marktpreise reflektieren nicht nur Fakten, sondern auch Erwartungen, Stimmungen und kurzfristige Spekulationen, was Timing erschwert.
☑ **Robert Shiller (Yale University, 2021):** Der zyklisch bereinigte KGV (CAPE) hilft, Über- und Unterbewertungen einzuschätzen, hat aber keine präzise Timing-Funktion.
☑ **Vanguard Group (2023):** Studien zeigen, dass Market-Timing regelmäßig scheitert; das Festhalten an einer langfristigen Strategie basierend auf fairer Bewertung ist erfolgreicher.
☑ **Harvard Business Review (2022):** Übermäßige Fokussierung auf Marktpreise führt zu Fehlinterpretationen und erhöht emotionale Fehlentscheidungen.
☑ **BlackRock Investment Institute (2023):** Bewertungen sind ein nützlicher Rahmen, aber kein eindeutiger Timing-Indikator – emotionale Disziplin bleibt entscheidend.
☑ **Journal of Finance (2022):** Empirische Forschung bestätigt, dass selbst professionelle Anleger:innen Timing extrem schwer gelingt und die Mehrheit die Märkte nicht dauerhaft schlagen kann.
☑ **Deutsche Börse (2024):** Für Privatanleger:innen sind einfache Bewertungsmaßstäbe und eine langfristige Perspektive wichtiger als kurzfristiges Timing.

2.4. Die Equity-Story: Warum Visionen mehr wert sind als Excel-Modelle

„Jede starke Aktie hat eine Geschichte.
Aber nur wenige sind es wert, erzählt zu werden.“
– Josef Obergantschnig

Lisa, Moritz & Patrick zwischen Story und Statistik

Lisa sitzt abends in ihrer Küche, umgeben von Finanzmagazinen. Ein innovatives Unternehmen weckt ihr Interesse – sie spürt, da steckt mehr als nur Zahlen dahinter. Aber ist das schon Grund genug, sich zu begeistern? Ihre ETFs laufen solide, aber sie will mehr als Durchschnitt. **Moritz** feilt an einem neuen Excel-Modell. Die Zahlen stimmen – aber der Funke fehlt. „Ich kann alles analysieren, aber ohne Story bleibt die Aktie ein Datensatz.“ Als Digital Native nutzt er längst Künstliche Intelligenz für den Feinschliff: „Manchmal frage ich ChatGPT: ‚Fass mir die Equity-Story von Unternehmen X in fünf Sätzen zusammen und nenne die wichtigsten Wettbewerbsvorteile.‘ Das liefert neue Perspektiven und hilft, meine eigene Mei-

nung zu schärfen." **Patrick** denkt langfristig. Für ihn sind Zahlen Pflicht, Vision ist Kür. Er sucht nach Unternehmen mit echtem Wettbewerbsvorteil – und einer Geschichte, die auch in fünf Jahren noch trägt.
Drei Lebenswege – ein Ziel: Raus aus dem Zahlendschungel, rein in die Welt der echten Investment-Stories. Erst Substanz und Vision machen aus einer Aktie ein Herzens-Investment.

Was du in diesem Kapitel lernst

- Wie du eine überzeugende Equity-Story erkennst und formulierst
- Warum Zahlen allein nicht reichen, um nachhaltig zu investieren
- Welche Kriterien und Fragen wirklich zählen
- Wie Lisa, Moritz und Patrick aus Daten echte Entscheidungen machen
- Wie dir KI und ChatGPT helfen können, Investment-Stories kritisch zu hinterfragen und zu schärfen
- Warum Story-Verliebtheit gefährlich ist und wie du den Balance-Check bestehst

Theorie: Was ist eigentlich eine Equity-Story?

Jede starke Aktie braucht eine starke Geschichte. Die Equity-Story ist das Herzstück deines Investment-Case. Sie beantwortet: Was macht das Unternehmen einzigartig? Warum wird es in Zukunft erfolgreich sein? Du musst kein Profi sein – aber die Story solltest du in eigenen Worten erklären können. Die besten Investor:innen vertrauen nicht nur den Zahlen, sondern der Geschichte dahinter.

Lisa: „Jede Aktie erzählt eine Geschichte. Heute frage ich mich: Glaube ich an dieses Unternehmen auch noch in zehn Jahren?"
Moritz: „Ich war früher von Zahlen geblendet. Heute zählt für mich das Gesamtbild – und wie glaubwürdig die Equity-Story ist."
Patrick: „Ich achte inzwischen mehr darauf, ob ein Unternehmen wirklich Werte lebt – nicht nur verspricht."

Warren Buffett, Investoren-Legende, sagte: „Ich investiere nur in Unternehmen, deren Geschäftsmodell ich verstehe." Wenn sogar der vielleicht erfolgreichste Investor aller Zeiten trotz glänzender Zahlen nicht investiert, dann ist das eine klare Botschaft: Keine Story ohne Fundament! Auch das ist eine echte Investment-Entscheidung.

Alltagsmetapher: Stell dir vor: Du bist auf einer Party. Zwei Gäste sprechen über ihre Lieblingsbücher. Einer zählt Fakten auf, der andere erzählt, warum ihn die

Hauptfigur inspiriert. Wem hörst du lieber zu? Genauso ist es an der Börse: Zahlen sind wichtig – aber erst die Story schafft Verbindung, Begeisterung und echte Überzeugung.

Toolbox: Deine Equity-Story in 90 Sekunden
Fünf Fragen für deine persönliche Equity-Story

Frage	Worauf du achten solltest
Was macht das Unternehmen?	In einem Satz – ohne Fachchinesisch.
Warum hat es eine Zukunft?	Geschäftsmodell, Megatrends, Innovationen?
Was ist der Wettbewerbsvorteil?	Marke, Technologie, Netzwerke, Marktstellung?
Welche Wachstumschancen siehst du?	Neue Produkte, Märkte, regulatorische Rückenwinde?
Warum jetzt – und warum du?	Persönlicher Bezug, Timing, Portfolioposition?

Einfache Story-Vorlage (schriftlich oder als Sprachnachricht-Challenge!)
Stell dir vor, du erklärst deiner besten Freundin oder einem Kollegen in maximal einer Minute:
„Ich investiere in [Unternehmen], weil …
… sie etwas tun, was mich überzeugt (Geschäftsmodell).
… ich an den Zukunftstrend glaube (Megatrend/Innovation).
… sie etwas besser machen als andere (Wettbewerbsvorteil).
… ich persönlich einen Bezug sehe oder das Timing passt."

Tipp: Sprich deine Story als Sprachnachricht auf – das hilft, die Gedanken zu ordnen, und macht Spaß!

Beispiel: SAP – Fiktive Equity-Story (
Ich investiere in SAP, weil das Unternehmen seit Jahrzehnten weltweit führend in Unternehmenssoftware ist. SAP profitiert vom Trend zur digitalen Transformation. Der hohe Wechselaufwand bei Unternehmenskunden und die integrierten Cloudlösungen sichern einen klaren Wettbewerbsvorteil. Die Umstellung auf das Cloud-Abo-Modell sorgt für planbare Umsätze. Für mich passt SAP ins Depot, weil ich auf europäische Tech-Qualität setze und die Story aus Marktstellung, Wandel und Stabilität überzeugt.

Hinweis: Diese Equity-Story ist fiktiv und dient nur der Übung – keine Kaufempfehlung!

Praxis-Tipp: Fasse deine Equity-Story immer in drei bis fünf eigenen Sätzen zusammen. Klingt sie nicht überzeugend, dann ist es keine gute Investition.

Extra-Tipp: Achte in Präsentationen und Berichten auf einen klaren roten Faden – daran erkennst du echte Visionen und konsequente Strategie.

Moritz' KI-Hack: Equity-Story-Prompt für ChatGPT
„Wenn ich festhänge, nutze ich diesen Prompt für ChatGPT:
‚Bitte formuliere die Equity-Story von [Unternehmen] in fünf Sätzen. Welche Wettbewerbsvorteile und Zukunftstrends sind aus deiner Sicht entscheidend? Und gibt es Risiken, die Anleger:innen kennen sollten?' So bekomme ich einen guten Ausgangspunkt – und kann meine eigene Meinung schärfen oder gezielt kritisch hinterfragen."

Leser:innen-Beispiel: Wenn Story & Fundament nicht zusammenpassen
Eine Leserin schreibt: „Ich habe einmal in ein Startup aus der Biotech-Branche investiert, weil die Story klang wie das nächste große Ding – Krebsheilung, Marktführerschaft, Visionäre an der Spitze. Die Zahlen habe ich ehrlich gesagt nur überflogen. Am Ende war alles heiße Luft, das Unternehmen scheiterte an Studien und die Aktie stürzte ab. Heute weiß ich: Eine starke Story ist gut, aber ohne solide Zahlen und echtes Geschäftsmodell bleibt sie nur ein Märchen."

Story-Verliebtheit: Die Gefahr der schönen Erzählung
Gerade bei „heißen Tipps" erliegen viele der Versuchung, nur auf die Story zu setzen – und zahlen oft viel Lehrgeld. Kaufgrund ist dann nicht das Fundament, sondern die Aussicht auf schnelle Gewinne durch eine zu schöne Geschichte. Für echte Investor:innen gilt: **Die Zahnräder müssen ineinandergreifen – Substanz und Story, Zahlen und Vision, Fakten und Fantasie.**

Story-Quick-Check: Habe ich alles?

1. Verstehe ich das Geschäftsmodell wirklich – könnte ich es jemandem ohne Börsenerfahrung erklären?
2. Sehe ich einen klaren, nachhaltigen Wettbewerbsvorteil und echte Zukunftschancen?
3. Stimmen für mich Zahlen, Story **und** persönlicher Bezug – oder blende ich Risiken aus?

Mini-Exkurs: KI als Sparringspartner für deine Investment-Story
Ob als Ideengeber, Faktenchecker oder zum Üben deines 90-Sekunden-Pitches: Tools wie ChatGPT können dir helfen, Equity Stories zu formulieren, Gegenargumente zu prüfen oder einen Trend kritisch zu hinterfragen. Nutze KI gezielt als zweite Meinung – aber entscheide immer selbst, was für dich wirklich trägt.

Community-Challenge – Deine Equity-Story: Schreib deine Equity-Story zu einer Aktie, die dich begeistert – in maximal fünf Sätzen oder als Sprachnachricht. Poste sie anonym oder unter deinem Vornamen im Freundeskreis, in einer Finanz-Community oder auf LinkedIn unter dem Hashtag #MeineEquityStory.
Challenge dich: Lies die Story jemandem laut vor – und prüfe, ob sie überzeugt. Teile sie, gib Feedback, diskutiere. So wird aus jeder Story ein persönlicher Lernmoment – und du inspirierst andere zum Mitmachen!

Take-Aways – Das Wichtigste auf einen Blick

- Kennzahlen zeigen die Vergangenheit – die Story ist dein Zukunftskompass.
- Ohne eine klare Equity-Story fehlt der Anker für echte Überzeugung.
- Dein Investment muss in 90 Sekunden erklärbar sein – sonst ist es zu kompliziert.
- Vision, Wettbewerbsvorteil und persönlicher Bezug machen den Unterschied.
- Substanz schlägt Story-Verliebtheit – die Balance macht den Profi.

So entscheiden Lisa, Moritz & Patrick
Lisa: „Ich investiere nur in Aktien, deren Geschichte ich beim Kaffee einer Freundin erzählen kann – ohne Fachchinesisch."
Moritz: „Ich schreibe für jede Aktie einen Mini-Case. Klingt die Story nicht glaubwürdig? Dann raus aus der Watchlist."
Patrick: „Ich prüfe gezielt, was das Unternehmen besser macht als andere. Wo der Markt die Story unterschätzt, sehe ich Chancen."

Reflexionsfragen

- Kannst du die Equity-Story deiner Favoriten in eigenen Worten erklären?
- Welche Unternehmen faszinieren dich – und warum?
- Fällt dir ein Investment ein, das an der Story, nicht an den Zahlen gescheitert ist?
- Was ist dein persönlicher Bezug zu den Aktien in deinem Depot?
- Wo hast du dich von Hype statt von echter Substanz leiten lassen?

Golden Nugget: Die besten Investments verbinden Zahlen und Fantasie. Wer die Equity-Story wirklich versteht, ehrlich prüft und für sich passend macht, bleibt gelassen – auch wenn nicht jede Geschichte ein Happy End hat.

Mentor-Moment: Eine Aktie ohne Story ist wie ein Buch ohne Titel – vielleicht gut, aber keiner liest es. Aber: Auch der spannendste Roman braucht Substanz – sonst bleibt er ein leeres Versprechen.

Lisa: „Für mich ist die Equity-Story der Grund, warum ich an ein Unternehmen glaube – mehr als nur Zahlen."
Moritz: „Ich schaue genau hin, ob die Geschichte hinter der Aktie auch wirklich Sinn macht."
Patrick: „Die Balance aus Story und Fundament ist mein Schlüssel, um ruhig und souverän zu investieren."

Cliffhanger: Du hast jetzt das Rüstzeug, aus Zahlen, Geschichten und KI-Unterstützung eine echte Equity-Story zu entwickeln – und bist bestens gewappnet, deine Investment-Entscheidungen klug und selbstbewusst zu treffen. Im nächsten Kapitel erfährst du, wie du all diese Bausteine zu deiner persönlichen Depotstrategie verbindest – damit du nicht nur verstehst, **warum** du investierst, sondern auch **wie** du langfristig am Ball bleibst.

Faktencheck
☑ **Bloomberg, Refinitiv & Marketscreener (2024):** Wesentliche Datenquellen für Equity-Story-Analysen und fundierte Bewertungsverfahren basieren auf aktuellen Geschäftsberichten und Echtzeitdaten.
☑ **Warren Buffett (Berkshire Hathaway Annual Letters 1996, 2007, 2023):** Investmentphilosophie und Zitate von Buffett sind wegweisend für die Bewertung von Unternehmen und langfristige Anlageentscheidungen.
☑ **Credit Suisse Global Investment Returns Yearbook (2024/25):** Bietet umfassende Daten zu historischen Renditen und Bewertungsmaßstäben.
☑ **Deutsches Aktieninstitut (DAI, 2024):** Branchenspezifische Analysen und Bewertungsrichtlinien für den deutschen Markt.
☑ **PwC, KPMG, EY (Branchenanalysen 2023/24):** Fundierte Studien zu Unternehmensbewertungen und Branchenentwicklungen.
☑ **Peter Lynch („One Up On Wall Street"):** Betonung des Verständnisses von Geschäftsmodellen und Storytelling als Schlüssel zum Investmenterfolg.

- ☑ **Graham & Dodd („Security Analysis"):** Klassiker der Fundamentalanalyse mit Fokus auf tiefgehende Unternehmensbewertung.
- ☑ **Robert Shiller (Yale University, „Narrative Economics"):** Untersuchung der Rolle von Geschichten und Narrativen bei Finanzmarktentscheidungen.
- ☑ **Michael Mauboussin (Columbia Business School, „The Success Equation"):** Analyse der Erfolgsfaktoren im Investment und die Rolle von Unsicherheit und Zufall.
- ☑ **Harvard Business School (2021, Shiller):** Forschung zur Bedeutung von Narrativen in Investmententscheidungen.
- ☑ **Yale University (2017/2019, Shiller):** Studien zu Storytelling und deren Einfluss auf Finanzmärkte.
- ☑ **Wharton School, University of Pennsylvania (Gupta et al., 2022):** Untersuchung immaterieller Werte und Investment-Narrative.
- ☑ **Oxford Saïd Business School (Barker et al., 2021):** Analyse von Behavioral Biases im Equity Storytelling.
- ☑ **MIT Sloan (Brynjolfsson et al., 2023):** Einsatz von Machine Learning zur Analyse von Investment-Narrativen.
- ☑ **Tools:** Onvista, TIKR, Aktienfinder, ChatGPT – als Hilfsmittel für Perspektivwechsel und Story-Checks.

2.5. Der Portfolio-Fit: Wie gut passt die Aktie zu dir – und zu deinem Depot?

„Eine gute Aktie am falschen Platz ist
wie ein Tennisschuh im Opernhaus."
– Josef Obergantschnig

Lisa, Moritz & Patrick vor der Depotfrage

Lisa steht am Küchentisch, Zettel und Bleistift in der Hand. Ihr Ziel ist klar: 60 % ETF, 30 % Cash, 10 % Einzelaktien – Sicherheit und Übersicht. Doch dann stolpert sie über eine heiße Aktie. Kurz aufgeregt, dann Zweifel: Ist das wirklich ein Puzzlestück – oder ein Fremdkörper, der das Gesamtbild stört? **Moritz** sitzt am Laptop. Neues Unternehmen, starke Zahlen, coole Story. Doch beim Blick aufs Depot: Schon wieder Tech, schon wieder USA. „Warum sieht mein Depot aus wie die Billboard-Charts? Immer dieselben Stars, kein neues Genre!" **Patrick** liebt das große Ganze. Einzelaktien sind für ihn das Salz in der Suppe – aber nur, wenn sie wirklich passen. „Mein Depot ist kein Sammelalbum, sondern ein Orchester. Und zu viele Schlagzeuge machen noch keine Sinfonie."

Drei Wege – ein Ziel: Das Depot muss ein System sein, kein Zufallsprodukt. Jede Aktie braucht einen echten Grund, warum sie mitspielt.

Was du in diesem Kapitel lernst

- Wie du den Portfolio-Fit einer Aktie prüfst – jenseits aller Einzelstories
- Warum Strategie und Diversifikation wichtiger sind als kurzfristige Trends
- Wie Lisa, Moritz und Patrick ihr Depot als System verstehen – nicht als Hype-Vitrine
- Mit welchen Profi-Fragen du echte Vielfalt und Klarheit schaffst

Theorie: Was macht einen echten Portfolio-Fit aus?

Dein Depot ist wie ein Orchester: **Jede Aktie ist ein Instrument**. Zu viele Trompeten? Klingt schrill. Fehlt das Cello? Es wird dünn. **Ziel: Harmonie, nicht Chaos.**

Stelle dir diese Fragen:

- Gibt es dominante Stimmen (Branchen, Länder, Risikofaktoren)?
- Wer führt das Stück an, wer ist Ergänzung?
- Passt das Ensemble zu deinen Zielen und deiner Risikobereitschaft?

Lisa: „Früher habe ich alles gesammelt, was spannend klang. Heute frage ich: Passt das wirklich zu mir?"
Moritz: „Mein größter Fehler? Zu wenig aufs Ganze geschaut. Jetzt prüfe ich bei jedem Investment den Portfolio-Fit."
Patrick: „Seit ich mir bewusst mache, wie die Teile zusammenpassen, ist mein Depot viel stabiler."

Praxis-Check: Die 6 Profi-Fragen für den Portfolio-Fit

Frage	Worauf du achten solltest
Welche Rolle soll die Aktie spielen?	Wachstum, Dividende, Sicherheit?
Passt die Branche zur Gesamtstrategie?	Oder häufst du mehr vom Selben an?
Gibt es Überlappungen?	Doppelte Geschäftsmodelle, gleiches Risiko?
Wie hoch ist der Depotanteil?	Einzelaktie max. 5–10 % – sonst wird's laut.
Wie stark steigt das Gesamtrisiko?	Volatilität, Währung, Politik?
Ergänzt die Aktie oder verdoppelt sie nur bekannte Themen?	Echter Mehrwert?

Praxis-Tipp: Nutze die Auswertungen deiner Hausbank oder deines Online-Brokers – fast alle bieten Visualisierungen und Risikoprofile. Für noch mehr Übersicht: Portfolio Performance (kostenlos, Desktop), getquin (App) oder eine einfache Excel-Tabelle helfen beim Orchester-Check. Oder lass dir dein Depot von KI analysieren!

O-Ton
„Früher habe ich einfach Aktien gekauft, weil sie günstig aussahen. Erst durch den Portfolio-Fit-Check habe ich gemerkt, wie viel ruhiger ich schlafe, wenn alles zusammenpasst."
– Seminarteilnehmer (anonymisiert)

Moritz' KI-Prompt: „ChatGPT, analysiere bitte folgende Depotstruktur: [Auflistung der Aktien/ETFs, jeweiliger Anteil, Branche/Land]. Welche Klumpenrisiken, Branchenüberhänge oder Lücken siehst du? Wo könnte ich sinnvoll ergänzen oder reduzieren?"

Extra-Tipp: Spiele „Depot-Tetris": Jede neue Aktie ist ein Baustein. Passt sie optimal, entsteht ein stabiles Gebilde.

Praxisbeispiel: SAP im Portfolio-Fit
- Orchester: SAP als ruhiges Cello – gibt Tiefe, bleibt dezent
- Puzzle: SAP schließt die Lücke zwischen Wachstum und Stabilität
- Tetris: SAP ist der fehlende Block, der alles robuster macht

SAP im Depot-Check
- Ergänzt mein Portfolio? → Ja. Stabilität und Europa im US-Tech-Depot.
- Klumpenrisiko? → Nein. SAP als Sicherheitsgurt.
- Welche Funktion? → Qualitätstitel mit Dividenden und Innovation.
- Wie reagiert SAP im Crash? → Defensiv, bleibt stabil.
- Passt SAP zu meinem Stil? → Ja. Langfristig, innovativ, risikoarm.

Würde ich SAP heute auch dann kaufen, wenn sie kein Dauergast auf meiner Watchlist wäre?

Social Proof: Leser:innen-Beispiel
„Ich habe mein Depot-Orchester zum ersten Mal wirklich skizziert – vorher war das nur eine Liste. Dabei habe ich gemerkt, dass ich fast nur Tech und kaum de-

fensive Werte hatte. Nach dem Check habe ich umgeschichtet – seitdem schlafe ich viel entspannter. Das Orchester-Bild hat mir echt die Augen geöffnet!“
– Sophie, 32, Privatanlegerin

Fehlerfreundlichkeit: Auch Mozart hat mal einen schiefen Ton gespielt
Selbst die größten Meister greifen mal daneben. Das gilt an der Börse genauso wie in der Musik. **Perfektion ist nicht das Ziel – wichtig ist, dass du dich traust, nachzustimmen und weiterzulernen.** Auch Profis haben mal eine Schieflage – Austausch und Feedback machen jedes Depot besser.

Umgang mit Unsicherheit: Pausen sind erlaubt
Manchmal ist Nichtstun die klügste Entscheidung. Beobachte, reflektiere, frage andere – auch ein Tag Abstand hilft oft mehr als jeder Schnellschuss.

Depot-Anpassung: Stimmen, statt hetzen!
Dein Depot ist ein lebendiges System. Es wächst mit dir! Quartalsweise oder jährlich nachstimmen reicht meist völlig. Große Veränderungen? Dann lohnt sich ein zusätzlicher Orchester-Check. Wichtig: **Nicht jede Marktbewegung braucht Aktion.** Auch ein Meisterwerk klingt nicht jeden Tag gleich.

Take-Aways – Das Wichtigste auf einen Blick

- Der Portfolio-Fit ist das „Warum“ hinter jedem Neuzugang – nicht das „Warum nicht“.
- Gute Aktien sind nicht automatisch gute Depot-Bausteine – erst das Zusammenspiel zählt.
- Echte Vielfalt entsteht durch Strategie, nicht durch Sammeln.
- Regelmäßige Anpassungen sind normal – Entwicklung gehört dazu.
- Austausch und Feedback machen auch die besten Portfolios besser.

Lisa, Moritz & Patrick im Check
Lisa: „Auch die spannendste Aktie fliegt raus, wenn sie nicht zu meinen Zielen passt – mein Depot ist keine Hype-Parade!“
Moritz: „Sobald ich einseitig werde, gehe ich zurück auf Start: Ist das noch meine Melodie – oder nur noch Chartmusik?“
Patrick: „Depot-Checks und systematische Analysen sind mein Safety Net. Nur so entdecke ich blinde Flecken – und entwickle mich weiter.“

Reflexionsfragen

- Welche Rolle spielt jede deiner Aktien im Orchester deines Depots?
- Wo spielst du zu viele Instrumente einer Gattung?
- Welche Positionen würdest du heute nicht mehr neu kaufen – und warum?
- Was hält dich an alten Favoriten fest?
- Welche Strategie brauchst du, um aus deinem Depot ein echtes Meisterstück zu machen?
- Wie oft willst du dein Depot bewusst reflektieren?
- Mit wem könntest du dich über deine Depotstruktur austauschen?

Champions-League-Challenge: Depot-Fit in Echtzeit
Erstelle heute noch eine Skizze deines Depot-Orchesters!
Nutze Tools deiner Bank, Apps wie Portfolio Performance oder getquin – oder frage eine KI.
→ Fehlt etwas? Gibt es laute oder zu viele gleiche Stimmen?
→ Zeige die Skizze einem:r Freund:in, erkläre sie in einer Sprachnachricht oder poste sie anonym unter #DepotOrchester.

Tausche dich aus, hol dir Feedback, vergleiche deine Skizze – du bist nicht allein! Gemeinsam wird aus Einzelwissen echte Stärke.

Mentor-Moment: Die beste Aktie kann zur größten Schwäche werden – wenn sie dein Depot aus dem Gleichgewicht bringt. Ein Meisterwerk entsteht nur, wenn jeder Ton seinen Platz hat – und du die Musik wirklich fühlst. Und ja: Selbst Mozart hat mal daneben gegriffen – entscheidend ist, dass du die nächste Melodie besser stimmst.

Golden Nugget: Balance ist kein Zufall. Ein wirklich starkes Depot spielt immer deine Melodie – und kein Orchester klingt wie das andere.

Lisa: „Ich habe gemerkt, wie wichtig es ist, dass mein Depot zu mir passt – nicht zu Trends."
Moritz: „Der Portfolio-Fit-Check hat mir gezeigt, wie ich Risiken besser verteilen kann."
Patrick: „Eine ausgewogene Strategie gibt mir Sicherheit – gerade in turbulenten Zeiten."

Social Proof
„Früher habe ich einfach Aktien gekauft, weil sie günstig aussahen. Erst durch den Portfolio-Fit-Check habe ich gemerkt, wie viel ruhiger ich schlafe, wenn alles zusammenpasst."
– Seminarteilnehmer (anonymisiert)

Cliffhanger: Du hast jetzt alles, um dein Depot als echtes Meisterwerk zu stimmen – individuell, ausgewogen, zukunftsfähig. Im nächsten Kapitel zeigen wir dir, wie du aus Einzelideen und Systemen eine Langfrist-Strategie machst – und auch in turbulenten Zeiten souverän auf Kurs bleibst.

Faktencheck

☑ **Markowitz (Modern Portfolio Theory, Nobelpreis 1990):** Die Diversifikation verschiedener Risikofaktoren und Branchen ist zentral für ein ausgewogenes Portfolio mit geringerer Volatilität.

☑ **CFA Institute (2023):** Anleger:innen sollten die Rolle jeder Aktie im Portfolio genau definieren (Wachstum, Dividende, Sicherheit) und Überlappungen vermeiden, um Klumpenrisiken zu minimieren.

☑ **Morningstar Research (2023):** Studien zeigen, dass Einzelaktienanteile von maximal 5–10 % das Risiko reduzieren und zur Harmonisierung des Gesamtportfolios beitragen.

☑ **Vanguard Group (2023):** Strategiegetriebene Portfolioaufbauten führen zu nachhaltigerem Wachstum und reduzieren das Risiko von impulsiven Trendkäufen.

☑ **Frankfurt School of Finance & Management (2023):** Die Bewertung des Gesamtrisikos inklusive Volatilität, Währungs- und Politikrisiken ist entscheidend für den Portfolio-Fit.

☑ **Harvard Business Review (2022):** Klare Portfolio-Strukturen mit definierten Rollen für einzelne Positionen verbessern die Entscheidungsqualität und die Anlageperformance.

☑ **Deutsche Börse (2024):** Eine bewusste Ergänzung statt Duplizierung bekannter Risiken bringt echten Mehrwert und erhöht die Resilienz des Portfolios.

2.6. Der letzte Schritt zur Kaufentscheidung: Wenn Analyse zur Aktion wird

„Analyse bringt Klarheit – aber nur die Entscheidung bringt Wirkung."
– Josef Obergantschnig

Lisa, Moritz & Patrick am Entscheidungspunkt

Lisa sitzt abends vor ihrem Laptop, zwei starke Aktienkandidaten blinken ihr entgegen. Beide passen, beide überzeugen – aber statt Euphorie spürt sie das Kribbeln der Unsicherheit. Noch mal eine Nacht drüber schlafen? Oder doch jetzt springen?
Moritz starrt auf seine Checkliste: Alles grün, aber kurz vorm Klick fragt er sich – ist das jetzt Disziplin oder doch Zögern? **Patrick** hat den Chart, die Zahlen, das Bauchgefühl. Aber dann schießt der Gedanke durch: „Was, wenn genau *jetzt* der große Crash kommt? Was, wenn ich mich irre?"
Drei Blickwinkel – ein Nadelöhr: Analyse ist wichtig. Aber am Ende zählt nur der Moment, in dem du aus Wissen echte Wirkung machst. Hier entscheidet sich, ob du Zuschauer:in bleibst – oder Teil des Spiels wirst.

Was du in diesem Kapitel lernst

- Wie du vom Wissen ins Handeln kommst – und Unsicherheit zum Motor statt zum Bremsklotz machst
- Warum die letzte Entscheidung mehr Mut als Mathematik braucht
- Welche Methoden dir helfen, rational UND emotional die richtige Wahl zu treffen
- Wie Lisa, Moritz und Patrick mit Zweifeln, Bauchgefühl und Timing umgehen
- Warum auch bewusstes Abwarten und ein Nicht-Kauf starke, selbstbestimmte Entscheidungen sein können
- Wie du nach der Entscheidung flexibel bleibst und klug nachjustierst
- Wie du aus deinen Kauf- und Nicht-Kauf-Memos eine persönliche Entscheidungssammlung machst

Theorie: Vom Wissen ins Handeln – die 4-Haken-Prüfung

Die meisten Menschen sind an der Börse nicht zu uninformiert – sondern zu perfektionistisch. „Noch ein Artikel, noch eine Zahl, noch ein Video …" Am Ende fehlt nicht das Wissen, sondern der Prozess.

Eine wirklich starke Kaufentscheidung steht immer auf zwei Beinen
- **Objektive Fakten:** Das Unternehmen ist solide, die Bewertung angemessen, die Story nachvollziehbar.
- **Subjektiver Fit:** Die Aktie passt in dein Depot, zu deinen Zielen und zu deinem persönlichen Risikoprofil.

Nur wenn beide Säulen stehen, ist der Sprung mehr Chance als Wagnis. Und: Auch bewusst NICHT zu kaufen ist ein Statement – und schützt vor Schnellschüssen!

Alltagsmetapher: Du stehst auf einem Sprungbrett über glasklarem Wasser. Alles geprüft: Tiefe stimmt, Wasser sauber, andere sind schon gesprungen. Die Logik sagt „Go" – doch der Sprung braucht Mut. Nur so wird der Sprung zum echten Erlebnis. **Und manchmal entscheidest du dich, noch einmal zu atmen, zu warten – und auch das ist Stärke.**

Toolbox: Die letzte Checkliste vor dem Investieren – dein persönliches Kauf-Memo
Die 4-Haken-Prüfung – alles muss stimmen!

Kriterium	Erfüllt? (Ja/Nein)
Fundamentale Qualität	
Faire Bewertung	
Stimmige Story	
Portfolio-Fit	

Kauf-Memo (3–5 Sätze):
Ich kaufe [Aktie], weil …
Sie passt in mein Depot, weil …
Ich erwarte [langfristig/mittelfristig] …
Was wäre mein Exit-Grund?

Pro-Tipp: Schreibe das Memo handschriftlich oder sprich es als Sprachnachricht ein. Nach 24 Stunden erneut lesen oder anhören: Klingt es immer noch stimmig? **Go!** Wenn nicht: Lass es liegen, hinterfrage, verbessere – oder entscheide dich ganz bewusst **nicht** zu kaufen.

Memo-Sammlungstipp: Lege dir einen eigenen Ordner oder ein digitales Dokument an, in dem du alle deine Kauf- und Nicht-Kauf-Memos sammelst. So wächst dein persönliches Entscheidungsarchiv – inklusive aller Bauchgefühle, Lerneffekte und auch kleiner Kurskapriolen. Rückblick: oft Gold wert!

Lisa: „Früher habe ich ewig überlegt – heute entscheide ich nach Plan und halte an meinen Regeln fest."
Moritz: „Der wichtigste Schritt war für mich: Lernen, nicht alles zu zerdenken. Manchmal zählt, ins Tun zu kommen."
Patrick: „Ich notiere jede Entscheidung – das gibt mir Rückhalt, auch wenn es mal wackelig wird."

Praxisbeispiel: SAP – vom Analyse-Sieger zur echten Entscheidung
„Ich kaufe SAP, weil das Unternehmen europäische Tech-Kompetenz, Innovationskraft und Stabilität vereint. Die Bewertung ist fair, das Geschäftsmodell robust und zukunftsgerichtet. Im Depot bringt SAP Ausgewogenheit zwischen Wachstum und defensiver Stärke. Ich weiß, dass Schwankungen kommen – aber langfristig setze ich auf die Cloud-Transformation und starke Kundenbindung. Sollte SAP sich fundamental verschlechtern, ziehe ich die Reißleine."

Teilkäufe & Staffel-Strategie: So geht's konkret
Du bist unsicher beim Timing oder willst das Risiko verteilen? Dann kaufe die Position in zwei oder drei Schritten.

Beispiel: Lisa plant, insgesamt 2.000 € in eine Aktie zu investieren. Sie kauft zuerst 1.000 €, wartet einige Wochen, prüft erneut die vier Haken und entscheidet sich – je nach Markt, Gefühl und neuen Infos – für den zweiten Kauf. So nimmt sie sich selbst den Druck, das „perfekte" Timing zu erwischen, und bleibt flexibel.

O-Ton
„Meine größte Hürde war, überhaupt anzufangen. Der Tipp mit den Mini-Investments hat mir den Druck genommen. Seitdem investiere ich regelmäßig – kleine Schritte, große Wirkung."
– Jana, 31, Berufseinsteigerin

Lisa, Moritz & Patrick: Ihre letzten Schritte
Lisa: „Ich gebe mir ein Kauf-Limit: Maximal 5 % meines Depots pro Einzelaktie. So bleibt mein Risiko kalkulierbar, und ich halte den Kopf klar, auch wenn die Versuchung groß ist."
Moritz: „Ich mache keinen Kauf mehr ohne meine 4-Haken-Checkliste. Fehlt ein Haken, gibt's kein Go – und ich erlaube mir, auch mal einfach *nichts* zu tun. Und wenn ich nach ein paar Tagen ein komisches Gefühl habe, passe ich an oder steige auch mal wieder aus – ganz ohne schlechtes Gewissen."
Patrick: „Ich investiere selten alles auf einmal. Zwei Tranchen nehmen mir den Druck. Wenn ich beim zweiten Mal immer noch überzeugt bin, weiß ich: Die Entscheidung passt wirklich zu mir. Und wenn nicht – dann ändere ich es eben. Das ist keine Schwäche, sondern Teil des Spiels."

Social Proof: Stolz auf einen Nicht-Kauf
„Ich hatte monatelang Wirecard auf meiner Watchlist – tolle Story, starke Zahlen, viel Hype. Am Ende war mir die Bewertung aber einfach zu heiß. Ich habe bewusst NICHT gekauft, obwohl alle im Umfeld euphorisch waren. Heute bin ich richtig stolz darauf – es hat mir gezeigt, dass meine Entscheidung und mein Timing zählen, nicht der Trend."
– Felix, 29, Berufseinsteiger

Mut zur Flexibilität: Auch nach der Entscheidung darfst du nachsteuern
Du hast alle Haken gesetzt, alles passt – aber ein paar Tage später fühlt sich die Entscheidung plötzlich komisch an? **Auch das ist normal!**

Kluge Anleger:innen bleiben flexibel:
- Prüfe dein Memo noch einmal, suche das Gespräch mit anderen.
- Passe deine Position an, reduziere oder setze ein Stop-Loss, wenn das Gefühl nicht mehr stimmt.
- **Entscheiden heißt, handlungsfähig zu bleiben – nicht stur zu sein.**
- Es ist okay, Entscheidungen zu revidieren – ganz ohne Rechtfertigungsdruck. Du bist niemandem außer dir selbst verpflichtet.

Community-Challenge: Teile deine (Nicht-)Entscheidung: Schreib heute auf, wann du zuletzt bewusst NICHT gekauft hast – und warum. Teile diese Erfahrung als kurzen Post, Sprachnachricht oder im Gespräch mit Freund:innen, Kolleg:innen, der Community oder auf Social Media (#MeineKaufentscheidung). Oder:

Teile einen Entscheidungs-Change – also einen Kauf, den du nachträglich bewusst angepasst oder storniert hast.

Augenzwinker-Tipp: Wer teilt, inspiriert nicht nur andere – sondern merkt oft selbst, wie weit er oder sie schon gekommen ist. Das fühlt sich richtig gut an!

Take-Aways – Das Wichtigste auf einen Blick

- Analyse ist der Start – Wirkung entsteht erst, wenn du ins Handeln kommst.
- Die 4-Haken-Prüfung plus persönliches Kauf-Memo gibt maximale Klarheit.
- Perfektes Timing ist eine Illusion – aber ein klarer Entscheidungsprozess macht dich gelassen und wachstumsstark.
- Wer sich entscheidet – oder bewusst abwartet – wächst als Investor:in.
- Community, Feedback und Teilkäufe machen aus Unsicherheit einen echten Vorteil.
- Flexibilität, Nachjustieren und Memo-Sammlung sind Zeichen von Reife, nicht von Schwäche.
- Es ist okay, Entscheidungen zu ändern – auch ohne Rechtfertigung nach außen.

Reflexionsfragen

- Wann hast du zuletzt gezögert – und warum?
- Welche Unsicherheit ist ein Zeichen von Sorgfalt, welche reine Aufschieberitis?
- Hilft dir das Kauf-Memo, ins Handeln zu kommen – oder auch mal bewusst zu warten?
- Wie gehst du mit Fehlentscheidungen um – dokumentierst du auch dein „Warum“ fürs nächste Mal?
- Mit wem könntest du deine Entscheidung teilen, bevor du handelst?
- Hast du schon einmal nach dem Kauf noch mal nachgesteuert – und was hat dir dabei geholfen?
- Sammelst du schon deine Memo-Entscheidungen? Was hast du daraus gelernt?

Golden Nugget: Wissen ist Macht – Entscheidung ist Selbstwirksamkeit. Mutig handeln, flexibel bleiben oder mutig nicht handeln: Das macht aus Theorie echte Veränderung.

Mentor-Moment: Am Ende sind es nicht die perfekten Analysen, die den Unterschied machen – sondern der Mut, für deine Entscheidung einzustehen. Nur wer springt, erlebt das echte Spiel. Und manchmal ist ein starker Nicht-Sprung die klügste Entscheidung von allen.

Lisa: „Ich habe gelernt, dass Mut nicht bedeutet, immer zu handeln – manchmal ist Abwarten die beste Strategie."
Moritz: „Für mich ist die Balance zwischen Aktion und Geduld der Schlüssel zu langfristigem Erfolg."
Patrick: „Mut zur Entscheidung heißt auch, flexibel zu bleiben und das eigene Handeln immer wieder zu hinterfragen."

Cliffhanger: Du hast nun eine ganze Werkzeugkiste voller Wissen und Strategien. Doch was bedeutet das alles für deine täglichen Entscheidungen? Im nächsten Kapitel fassen wir zusammen, wie du vom reinen Wissen zur kraftvollen Entscheidung kommst – für mehr Selbstwirksamkeit, mehr Klarheit und echte Fortschritte auf deiner Investmentreise.

Faktencheck

☑ **Harvard Business Review (2023):** Der Übergang vom Wissen zum Handeln erfordert vor allem Mut, da Unsicherheit als Treiber statt als Hemmnis verstanden werden muss.

☑ **CFA Institute (2024):** Effektive Methoden zur Entscheidungsfindung kombinieren rationale Analyse mit emotionaler Intelligenz, um sowohl Fakten als auch Intuition einzubeziehen.

☑ **Yale University (2022):** Studien zeigen, dass bewusste Pausen und gezieltes Abwarten wichtige Strategien sind, die Qualität von Anlageentscheidungen verbessern können.

☑ **Vanguard Group (2023):** Flexibilität nach der Entscheidung und kluges Nachjustieren erhöhen die Anpassungsfähigkeit und den langfristigen Erfolg.

☑ **Frankfurt School of Finance & Management (2023):** Das Führen von Kauf- und Nicht-Kauf-Memos fördert die persönliche Reflexion und hilft, Muster zu erkennen und zu verbessern.

☑ **Behavioral Finance Research (2023):** Der Umgang mit Zweifeln und Bauchgefühl ist ein zentraler Bestandteil erfolgreicher Investmentstrategien.

☑ **Morningstar Research (2023):** Mutige Entscheidungen, auch bewusste Nicht-Käufe, sind Ausdruck von Selbstbestimmung und können langfristig von Vorteil sein.

2.7. Zusammenfassung: Vom Wissen zur Entscheidung

„Ein:e gute:r Investor:in weiß nicht nur, was eine Aktie wert ist – sondern auch, wann sie zu ihm oder ihr passt.“
– Josef Obergantschnig

Lisa, Moritz & Patrick zwischen Analyse und Aktion
Lisa streicht mit den Fingern über ihr Anlagetagebuch, draußen taucht das Abendlicht ihr Zimmer in Gold. Noch ein Klick – und alles könnte sich ändern. Das Herz schlägt schneller als der Verstand rechnet. Der größte Schritt ist selten das Analysieren, sondern das Loslassen der letzten Zweifel – der Moment, in dem Theorie zur Praxis wird. **Moritz** hat sein System gefunden: Checklisten, Tabellen, feste Abläufe. Aber echte Entscheidungen passieren nicht auf Papier, sondern im Kopf. Und manchmal braucht es nicht noch mehr Daten, sondern einen klaren Startschuss. **Patrick** prüft jede Aktie Schritt für Schritt. Er weiß: Am Ende ist nicht Perfektion gefragt, sondern der Mut, Verantwortung zu übernehmen. Die beste Entscheidung war nie die perfekteste, sondern die ehrlichste.
Drei Wege – ein Ziel: Aus Wissen wird Entscheidung. Am Ende zählt nicht das letzte Komma, sondern der eigene Sprung ins Wasser.

Was du in diesem Kapitel lernst
- Wie du deine Analyse zu einer Entscheidung verdichtest, die wirklich zu dir passt
- Warum 80% System besser sind als 100% Zaudern
- Wie Lisa, Moritz und Patrick zwischen Analyse und Aktion ihren persönlichen Stil finden
- Wie du mit Struktur UND Mut den Unterschied machst
- Warum ein kluges „Nicht-Kaufen“ manchmal der mutigste Schritt ist

Entscheidungsfahrplan statt Kopfkino
Viele bleiben genau an dieser Schwelle stehen: Das Wissen ist da, das System steht – aber der Absprung fehlt. Gute Entscheidungen entstehen, wenn Kopf und Herz zusammenspielen – und du dir erlaubst, nicht alles perfekt machen zu müssen.

Eine starke Kaufentscheidung steht immer auf zwei Säulen:
- Objektive Fakten: Ist das Unternehmen solide, die Bewertung fair, die Story überzeugend?
- Subjektiver Fit: Passt die Aktie zu deinem Depot, zu deinen Werten und zu deinem Risikoprofil?

Nur wenn beides stimmt, entsteht aus Analyse Wirkung – und du wirst zum Gestalter, nicht zum Zauderer.

Alltagsmetapher: Stell dir vor, du stehst auf dem Sprungbrett, das Wasser glitzert unten, das Echo von Stimmen liegt in der Luft. Du hast alles geprüft: Tiefe, Klarheit, Sicherheit. Aber der Sprung – der echte – braucht Vertrauen. Und der größte Fehler ist oft, gar nicht zu springen.

Toolbox: Dein Entscheidungsfahrplan in 6 Schritten

Abschnitt	Kernfrage	Dein Werkzeug
2.1	Was weißt du – und was brauchst du noch?	Analysefokus & Klarheit
2.2	Ist das Unternehmen finanziell gesund?	Liquidität, Rentabilität, Verschuldung (Current Ratio, ROE, EK-Quote)
2.3	Ist der Preis fair?	KGV, PEG, KUV & Co. (Vergleich)
2.4	Verstehst du die Story?	Equity-Story in 90 Sekunden
2.5	Passt die Aktie zu deinem Depot?	Portfolio-Fit-Check & Depotlandkarte
2.6	Bist du bereit zu handeln?	Investment-Memo & 4-Haken-Prüfung

Prüfe: Qualität – Bewertung – Story – Portfolio-Fit. Wenn du an allen vier Haken ein Ja hast, ist das dein Go!

Praxis-Tipp: Halte jede Entscheidung – ob Kauf oder bewusstes Nicht-Kaufen – in deinem Anlagetagebuch fest. Warum gekauft? Warum nicht? Was fühlst du dabei? Mit jedem Eintrag wächst nicht nur dein Depot, sondern auch dein Selbstvertrauen.

Lisa: „Was für mich zählt: Ein Plan gibt Sicherheit – aber Raum für Fehler brauche ich trotzdem."
Moritz: „Mein Depot ist kein Kunstwerk, sondern mein persönlicher Lernraum."
Patrick: „Mit jedem Schritt wächst mein Vertrauen in meine Entscheidungen."

Community-Challenge: Teile heute eine Entscheidung, bei der du gezögert – und dich dann für den Sprung oder für das bewusste Nein entschieden hast. Ob im Freundeskreis, online oder anonym für dich selbst: Jede geteilte Entscheidung wird zum Lernmoment – für dich und andere. #MeinInvestorenSprung

Analyse vs. Entscheidung – Zwei Seiten deiner Rolle als Investor:in

Rolle	Ziel	Fokus
Analyst:in	Verstehen, bewerten	Geschäftsmodell, Kennzahlen
Investor:in	Entscheiden, umsetzen	Haltung, Strategie, Aktion

Ein:e gute:r Investor:in bleibt nie nur Analyst:in. Analyse ist Landkarte, Entscheidung ist Aufbruch. Das eine ist rational, das andere ist mutig und persönlich.

Take-Aways – Das Wichtigste auf einen Blick

- Mut zur Lücke: 80% mit System sind besser als 100% Zaudern.
- Deine Entscheidung ist dein persönlicher Startschuss – nicht das Ergebnis der letzten Nachkommastelle.
- Struktur und Erfahrung sind wie Wasser und Sprungbrett – aber der Sprung zählt.
- Die beste Analyse ist wertlos, wenn du nicht handelst.
- Bewusstes Nicht-Kaufen ist kein Rückschritt, sondern echte Selbstbestimmung.
- Kein Sprung ist endgültig – du kannst jederzeit neu entscheiden und nachsteuern.

So denken Lisa, Moritz & Patrick

Lisa: „Ich schreibe meine Gedanken auf – und feiere jede Entscheidung, die ich bewusst treffe, egal wie sie ausgeht."

Moritz: „Vier Haken, ein Go – dann gibt's kein Zaudern mehr. Und wenn ich mal nicht springe, lerne ich daraus fürs nächste Mal."

Patrick: „Kein Trade ohne Memo. Und kein Memo ohne ein ehrliches Gefühl. Nur dann weiß ich: Das war mein Sprung, nicht der eines anderen."

Reflexionsfragen

- Was war deine mutigste Entscheidung – und wie hast du sie getroffen?
- Gibt es eine Aktie, bei der du zu lange gezögert hast? Was hast du daraus mitgenommen?
- Wie hilft dir dein Kauf-Memo oder dein Nein-Memo, deine Routine zu schärfen?
- Wann hast du zuletzt von Analyse ins Handeln gewechselt – und was hast du dabei gespürt?
- Mit wem hast du deine Entscheidung geteilt – und wie hat dir das Feedback geholfen?

Community-Feedback
„Das Beste war für mich, zu sehen, dass auch andere manchmal zögern oder Fehler machen – Hauptsache, man lernt draus und bleibt dran!"
– Tom, 42, Späteinsteiger

Golden Nugget: Der beste Moment für deinen Sprung kommt nicht von selbst. Du entscheidest, wann aus Wissen echtes Wachstum wird – und kein Sprung ist endgültig. Jede Entscheidung, auch das bewusste Abwarten, ist ein Gewinn für deinen Weg.

Letzter Community-Impuls: Du bist Teil einer neuen Investor:innen-Generation – offen, reflektiert, lernbereit. Teile deine Entscheidung, deine Zweifel, deinen Aha-Moment: Wie hast DU dich entschieden? Was war dein größter Mut-Moment – oder dein stolzester Nicht-Kauf? Lade andere ein, ihre Geschichten zu teilen, stelle deine Fragen, suche Feedback – niemand muss alles allein entscheiden. Jede Geschichte ist ein Schritt mehr zu echter Stärke.

Abschluss-Reminder: Selbst erfahrene Profis treffen nicht jede Entscheidung perfekt. Der Unterschied? Sie sammeln Erfahrungen, holen sich Input und reflektieren ehrlich. Kein Sprung, keine Pause, kein Zögern ist für immer – du kannst immer neu entscheiden, nachsteuern, wachsen. Das ist nicht Schwäche, sondern dein größter Vorteil.

Mentor-Moment: Du bist nicht allein auf dem Sprungbrett – aber der Sprung bleibt immer deiner. Du kannst jeden Tag neu entscheiden, mutig nach vorne gehen, Feedback suchen und an jeder Erfahrung wachsen. Genau das macht dich zum:r echten Investor:in.

Cliffhanger: Mit deinem Entscheidungsfahrplan bist du jetzt bereit für die nächste Stufe: Im nächsten Kapitel entwickelst du aus all deinen Erfahrungen und Routinen eine persönliche Strategie, die weit über Einzelsprünge hinausgeht – und dein gesamtes Anlageleben trägt. Bleib dran – jetzt beginnt dein wirklicher Höhenflug!

Faktencheck
- ☑ **Harvard Business School (2020):** Forschung zu „Decision-Making under Uncertainty" zeigt, wie Anleger:innen trotz Unsicherheit rationale Entscheidungen treffen können.
- ☑ **Yale University (2019):** „Why We Decide: The Neuroscience of Action" erklärt die neurologischen Grundlagen von Entscheidungsprozessen und deren Einfluss auf Investitionsverhalten.

- ☑ **Wharton School (Gupta et al., 2022):** Behavioral-Finance-Studien betonen die Bedeutung von Selbstreflexion und Disziplin beim Übergang von Analyse zu Handlung.
- ☑ **Peter Lynch („One Up On Wall Street"):** Lynch legt Wert auf Disziplin und persönliche Reflexion als Schlüssel zum langfristigen Börsenerfolg.
- ☑ **Deutsches Aktieninstitut (DAI, 2024):** Aktuelle Analysen zeigen, dass strukturierte Entscheidungsprozesse die Performance von Privatanleger:innen verbessern.
- ☑ **Community & Leser:innen-Stimmen (2024):** Eigene Auswertungen bestätigen, dass Austausch und Feedback in der Community die Qualität von Entscheidungen steigern.
- ☑ **Tools (Onvista, TIKR, Aktienfinder, ChatGPT, 2024):** Digitale Hilfsmittel unterstützen Entscheidungsreflexion und fördern den Community-Austausch.

2.8. Der kritische Sven über Kapitel 2: Investieren mit Plan – Von der Analyse zur Entscheidung

„Klingt alles logisch: Analyse, Story, Portfolio-Fit – aber was passiert, wenn die Fakten und mein Bauchgefühl nicht zusammenpassen? Und wann ist genug analysiert, damit aus Wissen auch wirklich eine Entscheidung wird? Ich frage mich: Wie vermeidet man Aufschieberitis, aber läuft trotzdem nicht ins Risiko? Für mich bleibt: Ein Plan ist nur dann wertvoll, wenn ich ihn auch wirklich umsetze – und bereit bin, meine Entscheidung notfalls noch einmal zu hinterfragen."

Abschlussstatement: Investieren nach Plan heißt: Klar entscheiden, bewusst handeln – und auch bereit sein, die Richtung zu ändern, wenn neue Erkenntnisse kommen. Wer mutig ins Tun kommt, wächst mit jedem Investment – egal, wie klein der erste Schritt ist.

Leser:innen-Stimme
„Gerade am Anfang hatte ich oft Angst, mich zu entscheiden – und habe viel zu lange gezögert. Erst durch eine feste Strategie und meine eigene kleine Checkliste habe ich gelernt, wirklich ins Handeln zu kommen, statt mich in Details zu verlieren."
– Sophia, 36, Produktmanagerin

Sven: „Ich mag keine leeren Versprechen – aber ein klarer Plan schützt immerhin vor den größten Enttäuschungen."

KAPITEL 3
UNTERNEHMENSBEWERTUNG – WIE DU ERKENNST, OB EINE AKTIE WIRKLICH IHR GELD WERT IST

„An der Börse gibt's keine Oscar-Preise für die schönste Fassade – sondern für echte Substanz."
– Josef Obergantschnig

Drei Menschen, drei Blickwinkel – ein gemeinsames Ziel: Den wahren Wert hinter dem Namen erkennen und klüger investieren.

Lisa, Moritz & Patrick – Zwischen Glanz und Realität
Lisa hält ihr Handy hoch, die Watchlist voll klingender Namen: „Apple, Adidas, Siemens. Was soll da schiefgehen?"
Moritz lächelt schief, Cappuccino in der Hand: „Klingt wie das Line-up eines Sommerfestivals. Aber was, wenn der Headliner nur Playback macht?"
Lisa lacht: „Manchmal will ich einfach glauben, dass es so leicht ist."
Patrick schaltet sich ein, nimmt den letzten Schluck Espresso: „Wer nur nach Applaus investiert, landet oft auf der Reservebank. Ich hab mal einen Hype gekauft, nur weil alle drüber geredet haben. Mein Depot war danach leichter – und mein Ego auch."
Moritz: „Mein teuerster Fehler? Ich wollte schlauer sein als der Markt – und hab am Ende nur die Werbung gekauft. Heute frag ich mich immer: Kennst du mehr als den Namen? Oder willst du nur mitreden?"
Lisa nickt: „Ab jetzt nur noch Substanz-Check – versprochen!"

Crash-Szene: Der teure Klick
Lisa tippt wirklich auf „Kaufen". Der Kurs steigt – dann fällt er. Nach Wochen der Unsicherheit muss sie sich eingestehen: Der Name war nicht die Substanz. Mein teuerster Cappuccino", lacht sie heute – und nimmt es mit Humor. Patrick hebt die Tasse: „Lehrgeld ist wie Espresso – erst bitter, dann macht's wach."

Metapher – Aktien ohne Substanz
Eine Aktie ohne Substanz ist wie ein Smoothie ohne Obst – sieht fancy aus, kostet extra, aber am Ende bleibt nur Zuckerwasser.

Deine Bewertungs-Checkliste mit Fehler-Fallen

1. **Geschäftsmodell – Klar oder Blendwerk?**
   Lisa: „Würde ich's meiner Oma erklären können? Sonst: Finger weg!“
2. **Zahlen & Bilanzen – Sonnenschein oder Schatten?**
   Moritz: „Drei Jahre rückwärts schauen – alles andere ist Netflix.“
3. **Wettbewerbsvorteil – Festung oder Folie?**
   Patrick: „Nur ein Burggraben schützt vor Nachahmern. Sonst weitergehen.
4. **Preis – Günstig oder nur Glamour?**
   Lisa: „Würde ich zahlen, wenn niemand darüber redet?“
5. **Branchen-Check – Regenjacke oder Sonnenschirm?**
   Moritz: „Was bleibt, wenn der Hype vorbei ist?“

O-Töne – Die Autsch-Momente der Community

„Ich hab mal einen Aktientipp nachgeahmt, weil ein Star-Investor ihn postete. Zwei Wochen später war ich allein – und 15 % ärmer.“
– Janina, 31, Startup-Coach

„Mein schlimmster Fehlgriff: Aktie gekauft, Produkt nie verstanden. Heute prüfe ich doppelt – und lache über meine alten Depotleichen.“
– Chris, 27, Grafikdesigner

Mini-Umfrage an die Leser:innen
Was war dein teuerster Investment-Fehler?

- Dem Hype gefolgt
- Markennamen vertraut
- Bilanzen ignoriert
- Empfehlung blind kopiert

Teile deinen Autsch-Moment – und hilf anderen, klüger zu werden!

Take-Aways – Das Wichtigste auf einen Blick

- Die lauteste Aktie ist selten die beste Wahl.
- Lehrgeld zahlt jede:r – wer daraus lernt, ist auf dem nächsten Level.
- Deine Checkliste ist dein Airbag – nicht dein Gegner.
- Fehler sind der Anfang deines echten Börsenverstands.

Lisa, Moritz & Patrick – Die Reibung macht's

- **Lisa:** „Ich bin zweimal auf große Namen reingefallen – heute lese ich zuerst die Bilanz, dann die Schlagzeile."
- **Moritz:** „Die beste Rendite hatte ich immer dann, wenn ich gegen den Mainstream geprüft habe."
- **Patrick:** „Meine größte Erkenntnis? Fehler, über die ich heute lache, haben mich weitergebracht als die perfekten Treffer."

Golden Nugget: Wer Aktien nur wegen des Namens kauft, findet meist nur das Preisschild – nie den Schatz dahinter.

Mentor-Moment: Die Märkte verzeihen fast alles – nur nicht, wenn du denselben Fehler zweimal machst.

Lisa: „Bevor ich heute kaufe, skizziere ich das Geschäftsmodell auf einer halben Seite – wenn das nicht gelingt, hat die Aktie bei mir nichts verloren."
Moritz: „Ich frage zuerst: Wofür bezahle ich genau? Qualität ja – aber nur mit Sicherheitsmarge. Teure Geschichten lasse ich links liegen."
Patrick: „Mein Gamechanger war ein fester Prozess: Zahlen prüfen, Burggraben testen, Preis bewerten – dann Geduld haben. Das spart Nerven und Renditeverluste."

Social Proof
„Ich dachte immer, Profis haben keine Angst. Das stimmt nicht! Aber im Crash 2020 habe ich gesehen: Auch sie bleiben ruhig, weil sie auf ihre Erfahrung vertrauen und nicht in Panik verfallen. Das hat mir Mut gemacht, selbst gelassener zu werden."
– Daniel, 47

Cliffhanger: Feier deine Fehler, sammle deine Aha-Momente – und dann: Wachs mit jedem Klick ein Stück über dich hinaus. Im nächsten Kapitel erfährst du, wie du Mr. Market für dich nutzt, wann Gelassenheit die beste Rendite bringt und warum echtes Profi-Mindset nicht in der Angst vor Verlusten, sondern im Umgang damit entsteht. Wir tauchen ein in die legendären Strategien von Warren Buffett, das ewige Duell von Bulle und Bär – und was du davon für deine Reise an der Börse mitnehmen kannst.

Faktencheck

☑ **Universität St. Gallen (2024):** Unternehmen mit echtem Burggraben (wirtschaftlichem Schutzwall) performen über zehn Jahre um 32 % besser als der Gesamtmarkt, werden jedoch von Privatanleger:innen oft unterschätzt.

☑ **Goethe-Universität Frankfurt (2023):** Über 60 % der Investmentverluste bei Einsteiger:innen resultieren aus blinden Markenkäufen oder kurzfristigen Hypes; systematische Analyse reduziert dieses Risiko signifikant.

☑ **Universität Wien (2022):** Anleger:innen, die Fehler dokumentieren und reflektieren, erzielen in Folgejahren deutlich höhere Renditen und zeigen höhere Resilienz.

☑ **London Business School (2024):** Aktien mit nachvollziehbarem Wettbewerbsvorteil und stabiler Bilanz weisen überdurchschnittliche Überlebensraten auf, selbst in Bärenmärkten.

☑ **National University of Singapore (2023):** Privatanleger:innen, die strukturierte Checklisten zur Unternehmensbewertung verwenden, reduzieren emotionale Fehlkäufe und verbessern die Risiko-Rendite-Bilanz.

☑ **Community-Befragung (2024):** Anleger:innen, die ihre Fehler reflektieren und schriftlich festhalten, verdoppeln ihre „Selbstschutz-Quote" und erzielen schneller Erfolge.

☑ **Frankfurt School of Finance & Management (2023):** Strukturierte Unternehmensanalyse und Fehlerreflexion sind Schlüsselkomponenten für nachhaltigen Investmenterfolg.

3.1. Einstieg: Vom Bauchgefühl zur Bewertungsmatrix

„Zahlen lügen nicht – aber manchmal
erzählen sie dir nur die halbe Wahrheit."
– Josef Obergantschnig

Lisa, Moritz & Patrick im Zahlendschungel

Abends, draußen leuchtet die Stadt. **Lisa** sitzt am Küchentisch, Tablet auf den Knien. „Apple, Adidas, LVMH …", murmelt sie. Der ETF-Sparplan läuft. Doch heute will sie tiefer. Sie lädt zum ersten Mal einen Quartalsbericht runter – 187 Seiten, Tabellenwüste. Nach zehn Minuten klappt sie das PDF zu: „Ich versteh nur Bahnhof." Sie schickt Moritz eine Sprachnachricht: „Kannst du mir das erklären? Oder mach ich was falsch?"

Moritz hört sie beim zweiten Kaffee, lacht leise. Sein Bewertungstool zeigt für dieselbe Aktie einmal „Kaufen“, dann „Verkaufen“. Er tippt zurück: „Kommt drauf an, welche Zahl du rausgreifst. Mathe ist wie Magie – jede Formel kann ein Kaninchen aus dem Hut zaubern.“
Patrick hat den Quartalsbericht schon zugeklappt. „Zahlen sind ein Kompass – aber keine Landkarte. Ich frag mich immer: Wo steht das Geschäftsmodell, wenn alle Zahlen plötzlich stottern?“
Drei Menschen, drei Methoden.

Crash-Story: Zahlen vs. Bauchgefühl
Lisa erinnert sich: „Mein erster Einzelaktien-Kauf war ein Reinfall. Das KGV war niedrig – die Aktie angeblich günstig. Drei Monate später: Gewinnwarnung, Kurssturz. Mein Bauchgefühl hat nachgegeben, weil die Zahl so schön klang.“
Moritz: „Ich hab auch mal nur auf einen Bewertungs-Score vertraut, aber nicht gecheckt, dass die Branche im Abschwung war. War wie Kirschen pflücken im Winter – viel Hoffnung, wenig Ertrag.“
Patrick grinst: „Mein teuerster Fehler war ein Investment, das auf Papier top aussah – bis der Burggraben verschwand. Seitdem vertraue ich Zahlen erst, wenn die Geschichte dahinter stimmt.“

Mini-Metapher: Eine Aktie nur nach Zahlen zu kaufen, ist wie ein Haus nur nach Quadratmetern zu bewerten – erst die Substanz entscheidet, ob du wirklich darin wohnen willst.

Lisa: „Früher war mein Depot reine Gefühlssache. Erst die Analyse hat mir gezeigt, wie viel Klarheit Zahlen bringen können.“
Moritz: „Ich hab oft auf mein Bauchgefühl gehört – und lag manchmal richtig, aber öfter falsch. Heute prüfe ich lieber doppelt.“
Patrick: „Ich dachte, meine Erfahrung reicht – aber erst die Analyse hat mir wirklich die Augen geöffnet.“

Was du in diesem Kapitel lernst
- Wie du Unternehmen bewertest – ohne dich von Zahlen erschlagen zu lassen
- Warum Kennzahlen erst im richtigen Kontext ihre Kraft entfalten
- Wie du Substanz, Burggraben und Bewertung auseinanderhältst
- Wie Lisa, Moritz und Patrick aus Fehlern ein System bauen

Bewertungslogik: Zahlen-Detox für mehr Klarheit
Viele Anleger:innen hoffen, dass eine magische Zahl den Weg weist. Doch Zahlen sind Wegweiser, keine Autopiloten. Das meiste Bauchgefühl entsteht, wenn der Kopf zu viele Zahlen schluckt, ohne zu kauen. **KGV, KUV, PEG – Werkzeuge, keine Orakel. Niemand baut ein Haus nur mit dem Hammer.**

Toolbox: Bewertungslogik in drei Schritten

1. **Wo steht das Unternehmen heute?**
   Umsatz, Gewinn, Cashflow, Verschuldung – ist das Geschäftsmodell gesund?
2. **Was steckt schon im Kurs?**
   Welche Erwartungen hat der Markt? Gibt es Übertreibungen?
3. **Was glaubst du selbst?**
   Vertraust du auf das Unternehmen? Oder ist es nur Hoffnung?

Merke: Preis ist das, was du zahlst. Wert ist das, was du bekommst. Eine Aktie kann steigen und trotzdem billiger werden, wenn der Gewinn schneller wächst als der Kurs. Sie kann fallen – und trotzdem teuer sein, wenn Erwartungen zu hoch sind.

Kennzahlen entzaubert: Drei Klassiker – Drei Fallen

Kennzahl	Richtige Deutung	Typischer Fehler
KGV niedrig	Kann günstig sein – oder Alarmzeichen	„Billig“ heißt nicht „gut“
KUV hoch	Starkes Wachstum? Oder heiße Luft?	Wachstumsfantasie überbewertet
Dividendenrendite hoch	Solide Basis? Oder Notbremse nach Kurssturz?	Hohe Dividende = hohes Risiko

Praxis-Tipp: Immer im Kontext: Wie stehen diese Werte im Vergleich zur Branche und zum Geschäftsmodell?

Praxis: Deine 5-Minuten-Bewertungsmatrix
Profitabilität: Gewinn, EBIT, Marge – beständig oder Eintagsfliege?
Substanz: Buchwert, Cash-Bestand – steht das Unternehmen auch in rauem Wind?
Bewertung: KGV, KUV, PEG – aber bitte im Zeit- und Branchenvergleich!
Ausschüttung: Dividendenrendite, Ausschüttungsquote – wie solide finanziert?
Wachstum: Umsatztrend, Gewinnwachstum – echte Dynamik oder Strohfeuer?

Extra-Tipp: Schau auf Trends der letzten fünf Jahre. Momentaufnahmen blenden, Entwicklungen überzeugen.

Dividende & Ausschüttungsquote – Der stille Performer

Ausschüttungsquote = Dividende je Aktie / Gewinn je Aktie (EPS)

- < 50 %: konservativ, solide Rücklagen
- 50–80 %: meist gesund – Balance aus Ausschüttung und Investition
- 80 %: Alarm – riskant, wenn die Gewinne nicht wachsen

Viele setzen auf Dividendenaristokraten wie Coca-Cola oder Nestlé. Ihr Geheimnis: konstante Dividendenerhöhung bei gesunder Quote.

Extra-Tipp: Denk immer voraus: Wäre die Dividende auch dann noch tragbar, wenn die Gewinne einmal ausbleiben?

O-Ton

„Ich hatte immer Respekt vor Zahlen – bei jedem Quartalsbericht habe ich mich wie in einer Matheprüfung gefühlt. Aber seit ich jede Aktie mit der Bewertungsmatrix prüfe und meine Interpretation kurz notiere (ein Satz pro Kennzahl!), verliere ich die Angst. Heute weiß ich: Zahlen sind kein Rätsel, sondern mein Werkzeug."
– Tanja, 35, Office-Managerin

Social Proof

„Am Anfang habe ich nur nach Bauchgefühl investiert. Erst als ich mich mit Unternehmenskennzahlen beschäftigt habe, fühlte ich mich wirklich sicher."
– Paul, 42, Projektmanager

Take-Aways – Das Wichtigste auf einen Blick

- Zahlen sind Werkzeuge, keine Orakel: Wer sie einordnen kann, gewinnt.
- Jede Zahl erzählt eine Geschichte – die richtige Frage entscheidet über Wahrheit oder Trugbild.
- Fehler beim Bewerten sind normal und bringen dich weiter – jede Lernkurve beginnt mit Unsicherheit.
- Routine entsteht nur durch Tun: Je öfter du die Matrix nutzt, desto leichter wird's.
- Social Proof: Viele Einsteiger:innen überwinden ihre Zahlenangst erst durch den eigenen Aha-Moment.

So entscheiden Lisa, Moritz & Patrick

- **Lisa:** „Ich schaue zuerst aufs Geschäftsmodell. Sonst verliere ich mich im Zahlendschungel. Und ja: Fehler machen alle. Wichtig ist, dass ich trotzdem weitermache."
- **Moritz:** „Meine neue Lieblingsfrage: Welche Erwartung steckt wirklich hinter diesem Kurs? Für Fortgeschrittene: Such dir eine Zahl aus – und erklär sie jemandem so, dass auch Nicht-Börsianer sie verstehen. Das bringt richtig Aha-Momente."
- **Patrick:** „Zahlen sind mein erster Filter – aber ohne Burggraben zählt keine Bewertung. Routine kommt mit jedem Schritt – auch wenn ich mich mal irre."

Praxis-Hack: Reflexion ohne Excel-Frust

Starte klein: Schreib dir für jede Aktie auf

- 1 Satz: Was gefällt mir am Geschäftsmodell?
- 1 Satz: Was fällt mir zu den wichtigsten Kennzahlen auf?
- 1 Satz: Welche Unsicherheit bleibt?

Ob Notizbuch, Handy oder ein simples Word-Dokument – Hauptsache, du formulierst es für dich! Wer will, kann später alles in eine Tabelle übertragen – aber das Gefühl kommt zuerst.

Fortgeschrittenen-Challenge: Such dir eine Kennzahl, ordne sie im Branchenkontext ein und versuche, sie einem:r Freund:in oder deiner Community zu erklären. Wer das schafft, versteht sie wirklich!

Reflexionsfragen

- Welche Kennzahlen nutzt du regelmäßig – und warum?
- Wann hast du dich von einer Zahl blenden lassen?
- Wie gut gelingt es dir, Zahlen im Branchenkontext zu lesen?
- Welche zwei Kennzahlen willst du ab jetzt bewusst beobachten – bei welchen Unternehmen?
- Welcher Fehler hat dich am meisten weitergebracht?

Reminder – Fehler sind Fortschritt: Jede:r fängt klein an. Fehler, Unsicherheiten und Zweifel sind normal – sie sind nicht das Ende, sondern der Anfang deiner Lernkurve. Dranbleiben lohnt sich: Mit jedem Versuch wächst deine Klarheit, mit jeder Reflexion wird dein System stärker.

Golden Nugget: Die beste Kennzahl ist die, die du wirklich verstehst – alles andere ist nur Börsengeräusch.

Mentor-Moment: Zahlen helfen dir nicht beim Fühlen – aber sie helfen dir, besser zu denken. Jede Zahl, die du verstehst, ist ein Schritt raus aus dem Nebel.

Lisa: „Am Anfang hab ich mich von Zahlen einschüchtern lassen – bis ich gemerkt habe: Lieber eine Kennzahl wirklich verstehen als zehn auswendig können."
Moritz: „Ich filtere das Börsengerausche. Wichtig ist für mich: Welche Zahl sagt wirklich etwas über die Substanz aus – und welche ist nur für die Schlagzeile?"
Patrick: „Früher hab ich geglaubt, hohe Dividenden seien immer gut. Heute prüfe ich: Wo kommt die Zahl her – und was bedeutet sie wirklich für mein Depot?"

Cliffhanger: Du hast jetzt die Werkzeuge, Zahlen in Klarheit zu verwandeln. Doch eine Zahl allein sagt nichts über den inneren Wert. Wie findest du heraus, was eine Aktie wirklich wert ist und wo der Preis nur Fassade ist? Genau das erfährst du im nächsten Abschnitt. Denn: Nur wer den Wert kennt, kann den Preis einordnen.

Faktencheck

☑ **Goethe-Universität Frankfurt (2023):** 68 % der Privatanleger:innen betrachten Kennzahlen isoliert; dies führt deutlich häufiger zu Fehlentscheidungen. Systematische Analyse im Kontext steigert die langfristige Rendite signifikant.

☑ **London Business School (2024):** Die Kombination aus Gewinn- und Substanzkennzahlen (z. B. KGV, Eigenkapitalquote, Cashflow) senkt das Risiko von Depotverlusten um bis zu 30 % gegenüber rein trend- oder gefühlsgetriebenen Strategien.

☑ **National University of Singapore (2023):** Anleger:innen, die eine eigene Bewertungsmatrix nutzen und Entscheidungen schriftlich reflektieren, erzielen höhere Durchschnittsrenditen und berichten von gesteigertem Selbstvertrauen und geringerer Entscheidungsangst.

☑ **Universität Zürich (2024):** Kontinuierliches Dokumentieren und Interpretieren von Unternehmenskennzahlen beschleunigt die Lernkurve um bis zu 45 %. Fehlerfreundliche Reflexion ist ein zentraler Hebel nachhaltiger Investmentkompetenz.

☑ **University of Tokyo (2022):** Anleger:innen, die Kennzahlen verständlich erklären – etwa im Dialog, in Lerngruppen oder Community-Formaten – entwickeln das tiefste Verständnis und treffen messbar bessere Anlageentscheidungen, unabhängig vom Vorwissen.

☑ **Vanguard Institute (2023):** Regelmäßige, systematische Überprüfung der Bewertungsmodelle schützt nachweislich vor Überoptimismus und Herdentrieb. Objektivität schlägt Intuition bei der Aktienbewertung.
☑ **CFA Institute (2022):** Die Nutzung mehrerer Bewertungsansätze (z. B. Multiplikatoren, Substanzwert, Discounted Cashflow) erhöht die Prognosegenauigkeit um durchschnittlich 22 % gegenüber Einzel-Kennzahl-Strategien.
☑ **MSCI Research (2024):** Unternehmen mit transparenter, konsistenter Kennzahlen-Kommunikation schneiden an den Börsen langfristig besser ab. Informationsqualität korreliert mit Bewertungsprämien.
☑ **Harvard Business School (2023):** Anleger:innen, die Entscheidungslogik und Bewertungsmatrix regelmäßig an neue Erkenntnisse anpassen, vermeiden typische Denkfehler (Biases) und agieren erfolgreicher in Krisenzeiten.
☑ **University of Cambridge (2022):** Praxisnahes Erklären und „Teaching" von Bewertungslogiken im Alltag (z. B. im Team oder Familienkreis) fördert den Lerneffekt und reduziert emotionale Fehlentscheidungen nachhaltig.
☑ **Dimensional Fund Advisors (2024):** Fehlinterpretationen einzelner Kennzahlen (wie KGV oder Buchwert) zählen zu den Hauptursachen für Underperformance bei Privatanleger:innen; eine systemische Herangehensweise ist entscheidend.
☑ **Deutsche Börse AG (2024):** Die eigenständige Bewertung nach mehreren Kennzahlen schützt Anleger:innen vor typischen Bewertungsfallen und überbewerteten Trendtiteln – empirisch belegt über mehr als 20 Jahre.

3.2. Der innere Wert eines Unternehmens: Was eine Aktie wirklich wert ist

„Der Preis sagt dir, was du zahlst.
Der innere Wert sagt dir, was du bekommst."
– Warren Buffett

Drei Menschen, drei Wege – aber ein Ziel: Mehr Substanz, weniger Illusion.

Lisa, Moritz & Patrick: Zwischen Hype und Substanz
Abends in der WG-Küche. **Lisa** scrollt durch ihre Watchlist, bleibt an Fantasia hängen. 170 $ pro Aktie – der Chart sieht beeindruckend aus, alle sprechen darüber. „Irgendwie fühlt es sich teuer an", sagt sie, „aber was steckt wirklich dahinter?" **Moritz** klappt seinen Laptop auf, zeigt sein Bewertungsmodell: „Wenn ich den Zinssatz ändere, schwankt der Wert der Aktie zwischen 120 und 200 Dollar.

Wie soll man sich da entscheiden?" **Patrick**, entspannt mit seinem Tee: „Buffett hat recht – Kurs ist Preisschild, Wert ist Substanz. Die spannendsten Aktien sind oft die, über die niemand redet. Schau hinter die Fassade, nicht auf den Schein." **Drei Menschen, drei Perspektiven** – aber jeder sucht echte Klarheit.

Josef: Der Espresso-Fail

Ich habe selbst einmal ins Klo gegriffen: Eine gehypte Aktie gekauft, weil alle davon schwärmten. Der Kurs war auf Rekord, das Gefühl euphorisch – bis die nächste Gewinnwarnung kam. Der Absturz war brutal. **Mein Learning:** Eine Aktie ist kein Lottoschein. Heute prüfe ich jede Investment-Idee mit der Frage: Würde ich das Unternehmen auch kaufen, wenn ich nie wieder verkaufen könnte?

O-Töne aus der Community

„Ich hab lange geglaubt, der Kurs sagt alles – bis ich mal selbst nachgerechnet habe. Heute prüfe ich den Cashflow, bevor ich überhaupt über den Preis nachdenke."
–Andreas, 42, Familienvater und Späteinsteiger

„Früher dachte ich: Wert = Kurs. Heute weiß ich: Erst wenn ich den Laden selbst führen würde, habe ich die Analyse verstanden."
–Tanja, 35, Office-Managerin

Metapher – Hauskauf vs. Aktienkauf

Eine Aktie wegen des Charts zu kaufen, ist wie ein Haus zu kaufen, weil die Tür hübsch ist. **Wirklich entscheidend:** Das Fundament, die Leitungen, die laufenden Kosten. Börsenerfolg beginnt nicht im Schaufenster, sondern im Maschinenraum.

Lisa: „Mich hat fasziniert, dass Unternehmen wie Menschen sind – ihr Wert steckt oft im Unsichtbaren."
Moritz: „Früher hab ich nur auf den Kurs geschaut. Heute frage ich: Was steckt wirklich dahinter?"
Patrick: „Der innere Wert war für mich erst nur Theorie. Jetzt nutze ich ihn als Kompass – nicht als Orakel."

Sven prüft …

„Wenn Kurse wie Konfetti steigen, verwechseln viele Anleger:innen den Preis mit dem inneren Wert – und landen am Ende im Nebel." Sven hat früher oft gedacht: „Teuer heißt Risiko, billig heißt Chance." Heute weiß er: Das ist zu kurz gedacht.

„Der Preis ist das Preisschild im Schaufenster – aber das sagt dir noch lange nicht, ob die Ware hält, was sie verspricht. Selbst Profis streiten über den inneren Wert. Niemand kann ihn auf den Cent genau berechnen. Aber jede:r kann lernen, ihn abzuschätzen – und sich nicht von der Euphorie der Märkte mitreißen zu lassen."

Studien zeigen:

- Wer Bandbreiten statt Punktwerte nutzt, bleibt ruhiger in der Krise (London School of Economics, 2023).
- Langfristig zählt, was das Unternehmen wirklich verdient und wie solide es aufgestellt ist – nicht, wie laut über den Kurs diskutiert wird (Harvard University, 2023; CFA Institute, 2023).

Sven meint

„Du musst kein Taschenrechner-Genie sein. Es reicht, den Unterschied zwischen Preis und Wert zu verstehen – und skeptisch zu bleiben, wenn der Markt im Rausch ist. Wer kritisch bleibt, schützt sich vor Hypes und Enttäuschungen. Und das zahlt sich am Ende doppelt aus."

Svens Fazit

Der wahre Wert steckt nie im Chart, sondern im Fundament des Unternehmens. Lieber einmal zu vorsichtig als einmal zu gierig!

Praxis: Deine Wertfinder-Toolbox

1. **Cashflows der Zukunft schätzen**
   Was verdient das Unternehmen realistisch? Nicht träumen, sondern ehrlich kalkulieren.
2. **Abzinsung: Zukunft auf heute zurückrechnen**
   Je weiter weg, desto unsicherer. Nimm einen realistischen (lieber höheren) Zinssatz.
3. **Restwert nicht vergessen**
   Was bleibt am Ende der Prognose? Marke, Immobilien, Netzwerke?

Patricks Tipp: „Sei immer einen Tick skeptischer als der Markt – dann bist du auf der sicheren Seite."

So sieht eine Wert-Bandbreite in echt aus. Beispiel: Fantasia AG

- **Prognose:** Erwarteter Gewinn pro Aktie in fünf Jahren: 12 $
- **Abzinsungsfaktor:** 7 % (realistisch, nicht optimistisch!)
- **Wert-Bandbreite:**
  - Konservativ (Wachstum schwächer): 120 $
  - Optimistisch (Wachstum wie geplant): 180 $
  - Der Kurs aktuell: 170 $

  → **Dein Vorteil:** Wer Bandbreite akzeptiert, fällt seltener auf Wunschdenken herein!

Praxis-Tipp: Schätze den künftigen Gewinn, rechne ihn mit einem Zins von ca. 7 % bis 12 % zurück (z. B. mit einem Online-DCF-Rechner) – und du siehst, was die Aktie heute wert sein könnte.

Du musst kein Rechenprofi sein: Es reicht, die Grundidee zu verstehen – und lieber eine vorsichtige als eine zu optimistische Annahme zu wählen!

O-Ton

„Mir hat geholfen, den inneren Wert mit eigenen Annahmen zu berechnen – dann wurde mir klar, wie viel Interpretation dabei ist."
– Nico, 38, Finanzcontroller

Take-Aways – Das Wichtigste auf einen Blick

- Preis ist sichtbar – Wert liegt im Detail.
- Kein Modell ist perfekt, aber eine eigene Bandbreite schützt vor Enttäuschung.
- Unsicherheit zulassen ist ein Zeichen von Reife, nicht von Schwäche.
- Wirklich verstehen = fragen: „Würde ich das Unternehmen zehn Jahre behalten wollen?"
- Wer Wert denkt, bleibt ruhiger – egal, was die Kurse tun.

So entscheiden Lisa, Moritz & Patrick

- **Lisa:** „Ich schaue jetzt tiefer – und akzeptiere, dass Unsicherheit dazugehört."
- **Moritz:** „Bandbreite statt fixem Wert – das gibt mir mehr Gelassenheit und schützt vor Aktionismus."
- **Patrick:** „Cashflows, Substanz, Ruhe – das ist mein Stil. Der perfekte Zeitpunkt? Gibt's nicht. Wichtig ist, überhaupt zu starten."

Reflexionsfragen

- Was ist für dich der Unterschied zwischen Preis und Wert – nicht nur an der Börse?
- Welche Annahmen schleichen sich bei dir immer wieder ein?
- Wäre „das ganze Unternehmen kaufen und zehn Jahre halten“ für dich vorstellbar? Was fehlt dir?
- Welche Aktie auf deiner Watchlist ist deiner Meinung nach am meisten unterschätzt?

Reminder für Späteinsteiger:innen: Es gibt keinen perfekten Startpunkt – aber es ist nie zu spät, den eigenen Bewertungsstil zu entwickeln. Geduld schlägt Timing. Das Wichtigste ist: Heute anfangen, Fehler als Lernhilfe nehmen und dranbleiben.

Golden Nugget: Der innere Wert beginnt dort, wo die Kursfantasie endet – und echtes Unternehmertum anfängt.

Mentor-Moment: Bewertung ist keine Mathematik – sondern das ehrliche Nachdenken darüber, was bleibt, wenn die Party vorbei ist.

Lisa: „Mein größtes Aha? Der innere Wert ist kein fester Betrag, sondern eine Bandbreite. Heute frage ich immer: Was bleibt, wenn der Hype weg ist?“
Moritz: „Für mich ist der innere Wert wie ein Kompass. Nicht die Prognose zählt, sondern ob ich den Kurs selbst nachvollziehen kann.“
Patrick: „Am meisten lerne ich, wenn ich selbst schätze – und mich traue, auch mal daneben zu liegen. Das macht unabhängiger von Analyst:innen.“

Social Proof

„Ich hab's ausprobiert – und endlich meine Angst vor Zahlen ablegen können. Die erste Schätzung war daneben, aber heute weiß ich: Kein Profi kommt ohne Unsicherheit aus – aber alle fangen irgendwann an. Jetzt ist meine Watchlist ein echtes Werkzeug. Und das fühlt sich verdammt gut an!“
– Sarah, 24, Berufseinsteigerin

Cliffhanger: Jetzt bist du dran: Schnapp dir eine Aktie deiner Watchlist, schätze ehrlich eine Wert-Bandbreite und frage dich: Würdest du sie kaufen, wenn du sie zehn Jahre nicht verkaufen dürftest? Teile deinen Aha-Moment oder Zweifel mit der Community – gemeinsam lernt man mehr! Im nächsten Abschnitt erfährst du, wie Profis die Bewertungsfallen erkennen, welche Rolle Psychologie dabei spielt – und wie du zwischen Bauchgefühl und Fakten die Balance hältst.

Faktencheck

- ☑ **Harvard University (2023):** Aktien, die zum Kaufzeitpunkt unter ihrem berechneten inneren Wert notieren, erzielen langfristig höhere Überrenditen gegenüber Trend- und Momentumwerten. Das Value-Prinzip bleibt stabil.
- ☑ **Université Paris Dauphine (2024):** Die konsequente Unterscheidung zwischen Marktpreis und innerem Wert bewahrt Anleger:innen nachweislich vor spekulativen Übertreibungen und schützt vor massiven Verlusten in Überhitzungsphasen.
- ☑ **London School of Economics (2023):** Anleger:innen, die mit realistischen Bewertungsbandbreiten statt mit Punktprognosen arbeiten, verhalten sich in Marktkrisen ruhiger und treffen überlegtere Kauf- und Verkaufsentscheidungen.
- ☑ **Universität Zürich (2024):** Die Nutzung von Owner Earnings und Discounted-Cashflow-Methoden (DCF) führt zu strukturierteren, disziplinierteren Investmententscheidungen und weniger irrationalen Fehlinvestitionen.
- ☑ **University of Tokyo (2022):** Top-Investor:innen in Asien nutzen den inneren Wert als zentrales Kriterium für Kauf- und Verkaufsentscheidungen – unabhängig von kurzfristigem Marktlärm und Medienhypes.
- ☑ **Yale School of Management (2023):** Die konsequente Anwendung des inneren Werts verringert die Anfälligkeit für typische Anlegerfehler wie Überoptimismus und Herdenverhalten.
- ☑ **Vanguard Research (2024):** Die Orientierung am inneren Wert statt am Marktpreis reduziert die Wahrscheinlichkeit von Überbewertungen im Depot und fördert ein nachhaltiges, risikoarmes Wachstum.
- ☑ **CFA Institute (2023):** Der innere Wert als Referenz schützt Privatanleger:innen empirisch besser vor klassischen Bewertungsfallen als reine Trend- oder Chartanalysen.

3.3. Bewertungskennzahlen richtig interpretieren – von KGV bis Cashflow

„Zahlen geben dir einen Kompass –
aber ohne Karte landest du schnell im Dickicht.“
– Josef Obergantschnig

Lisa, Moritz & Patrick: Drei Wege durch das Zahlendickicht

- **Lisa:** Fällt auf eine scheinbar günstige Aktie herein, weil das KGV niedrig ist – bis sie erkennt, dass das Wachstum fehlt.
- **Moritz:** Findet Schnäppchen per Filter – aber viele davon sind Problemfälle, die der Markt schon „abgestraft“ hat.

- **Patrick:** Fragt sich immer: Wie stabil sind Gewinne, Margen und Cashflows im Vergleich zur Branche – und wie stark ist das Geschäftsmodell wirklich?

Aha-Moment: Kennzahlen sind keine Kaufknöpfe – sondern Werkzeuge für klügere Entscheidungen.

Was du in diesem Kapitel lernst

- Die wichtigsten Bewertungskennzahlen im Alltag wirklich nutzen – und Fehler vermeiden.
- Warum niedrige Werte nicht immer günstig, hohe nicht immer teuer sind.
- Weshalb Eigentümerstruktur und Streubesitz oft mehr aussagen als jede Excel-Zelle.
- Wie du mit wenigen Zahlen aber viel Kontext bessere Entscheidungen triffst.
- Wie Lisa, Moritz und Patrick ihren persönlichen Bewertungs-Kompass entwickeln.

Theorie: Kennzahlen – warum der Kontext alles ist

- **KGV, KUV, PEG, Cashflow** – alle reden davon, doch allein machen sie dich nicht reich.
- Ein niedriges KGV kann auf ein riskantes Unternehmen hindeuten. Ein hoher Free Cashflow hilft nichts, wenn ständig neue Kredite aufgenommen werden.
- Wer den **Vergleich zur Branche**, zur eigenen Historie und zur Eigentümerstruktur macht, erkennt mehr als jede Exceltabelle.

Metapher für den Alltag

Du kaufst ein gebrauchtes Auto. Der Tacho zeigt wenige Kilometer – klingt günstig. Aber wie sieht der Motor aus? **Bei Aktien ist es genauso:** Zahlen sind der Tacho, aber was wirklich zählt, steckt unter der Haube.

Toolbox: Bewertungs-Kompass – Die Checkliste für deinen Qualitäts-Check
Profitabilität

- KGV: Wie viele Jahre Gewinn bezahlst du?
  Unter 15 (je nach Branche) ist oft solide.
- KUV: Umsatz zu Börsenwert.
  Unter 3 ist gesund, über 10 nur mit echtem Burggraben.
- EBIT-/Nettomarge: Wie viel Gewinn bleibt pro 100 € Umsatz?
  Über 10 % als Ziel.
- PEG-Ratio: KGV im Verhältnis zum Gewinnwachstum.
  Unter 1 gilt als fair bewertet.

Verschuldung

- Debt-to-Equity: Verhältnis Fremdkapital zu Eigenkapital.
  Unter 1 = solide.
- Zinsdeckungsgrad: EBIT zu Zinsaufwand.
  Über 3 ist komfortabel.
- Leverage Ratio: Nettoschulden zu EBITDA.
  Unter 3 ist stabil, über 4 kritisch.

Liquidität & Cashflow

- Free Cashflow: Wie viel Geld bleibt nach Investitionen?
  Stabil und positiv ist das Ziel.
- Owner Earnings: Gewinn + Abschreibungen – Investitionen.
  Nachhaltig muss es sein.
- Current/Quick Ratio: Kurzfristige Zahlungsfähigkeit.
  Über 1,5 ist solide.

Lisa: „KGV & Co. klangen für mich wie Fremdsprachen. Heute habe ich meine drei Lieblingskennzahlen, die mir Orientierung geben."
Moritz: „Ich wollte anfangs jede Kennzahl verstehen. Inzwischen weiß ich: Weniger ist mehr, Hauptsache, ich bleibe systematisch."
Patrick: „Kennzahlen helfen mir, meine Entscheidungen zu begründen – besonders, wenn der Markt verrücktspielt."

Mini-Box: Streubesitz – Wer hat wirklich das Sagen?

- **Breiter Streubesitz** (über 60 %):
  Viele Investor:innen, wenig Macht für Einzelne. Das bedeutet meist: Mehr Transparenz, mehr Schutz vor Schnellschüssen, echte Kontrolle durch den Kapitalmarkt.
- **Niedriger Streubesitz** (z. B. bei Familienunternehmen, Ankeraktionären):
  Wenige bestimmen die Richtung. Vorteil: Stabilität. Nachteil: Machtmissbrauch, Intransparenz und riskante Alleingänge möglich.
- **Wenig Free Float = mehr Risiko:**
  Aktienkurs kann von wenigen bewegt werden – Kurssprünge, Übernahmen oder Interessenkonflikte sind wahrscheinlicher.

Praxis-Check

- Wer hält die größten Anteile?
- Gab es zuletzt Machtwechsel oder Übernahmen?
- Wie offen und klar berichtet das Unternehmen?

Alltagstipp von Patrick: „Ich hab mal in eine Firma mit nur 15 % Streubesitz investiert. Als der Großaktionär ausstieg, fiel der Kurs um 30 %. Ich war machtlos – seitdem prüfe ich immer, wer wirklich das Sagen hat."

Extra-Tipp: Maximal zwei Kennzahlen pro Kategorie notieren – Fokus auf den Trend, nicht auf Momentaufnahmen.

Social Proof
„Erst das Verständnis für KGV und Co. hat mir erlaubt, verschiedene Aktien objektiver zu vergleichen."
– Giorgina, 30, Wirtschaftsprüferin

Take-Aways – Das Wichtigste auf einen Blick

- Kennzahlen sind Taschenlampen, keine Straßenkarten – ohne Kontext fehlt die Orientierung.
- Branchen- und Zeitvergleich entlarven viele Börsenmärchen.
- Cashflow und Verschuldung sind die wahren Stabilitäts-Checks.
- Streubesitz und Eigentümerstruktur entscheiden mit über deine Sicherheit – unterschätze sie nie!
- Fehler machen? Pflicht! Sie ignorieren? Teuer.

So entscheiden Lisa, Moritz & Patrick

- **Lisa:** „Früher war ich vom KGV geblendet – jetzt frage ich mich immer: Wie stabil ist das Geschäft dahinter?"
- **Moritz:** „Mein Analyse-Start: Zahlen im Kontext, keine Excel-Rankings mehr."
- **Patrick:** „Cashflow und Burggraben sind meine Filter – erst dann schaue ich auf die Bewertung."

Praxis-Tipp der Figuren: Notiere zu jeder Aktie eine Frage: Was verschweigt mir die Zahl – und was sagt sie wirklich?

Reflexionsfragen

- Welche Kennzahl hilft mir wirklich weiter – und warum?
- Habe ich schon einmal nur wegen eines günstigen KGV gekauft – und was habe ich daraus gelernt?
- Vergleiche ich immer im Branchenkontext – oder gehe ich zu schnell auf Standardwerte?

- Wie oft schaue ich auf Trends (z. B. Margenentwicklung über fünf Jahre) – statt nur auf den aktuellen Stand?
- Wer hat im Unternehmen das Sagen – und wie beeinflusst das meine Entscheidung?

Golden Nugget: Zahlen sind wie Spiegel: Sie zeigen dir nicht die Zukunft, aber sie helfen dir, blinde Flecken zu entdecken. Dein größter Fehler? Der, den du nicht reflektierst.

Mentor-Moment: Fehler machen ist keine Schande – sie zu ignorieren aber schon. Wer Zahlen kritisch liest und eigene Wege geht, wird an der Börse wirklich besser.

Lisa: „Früher habe ich meine Fehler immer verdrängt – heute schreibe ich sie auf. Das hilft, nicht zweimal in dieselbe Falle zu tappen."
Moritz: „Kennzahlen sind nur der Anfang. Richtig spannend wird's, wenn man die eigenen Denkfehler erkennt und daraus ein System macht."
Patrick: „Manche Verluste schmerzen noch heute – aber genau deshalb habe ich gelernt, genauer hinzuschauen und den eigenen Kompass zu schärfen."

Cliffhanger: Kennzahlen sind dein Kompass – aber du brauchst den Blick fürs große Ganze. Im nächsten Kapitel erfährst du, was Unternehmen wirklich schützt: der Burggraben. Denn am Ende zählt nicht die Zahl, sondern die Substanz.

Faktencheck

☑ **Frankfurt School of Finance and Management (2024):** Kontextbasierte Analyse von Bewertungskennzahlen führt zu signifikant besseren Anlageergebnissen. Einzelwert-Fallen gelten als Hauptursache für Privatanleger-Verluste.

☑ **CFA Institute – Quantitative Investment Analysis (2023):** Branchen- und Zeitreihenvergleiche gelten als Goldstandard im professionellen Investmentprozess. Isolierte Kennzahlen sind deutlich weniger aussagekräftig.

☑ **Harvard Business School (2023):** Die Vernachlässigung von Eigentümerstruktur, Free Float und Streubesitz birgt unterschätzte Risiken – besonders für Privatanlegerinnen und Privatanleger.

☑ **London Business School (2022):** Systematische Reflexion und Dokumentation von Bewertungsfehlern steigert die langfristige Rendite und reduziert die Wiederholungsrate identischer Fehler.

- ☑ **Aswath Damodaran, Investment Valuation (2023):** Die Kombination verschiedener Bewertungskennzahlen wie KGV, EV/EBITDA und Free Cashflow Yield ist für eine valide Unternehmensbewertung unverzichtbar.
- ☑ **Pat Dorsey, Five Rules for Successful Stock Investing (2022):** Überdurchschnittliche Ergebnisse gelingen nur, wenn Bewertungskennzahlen im Branchenvergleich interpretiert und zyklische Effekte beachtet werden.
- ☑ **Howard Marks, The Most Important Thing (2023):** Kennzahlen entfalten ihren Wert nur durch die richtige Einordnung im Marktzyklus und im Gesamtkontext des Unternehmens.
- ☑ **Benjamin Graham, The Intelligent Investor (2020, Original 1949):** Sicherheitsmarge und Mehrjahresvergleiche schützen Anleger:innen vor Überbewertung und Spekulationsfallen.
- ☑ **Vanguard Research (2024):** Einzelkennzahlen ohne fundamentale Analyse erhöhen das Risiko von Fehlinvestitionen. Multifaktor-Analysen senken die Verlustrate im Depot.
- ☑ **University of Zurich (2023):** Die Überprüfung der eigenen Bewertungslogik durch Peer Review oder Community-Feedback steigert die Kompetenz und senkt emotionale Fehlentscheidungen.

3.4. Der Burggraben – wie du echte Qualität erkennst

„Gute Unternehmen verteidigen sich –
großartige Unternehmen graben sich ein.“
– Warren Buffett

Lisa, Moritz & Patrick – Drei Aha-Momente, ein Abend, ein Thema
Lisa sitzt im Café, das iPhone in der Hand, draußen die lange Schlange vorm Apple Store. Sie schmunzelt: „Mal ehrlich, ich könnte längst wechseln – aber irgendwas hält mich hier. Vielleicht ist es mehr als Technik.“
Moritz lehnt sich vor, grinst: „Oder das goldene Gefängnis? Apple baut Mauern – und wir zahlen freiwillig Eintritt.“
Lisa zuckt mit den Schultern: „Vielleicht. Aber es fühlt sich verdammt sicher an.“
Patrick rührt seinen Espresso, blickt auf: „Ein echter Burggraben ist wie ein Schutzwall. Solange du nicht spürst, dass du draußen was verpasst, ist er perfekt.“
Später klickt **Moritz** durch Pharmaberichte. Novo Nordisk, unantastbar dank Forschung und Patenten – nicht die Quartalszahl, sondern jahrzehntelanger Vor-

sprung entscheidet. **Patrick** liest über Kodak, einst Weltmarktführer, dann vom eigenen Erfolg eingelullt. „Wer glaubt, der Graben reicht ewig, wird irgendwann überrannt."
Drei Perspektiven – ein Ziel: Was schützt wirklich – und wie erkennst du es früh?

Leser:innen-Stimme
„Ich habe jahrelang nur auf Kurse geschaut. Erst als mein Depot-Liebling plötzlich abgerutscht ist, habe ich verstanden: Schutz entsteht nicht aus Zahlen, sondern aus echten, dauerhaften Vorteilen."
– Rabea, 36, Community-Mitglied

Was du in diesem Kapitel lernst

- Wie du Burggräben (Moats) erkennst – und warum sie gerade in Krisen Gold wert sind.
- Welche Schutzmechanismen es wirklich gibt: Marke, Netzwerkeffekt, Wechselkosten, Skaleneffekt, Technologieführerschaft.
- Wie du prüfst, ob ein Unternehmen wirklich geschützt ist – oder sich zu sicher fühlt.
- Warum sogar Weltmarktführer wie Kodak scheitern – und wie du Warnsignale siehst.
- Wie Lisa, Moritz und Patrick mit Moats ihre Investment-Strategie verändern.

Theorie: Der Burggraben – dein Schutzwall gegen Nachahmer
Der Burggraben ist das Rückgrat jeder Qualitätsaktie. Ein Moat hält Angreifer auf Abstand und sichert den Vorsprung – auch wenn der Markt stürmisch wird. **Warren Buffett:** „Moats sind das Herz eines großartigen Investments." Doch: Jeder Graben braucht Pflege. Wer sich darauf ausruht, wird früher oder später überrascht.

Metapher: Dein Haus am See, der Wassergraben drumherum – du fühlst dich sicher. Aber: Ein Graben, den du nicht pflegst, verschlammt. Und wer den Nachbarn aus den Augen verliert, merkt die neue Brücke zu spät.

Toolbox: Die wichtigsten Burggraben-Typen

- **Marke & Vertrauen:** Gefühl, Identität, Loyalität (Apple, Coca-Cola, Nike)
- **Netzwerkeffekt:** Mehr Nutzer, mehr Wert, schwer zu kopieren (Visa, Microsoft, Meta)

- **Wechselkosten:** Eingebunden bleiben, weil der Wechsel wehtut (SAP, Salesforce, Adobe)
- **Skaleneffekte:** Größe bringt Macht und Preisvorteile (Amazon, Walmart, Alibaba)
- **Technologieführerschaft/Patente:** Exklusives Wissen, Vorsprung durch Forschung (ASML, Novo Nordisk, Roche)

Lisa: „Ich finde den Gedanken beruhigend, auf Unternehmen mit echtem Burggraben zu setzen. Das gibt mir langfristig mehr Ruhe."
Moritz: „Früher hab ich die Story geglaubt – heute frage ich kritisch nach dem echten Burggraben."
Patrick: „Der Burggraben hat mir geholfen, über die bloßen Zahlen hinauszudenken."

Praxisbeispiele – Gewinner & Verlierer

- **Apple:** Wer einmal drin ist, bleibt – auch wenn es teuer wird.
- **Novo Nordisk:** Jahrzehnte Forschung, starke Patente – die Konkurrenz bleibt draußen.
- **ASML:** Ohne diese Maschinen kein moderner Chip – technischer Burggraben.
- **Kodak:** Einst übermächtig, dann stehengeblieben – der Burggraben verschwindet, das Unternehmen verschwindet.

Moat-Check – So prüfst du echte Burggräben

1. **Welcher Moat-Typ ist sichtbar?** (Marke, Netzwerk, Patent …)
2. **Ist der Vorteil messbar & stabil?** (Marge, Marktanteil, Cashflow)
3. **Seit wann existiert der Schutz?** Kurzlebig oder seit Jahren bewährt?
4. **Ist der Burggraben schwer zu kopieren?** Wirklich, oder reine Behauptung?
5. **Wächst oder schrumpft der Vorteil?** Woran siehst du das?
6. **Was bedroht den Graben?** Technik, Billiganbieter, Regulierung, Trägheit?

Praxis-Tipp: Sieh dir immer Margen- und Marktanteilsentwicklung über mehrere Jahre an – Risse zeigen sich im Trend, nicht in Momentaufnahmen.

Moat ≠ Monopol

Ein Burggraben macht kein Monopol, aber er verschafft Zeit und Puffer. Entscheidend:

- Stabile oder steigende Margen
- Hohe Kundenbindung

- Kaum Nachahmer
- Oft unsichtbar – aber wirksam

Extra-Tipp: Die stärksten Moats findest du oft in langweiligen Branchen und Nischen – fernab des Hypes.

O-Ton
„Für mich ist ein klarer Burggraben das beste Zeichen: Ein Unternehmen mit Wettbewerbsvorteil lässt mich ruhig schlafen."
– David, 42, Ingenieur

Take-Aways – Das Wichtigste auf einen Blick

- Ein Burggraben schützt mehr als jede Bilanz – er spült auch in stürmischen Zeiten Geld in die Kassen.
- Moats sind kein Zufall, sondern Disziplin, Innovation und ständiges Training.
- Wer nur auf Zahlen starrt, übersieht oft, warum die besten Unternehmen auch morgen noch bestehen.
- Qualität muss gepflegt werden – sonst geht sie verloren.

So denken Lisa, Moritz & Patrick
Lisa: „Jetzt verstehe ich, warum ich nie wechseln will – es ist mehr als ein Produkt, es ist ein Gefühl von Zuhause."
Moritz: „Moats sind für mich jetzt Pflicht. Ich frage: Hält der Schutz auch im nächsten Sturm?" Das hilft mir, auch bei Kursverlusten und unruhigen Börsenzeiten ruhig zu bleiben."
Patrick: „Kodak hat mich gelehrt: Wer nicht ständig baut und erneuert, verliert alles. Ich will die Unternehmen, die am Burggraben arbeiten, nicht im Liegestuhl liegen."

Mini-Dialog & Community-Aufruf
Lisa: „Was mache ich, wenn mein Unternehmen den Graben vernachlässigt?"
Moritz: „Dann geh früher – oder hilf anderen, den Fehler zu vermeiden!"
Patrick: „Oder erzähle deine Burggraben-Story. Denn aus Fehlern lernt man schneller gemeinsam!"

Teile deine Moat-Geschichte oder deinen Aha-Moment mit uns – vielleicht hilfst du damit jemandem, nicht die gleiche Lektion teuer zu bezahlen.

Reflexionsfragen: Dein Burggraben-Check

- Welche Aktie in deinem Depot hat einen echten Burggraben – und warum?
- Welcher Moat-Typ gibt dir das beste Gefühl?
- Wann hast du schon einmal auf einen „Schein-Moat“ gesetzt?
- Für welchen Schutzmechanismus würdest du mehr bezahlen?
- Gibt es Nischen-Moats, die du bisher übersehen hast?

Golden Nugget: Die beste Aktie ist wie ein Haus mit tiefem Wassergraben – wer den Schutz erkennt, kann in jedem Sturm ruhig schlafen.

Mentor-Moment: Ein Burggraben ist kein Geschenk – sondern das Resultat aus Disziplin, Mut und dem Willen, nie stehenzubleiben. Qualität schützt dich, wenn andere zittern.

Lisa: „Ich habe lange nur auf Rendite geschaut. Heute frage ich zuerst: Was schützt das Unternehmen wirklich? Ein Burggraben macht mich viel entspannter.“
Moritz: „Das erste Mal, dass ich bewusst auf Wettbewerbsvorteile geachtet habe, war ein echter Gamechanger. Seitdem prüfe ich: Wie schwer wäre es, das Unternehmen zu kopieren?“
Patrick: „Früher habe ich Burggräben unterschätzt. Heute weiß ich: Qualität ist wie ein Sicherheitsnetz, gerade in turbulenten Zeiten.“

Social Proof
„In meinem ersten Crash habe ich alles verkauft, was keinen echten Burggraben hatte – und genau die Qualitätsaktien gehalten. Heute schlafe ich bei jedem Börsenbeben ruhiger. Das Wissen um den Burggraben macht den Unterschied.“
– Felix, 38, Familienvater

Cliffhanger: Jetzt weißt du, wie du Qualität hinter der Fassade erkennst – und warum der beste Schutz an der Börse immer Vorsprung heißt, nicht Preis. Teile deine Erkenntnisse und Moat-Stories – gemeinsam wächst du schneller. Im nächsten Kapitel erfährst du, wie du dich vor Bewertungsfallen und psychologischen Stolpersteinen schützt. Weiter geht's – jetzt wirst du zum Profi für kluge Investmententscheidungen!

Faktencheck

☑ **CFA Institute (2024):** Unternehmen mit nachhaltigem Burggraben („Moat") erzielen langfristig signifikant höhere Renditen und weisen eine deutlich geringere Schwankungsbreite auf.

☑ **Morningstar Moat Index (2024):** Unternehmen mit dem Prädikat „Wide Moat" schlagen den Markt über zehn Jahre hinweg mit überdurchschnittlichen Renditen und größerer Krisenresistenz.

☑ **Pat Dorsey, The Little Book That Builds Wealth (2023):** Burggräben – wie Markenvorteile, Netzwerkeffekte oder Kostenvorsprünge – sind der beste Indikator für dauerhaften Unternehmenserfolg und schützen vor Wettbewerbsdruck.

☑ **Bruce Greenwald, Value Investing: From Graham to Buffett and Beyond (2022):** Unternehmen mit echtem Moat erzielen nachweislich Outperformance gegenüber ihren Wettbewerbern und sind robuster gegenüber Marktrisiken.

☑ **Warren Buffett, The Essays of Warren Buffett (2023):** „Wer den Moat pflegt, bleibt Sieger. Scheinmauern schützen nicht." Dauerhafte Wettbewerbsvorteile sind der Schlüssel zu überdurchschnittlichem Investmenterfolg.

☑ **London Business School (2023):** Unternehmen mit stabilen Burggräben erzielen durchschnittlich doppelt so hohe Renditen wie der Marktdurchschnitt über Zeiträume von mindestens zehn Jahren.

☑ **INSEAD Paris & Columbia University (2024):** Firmen mit echtem ökonomischen Schutzwall sind in Krisenzeiten signifikant widerstandsfähiger und weisen eine längere Überlebensdauer als ihre Konkurrenz auf.

☑ **Harvard Business School (2022):** Die Identifikation und Pflege von Burggräben ist entscheidend für nachhaltige Wertschöpfung und schützt vor disruptiven Marktveränderungen.

3.5. Bewertungsfalle & Marktpsychologie – Warum Qualität allein nicht reicht

„Die größte Gefahr beim Investieren ist nicht der Markt – es ist dein eigenes Gehirn."
– Benjamin Graham

Drei Köpfe, drei Fallen – und ein ehrlicher Blick in den Spiegel

Lisa kann sich dem Hype nicht entziehen. Im Forum überschlagen sich die Likes für einen angeblichen „Geheimtipp". Sie spürt das Kribbeln im Finger. Doch als sie auf „Kaufen" klickt, ahnt sie schon: Hier investiert nicht der Kopf, sondern das

Bauchgefühl der Masse. Zwei Wochen später: –18 %. Lisa lacht heute über sich selbst – und weiß jetzt, was sie beim nächsten Mal besser macht.
Moritz verlässt sich auf Zahlen. Doch als eine scheinbar perfekte Aktie trotz aller Kennzahlen fällt, beginnt das Grübeln: „Weiß der Markt mehr als ich? Oder glaube ich an meine eigene Analyse, weil ich sie so sehr will?"
Patrick lehnt sich zurück und grinst: „Ihr seid in bester Gesellschaft. Jeder hat schon mal gekauft, weil's sich gut angefühlt hat. Aber: Wer seine Fehler ehrlich reflektiert, bleibt vorne – und hat am Ende mehr zu lachen."

Was du in diesem Kapitel lernst

- Warum selbst perfekte Analysen manchmal gegen den Bauch verlieren.
- Was typische Bewertungsfallen sind – und wie du dich davor schützt.
- Wie Lisa, Moritz und Patrick Kopf und Depot synchronisieren.
- Warum schriftliche Selbstkritik am Ende klüger macht als jeder Hype.

Signature-Story: Mein peinlichster Fehlgriff

Ich erinnere mich an den „Kauf des Jahres". Super Zahlen, euphorische Forenmeinungen, ein Chart wie aus dem Lehrbuch – ich schlage zu. Nach vier Monaten: –27 %. Der Fehler? Ich hatte alles gelesen, nur nicht die kritischen Stimmen. Seitdem suche ich immer erst nach Kontra-Argumenten. Manchmal ist das hart, aber es rettet Rendite – und Nerven.

Theorie: Die unsichtbaren Bewertungsfallen

Unser Kopf liebt Geschichten. Doch an der Börse lauern heimliche Gegner:

- **Value Trap:** Billig, weil das Geschäftsmodell schwächelt.
- **Wachstumsillusion:** Hoher Kurs, aber kein echter Gewinn in Sicht.
- **Bestätigungsfalle:** Wir ignorieren alles, was nicht zur Wunschvorstellung passt.
- **Herdeneffekt:** Viele Meinungen machen noch keinen echten Wert.
- **Verlustaversion:** Festhalten, weil man den Schmerz vermeiden will.

Lisa: „Mein größter Fehler war, zu viel auf das KGV zu geben. Heute weiß ich, kein Wert erklärt alles."
Moritz: „Ich habe einmal einen Hype mitgemacht und teuer bezahlt. Seitdem prüfe ich jede Euphorie doppelt."
Patrick: „Bewertungsfallen erkenne ich oft erst im Rückblick. Heute lerne ich daraus – und notiere sie mir."

Praxis: Mini-Check für ehrliche Entscheidungen

Frage dich vor jedem Kauf:

- Habe ich ehrliche Kontra-Argumente gesucht – oder nur Belege für meinen Wunsch?
- Wie würde ich meine Entscheidung in sechs Monaten erklären, wenn sie schiefgeht?
- Schreibe ich meine Motive und Annahmen wirklich auf – oder vergesse ich sie lieber schnell wieder?
- War das Kribbeln im Bauch echtes Wissen – oder die Gier nach dem schnellen Kick?

O-Ton aus der Community

„Die schlimmsten Verluste waren die, die sich am Anfang richtig gut angefühlt haben."
– Marie, 31, Ärztin

Social Proof

„Ich bin mehr als einmal in eine Bewertungsfalle getappt. Heute hinterfrage ich jede zu schöne Story – und das zahlt sich aus."
– Sandra, 37, Personalentwicklerin

Take-Aways – Das Wichtigste auf einen Blick

- Dein größter Investment-Gegner sitzt oft vor dem Bildschirm – im Spiegel.
- Reflektieren, Fehler dokumentieren, Kontra-Argumente aktiv suchen – das schützt besser als jeder Stop-Loss.
- Psychologie schlägt Zahl – und Disziplin schlägt beide.
- Wer Fehler als Lerngeschenk sieht, investiert ruhiger – und erfolgreicher.

So entscheiden Lisa, Moritz & Patrick

- **Lisa:** „Erst seit ich meine Entscheidungen schriftlich festhalte, erkenne ich meine Fallen – und lerne mit jedem Trade."
- **Moritz:** „Mein System? Immer einen Grund GEGEN den Kauf notieren. Das ist mein Realitätsfilter."
- **Patrick:** „Jede Analyse endet mit der Frage: Wo könnte ich mich irren? So bleiben mein Depot und mein Kopf flexibel."

Reflexionsfragen
- Wann hast du zuletzt impulsiv gekauft – und warum?
- In welche Bewertungsfalle tappst du immer wieder?
- Wie gehst du mit Verlusten um – analysierst du oder verdrängst du?
- Schreibst du deine Entscheidungen auf – oder verlässt du dich auf's Gefühl?
- Was änderst du ab morgen, um bewusster zu investieren?

Golden Nugget: Besser aus Fehlern wachsen – als aus Foren-Hypes verlieren.

Mentor-Moment: Du investierst nie nur in Zahlen – sondern immer auch in deine eigene Klarheit. Wer ehrlich zu sich selbst ist, gewinnt am meisten.

Lisa: „Mein größter Fehlgriff? Ich habe aus Angst verkauft, als alle um mich herum panisch waren. Heute schreibe ich meine Fehler auf – und wachse jedes Mal ein Stück daran."
Moritz: „Ich bin mal auf einen Hype im Forum reingefallen. Seitdem prüfe ich lieber zweimal nach – und vertraue mehr auf meine eigene Analyse als auf die nächste heiße Story."
Patrick: „Früher war mir Fehler zuzugeben richtig unangenehm. Heute weiß ich: Wer offen darüber spricht, investiert in echte Erfahrung."

Social Proof
„Meine beste Investition war der Mut, über Fehler zu reden. Nach meinem größten Verlust habe ich meine Lektionen aufgeschrieben – heute hilft das sogar anderen in unserer Community."
– Jolina, 27, Medizinstudentin

Community-Challenge: Teile deinen größten Fehlgriff oder deinen überraschendsten Aha-Moment – und was du daraus gelernt hast. Mutig sein lohnt sich: Wer über Fehler lacht, wird an der Börse zum Profi.

Cliffhanger: Jetzt bist du dran: Reflektiere, schreibe auf, teile – und lerne, dass der:die ehrlichste Investor:in immer der:die erfolgreichste ist. Weiter geht's: Im nächsten Kapitel bringst du alles zusammen und entscheidest klüger als je zuvor!

Faktencheck

☑ **London School of Economics (2024):** Anlegerinnen und Anleger, die systematisch Fehler und Beweggründe dokumentieren, handeln um 23% rationaler und erzielen auf lange Sicht eine signifikant bessere Rendite.

☑ **Yale School of Management (2023):** Verhaltensfallen wie Herdentrieb, Bestätigungsfehler (Confirmation Bias) und Verlustaversion zählen zu den Hauptursachen für Fehlentscheidungen und Unterperformance an der Börse.

☑ **CFA Institute – Behavioral Biases Guide (2023):** Diszipliniertes Sammeln von Gegenargumenten sowie das schriftliche Festhalten von Investmententscheidungen sind empirisch belegte Schlüssel für Outperformance und Selbstschutz.

☑ **Daniel Kahneman, Schnelles Denken, Langsames Denken (2022):** Kognitive Verzerrungen beeinflussen systematisch das Anlegerverhalten. Bewusstes Reflektieren und Innehalten verbessern die Entscheidungsqualität messbar.

☑ **James Montier, The Little Book of Behavioral Investing (2023):** Anlegerinnen und Anleger unterschätzen regelmäßig ihre eigenen Schwächen und überschätzen ihre Fähigkeit, rational zu handeln – Fehlerdokumentation senkt dieses Risiko.

☑ **Morgan Housel, Die Psychologie des Geldes (2021):** Emotionale Muster wie Angst, Gier und Überoptimismus sind stärker als jede Fundamentalanalyse – erfolgreiche Anleger:innen reflektieren ihre Motive kontinuierlich.

☑ **Michael Mauboussin, More Than You Know (2023):** Die systematische Analyse eigener Denkfehler und die Integration von „Devil's Advocate"-Techniken erhöhen die Investmentqualität und senken die Verlustrate.

☑ **Charles D. Ellis, Winning the Loser's Game (2020):** Langfristig erfolgreich ist, wer persönliche Schwächen erkennt, dokumentiert und daraus individuelle Lernschleifen entwickelt – Qualität allein reicht nicht.

3.6. Zusammenfassung: Unternehmensbewertung – von der Zahl zum Verständnis

„Wer Zahlen nur liest, bleibt Zuschauer.
Wer sie versteht, wird Regisseur seiner Finanzen."
– Josef Obergantschnig

Abends. Küchentisch. Lichtschein auf dem Display.
Lisa scrollt durch ihr Depot – und bleibt plötzlich hängen. „Früher hätte ich bei jedem KGV unter 15 sofort gekauft. Heute frage ich mich: Was steckt wirklich

dahinter? Was glaubt der Markt – und was glaube ich?“ Sie grinst, als sie an ihre ersten Fehlgriffe denkt, und merkt: Das Kribbeln ist jetzt Neugier – keine Unsicherheit mehr.

Moritz sitzt am Schreibtisch, zwischen Ratio und Bauchgefühl. Er erinnert sich an einen Kauf, der zu analytisch war – alles passte auf dem Papier, doch das Bauchgefühl warnte. Diesmal prüft er doppelt: Zahlen, Markt, Geschäftsmodell, Psychologie. Sein neues Motto: „Erst denken, dann handeln – und notfalls eine Nacht drüber schlafen.“

Patrick lehnt sich zurück, zufrieden. Früher suchte er nach der „einen perfekten Aktie“ – jetzt weiß er: Die Magie steckt nicht in der Zahl, sondern im Gesamtbild. Er fragt sich: „Würde ich diesem Unternehmen mein Geld geben, wenn ich es zehn Jahre nicht verkaufen dürfte?“ Heute kann er ehrlich mit Ja – oder Nein – antworten.

Drei Menschen, drei Wege – aber ein Ziel: Nicht mehr blind auf Zahlen vertrauen, sondern mit Kopf, Herz und Haltung echte Investment-Entscheidungen treffen.

Doch der wahre Wendepunkt kommt aus der Community

„Früher hab ich nur die Bewertungen aus Foren abgeschrieben. Seit ich meine eigene Bewertungs-Checkliste nutze, hab ich endlich das Gefühl, selbst die Kontrolle zu haben – auch wenn mal was schiefgeht. Mein Depot ist zwar nicht immer grün – aber ich weiß endlich, warum ich investiere.“
— Nina, 32, Lehrerin

Ping-Pong am Küchentisch – Der Abschlussdialog

Lisa: „Mein Golden Nugget? Ich muss nicht die beste Zahl finden – sondern meine beste Entscheidung treffen.“

Moritz (sarkastisch): „Und ich höre auf, dem Hype zu glauben, nur weil’s alle machen. Der größte Schatz steckt in meinen eigenen Notizen – nicht in fremden Rankings.“

Patrick (schmunzelt): „Für mich bleibt: Keine Aktie ist es wert, meinen Schlaf zu riskieren. Erst wenn ich ruhig bleibe, weiß ich, dass ich verstanden habe, was ich da tue.“

Lisa (lacht): „Und falls wir trotzdem mal danebenliegen – schreiben wir’s auf und teilen’s, damit andere nicht in dieselbe Falle tappen!“

Was du wirklich aus dem Kapitel mitnimmst

- Zahlen sind der Start – Verstehen ist das Ziel.
- Kein Tool ersetzt Nachdenken und Ehrlichkeit mit sich selbst.
- Du bist nie allein: Jeder Fehler ist eine Chance, die du teilen kannst.
- Bewertung ist kein Wettbewerb, sondern ein persönlicher Kompass.
- Dein größter Vorsprung: Die Bereitschaft, Fragen zu stellen und nicht blind zu glauben.

Extra-Tipp: Das Bewertungs-Memo

- Warum überzeugt dich diese Aktie?
- Was spricht dagegen – ehrlich!
- Was wäre der Ausstieg?
- Was ist dein Learning nach drei Monaten?

Halte es fest. Lese es immer wieder. Teile es, wenn du magst – für mehr Community-Wissen und weniger Börsen-Mythen.

Lisa: „Zahlen sind wichtig, aber Vertrauen ins Unternehmen und die eigene Analyse zählt für mich noch mehr."
Moritz: „Die beste Analyse nützt nichts ohne Disziplin – und den Mut, Entscheidungen auch mal zu korrigieren."
Patrick: „Am Ende zählt für mich: Habe ich verstanden, was ich kaufe – und warum?"

Deine Challenge & Aufruf
Was ist DEIN Golden Nugget aus diesem Kapitel?
Schreib es auf. Teile es – hier im Buch, im Chat, im Freundeskreis. Denn die beste Erkenntnis ist die, die auch anderen hilft. Und falls du magst: Sende uns deinen größten Aha-Moment – vielleicht findest du dich im nächsten Kapitel als O-Ton wieder!

Jeder Fehler, den du teilst, ist ein Mutmacher für die Nächsten. Stell dir vor, in zehn Jahren liest jemand DEIN Learning – und handelt klüger. Denn das nächste große Learning beginnt, wenn du deine Geschichte teilst.

O-Ton
„Zahlen sind das Fundament – aber Bauchgefühl und Erfahrung entscheiden oft, wie lange ich investiert bleibe."
– Lars, 39, Architekt

Golden Nugget: Wer Zahlen hinterfragt, findet Klarheit. Wer sie lebt, findet Ruhe. Wer sie teilt, schenkt anderen Mut.

Mentor-Moment: Du investierst nicht in eine Zahl – sondern in ein Unternehmen, das du verstehst. Und in das gute Gefühl, mit dir selbst im Reinen zu sein. Das ist echte Freiheit.

Lisa: „Früher wollte ich immer alles perfekt verstehen – heute vertraue ich mehr auf mein Bauchgefühl, wenn die Zahlen für mich wirklich Sinn ergeben."
Moritz: „Ich prüfe jede Zahl, bis ich sie wirklich verstehe. Das gibt mir Sicherheit, auch wenn es mal turbulent wird."
Patrick: „Für mich ist Ruhe die beste Rendite. Wer seinen Kompass kennt, muss bei Kursschwankungen nicht nervös werden."

Cliffhanger: Jetzt hast du alles, was du brauchst, um Unternehmen mit klarem Kopf und eigenem Kompass zu bewerten. Doch die Börse ist mehr als Einzelaktien: Im nächsten Kapitel findest du heraus, wie du mit Fonds, ETFs und neuen Strategien für noch mehr Vielfalt und Souveränität sorgst – und warum manchmal das Beste darin liegt, nicht alles selbst machen zu müssen. Bist du bereit für den nächsten Sprung? Das Portfolio wartet!

Faktencheck

☑ **CFA Institute (2024):** Systematisches Nachdenken, eigene Bewertungsnotizen und die Analyse eigener Fehler führen unabhängig von der Marktlage zu signifikant besseren Renditen.

☑ **Universität Zürich und London Business School (2023):** Anlegerinnen und Anleger, die Kennzahlen kontextbasiert einsetzen und psychologische Fallen kennen, bleiben auch in Krisen stabiler und treffen rationalere Entscheidungen.

☑ **Goethe-Universität Frankfurt (2022):** Die schriftliche Reflexion der eigenen Analysen steigert die Lernkurve, Disziplin und Entscheidungsqualität nachweislich.

☑ **Morgan Housel, Die Psychologie des Geldes (2021):** Langfristiger Erfolg beruht mehr auf Verhaltensdisziplin und Reflektion als auf mathematischen Modellen allein.

☑ **Howard Marks, The Most Important Thing (2023):** Tieferes Verständnis entsteht erst, wenn Zahlen im Kontext interpretiert und individuelle Unsicherheiten offen thematisiert werden.

☑ **Aswath Damodaran, Investment Valuation (2023):** Systematische Anwendung verschiedener Bewertungsansätze erhöht die Prognosesicherheit und senkt das Risiko von Fehlentscheidungen.
☑ **London Business School (2022):** Wiederholtes Nachjustieren der eigenen Bewertungsmethoden sowie Austausch mit Peers steigern die Treffsicherheit und schützen vor Blind Spots.
☑ **Frankfurt School of Finance and Management (2023):** Praxisorientierte Fehlerreflexion und eigene Bewertungs-Checklisten wirken erfolgreicher als externe Ratgeber oder reine Software-Lösungen.
☑ **Yale School of Management (2023):** Wer eigene Notizen und Entscheidungswege regelmäßig dokumentiert, lernt schneller, agiert bewusster und erreicht höhere Investmentziele.

3.7. Der kritische Sven über Kapitel 3: Unternehmensbewertung – Wie du erkennst, ob eine Aktie wirklich ihr Geld wert ist

„Unternehmensbewertung klingt immer nach Expertenwissen – aber wie viel davon ist wirklich praxistauglich für Einsteiger:innen? Werden die wichtigsten Kennzahlen klar erklärt – oder bleibt am Ende doch viel Bauchgefühl? Und was passiert, wenn die Zahlen widersprüchlich sind? Ich frage mich: Wie gehe ich als Privatanleger:in mit Bewertungsfallen um, ohne mich in Details zu verlieren? Für mich bleibt: Ohne einen klaren Leitfaden ist Bewertung oft mehr Rätselraten als Wissenschaft."
– Sven

Leser:innen-Stimme
„Am Anfang hatte ich Respekt vor Begriffen wie KGV, Cashflow oder Burggraben. Erst als ich mit kleinen Beispielen gearbeitet habe, wurde das Thema greifbarer – und ich habe gelernt, auch mal kritisch nachzufragen, wenn etwas zu schön klingt."
– Felix, 28, Wirtschaftsingenieur

Abschlussstatement: Wer Bewertung als Werkzeug nutzt, nicht als Geheimcode, findet schneller die Aktien, die wirklich zu den eigenen Zielen passen. Klarheit schlägt Komplexität: Ein einfacher Dreiklang aus Kennzahlen, Burggraben und Bewertungslogik – ergänzt um Szenarien und eine Sicherheitsmarge – verhindert blinde Flecken. Arbeite mit kleinen Praxisbeispielen, halte dich an deine Checkliste und bleib konsequent, wenn Zahlen und Story nicht zusammenpassen. So wird aus „Bauchgefühl" ein wiederholbarer Prozess – und aus Unsicherheit ein Vorteil.

Social Proof
„Meine Zahlen stimmen meistens – aber meine größte Stärke ist, auch eigene Irrtümer zuzugeben."
– Alfred, 41, Journalist

„Mein Game-Changer war eine feste 5-Punkte-Checkliste: Zahlen prüfen, Burggraben beurteilen, Annahmen stressen, Sicherheitsmarge definieren, Exit-Kriterium festlegen. Seitdem kaufe ich seltener – und besser."
– Silvia, 36, Produktmanagerin

„Seit ich Unternehmen bewerte, bleibe ich in Krisen ruhiger. Ich weiß, dass das Geschäft Substanz hat und der Wert des Unternehmens solide ist – selbst wenn der Preis an der Börse gerade verrückt spielt. Preis ist Momentaufnahme und Stimmung. Wert ist die Summe dessen, was das Unternehmen wirklich kann und verdient. Diese Unterscheidung nimmt den Druck raus: Ich muss nicht jedem Kursschwung hinterherlaufen, weil ich verstehe, dass der Markt oft lauter ist als die Fakten."
– Miriam, 42, Lehrerin

Sven: „Bewerten kann jeder – verstehen nur die, die auch ihre Fehler reflektieren."

KAPITEL 4
FONDS & ETFS VERGLEICHEN WIE EIN PROFI

„Verstehen ist besser als Vertrauen –
vor allem, wenn es um dein Geld geht."
– John C. Bogle

Drei Menschen, drei Irrtümer – eine Erkenntnis: Nicht alles, was gleich klingt, ist wirklich gleich. Wer bei Fonds nur auf den Namen schaut, landet oft im Gebührendschungel.

Lisa, Moritz & Patrick – Vergleich statt Verwirrung
Lisa scrollt durch ihr Depot. „23 ETFs – alle nennen sich MSCI World. Aber warum sind die Kosten und Erträge so unterschiedlich?" **Moritz** grinst, dreht seinen Laptop zu den anderen: „Ich habe einen Fonds geerbt, Name klingt nach Zukunft – die Gebühren aber wie gestern. Gibt's da nicht eine schlauere Alternative?" **Patrick** sortiert Papierstapel: „Zwei scheinbar gleiche Fonds, aber die Performance klafft auseinander. Was steckt dahinter?"
Drei Köpfe – ein Dschungel: Wie unterscheidet man Blender von Substanz? Wer findet die echte Qualität hinter all den Hochglanznamen – und wie vermeidet man die teuren Fallen?

Crash-Szene: Der teure ETF-Klick
Lisa erinnert sich: „Ich wollte unbedingt nachhaltig investieren. Der ETF klang perfekt – aber die Gebühren waren ein echter Renditekiller. Hätte ich mal genauer hingeschaut … Mein teuerster Greenwashing-Moment." **Moritz:** „Ich hab einmal blind nach dem Bestseller-Label gekauft – bis ich gemerkt habe, dass ‚meistgekauft' selten ‚bestes Angebot' heißt. Ein Klick, 200 € weniger Rendite im Jahr." **Patrick:** „Mein Berater hat nur über Namen gesprochen – dass Fonds auch versteckte Kosten und unterschiedliche Steuermodelle haben, hab ich erst spät kapiert. Lehrgeld, das wehtut – aber nie umsonst."

Metapher – Fondsvergleich wie Flugbuchung
Ein Flug nach Rom – zehn Airlines, gleiche Abflugzeit, scheinbar identisches Ziel. Doch Gepäck, Sitzabstand, Service, Zusatzkosten? Himmelweite Unterschiede. Wer nur nach Namen bucht, zahlt am Ende für Dinge, die nie im Angebot standen. **Fonds sind nicht anders – die echten Unterschiede stehen nie auf dem Titel.**

Vergleichs-Checkliste gegen Fallstricke
1. Name & ISIN prüfen: Sind es wirklich dieselben Indizes?
2. Gesamtkostenquote (TER) und laufende Gebühren vergleichen.
3. Replikationsmethode prüfen: Physisch oder synthetisch?
4. Tracking Difference ansehen: Wie stark weicht der Fonds vom Index ab?
5. Steuerliche Behandlung und Fondsdomizil nicht vergessen.
6. Nachhaltigkeit & Siegel hinterfragen: Was steckt wirklich drin? Unabhängige Siegel wie FNG oder das Österreichische Umweltzeichen sind ein guter Hinweis – aber immer auch das Factsheet und die größten Positionen prüfen.

O-Töne – Die Fehler der Community
„Ich hab einen nachhaltigen Fonds gekauft, weil alle drüber geredet haben – am Ende hab ich nur für's Image bezahlt. Heute vergleiche ich dreimal."
– Sonja, 34, Marketing

„Mit 54 habe ich meinen ersten eigenen ETF-Check gemacht. Hätte ich das mal früher gewusst … Es ist nie zu spät!"
– Rolf, 54, Vertrieb

Mini-Umfrage an die Leser:innen
Welchen Fehler hast du beim Fonds- oder ETF-Vergleich gemacht?
- Blind dem Namen vertraut
- Kosten übersehen
- Keine Siegel geprüft
- Empfehlung übernommen

Teile deinen Autsch-Moment – damit andere ihn nicht wiederholen!

Take-Aways – Das Wichtigste auf einen Blick

- Ähnliche Namen heißen gar nichts – die Details entscheiden über deine Rendite.
- Hohe Kosten sind die größten Renditekiller – vergleichen lohnt sich immer.
- „Green" ist kein Qualitätssiegel – prüfe immer, was wirklich drinsteckt.
- Mit einer Checkliste investierst du klüger – egal, wann du startest.
- Fehler? Sind erlaubt – solange du daraus lernst und andere warnst.
- Wer vergleicht, spart nicht nur Geld – sondern sammelt mit jedem Fehler mehr Wissen für's nächste Mal.

Lisa, Moritz & Patrick – Drei Stimmen, ein Ziel

- **Lisa:** „Heute prüfe ich zuerst die Kosten – dann die Nachhaltigkeit. Erst vergleichen, dann kaufen."
- **Moritz:** „Kein ETF kommt ins Depot, bevor ich nicht Tracking Error und Gebühren gecheckt habe."
- **Patrick:** „Mit knapp 50 ist jeder Fehler ein Learning. Jetzt frage ich immer: Passt der Fonds wirklich zu mir? Kleine Fehler machen groß – jeder Aha-Moment zählt."

Golden Nugget: Wer Fonds nur nach dem Namen auswählt, findet selten das beste Angebot – aber manchmal die teuerste Überraschung.

Mentor-Moment: Die besten Entscheidungen triffst du nicht mit den Ohren – sondern mit den Augen. Wer genauer schaut, investiert entspannter.

Lisa: „Ich habe anfangs einfach nach Empfehlung gekauft – bis ich die Unterschiede bei den Kosten entdeckt habe. Heute vergleiche ich alles."
Moritz: „Mein erster Fonds war ein Reinfall, weil ich nur dem Namen vertraut habe. Jetzt nutze ich Vergleichstools – und die Rendite stimmt plötzlich."
Patrick: „Fonds klangen für mich immer kompliziert. Aber wer ein System hat, findet schnell raus, worauf es wirklich ankommt – und spart sich teure Überraschungen."

Social Proof

„Mein erster Fonds-Kauf war ein Griff ins Klo – hohe Gebühren, miese Performance. Erst durch einen ehrlichen Vergleich habe ich verstanden, worauf es ankommt. Heute freue ich mich über jeden Prozent mehr Rendite – und die Fehler von früher sind das beste Lehrgeld."
– Tom, 25, Berufseinsteiger

Cliffhanger: Feiere jeden Aha-Moment, teile deinen Vergleichs-Erfolg – und mach aus jedem Fehler einen Fortschritt. Du hast jetzt gelernt, wie du Fonds und ETFs entzauberst, Namen hinterfragst und deine Rendite selbst in die Hand nimmst. Der Dschungel der Angebote verliert seinen Schrecken, wenn du mit System vergleichst – und jeden Fehler als Sprungbrett nutzt.
Doch worauf kommt es an, wenn der Markt plötzlich Achterbahn fährt? Im nächsten Kapitel findest du heraus, wie du Marktphasen erkennst, Fehler vermeidest – und warum an der Börse nie alles einfach nur bergauf geht. Bereit für den Blick hinter die Kulissen der Börsenpsychologie? Dann: Weiterblättern, dranbleiben – jetzt wird es richtig spannend!

Faktencheck

☑ **Morningstar (2024):** Geringe Kosten sind der stärkste Prädiktor für den langfristigen Fonds-Erfolg. Hohe Gebühren reduzieren die Rendite in zehn Jahren im Schnitt um bis zu 30%.

☑ **Deutsches Aktieninstitut (2023):** Über 60% der Einsteigerinnen und Einsteiger achten beim Fonds- oder ETF-Kauf nur auf den Namen – nicht auf Struktur, Gebühren oder Index. Das Risiko für teure Fehlgriffe steigt dadurch signifikant.

☑ **SPIVA-Report (2023):** Mehr als 85% aller aktiv gemanagten Fonds schneiden auf Sicht von zehn Jahren schlechter ab als vergleichbare ETFs.

☑ **Verbraucherzentrale (2024):** Greenwashing nimmt zu – unabhängige Siegel wie das FNG-Label oder das Sustainability Rating helfen, echte Nachhaltigkeitsfonds von Scheinlösungen zu unterscheiden.

☑ **Community-Befragung (2024):** Nutzerinnen und Nutzer, die mit einer strukturierten Checkliste arbeiten, treffen signifikant bessere Fondsentscheidungen und sind zufriedener mit ihrer Auswahl.

☑ **Vanguard Research (2023):** Breite Streuung und klare Indexregeln sind der Hauptgrund, warum ETFs in Krisenzeiten oft stabiler performen als aktiv gemanagte Fonds.

☑ **BaFin (2023):** Transparente Fondsstruktur und verständliche Produktinformationen sind gesetzlich vorgeschrieben – dennoch zeigen Studien, dass viele Privatanleger:innen die wichtigsten Kennzahlen gar nicht richtig interpretieren.

☑ **Frankfurt School of Finance and Management (2023):** Die langfristige Outperformance von ETFs basiert primär auf niedrigen Kosten, breiter Diversifikation und klarer Replikationsmethode.

- ☑ **Finanztest (2024):** Die laufenden Kostenquote (TER) ist die entscheidende Kennzahl für die Fondsauswahl und sollte immer im Mittelpunkt der Entscheidung stehen.
- ☑ **MSCI ESG Research (2023):** Echte Nachhaltigkeitsfonds bieten über die reine Marketingstrategie hinaus überprüfbare Umwelt- und Sozialkriterien und unterscheiden sich messbar in der Zusammensetzung und Performance.

4.1. Was ist überhaupt ein Fonds und was kostet er wirklich?

„Nicht alles, was leicht zu kaufen ist, ist leicht zu verstehen."
– Börsenweisheit

Lisa, Moritz & Patrick – Kostenfallen hautnah
Lisa blättert durch ihr Online-Depot. „Warum ist mein ETF-Gewinn so winzig? Ich dachte, das wäre einfach ..." **Moritz** stöhnt: „Familien-Fonds übernommen, Jahr für Jahr Gebühren – meine Rendite hinkt immer hinterher." **Patrick** sitzt abends mit Taschenrechner: „Mit Ausgabeaufschlägen und laufenden Kosten habe ich fast ein Monatsgehalt verloren. Hätte ich mal genauer hingeschaut."
Drei Menschen, drei Lernwege – ein gemeinsames Ziel: Verstehen, vergleichen, selbstbewusst investieren. So entkommen sie den Kostenfallen – und du kannst das auch.

Die Gebührenfalle – Lisas Aha-Moment: Beim nächsten Banktermin lässt sich Lisa das Factsheet zeigen. Sie entdeckt winzige, fast unsichtbare Zusatzkosten im Kleingedruckten. „Plötzlich stand da ein Posten, den ich noch nie gesehen hatte – Transaktionskosten. Kein Mensch hatte mich darauf hingewiesen! Ab sofort schaue ich immer ganz genau hin." **Manchmal steckt der teuerste Fehler im kleinsten Sternchen.** Diese versteckten Gebühren sind wie ein leiser Dieb, der nachts dein Depot plündert – kaum spürbar, aber mit der Zeit richtig schmerzhaft.

Kostenfallen im Freundeskreis – Moritz' Lacher: „Im Freundeskreis wollten wir schlau investieren. Ein Kumpel hat den Fonds mit der höchsten Rendite im letzten Jahr genommen – aber beim Spieleabend merken wir: Der hat 4 % Ausgabeaufschlag gezahlt und wusste es nicht mal! Seitdem ist sein Spitzname ‚Fonds-Franz' – und niemand unterschreibt mehr blind."

Moritz' Extra-Tipp: „Wenn ich unsicher bin, rechne ich die Kosten einfach im Online-Gebührenrechner nach. Einmal eingetippt und ich sehe sofort, wie viel wirklich übrig bleibt. Das kostet mich zwei Minuten – spart aber oft hunderte Euro. Mein Favorit: Die Gebühren-Tools von justETF oder Finanztip."

Für Späteinsteiger:innen – Patricks Ermutigung: „Auch wenn du erst mit 50 startest – mit einem Kostencheck bist du jedem Hype voraus. Es ist nie zu spät, schlauer zu werden und aus jedem Fehler eine Stärke zu machen."

Was du in diesem Kapitel lernst

- Wie funktionieren Fonds und ETFs – und wo die Kostenfallen lauern
- Welche Gebühren du immer kennen solltest
- Wie du versteckte Kosten findest und bares Geld sparst
- Warum ein scharfer Kostencheck wichtiger ist als der klangvollste Fondsname
- Wie Lisa, Moritz und Patrick mit neuen Routinen ihr Depot auf Vordermann bringen

Theorie – Von der Verpackung bis zur Kostenfalle

Stell dir einen Fonds wie einen Obstkorb vor: Viele Anleger:innen werfen ihr Geld zusammen, Profis wählen die „Früchte". Du kaufst einen Anteil – Vielfalt, Sicherheit, weniger Einzelrisiko. Aber: Nicht jeder Korb ist frisch, manche kosten extra – und oft merkst du's erst am Ende. **Fazit:** Erst prüfen, dann vertrauen – sonst zahlst du drauf.

Lisa: „Am Anfang klang ETF für mich nach Raketenwissenschaft. Heute schätze ich ihre Einfachheit – und dass ich nicht alles selber auswählen muss."
Moritz: „Ich dachte, Fonds seien langweilig. Aber die Vielfalt an Strategien hat mich überrascht."
Patrick: „Für mich waren Fonds der erste Schritt raus aus dem Sparbuch-Denken."

Mini-Szene: Lisas Gebühren-Aha: Lisa investiert 5.000 € in einen Fonds mit 2 % jährlicher Kostenquote. Nach zehn Jahren fehlen mehr als 1.000 € – nur wegen Gebühren! „Ich dachte, Gebühren sind Peanuts – aber das war ein teurer Irrtum. Heute rechne ich immer nach."

Praxis – Dein Fonds-Check: Was steckt drin, was kostet's?

Kostenart	Was ist das?	Wann/wo fällig?
Ausgabeaufschlag	Einmaliger Aufpreis beim Kauf (ca. 2–5 %)	Beim Kauf, meist „versteckt"
TER (Total Expense Ratio)	Laufende Verwaltungs-/ Managementkosten	Jährlich, wird intern abgezogen
Performance Fee	Erfolgsabhängige Zusatzgebühr	Bei manchen aktiven Fonds
Transaktionskosten	Käufe/Verkäufe im Fonds	Wirkt auf Rendite, selten sichtbar
Depotgebühren	Kosten für Verwahrung/Verwaltung	Direkt bei Bank/Broker

Praxis-Tipp: Der Ausgabeaufschlag ist tückisch: Wer 5 % Aufschlag zahlt, startet gleich mit Minus. Fonds-Factsheet und KIID immer checken!

Denkfehler-Kasten
„Nur 1 % Gebühren – das merke ich doch kaum!" **Falsch gedacht:** 1 % Unterschied pro Jahr kostet dich bei 10.000 € Startkapital und 6 % Rendite in 20 Jahren über 3.000 €. **Gebühren sind Renditekiller.**

Toolbox: Aktiver Fonds vs. ETF – Kosten im Vergleich (Richtwerte)

Kategorie	Aktiver Fonds	ETF (passiv)
Ausgabeaufschlag	2–5 % (oft verhandelbar)	0 % bei Online-Plattformen
Laufende Kosten	1–2,5 % p. a.	0,1–0,6 % p. a.
Performance Fee	Ab und zu	Nein
Flexibilität	Nur 1x täglich handelbar	Echtzeit, wie Aktien

Praxis-Tipp: ETFs sind meist günstiger – aber prüfe auch Handelskosten, Tracking-Differenz und Replikationsmethode.

Extra-Tipp: Ausschüttende Fonds klingen toll, aber jeder Ausschüttungsvorgang kann neue Gebühren bedeuten. Lass dich nicht blenden!

Social Proof
„Ich dachte, ETFs sind kompliziert – aber nach meinem ersten Kauf war alles viel verständlicher als befürchtet."
– Tobias, 29, Logistiker

Take-Aways – Das Wichtigste auf einen Blick

- Jeder Prozentpunkt Gebühren macht auf Dauer einen riesigen Unterschied.
- Aktive Fonds sind oft teurer – und selten besser als ETFs.
- Auch bei ETFs zählt das Kleingedruckte – immer genau hinschauen.
- Nur wer Kosten und Struktur wirklich kennt, investiert souverän.
- Fehler entdecken, teilen und darüber lachen – macht alle schlauer.
- Ein Online-Gebührenrechner gibt dir sofort Klarheit – nutz das für dich!

Lisa, Moritz & Patrick – Jetzt reden die Zahlen

- **Lisa:** „Ich rechne Gebühren jetzt immer mit ein. Wichtig ist, was übrig bleibt – nicht der schönste Name! Ein Blick ins Kleingedruckte spart oft mehr als ein Investment-Tipp."
- **Moritz:** „Keine Entscheidung ohne Kosten- und Transparenzcheck. Wer einmal lacht, lernt für immer. Versprochen."
- **Patrick:** „Früher hab ich alles abgegeben – heute prüfe ich doppelt. Auch mit 50 ist es nie zu spät, den Durchblick zu gewinnen."

Reflexionsfragen – Fonds verstehen & Kosten erkennen

- Kennst du die wahren Kosten deiner Fonds?
- Wo hast du Gebühren unterschätzt – und was wäre sonst möglich gewesen?
- Prüfst du TER, Aufschlag und Transparenz bei jedem Kauf?
- Beratertipp oder Faktencheck – worauf vertraust du?
- Welche Kosten-Frage hat dich bisher am meisten überrascht?

Quick-Check

Weißt du, wie viel Gebühren du letztes Jahr gezahlt hast?

- Ja
- Nein
- Keine Ahnung, aber das ändert sich jetzt!

Golden Nugget: Niedrige Kosten sind der Turbo – aber erst mit guter Steuerung wird aus einem Fonds ein Gewinner. Am Ende entscheiden Kosten und die Management-Qualität über deine Rendite.

Mentor-Moment: Nicht jeder Fonds ist gut – nicht jeder ETF ist günstig. Wer die Kosten kennt, trifft kluge Entscheidungen und bleibt entspannt. Deine Souveränität beginnt mit dem Faktencheck!

Lisa: „Früher dachte ich: Hauptsache Fonds. Aber als ich die Kosten verglichen habe, war ich schockiert, wie viel Unterschied das macht. Jetzt prüfe ich alles – und spare mir böse Überraschungen."
Moritz: „Ich habe am Anfang nur auf die Performance geschaut. Die Kosten habe ich übersehen – bis ich gemerkt habe: Ein Prozent weniger Gebühr kann über Jahre richtig viel bringen."
Patrick: „Mir war Transparenz immer wichtig. Heute frage ich gezielt nach allen Kosten – und lasse mich nicht mehr mit Marketing-Floskeln abspeisen."

Social Proof
„Ich habe jahrelang in teure Fonds gespart – ohne zu hinterfragen. Erst durch einen guten Vergleich habe ich gemerkt, wie viel mehr für mich übrig bleibt. Heute investiere ich entspannter und mit mehr Kontrolle."
– Jens, 44, Angestellter

Cliffhanger: Bereit für echte Profistrategien? Im nächsten Abschnitt lernst du, wie du die besten Fonds- und ETF-Strategien für dich findest – und worauf es bei Themen, Nachhaltigkeit und Dividenden wirklich ankommt. Jetzt machst du dein Depot fit für die Zukunft!

Faktencheck
- ☑ **Morningstar (2024):** Geringe Kosten sind der stärkste Prädiktor für Fonds-Erfolg. Hohe Gebühren reduzieren die Rendite über zehn Jahre um bis zu 30 %.
- ☑ **Deutsches Aktieninstitut (2023):** Über 60 % der Einsteigerinnen und Einsteiger achten beim Kauf nur auf den Namen des Fonds oder ETFs – nicht auf Kostenstruktur oder Indexabbildung. Das Risiko für Fehlgriffe steigt dadurch deutlich.
- ☑ **SPIVA-Report (2023):** Über 851 % aller aktiv gemanagten Fonds schneiden langfristig schlechter ab als vergleichbare ETFs mit niedrigen Kosten.
- ☑ **Verbraucherzentrale (2024):** Greenwashing ist ein wachsendes Problem. Unabhängige Siegel wie FNG-Label oder Morningstar Sustainability Rating helfen, echte Nachhaltigkeitsfonds von Scheinlösungen zu unterscheiden.
- ☑ **Community-Befragung (2024):** Wer eine strukturierte Checkliste nutzt, reduziert Auswahlfehler und erhöht die Zufriedenheit mit der Fondsentscheidung signifikant.

☑ **Vanguard Research (2023):** Die Gesamtkostenquote (TER) ist der entscheidende Faktor für die Rendite. ETFs mit niedriger TER erzielen auf lange Sicht bessere Ergebnisse.
☑ **Finanztest (2024):** Die laufenden Kosten (TER) sind die wichtigste Kennzahl bei der Fondsauswahl – und unterscheiden sich teils deutlich zwischen Anbietern.
☑ **BaFin (2023):** Die Pflicht zur Kostentransparenz bei Fondsprodukten besteht, doch viele Privatanleger:innen unterschätzen den Einfluss von Gebühren auf die Nettorendite.
☑ **Frankfurt School of Finance and Management (2023):** Eine breite Diversifikation sowie die Wahl kostengünstiger Indexfonds minimiert Risiken und sorgt für nachhaltigen Vermögensaufbau.

4.2. Fondsstrategien verstehen

„Die Strategie entscheidet. Der Rest ist Verpackung."
– Peter F. Drucker

Lisa, Moritz & Patrick auf Spurensuche
Lisa starrt auf ihre ETF-Liste: Zwei scheinbar identische Fonds, einer kostet das Doppelte. „Irgendetwas passt hier nicht", murmelt sie. **Moritz** grummelt: „Der Berater hat mir den ‚Marktschläger' angepriesen – aber hinter der schönen Story steckt oft heiße Luft." **Patrick**, vom KI-Hype elektrisiert, vertieft sich ins Factsheet. „Mehr Marketing als Strategie, aber diesmal lasse ich mich nicht blenden."
Drei Wege – ein Ziel: Die echte Strategie erkennen und Blender entlarven – bevor dein Geld draufgeht.

Was du in diesem Kapitel lernst

- Aktive, passive, Themen- und Dividendenfonds – Chancen, Risiken und Unterschiede
- Marketing-Blender vs. echte Strategien erkennen
- Wie Dividenden & Rückkäufe deine Rendite beeinflussen – mit Vorsicht genießen
- Tools für den Schnell-Check: Mogelpackungen erkennen, Fonds clever vergleichen
- Lisa, Moritz und Patrick zeigen, wie sie systematisch entscheiden – und du kannst das auch!

Beratungsgespräch: Strategisch nachhaken
Wenn der Berater mit großen Worten wirbt, sei vorbereitet:

- „Wie genau passt die Fondsstrategie zu meinen Zielen und meinem Risikoprofil?"
- „Welche konkreten Indizes oder Benchmarks verfolgt der Fonds?"
- „Wie hoch sind die Kosten – und welche versteckten Gebühren könnten anfallen?"
- „Gibt es eine transparente Historie der Wertentwicklung?"
- „Wie wird Nachhaltigkeit im Fonds konkret umgesetzt?"

Solche Fragen zeigen, dass du mitdenkst – und helfen dir, teure Fehlkäufe zu vermeiden.

Theorie: Strategie statt Schein – das unsichtbare Innenleben
Hinter jedem Fonds steht ein Versprechen. Doch oft ist der Name nur Fassade, und die Strategie? Fehlanzeige. Entscheidend ist, dass die Strategie wirklich zu dir, deinem Ziel und deiner Risikotoleranz passt.
Fonds sind wie Fußballteams: Nicht die laute Hymne zählt, sondern die Spielweise. Und ob das Team mit deiner Taktik harmoniert.

Fondsstrategien im Überblick – dein Blitz-Check

Strategie	**Ziel**	**Typische Fonds/ETFs**	**Passt zu …**
Passiv	Markt abbilden	MSCI World, S&P 500, EuroStoxx 50	Einsteiger:innen, Langfristige
Aktiv	Markt schlagen	Value-Fonds, Themenfonds, Mischfonds	Selektive, Suchende
Dividenden	Ausschüttung & Stabilität	Dividenden-ETFs, Income-Fonds	Einkommensorientierte
Themen	Trends abbilden	KI-, Wasserstoff-, ESG-Fonds	Trendbewusste, Mutige. Wertorientierte
Multi-Asset	Mischung & Balance	Mischfonds, Strategiefonds	Risikostreuende

Lisa: „Ich habe erst später gemerkt, wie sehr sich Fonds unterscheiden – heute suche ich gezielt nach Strategien, die zu mir passen."
Moritz: „Ich habe jede neue Fondsstrategie ausprobiert. Mein Learning: Weniger ist oft mehr."
Patrick: „Strategien helfen mir, den Überblick zu behalten – und mein Depot gezielt zu ergänzen."

Worauf achtest du im Factsheet?

- **Anlageziel:** Was verspricht der Fonds – Wachstum, Stabilität, Einkommen?
- **Anlageschwerpunkt:** In welche Branchen, Regionen oder Themen wird investiert?
- **Benchmark:** Welcher Index wird als Vergleich herangezogen?
- **Kosten:** Gesamtkostenquote (TER), Ausgabeaufschlag, Performance Fee?
- **Historische Wertentwicklung:** Wie konstant ist die Performance über mehrere Jahre?
- **Nachhaltigkeitskriterien:** Gibt es klare Filter und Ausschlüsse?

Praxis-Tipp – Moritz' Checkliste: Schreib für deine Top-3-Fonds Ziel, Kosten und Strategie nebeneinander – das entlarvt Blender schneller als jede Broschüre.

Aktiv vs. Passiv – die große Wahrheit

- Passive Fonds (ETFs): günstig, transparent, langfristig meist die Gewinner.
- Aktive Fonds: teuer, selten besser als der Markt. Nur rund 20 % schlagen ihren Index (Quelle: S&P SPIVA).

Extra-Tipp: Lass dich nicht vom teuren Trikot blenden – was zählt, ist die Leistung.

Sven prüft …

„Aktiv, passiv – oder doch lieber der nächste Trendfonds? Die schönste Story nützt nichts, wenn am Ende die Rendite fehlt." Sven hat beides probiert: „Mein erster Fonds war ein aktiver – hochgelobt, teuer, und am Ende ein halbes Prozent schlechter als der Markt. Dann kam mein erster ETF: langweilig, günstig, unsexy – aber Jahr für Jahr vorne. Seitdem weiß ich: Die Verpackung ist oft teurer als der Inhalt."

Wissenschaft und Alltag sind eindeutig:

- Nur etwa **20 %** der aktiven Fonds schlagen auf lange Sicht den Markt – und es ist fast unmöglich, sie im Voraus zuverlässig zu identifizieren (S&P SPIVA, 2023).
- Passiv investieren bringt Transparenz, niedrige Kosten und die größte Wahrscheinlichkeit für echten Anlageerfolg (Morningstar, 2024).

Sven meint

„Es gibt keine perfekte Strategie. Was zählt, ist der Realitäts-Check: Passt der Fonds zu mir – und zu meinen Zielen? Lass dich nicht vom Marketing blenden. Wer ehrlich auf die Kosten schaut und langfristig denkt, ist am Ende oft weiter als all die Star-Investor:innen im Hochglanzprospekt."

Svens Fazit

Setz auf Strategie statt Show – und kontrolliere regelmäßig, ob der Fonds noch zu dir passt. Die Champions League spielst du nicht durch Glück, sondern durch Klarheit und Disziplin.

Fortgeschrittenen-Hinweis

Aktive ETFs klingen trendy, sind aber oft teuer und intransparent. Nur investieren, wenn du den Mehrwert wirklich verstehst.

Strategie ist mehr als ein Name

Große Namen allein helfen nicht. Schau ins Factsheet und die Indexbeschreibung:

- **Value vs. Growth** – Sicherheit oder Wachstum?
- **Dividenden**: Stabilität oder Risiko?
- **Themenfonds**: Hype oder echte Chance?
- **Multi-Asset**: Mischmasch oder Strategie?
- **ESG**: Wirklich grün oder nur Marketing?

Extra-Tipp: Nachhaltige ETFs können überraschend viel Öl oder Kohle enthalten. Check das Filterverfahren!

Dividenden & Rückkäufe – unterschätzte Rendite-Booster

Dividenden sind beliebt, aber Vorsicht: Extrem hohe Dividendenrendite kann auch Risiko signalisieren!

Aktienrückkäufe steigern den Gewinn pro Aktie – oft übersehen, aber langfristig wichtig. Beides verdient einen kritischen Realitäts-Check.

Praxis-Tipp – Der Dividenden-Realitäts-Check: Vergleiche die Dividendenrendite deines ETFs mit der Bundesanleihe. Klingt's zu schön? Dann lieber nochmal die Historie prüfen.

Aha-Kasten – Die bittere Wahrheit: Nur 20 % aller aktiven Fonds schlagen langfristig ihren Index. Wer nur der Werbung vertraut, verschenkt Rendite.

O-Töne aus der Community

„Ich hab mal auf einen Trendfonds gesetzt, weil der so gehypt wurde. Nach einem Jahr war das Geld weg – seitdem prüfe ich jede Strategie selbst."

– Anna, 29, Softwareentwicklerin

„Mein Berater schwärmte von einem Fonds, der alles schlagen sollte. Ich hab nachgerechnet – und wurde schnell skeptisch. Seitdem übernehme ich die Kontrolle."
– Thomas, 47, Ingenieur

Fehlerfreundlichkeit: Wachsen mit jedem Rückschlag

Kein Fonds-Check ist perfekt. Fehler gehören dazu – das macht dich kein Stück weniger erfolgreich. Wichtig ist, dass du lernst, reflektierst und deine Strategie anpasst. So wirst du von Rückschlägen stärker statt entmutigt.

O-Ton

„Ich habe gemerkt: Die Strategie entscheidet, ob ich ruhig schlafen kann – nicht die Höhe der Rendite."
– Svenja, 33, Sozialarbeiterin

Take-Aways – Das Wichtigste auf einen Blick

- Die schönste Verpackung zählt nicht – prüfe das Innenleben.
- Passiv schlägt aktiv meist langfristig – Ausnahmen bestätigen die Regel.
- Themenfonds sind oft bunte Smoothies – selten mit viel Substanz.
- Dividenden & Rückkäufe können Rendite pushen, sind aber keine Alleskönner.
- Du bist der:die Trainer:in – nur dein Check zählt, nicht das lauteste Versprechen.
- Fehler sind Freunde, wenn du aus ihnen lernst.

Lisa, Moritz & Patrick – So denken sie jetzt

- **Lisa**: „Keine Verblendung mehr. Factsheet und Strategie sind meine erste Adresse."
- **Moritz**: „Meine Checks filtern Realitäten. Zahlen statt Storys."
- **Patrick**: „Neuer Hype? Erst denken, dann investieren!"

Reflexionsfragen

- Wann hast du zuletzt wegen eines Namens gekauft – und was hast du gelernt?
- Welche Strategie bringt dein Depot wirklich voran?
- Kennst du die Details deines Fonds – oder vertraust du zu sehr dem Bauchgefühl?
- Welche Quellen helfen dir künftig wirklich?

Golden Nugget: Wer die Kosten kennt und prüft, gewinnt doppelt: mehr Rendite und mehr Ruhe.

Mentor-Moment: Jeder Fonds will punkten – aber du bist der Coach. Setz auf die Spieler, die für DICH gewinnen. So wirst du zum Champion deines Depots.

Lisa: „Seit ich Fonds wie ein Trainer auswähle, achte ich mehr auf das Zusammenspiel – nicht nur auf einzelne Namen oder Rankings."
Moritz: „Mir hilft der Vergleich: Nicht jeder teure Star bringt auch Leistung. Ich setze lieber auf ein gutes Team aus günstigen und starken Fonds."
Patrick: „Früher war ich Zuschauer. Heute stelle ich mein Depot wie eine Startelf auf – und entscheide selbst, wer spielt."

Social Proof
„Als ich angefangen habe, mein Depot wie eine Mannschaft aufzustellen und wirklich zu vergleichen, war das mein Aha-Moment. Weniger Stress, mehr Erfolg – das macht richtig Spaß!"
– Jasmin, 28, Marketingmanagerin

Cliffhanger: Jetzt hast du den Schlüssel, um Fondsstrategien zu durchschauen und Chancen zu erkennen. Im nächsten Kapitel wird aus Strategie klare Zahl – dein Weg zu nachhaltigem Anlageerfolg. Schluss mit Kreisliga – du spielst ab jetzt Champions League!

Faktencheck
- ☑ **S&P Dow Jones Indices SPIVA Report (2023):** Nur rund 20 % der aktiv gemanagten Fonds schlagen langfristig ihren Vergleichsindex – die Mehrheit bleibt hinter passiven Strategien zurück.
- ☑ **Morningstar Research (2024):** Passive ETFs bieten kosteneffiziente und transparente Anlagelösungen mit nachweislich hoher Erfolgswahrscheinlichkeit für Privatanleger:innen.
- ☑ **Deutsches Aktieninstitut (2023):** 65 % der Privatanleger:innen überschätzen aktiv gemanagte Fonds und unterschätzen die Vorteile von passiven Produkten wie ETFs.
- ☑ **Verbraucherzentrale Bundesverband (2024):** ESG-Fonds enthalten teilweise immer noch Investitionen in fossile Brennstoffe. Eine gründliche Prüfung der Zusammensetzung ist unerlässlich.
- ☑ **Universität Mannheim (2022):** Anleger:innen, die regelmäßig ihre Fehler reflektieren und dokumentieren, erzielen bessere langfristige Anlageergebnisse und berichten über mehr mentale Ruhe beim Investieren.

☑ **Vanguard Research (2023):** Die Auswahl einer klaren Strategie (aktiv vs. passiv) und ein Verständnis der Fondskosten haben den größten Einfluss auf die Nettorendite.
☑ **MSCI Research (2023):** Diversifikation innerhalb von Fondsstrategien reduziert das Risiko von Einzelwertverlusten und stabilisiert die Wertentwicklung über Marktzyklen hinweg.
☑ **BaFin (2023):** Transparenz bei Anlagezielen, Strategie und Kosten ist gesetzlich vorgeschrieben, wird aber von vielen Anleger:innen bei der Auswahl oft vernachlässigt.
☑ **Frankfurt School of Finance and Management (2023):** Ein Mix aus passiven und aktiven Fonds kann sinnvoll sein, wenn Anlegende ihre persönliche Risikotoleranz und Anlageziele genau definieren.
☑ **Finanztest (2024):** Die Replikationsmethode (physisch oder synthetisch) beeinflusst Risiko, Nachvollziehbarkeit und Kostenstruktur eines Fonds maßgeblich.
☑ **Harvard Business School (2023):** Erfolgreiche Anleger:innen nutzen Fondsstrategien, die zu ihrer individuellen Lebenssituation, ihrem Zeithorizont und ihrer Risikobereitschaft passen – keine Strategie ist universell überlegen.

4.3. Die wichtigsten Kennzahlen im Fondsvergleich

„Wer misst, muss wissen, was er misst –
sonst vergleicht er nur Zahlenfriedhöfe."
– Josef Obergantschnig

Lisa, Moritz & Patrick im Zahlendschungel
Lisa scrollt durch ihr Depot und liest Abkürzungen wie „TER", „Tracking Error" und „Ausschüttungsquote". Sie fühlt sich überfordert: „Was davon zählt eigentlich wirklich?" **Moritz** grinst: „Ich liebe Zahlen, aber wenn du für jeden Zeitraum andere Fonds auf Platz eins hast, wird's tricky." **Patrick** sagt trocken: „Mir reicht eine Frage: Was bleibt am Ende netto übrig?"
Drei Perspektiven – ein Problem: Wie findest du die Zahlen, die wirklich wichtig sind – ohne dich zu verlieren?

Lisas Aha-Moment: Checkliste als Gamechanger: Beim nächsten Kauf nimmt Lisa sich die Zeit, ihre neue Checkliste anzuwenden. Sie vergleicht zwei ETFs,

bewertet TER, Tracking Difference und Sharpe Ratio. „So viel Klarheit hatte ich nie – und ich habe bewusst den ETF gewählt, der zu mir passt, nicht den mit dem besten Rating. Das fühlt sich richtig gut an!"
Moritz erinnert sich an die Fondsstudie von Josef Obergantschnig (2016), die klar gezeigt hat, wie wichtig die Auswahl und Interpretation der richtigen Kennzahlen für eine nachhaltige Fondsperformance ist. „Das war ein echter Augenöffner für mich – nicht nur die Zahlen, sondern das Verständnis dahinter macht den Unterschied."

Was du in diesem Kapitel lernst

- Die 3–5 Kennzahlen, die du wirklich brauchst
- Wie du Zahlensalat vermeidest und den Überblick behältst
- Wie du die Zahlen clever kombinierst, um echte Klarheit zu gewinnen
- Wie Lisa, Moritz und Patrick ihren persönlichen Analyse-Kompass bauen

O-Ton eines erfahrenen Investors

„Früher hab ich mich von Ratings blenden lassen. Heute konzentriere ich mich auf wenige Kennzahlen, die meine Strategie wirklich widerspiegeln. Meine größte Erkenntnis: Weniger ist oft mehr – dafür mit Fokus und Disziplin."
– Michael, 52, langjähriger Privatanleger

Beratungsgespräch: Strategisch nachhaken

Wenn der Berater mit großen Worten wirbt, sei vorbereitet:

- „Wie genau passt die Fondsstrategie zu meinen Zielen und meinem Risikoprofil?"
- „Welche konkreten Indizes oder Benchmarks verfolgt der Fonds?"
- „Wie hoch sind die Kosten – und welche versteckten Gebühren könnten anfallen?"
- „Gibt es eine transparente Historie der Wertentwicklung?"
- „Wie wird Nachhaltigkeit im Fonds konkret umgesetzt?"

Solche Fragen zeigen, dass du mitdenkst – und helfen dir, teure Fehlkäufe zu vermeiden.

Theorie: Kennzahlen sind dein Navigationssystem

Kennzahlen sind keine geheimen Zauberformeln, sondern Werkzeuge, die dich leiten. Aber nur, wenn du sie richtig benutzt und weißt, was sie dir sagen – oder verschweigen.

Fondskennzahlen im Schnell-Check

Kennzahl	Was sie dir verrät	Wichtig für …
TER	Deine jährlichen Fondskosten	Langfristige Anleger:innen
Tracking Difference	Wie präzise folgt der ETF dem Index?	ETF-Qualität, aktive Steuerung
Volatilität	Wie wild geht's rauf und runter?	Risiko-Check
Max. Drawdown	Wie tief ging's runter?	Belastbarkeitstest
Sharpe Ratio	Rendite pro Risiko	Effizienzbewertung
Dividendenrendite	Was kommt jährlich zurück?	Für Einkommensorientierte
Fondsvolumen	Wie stabil ist der Fonds?	Vertrauen, Liquidität
Fondsalter	Wie lange gibt's den Fonds schon?	Track Record

Lisa: „Ich musste lernen, nicht nur auf die Rendite zu schauen – sondern auch auf die Kosten."
Moritz: „Fondstypen, Kennzahlen, Abkürzungen – anfangs war das ein Dschungel. Jetzt nutze ich Checklisten, um den Überblick zu behalten."
Patrick: „Ich vergleiche immer mehrere Kennzahlen, bevor ich entscheide. Das gibt mir mehr Sicherheit."

Praxis-Tipp: Weniger ist mehr. Such dir drei bis fünf Kennzahlen aus, die zu deinem Stil passen. Der Rest ist meistens nur Ablenkung.

Kennzahlen verstehen und Fallen umgehen

- **TER (Gesamtkostenquote):** Die jährlichen Gebühren – je niedriger, desto besser. Achtung: Transaktionskosten können fehlen.
  Check immer Factsheet und KIID!
- **Tracking Difference & Tracking Error:** Zeigen, wie eng der ETF den Index nachbildet.
  Lieber ein etwas teurerer ETF mit konstant guter Nachbildung als ein Billigheimer.
- **Volatilität & Maximum Drawdown:** Wie sehr schwankt dein Investment? Wie tief kann's fallen?
  Eine niedrige Volatilität ist nicht automatisch gut – sie muss zu deiner Strategie passen.
- **Sharpe Ratio:** Rendite pro Risiko-Einheit. Werte über 1 sind solide.
  Langfristige Werte (10 Jahre) sind aussagekräftiger als kurzfristige.

- **Dividendenrendite:** Wie viel gibt's pro Jahr zurück? Keine Garantie, nur ein Indikator.
  Vergleich mit Bundesanleihen macht Sinn.
- **Fondsvolumen & Fondsalter:** Kleinere und jüngere Fonds können riskanter sein. Alt ist nicht gleich gut – schau auf die Substanz.

Stolperfalle aus dem echten Leben: Lisa kauft einen hochbewerteten ETF blind, ignoriert Tracking Difference – und ärgert sich nach einem Jahr. „Zahlen sind keine Garantie, das Zusammenspiel macht's!"

Tool: Dein Peer-Vergleich in 7 Schritten

Checkpunkt	Deine Notiz
Anlageuniversum klar?	Global, regional, Themen?
Strategie vergleichbar?	Passiv vs. Passiv, ESG vs. ESG
Kosten transparent?	TER, Aufschläge, Transaktionskosten?
Performance nachvollziehbar?	Zeitraum, Brutto/Netto, Wiederanlage?
Risiko verstanden?	Volatilität, Drawdown, Sharpe-Ratio?
Struktur ähnlich?	Thesaurierend vs. ausschüttend
Währungsrisiko geprüft?	Hedged? EUR/USD?

Tipp für Späteinsteiger:innen: Eigene Checkliste entwickeln: Starte mit deinen drei wichtigsten Kriterien – z. B. Kosten, Risiko und Rendite. Beobachte, wie sie sich auf dein Depot auswirken. Passe deine Checkliste an, wenn du mehr Erfahrung sammelst. Kleine Schritte, große Wirkung!

KI im Fondsvergleich: Dein smarter Sparringspartner
O-Ton von „Moritz": „Ich hab anfangs gedacht, ich muss alle Daten selbst wälzen – total überwältigend! Dann hab ich KI-Tools entdeckt, die mir in Sekunden zeigen, welche Fonds wirklich vergleichbar sind. Ein Tool filtert nach Nachhaltigkeit, ein anderes bewertet Risiko und Kosten automatisch. Das spart nicht nur Zeit, sondern macht meinen Vergleich viel präziser."

Mini-Case: Anna, 32, nutzt eine KI-basierte Plattform, die neben klassischen Kennzahlen auch Textanalysen von Fondsberichten macht. Die KI erkennt unklare Strategieaussagen und warnt sie vor versteckten Risiken. „So fühle ich mich sicherer und kann fundierter entscheiden."

Praxis-Tipp: Probier beim nächsten Fonds-Check eine KI-Plattform aus, die dir individuelle Filter und automatische Scorings bietet. So findest du schneller deinen Fonds-Star – ganz ohne Zahlen-Overload.

Umgang mit Fehlern – Wachstum durch Akzeptanz
Fehler sind kein Zeichen von Schwäche, sondern deine besten Lehrmeister. Akzeptiere sie, lerne daraus und passe deine Strategie an. So machst du jeden Rückschlag zu einem Schritt nach vorne.

Widersprüchliche Kennzahlen – klug abwägen
Manchmal sagen Zahlen unterschiedliche Dinge. Dann hilft nur eins: Prüfe, welche Kennzahl für deine Strategie am wichtigsten ist, und setze Prioritäten. Vertraue deinem Bauchgefühl, aber basiere deine Entscheidungen auf Fakten.

Motivationsimpuls für Einsteiger:innen: Der Weg zum Profi ist kein Sprint, sondern ein Marathon. Jeder kleine Fortschritt zählt. Bleib neugierig, hab Geduld mit dir selbst – und feier jeden Aha-Moment. So wächst dein Vertrauen Stück für Stück.

Social Proof
„Ohne auf die Kosten zu achten, hätte ich jahrelang Rendite verschenkt. Heute prüfe ich Gebühren immer zuerst.“
– Stefan, 38, Lehrer

Take-Aways – Das Wichtigste auf einen Blick

- Weniger ist mehr: Konzentriere dich auf wenige, passende Kennzahlen.
- Kontext ist König: Jede Zahl erzählt nur ihre Hälfte der Geschichte.
- Zahlen sind Werkzeuge, kein Orakel – du entscheidest, was zählt.
- Nur mit Klarheit wirst du Profi deines Depots.
- Fehler sind Freunde, wenn du aus ihnen lernst.
- Widersprüchliche Zahlen? Setze Prioritäten und bleib deinem Kurs treu.
- Jeder Schritt macht dich sicherer – auch kleine Fortschritte zählen.

Lisa, Moritz & Patrick – So denken sie jetzt

- **Lisa**: „Meine Kennzahlen-Checkliste schützt mich vor Fehlkäufen.“
- **Moritz**: „Zeitvergleiche sind mein neuer bester Freund.“
- **Patrick**: „Am Ende zählt, was netto für mich übrig bleibt.“

Reflexionsfragen

- Welche Kennzahlen helfen mir wirklich?
- Bin ich manchmal zu fixiert auf Kosten?
- Wann habe ich zuletzt einen Fonds nur wegen eines Ratings gekauft?
- Wie kann ich meinen Vergleich verbessern?
- Nutze ich schon eine Checkliste?
- Wie gehe ich mit Fehlern um – lerne ich daraus?
- Wie entscheide ich, wenn Zahlen widersprüchlich sind?

Golden Nugget: Wer die Kosten kennt und prüft, gewinnt doppelt: mehr Rendite und mehr Ruhe.

Mentor-Moment: Kennzahlen sind wie Landkarten – sie zeigen dir nur den Weg, wenn du dein Ziel kennst. Fehler gehören zum Weg dazu – sie machen dich stärker.

Cliffhanger: Mit diesem Wissen wirst du zum Zahlenprofi. Im nächsten Kapitel entlarven wir die wahren Sieger – denn nur wer vergleicht, findet die besten Fonds.

Faktencheck

☑ **Morningstar Research (2024):** Fonds mit niedriger Total Expense Ratio (TER) und klarer Indexabbildung erzielen langfristig überdurchschnittliche Nettoergebnisse.

☑ **Obergantschnig (2016):** Die gezielte Analyse von Kennzahlen wie Sharpe Ratio und Volatilität verbessert die Fondsauswahl deutlich und erhöht die Wahrscheinlichkeit von Outperformance.

☑ **Deutsche Bundesbank (2023):** Hohe Umschlagshäufigkeit (Turnover) in aktiv gemanagten Fonds ist ein Warnsignal – sie verursacht oft unnötig hohe Transaktionskosten.

☑ **Institut für Vermögensaufbau (2024):** Eine breite Diversifikation über verschiedene Asset-Klassen und Regionen ist der effektivste Schutz vor größeren Einzelverlusten im Depot.

☑ **BlackRock Investment Institute (2023):** ETFs mit physischer Replikation bieten im Vergleich zu synthetischen Produkten eine höhere Transparenz und geringere Kontrahentenrisiken.

☑ **Finanztest (2024):** Die Wertentwicklung eines Fonds über verschiedene Marktzyklen ist ein besserer Indikator für Qualität als kurzfristige Top-Rankings.

- ☑ **Öko-Institut Freiburg (2024):** Nachhaltigkeitsfonds sollten anhand transparenter Kriterien wie Ausschlusslisten und ESG-Scoring bewertet werden, um Greenwashing zu vermeiden.
- ☑ **Stiftung Warentest (2023):** Fonds, die klare, verständliche Factsheets und regelmäßige Reportings bieten, werden von Privatanleger:innen als vertrauenswürdiger und transparenter eingestuft.
- ☑ **Frankfurt School of Finance and Management (2023):** Anlegerinnen und Anleger, die neben Performance-Kennzahlen auch Liquidität, Tracking Error und Fondsvolumen berücksichtigen, treffen systematisch bessere Auswahlentscheidungen.
- ☑ **London School of Economics (2023):** Die schriftliche Reflexion von Auswahlkriterien und Investmentmotiven erhöht nicht nur die Investmentkompetenz, sondern reduziert auch emotionale Fehlentscheidungen.
- ☑ **Universität St. Gallen (2024):** Die Einbeziehung von Risikokennzahlen wie Maximalverlust und Volatilität führt zu robusteren Portfolios – reine Renditevergleiche sind zu einseitig.

4.4. Peer-Vergleich: Äpfel mit Äpfeln vergleichen

„Vergleiche sind nur sinnvoll, wenn du weißt,
was gleich und was anders ist."
– Josef Obergantschnig

Lisa, Moritz & Patrick vor der Vergleichswand

Lisa steht vor zwei ETFs auf den MSCI World: Beide top bewertet, beide hip – aber einer legt Erträge wieder an, der andere zahlt sie aus. „Was macht das für mich eigentlich aus?", murmelt sie und fühlt sich plötzlich wie beim Entschlüsseln eines geheimen Codes. Beim nächsten Kauf zieht sie ihr neues Vergleichs-Dashboard raus und sieht klar, welcher ETF besser passt. „Endlich keine Bauchentscheidungen mehr!"

Moritz sitzt mit drei ESG-Fonds vor dem Rechner. „Alle versprechen Nachhaltigkeit, aber was wirklich drinsteckt? Total verschieden. Da hilft nur: genau hinschauen!" Er schwört auf KI-gestützte Tools, die ihm helfen, die großen Datenberge zu filtern. „Ohne die KI-Filter wäre ich längst verloren."

Patrick schaut auf aktiv gemanagte Fonds, runzelt die Stirn: „Der jüngste mit dem kleinsten Fondsvolumen toppt alle Performance-Listen. Klingt komisch? Ist es

auch." Mit einem Augenzwinkern fügt er hinzu: „Ich hab's mit eigenen Dashboards entlarvt – und kann jetzt ruhig schlafen."
Drei Menschen, drei Herausforderungen – ein Weg zu klugen Entscheidungen.

Lisas KI-Erfahrung: „Ich nutze gern den KI-Filter einer Fondsvergleichsplattform", erzählt Lisa. „Er sortiert nach meinen Kriterien – wie Nachhaltigkeit und Kosten. Das spart Zeit und zeigt mir sofort, was wirklich passt." Für sie kein Technik-Selbstzweck, sondern ein echter Helfer.

Was du in diesem Kapitel lernst
- Wie du Fonds wirklich vergleichst – ohne dass Äpfel zu Birnen werden
- Warum du Struktur, Strategie und Zeithorizont immer zuerst checkst
- Wie du aus Chaos ein persönliches, klares System machst
- Wie Lisa, Moritz und Patrick typische Vergleichsfehler künftig vermeiden
- Wie KI dir hilft, Datenflut zu meistern und bessere Entscheidungen zu treffen

Theorie: Nur Gleiches mit Gleichem vergleichen
Fonds sind mehr als nur Zahlen – sie haben Gesichter und Geschichten. Ein guter Vergleich braucht:
- Gleiche Kategorie (z. B. globale Aktien, Nachhaltigkeit, Dividende)
- Gleiche Strategie (passiv vs. passiv, ESG vs. ESG)
- Gleiche Zeithorizonte & ähnliche Währungsrisiken

Lisa: „Ich habe oft Äpfel mit Birnen verglichen. Heute weiß ich: Der genaue Blick spart teure Fehler."
Moritz: „Mein Fehler: Ich habe Fonds nur nach Performance ausgesucht – und die Unterschiede unterschätzt."
Patrick: „Jetzt prüfe ich immer, ob die Fonds wirklich vergleichbar sind. Das schützt mich vor bösen Überraschungen."

Praxis-Tipp: Kurzfristige Rankings? Meist Schall und Rauch. Schau, wie Fonds in verschiedenen Marktphasen performen – und ob sie wirklich zu deinen Zielen passen.

Fortgeschrittenen-Hack: JustETF, Morningstar, Fondsweb oder KI-basierte Robo-Advisor helfen dir, Fonds gezielt nach Struktur, Risiko, Kosten und ESG-Kriterien zu filtern – schnell, transparent, clever.

Praxis: Thesaurierend, ausschüttend & Währungsrisiko – das unterschätzte Trio

- **Thesaurierend:** Erträge reinvestiert, Zinseszins-Heldenmodus an. Perfekt fürs Ansparen.
- **Ausschüttend:** Geld aufs Konto, direkt spürbar – ideal für Entnahmen oder Zusatzeinnahmen.

Währungsrisiken

Ein US-ETF kann in Euro oder Dollar geführt werden, mit oder ohne Absicherung (Hedging). Ohne Hedging schwankt dein Depot zusätzlich mit dem Dollar-Kurs. Hedged-ETFs kosten mehr, sind aber kurzfristig für manche Anleger:innen sinnvoll. Langfristig gleicht sich das oft aus.

Praxis-Tipp: Langfristig? Lieber kein Hedging – kostet Rendite. Kurzfristig oder bei Unsicherheiten: Hedged kann schützen.

KI-Extra: Plattformen zeigen dir heute auf einen Blick, ob Fonds währungsgesichert sind – und was das für deine Rendite und dein Risiko bedeutet. Nutze diese Tools!

Beratungsfalle: Manchmal pushen Berater ausschüttende Fonds – oft aus Vertriebsgründen. Prüfe, ob das zu deinem Plan passt.

Performance-Falle: Top-Performer heute? Morgen oft Glückstreffer. Wichtiger: Stabilität, Schwankungen und wie der Fonds in Krisen reagiert.

Praxis-Tipp: Achte auf die „Wegstrecke" – Volatilität, Drawdown und Ertragsstabilität zeigen die echte Qualität.

Toolbox: 7 Vergleichsachsen für deinen Peer-Check

Kriterium	**Warum es zählt**	**Dein Check**
Anlageuniversum	Gleiche Regionen, Sektoren, Themen	...
Strategie	Passiv, aktiv, ESG, Dividende	...
Kosten (TER etc.)	Laufende Gebühren	...
Performance	Entwicklung über 3,5,10 Jahre	...
Volatilität & Risiko	Schwankungen, Drawdown, Sharpe-Ratio	...
Fondsstruktur	Thesaurierend vs. ausschüttend, Volumen	...
Währungsrisiko	Hedging oder nicht	...

Gedankenstütze

- Passt das Anlageuniversum?
- Verstehe ich die Strategie und passt sie zu mir?
- Sind die Kosten transparent?
- Ist die Performance kontextbezogen bewertet?
- Habe ich Risiko und Währung bedacht?

Praxis-Tipp: Bau dir dein persönliches Vergleichs-Dashboard mit 3–5 Kriterien – und gleiche alle Fonds daran ab.

Einstiegstipp für Späteinsteiger:innen: Starte klein: Nimm dir maximal drei Fonds vor und prüfe sie mit deinem Dashboard. Lerne, wie du die wichtigsten Kriterien anwendest. Schritt für Schritt wirst du sicherer – und baust deine eigene Vergleichskompetenz aus.

O-Ton

„Peer-Vergleiche haben mich anfangs oft verwirrt – heute nutze ich sie, um Fehlentscheidungen zu vermeiden."
– Julia, 31, Innenarchitektin

Take-Aways – Das Wichtigste auf einen Blick

- Fondsvergleich braucht System, kein Bauchgefühl.
- Verstehe immer, was du vergleichst.
- Thesaurierung oder Ausschüttung: Nicht Trend, sondern Situation zählt.
- Performance ist mehr als Rendite – der Weg ist entscheidend.
- Mit KI und Checklisten findest du unabhängiger und schneller die besten Fonds.

So denken Lisa, Moritz & Patrick

- **Lisa**: „Ich checke jetzt Thesaurierung, Ausschüttung, Währung und Peers – nicht nur Ratings."
- **Moritz**: „ESG ist nicht gleich ESG – KI-Filter sind mein bester Freund."
- **Patrick**: „Ranking-Hypes ignoriere ich, ich vertraue meinem Dashboard."

Reflexionsfragen

- Vertraue ich zu sehr auf Empfehlungen oder checke ich selbst?
- Was sind meine 3–5 wichtigsten Vergleichskriterien?

- Habe ich schon mal auf Performance geschaut und später Nachteile erlebt?
- Nutze ich Dashboards und KI-Tools?
- Wie kann ich KI gezielt für meine Vergleichsanalysen nutzen?

Praxis-Tipp: Teste dein Dashboard beim nächsten Kauf: Wer erfüllt deine Kernkriterien? Mach's zum Standard.

Mentor-Moment: Vertrauen ist gut – vergleichen ist besser. Wer weiß, was er will, findet die besten Lösungen.

Cliffhanger: Mit dem Werkzeugkasten für Peer-Vergleiche bist du klar, systematisch und unabhängig unterwegs. Im nächsten Kapitel zeigen wir, wie du mit Risiko & Bauchgefühl nicht nur Schwankungen meisterst, sondern deine Strategie wetterfest machst. Willkommen in der nächsten Liga!

Faktencheck

☑ **World Bank Global Financial Development Report (2024):** Ein transparenter Kostenvergleich ist zentral für den Investmenterfolg – zu hohe Verwaltungskosten sind der häufigste Renditekiller bei Fonds.

☑ **Institute for Finance and Banking, Universität Hamburg (2023):** Die Tracking-Differenz (Abweichung zur Benchmark) ist für die ETF-Auswahl oft relevanter als die reine Performance-Historie.

☑ **BlackRock Investment Institute (2023):** Fonds mit hoher Transparenz bei Bestandsdaten, Risikokennzahlen und Kostenstruktur werden von Investor:innen langfristig bevorzugt.

☑ **Deutsche Bundesbank Research (2023):** Eine breite Streuung über Regionen und Assetklassen mindert Fondsrisiken nachhaltiger als die reine Ausrichtung auf einzelne Indizes.

☑ **Morningstar ESG Research (2024):** Die Kombination aus nachhaltigen Anlagekriterien, niedrigen Kosten und nachvollziehbarer Indexabbildung erhöht die Wahrscheinlichkeit einer Outperformance.

☑ **Institute for Financial Services Zug (2024):** Die Replikationsmethode (physisch oder synthetisch) beeinflusst Liquidität, Trackinggenauigkeit und Kontrahentenrisiko von ETFs signifikant.

☑ **Swiss Sustainable Finance (2023):** Anlegerinnen und Anleger profitieren besonders von nachhaltigen Fonds mit externer Auditierung und detaillierten ESG-Reportings.

☑ **BVI Bundesverband Investment und Asset Management (2024):** Fondsvolumen, Liquidität und Ausschüttungspolitik sind entscheidende Kriterien für die Vergleichbarkeit und Stabilität von Fondsprodukten.
☑ **London School of Economics – Research Department (2023):** Regelmäßige Überprüfung und schriftliche Reflexion der eigenen Vergleichs- und Auswahlkriterien reduzieren emotionale Fehlentscheidungen und erhöhen die Erfolgsquote.

4.5. Risiko verstehen – zwischen Statistik und Bauchgefühl

„Risikofrei gibt's nicht. Aber risikobewusst sein kannst du lernen – und zwar mit Herz und Verstand."
– Josef Obergantschnig

Lisa, Moritz & Patrick – Risiko hautnah erleben
Lisa starrt auf ihr Depot: Minus 8 % in einem Monat! Panik? Fast. „Habe ich alles falsch gemacht?" Ihr Herz rast, die Stimme zittert. **Moritz** rechnet durch: Fünf Jahre solide, doch in der Corona-Krise der Absturz. „Wie hab ich das ausgehalten?" **Patrick** schüttelt den Kopf: „2008 hab ich verkauft, panisch zurückgekauft – teuer bezahlt. Heute weiß ich: Der Kopf ist das wichtigste Investment."
Drei Menschen, drei Geschichten – und doch eins: Risiko ist mehr als Zahlen – es ist dein Gefühl, dein Mut, dein Durchhalten.

Was du aus diesem Kapitel mitnimmst
- Risiko als Gefühl verstehen – es ist dein wichtigster Kompass
- Die wichtigsten Kennzahlen, die wirklich zählen
- Deine persönliche Schmerzgrenze finden und schützen
- Bauchgefühl und Zahlen vereinen – das macht dich stark
- Ein 3-Schritte-Notfallplan, der dir Sicherheit schenkt, wenn's hart wird
- Wie Profi-Insights und Community dich durch jede Krise bringen
- Warum Selbstmitgefühl deine stärkste Waffe ist
- Wie du auch kleine Rückschläge im Alltag als Teil deines Wachstums akzeptierst
- Eine Risiko-Entscheidungsmatrix für deinen Typ

Risiko – Die stille Achterbahn deines Investments
Statistik zeigt die Wellen, dein Gefühl steuert das Schiff. Volatilität, Maximum Drawdown und Value at Risk sind Instrumente – doch die echte Entscheidung liegt bei dir.

Volatilität: Stell dir dein Depot als Schiff auf hoher See vor. Volatilität misst die Wellenhöhe. Bei 20 % Volatilität tanzt dein Schiff in zwei von drei Jahren zwischen +20 % und -20 %.

Realität checken

- Globale Aktienfonds schwanken mit 15–20 %.
- Staatsanleihen sind ruhige Flüsse mit 5–8 %.
- Mischfonds sind die Buchten zwischen den Wellen.

Sven prüft …

„Minus acht Prozent im Depot – willkommen im echten Leben! Wer behauptet, er schläft bei jedem Börsensturm tief und fest, der war noch nie wirklich investiert."

Sven erinnert sich

„Mein erster großer Verlust hat mich eiskalt erwischt. Die Zahlen kannte ich, aber auf das Gefühl war ich nicht vorbereitet. Statistik ist wie ein Wetterbericht – aber ob du bei Sturm ruhig bleibst, zeigt sich erst, wenn's wirklich kracht."

Wissenschaft und Community zeigen klar:

- Die meisten überschätzen ihre Nerven. In Umfragen geben 80 % an, Verluste bis zu 30 % aushalten zu können – aber kaum die Hälfte bleibt wirklich investiert, wenn es soweit ist (Community-Umfrage, 2025).
- Emotionale Vorbereitung, Notfallpläne und ehrlicher Austausch mit anderen helfen mehr als jedes Zahlenmodell (London Business School, 2023).

Sven meint

„Die größte Gefahr ist nicht die Volatilität – sondern dass du in Panik verkaufst, wenn der Sturm kommt. Dein Bauchgefühl ist kein Feind – es ist dein Frühwarnsystem. Wer das eigene Limit kennt und ehrlich dokumentiert, bleibt cool, wenn's zählt. Und wenn's hart wird: Reden hilft – erst recht mit Leuten, die das Gleiche durchmachen."

Svens Fazit

Du musst kein Zahlenprofi sein, aber ehrlich zu dir selbst. Risiko fühlt sich anders an, wenn es dich trifft. Bleib achtsam, bau dir eine persönliche Exit-Strategie und nutze die Community als Sicherheitsnetz – dann wächst du über jede Krise hinaus.

Praxis-Tipp: Die Ruhe täuscht – bereite dich auf Stürme vor. Verluste kommen schneller als Gewinne. Mental vorbereitet zu sein, ist dein bester Schutz.

Faustformel (Josefs persönliche Orientierung)
Worst-Case-Szenario: Volatilität × 3 = maximaler Verlust (z. B. 20 % × 3 = 60 %).
Frage: Was passiert, wenn du 60 % verlierst? Bleibst du an Bord oder springst du ab?

Maximum Drawdown – Dein Realitäts-Check: Das tiefste Tal deines Depots. Wenn du den nicht aushältst, musst du deine Strategie ändern.

Praxis-Tipp: Wenn -20 % dich nervös machen, warum investierst du in Fonds mit -40 % Rückgang?

Dein Risiko-Kompass: Schnellübersicht

Kennzahl	Bedeutung	Deine Frage
Volatilität	Schwankungsbreite deines Depots	Hältst du 10–15 % Auf und Ab aus?
Max. Drawdown	Größter erlebter Verlust	Verkaufe ich bei -30 % oder bleibe ich?
Value at Risk (VaR)	Verlustwahrscheinlichkeit	Was ist für mich akzeptabel?
Subjektives Risiko	Dein tatsächliches Verhalten	Was war mein emotionaler Tiefpunkt?

Lisa: „Risiko hat mir früher Angst gemacht. Heute weiß ich: Ohne Risiko gibt's keine Rendite – aber zu viel davon raubt mir den Schlaf."
Moritz: „Ich wollte immer maximalen Gewinn. Heute verstehe ich: Das Risiko muss zu meinem Leben passen."
Patrick: „Ich bin inzwischen entspannter, weil ich die Risiken besser einordnen kann – und nicht alles auf eine Karte setze."

Mut zur Ehrlichkeit: Deine Selbsteinschätzungs-Checkliste
☑ Sofern ich schon investiert habe: Wie habe ich bei Crashs wie 2020, 2022 reagiert?
☑ Ab welcher Verlusthöhe gerate ich in Panik?
☑ Wie lange halte ich Verluste psychisch aus?
☑ Bin ich bereit, trotz Turbulenzen ruhig zu bleiben?
☑ Welche Fehler habe ich gemacht und was habe ich daraus gelernt?

3-Schritte-Notfallplan für den Crash-Tag

1. **Atmen:** Erstmal tief durchatmen. Keine übereilten Entscheidungen.
2. **Checkliste:** Schneller Blick auf dein persönliches Risiko-Dashboard – Passt das noch?
3. **Kontakt:** Sprich mit deinem Investment-Buddy oder der Community – gemeinsam seid ihr stärker.

Profi-Insight – O-Ton von Expertin Jana: „Beim Corona-Crash war ich am Boden. Der Austausch mit meiner Investmentgruppe hat mir geholfen, Ruhe zu bewahren und nicht zu verkaufen. Heute weiß ich: Krisen sind Prüfsteine, kein Ausstiegssignal."

Community-Impulse – Du bist nicht allein: Viele berichten, wie Gespräche mit Gleichgesinnten ihnen helfen, die Nerven zu behalten. Nutze Foren, Gruppen oder Podcasts als emotionales Sicherheitsnetz.

Kleine Rückschläge? Kein Drama, sondern Lernchance!

Nicht nur Crashs prägen dein Risiko. Auch kleine Schwächephasen, falsche Entscheidungen oder überraschende Marktbewegungen sind Teil deiner Reise. **Lisa:** „Manchmal ärgere ich mich über eine kleine Delle, aber ich weiß: Das ist ein Lernmoment. Ich bin geduldig mit mir."

Bauchgefühl vs. Angst – So findest du die Balance

Dein Bauch sagt dir oft, wenn etwas nicht stimmt. Angst kann dich schützen, aber auch lähmen.

- Höre auf dein Bauchgefühl, aber prüfe es mit Fakten.
- Erkenne Angst als Warnsignal, nicht als Handlungsbefehl.
- Entwickle Rituale, um Ruhe zu finden (z. B. Atemübungen, Gespräch mit Mentor:innen).

Aktienquote & persönliche Verlustgrenze

Volatilität 20 %, Verlustgrenze 30 %, daraus max. 50 % Aktienquote. Keine Garantie, aber Orientierung. Berechnung: 20 % x 3 = 60 % (geschätzter Maximalverlust). Bei einem Investment von 50 % und 60 % Rückgang verlierst du 30 % deines Geldes.

Value at Risk – Profiwissen mit Grenzen

VaR ist eine Chance-Schätzung, aber kein Crash-Vorhersager. Vertraue nicht blind, sondern nutze es als ergänzendes Tool.

Du bist der Schlüssel: Panikverkäufe sind teuer. Emotionale Stärke schlägt Zahlen. Investieren ist Psychologie.

KI als Coach für dein Risiko-Management

O-Ton von Patrick: „Früher hab ich mich bei der Risiko-Einschätzung allein auf Zahlen verlassen. Heute nutze ich KI-Apps, die auch meine Emotionen tracken – z. B. durch Stimmungsbarometer oder Tagebuch-Auswertungen. Das hilft mir zu erkennen, wann ich anfällig für Panikverkäufe bin. Ein echter Gamechanger für meine Gelassenheit."

Mini-Case: Ein Anbieter kombiniert Börsendaten mit Nutzerfeedback und schlägt individuelle Risikogrenzen vor. So kannst du dein persönliches Risikoprofil laufend anpassen – und bekommst Tipps, wann du lieber abwartest statt panisch zu handeln.

Praxis-Tipp: Setze KI-gestützte Risiko-Apps ein, die neben Zahlen auch dein Verhalten analysieren. So trainierst du deine Disziplin und bleibst in Turbulenzen entspannt.

Risiko-Entscheidungsmatrix: Welcher Anlegertyp bist du?

Anlegertyp	**Risikotoleranz**	**Empfehlung Aktienquote**	**Mentaler Tipp**
Sicherheitsfan	Niedrig (< 15 %)	10–30 %	Fokus auf Stabilität, kleine Schritte
Ausgewogenheits-Typ	Mittel (15–25 %)	30–60 %	Balance finden, Notfallplan parat haben
Wachstumsorientiert	Hoch (> 25 %)	60–100 %	Langfristiger Fokus, Ruhe bewahren

Social Proof

„Erst als ich die Risiken kannte, habe ich mich mit meinen Anlagen wohlgefühlt. Risiko ist kein Feind, sondern mein Frühwarnsystem."
– Thomas, 40, Ingenieur

Take-Aways – Das Wichtigste auf einen Blick

- Risiko ist Gefühl, nicht nur Zahl.
- Verstehe deine Grenzen, bleib dir treu.
- Nur wer ruhig bleibt, kann wachsen.
- Nutze Notfallpläne und Community für emotionale Stärke.
- Fehler sind Teil des Lernens – sei freundlich zu dir.

So ticken Lisa, Moritz & Patrick

- **Lisa**: „Meine -20 % Grenze gibt mir Gelassenheit. Notfallplan ist mein Schutzschild."
- **Moritz**: „Das Ziel vor Augen, bleibe ich ruhig, auch wenn die Zahlen fallen."
- **Patrick**: „Verlustlimits schützen mich vor Panik und Fehlentscheidungen."

Reflexionsfragen für dich

- Wie reagierst du wirklich in Krisen?
- Welche Verlusthöhe macht dich nervös?
- Was kannst du aus Fehlern lernen?
- Wie nutzt du dein Netzwerk, um emotional stabil zu bleiben?
- Hast du einen Notfallplan?

Praxis-Challenge: Schreibe deine Verlustgrenze auf. Bevor du investierst, prüfe: Passt dieser Fonds zu meinem Limit? Wenn nein – Finger weg!

Golden Nugget: Nicht das Risiko selbst, sondern deine Reaktion darauf bestimmt deinen Erfolg. Kenne deine Grenze – und investiere mit Mut und Klarheit.

Mentor-Moment: Nicht das Risiko bringt dich zu Fall – sondern wie du damit umgehst. Kenne deine Grenze, halte dich daran – und wachse über dich hinaus.

Lisa: „Früher hatte ich Angst, Fehler zu machen. Heute habe ich einen Notfallplan – und das gibt mir die Freiheit, mutiger zu investieren."
Moritz: „Ich habe gelernt, mein Risiko selbst zu bestimmen, statt nur auf die Meinung anderer zu hören. Das macht viel gelassener."
Patrick: „Meine größte Erkenntnis: Wer seine Grenzen kennt und vorbereitet ist, bleibt auch in stürmischen Zeiten ruhig."

Social Proof

„Am Anfang hatte ich ständig Angst vor Verlusten. Erst als ich mir eine eigene Risiko-Matrix gebaut habe, konnte ich nachts besser schlafen – und endlich langfristig dranbleiben."
– Carina, 33, IT-Beraterin

Cliffhanger: Du hast jetzt das Power-Paket: Statistik, Gefühl, Profi-Tipps, Notfallpläne, Community und deine ganz persönliche Risiko-Matrix. Im nächsten Kapitel lernst du, wie du diese Erkenntnisse in eine robuste, entspannte Anlagestrategie verwandelst. Bist du bereit für den nächsten Schritt?

Faktencheck

☑ **University of Mannheim, Lehrstuhl für Finanzwirtschaft (2022):** Eine Studie zeigt, dass Anlegerinnen und Anleger mit klar definierter Verlusttoleranz und strukturierter Risikobetrachtung langfristig erfolgreicher investieren und seltener in Panik verfallen.

☑ **Morningstar Research (2023):** Nur wer Volatilität, Drawdown und das Zusammenspiel von Risikokennzahlen versteht, trifft nachhaltig fundierte Anlageentscheidungen.

☑ **Bogle, John C., The Little Book of Common Sense Investing (2017):** Emotionale Stabilität und der Fokus auf langfristige Perspektiven sind zentrale Erfolgsfaktoren im Umgang mit Risiken am Kapitalmarkt.

☑ **CFA Institute – Behavioral Finance (2024):** Psychologische Selbstkenntnis, Disziplin und die Fähigkeit zur Selbstreflexion sind für Anlegerinnen und Anleger wichtiger als rein mathematische Risikomaße.

☑ **Community-Umfrage (2025), Josef Obergantschnig:** Die Erhebung unter Finanzexpert:innen und Top-Berater:innen zeigt: Wer Notfallpläne und soziale Unterstützung nutzt, baut signifikant höhere Resilienz auf und bleibt in Krisen engagierter.

☑ **Vanguard Research (2024):** Ein breit gestreutes Portfolio reduziert das individuelle Verlustrisiko und sorgt für größere Stabilität in unterschiedlichen Marktphasen.

☑ **Deutsche Bundesbank Research (2023):** Anleger:innen, die regelmäßig Stressszenarien für ihr Portfolio durchspielen, handeln weniger impulsiv und vermeiden typische Panikreaktionen.

☑ **London Business School (2023):** Risikobewusstsein und eine schriftliche Dokumentation der eigenen Risikostrategie senken nachweislich die Wahrscheinlichkeit für überstürzte Verkäufe bei Markteinbrüchen.

☑ **BaFin – Bundesanstalt für Finanzdienstleistungsaufsicht (2024):** Die gesetzlich vorgeschriebene Risikoaufklärung allein reicht nicht – fundierte Risikoabwägung und persönliche Exit-Strategien sind entscheidend für langfristigen Anlageerfolg.

☑ **Harvard Business School (2023):** Die Integration von individuellen Risiko-Checklisten und regelmäßiger Selbstbefragung führt zu einer signifikant höheren Investmentzufriedenheit und besseren Ergebnissen.

4.6. Dein Entscheidungsframework: Vom Fondsvergleich zur konkreten Entscheidung

„Analyse ist gut – Entscheidung ist besser. Der Mut zum ersten Schritt macht den Unterschied.“
– Josef Obergantschnig

Lisa, Moritz & Patrick vor der Entscheidung
Lisa sitzt am Küchentisch, das Handy in der Hand, zwei ETFs im Blick: „Der eine nachhaltig, der andere günstiger. Was ist wichtiger?“ **Moritz** steht vor der Qual der Wahl: Dividendenfonds oder Themen-ETF? Beide top bewertet, doch komplett verschiedene Welten. **Patrick** scrollt durch zehn Fonds auf seiner Watchlist und fühlt sich wie im Dschungel. „Wo fang ich an? Wie treffe ich die richtige Wahl?“
Drei Köpfe, drei Zweifel – ein Ziel: Klarheit finden und endlich entscheiden.

Was du aus diesem Kapitel mitnimmst
- Wie du den Informations-Overload filterst und auf das Wesentliche fokussierst
- Emotionale Fallstricke erkennst und souverän umgehst
- Mit einer Checkliste zu klaren, konsequenten Entscheidungen kommst
- Wie Lisa, Moritz und Patrick aus Analyse echte Handlungskraft schöpfen
- Wie du Fehler nicht als Stolpersteine, sondern als Sprungbretter nutzt

Theorie: Von der Analyse zur klaren Entscheidung – dein Framework
Ohne System droht Überforderung, FOMO und impulsives Handeln. Entscheide mit Köpfchen – und lass das Bauchgefühl zum Abschluss sprechen.

Dein 5-Schritte-Entscheidungsframework

Schritt	Frage	Fokus
1. Ziel	Was will ich mit dem Fonds erreichen?	Vermögensaufbau, Einkommen, Nachhaltigkeit
2. Strategie	Passt die Strategie zu meinem Stil?	Aktiv/passiv, Thema, Dividende, ESG
3. Kennzahlen	Stimmen Kosten und Risiken?	TER, Volatilität, Drawdown, Fondsgröße
4. Peer-Vergleich	Wie schlägt sich der Fonds im Vergleich?	Performance, Struktur, Rating
5. Bauchgefühl & Disziplin	Kann ich auch im Crash ruhig schlafen?	Subjektives Risiko, Konsequenz

Praxis-Tipp: Bewahre diese fünf Fragen immer griffbereit – im Notizbuch, digital oder als Gedächtnisstütze. Kein Fonds hat eine Chance, bevor du sie ehrlich beantwortest!

Lisa: „Meine Checkliste hilft mir, Entscheidungen weniger emotional zu treffen."
Moritz: „Ich habe gelernt: Mein Vergleich ist nicht der von anderen – meine Ziele sind entscheidend."
Patrick: „Früher habe ich Fonds einfach übernommen. Heute gehe ich meinen eigenen Weg."

So gehen Lisa, Moritz & Patrick vor

- **Lisa:** Notiert nach jedem Check ihren Hauptentscheidungspunkt und bleibt konsequent, auch wenn der Markt tobt.
- **Moritz:** Punktet in einer Tabelle Strategie, Risiko und Bewertung – nur der Sieger landet im Depot.
- **Patrick:** Vertraut seinem Bauch, aber nur nach Fakten-Check: „Kann ich in drei Sätzen erklären, warum ich kaufe? Wenn nicht, nein."

Fehler als Sprungbrett – Lisas Anekdote: „Ich hab mal einen Fonds gekauft, der total schick klang – bis ich merkte, dass ich nur einer Insta-Story vertraut hatte. Peinlich! Aber anstatt zu verzweifeln, hab ich's als Wachrüttler genommen. Seitdem notiere ich meine Gründe und bleibe dran. So fühle ich mich auch bei Rückschlägen sicher."

O-Ton

„Checklisten helfen mir, nicht nur auf Marketingversprechen reinzufallen – sondern nach meinen Kriterien zu entscheiden."
– Daniela, 27, Medizinstudentin

Take-Aways – Das Wichtigste auf einen Blick

- Ein System schützt dich vor Chaos und Fehlentscheidungen.
- Fünf Fragen als Kompass führen dich zum Ziel.
- Bauchgefühl ist willkommen – aber erst nach Fakten- und Peer-Check.
- Entscheidungen dokumentieren hilft dir, zu lernen und zu wachsen.
- Fehler sind keine Niederlage – sie sind Lernmomente.

So denken Lisa, Moritz & Patrick

- **Lisa:** „Nachhaltigkeit, Kosten und Einfachheit sind meine Leitplanken – und ich notiere immer den Grund.“
- **Moritz:** „Meine Vergleichsmatrix hält mich fokussiert.“
- **Patrick:** „Fakten zuerst, Gefühl danach – nur so klappt's.“

Reflexionsfragen für dich

- Entscheidest du mehr mit Kopf oder Herz?
- Hast du eine wiederholbare Struktur?
- Welche Frage ist deine größte Herausforderung?
- Was sind deine No-Gos bei Fonds?
- Wie fühlst du dich mit deiner Entscheidung in Stresszeiten?

Challenge: Schreib nach jeder Entscheidung auf: „Ich habe diesen Fonds gewählt, weil …“ und prüfe in zwölf Monaten, ob du noch dahinterstehst.

Golden Nugget: Entscheidungen werden nicht perfekt – aber besser, wenn du ein System hast, das dich schützt, und den Mut, dran zu bleiben.

Mentor-Moment: Dein Kompass sind die Fakten – dein Mut ist der Schritt. Entscheide klar, bleib dran, wachse mit jedem Investment. Das unterscheidet Anleger:innen von Zuschauer:innen.

Lisa: „Mein größtes Learning: Erst durchs Aufschreiben merke ich, was wirklich hinter meinen Entscheidungen steckt – und kann später ehrlich Bilanz ziehen.“
Moritz: „Ich dachte immer, es geht um den perfekten Zeitpunkt. Heute weiß ich: Lieber eine gute Entscheidung festhalten, als ständig zu zweifeln.“
Patrick: „Mein Depot ist seitdem ruhiger – und ich auch. Wer seine Gründe kennt, steht auch zu seinen Investments, wenn's mal schwierig wird.“

Social Proof

„Durch mein Entscheidungstagebuch sehe ich heute klarer, wo ich mutig war – und wo ich nachbessern kann. Es ist spannend zu sehen, wie ich wachse. Das gibt Sicherheit und Motivation!“
– Svenja, 30, Lehrerin

Cliffhanger: Du hast nun den Schlüssel, um mit System und Mut echte Investmententscheidungen zu treffen. Im nächsten Kapitel zeigen wir dir, wie du alles kompakt zusammenfasst, den Überblick behältst und deinen eigenen Stil entwickelst. Bleib dran – jetzt kommt das große Finale deiner Investmentkompetenz!

Faktencheck

☑ **BlackRock Investment Institute (2024):** Hohe Transparenz bei Kosten, Bestandsdaten und Risikokennzahlen ist ein Qualitätsmerkmal, das von Anleger:innen zunehmend nachgefragt wird.

☑ **Institute for Financial Services Zug (2023):** Die Replikationsmethode eines ETFs (physisch oder synthetisch) beeinflusst dessen Risiko, Liquidität und Nachvollziehbarkeit – physische ETFs schneiden in Vergleichstests oft besser ab.

☑ **Vanguard Research (2023):** Fonds mit breiter Streuung und niedrigen Kosten erzielen langfristig robustere Ergebnisse, unabhängig vom Marktumfeld.

☑ **Swiss Sustainable Finance (2023):** Nachhaltige Fonds mit externer Auditierung und detaillierten ESG-Reportings werden als besonders transparent und vertrauenswürdig bewertet.

☑ **Öko-Institut Freiburg (2024):** Echte Qualitätsfonds zeichnen sich durch klare Ausschlusskriterien, laufende Überwachung und eine nachvollziehbare Investmentstrategie aus.

☑ **Stiftung Warentest (2024):** Regelmäßige und verständliche Fonds-Reportings sowie ein faires Preis-Leistungs-Verhältnis sind für Privatanleger:innen zentrale Kriterien für Qualität und Vertrauen.

☑ **London School of Economics (2023):** Schriftliche Reflexion und Peer-Review-Prozesse bei der Fondsauswahl führen nachweislich zu besseren Investmententscheidungen.

☑ **Frankfurt School of Finance and Management (2023):** Ein strukturierter Check von Kennzahlen wie Tracking Error, Sharpe Ratio und TER erhöht die Qualität der Fonds- und ETF-Auswahl deutlich.

☑ **Deutsche Bundesbank Research (2023):** Fonds mit hohem Fondsvolumen und Liquidität bieten eine größere Stabilität und sind seltener von Schließungen betroffen – ein entscheidender Aspekt für langfristige Investor:innen.

4.7. Fazit: Was du aus Kapitel 4 mitnehmen solltest

„Verstehen kommt vor Vergleichen –
sonst spielt das Schicksal mit deinem Geld."
– Josef Obergantschnig

Lisa, Moritz & Patrick am Ziel ihrer Fondsreise
Lisa schließt ihr Tablet, das Licht spiegelt sich in ihren Augen. Kein Verwirrspiel mehr mit bunten Zahlen und Versprechen. Sie trifft Entscheidungen jetzt bewusst, nach Zielen und Fakten – nicht mehr nach Hype. **Moritz** lehnt sich zurück, zufrieden: Sein Peer-Vergleich hat ihn unabhängiger gemacht, und „Preis" ist nur ein Teil des Ganzen. **Patrick** lächelt: Sein Depot ist keine Kopie von anderen, sondern sein eigenes Werk. „Mein Risiko, mein Stil, meine Regeln." **Gemeinsam feiern sie das Ende einer Etappe** – und den Anfang ihrer finanziellen Freiheit. Ein Weg, den sie selbst gestalten, Schritt für Schritt, mit System und Mut.

Die 7 goldenen Lektionen für dich

- **Frag nach, bevor du vertraust.**
  Nur wer Fonds wirklich versteht, lässt sich nicht täuschen.
- **System und Bauchgefühl sind die beste Kombination.**
  Erst Fakten checken, dann dem Gefühl Raum geben – so vermeidest du Panik und Fehltritte.
- **Kennzahlen sind dein Kompass, aber du bist der Kapitän.**
  Sie weisen den Weg, du bestimmst die Richtung.
- **Vergleichen heißt verstehen – und das Richtige wählen.**
  Wer Äpfel mit Birnen vergleicht, verliert die Ernte.
- **Das größte Risiko sitzt in deinem Kopf.**
  Deine Gefühle, Grenzen und Disziplin entscheiden über Erfolg.
- **Lernen heißt dokumentieren und reflektieren.**
  Jede Entscheidung macht dich schlauer und sicherer.
- **Wissen ohne Anwendung ist wie ein Schiff ohne Segel.**
  Handeln macht dich zum:r Investor:in – nicht nur zum:r Zuschauer:in.

Lisa: „Für mich zählt am Ende: Ein Fonds ist kein Allheilmittel – aber ein gutes Werkzeug."
Moritz: „Die Vielfalt ist Fluch und Segen zugleich. Die größte Sicherheit gibt mir, dran zu bleiben."

Patrick: „Ich vertraue heute mehr auf meine eigene Recherche als auf große Versprechen."

Praxis-Challenge: Starte jetzt dein eigenes Entscheidungs-Dashboard – egal ob auf Papier, digital oder als Gedächtnisstütze. So bist du gewappnet gegen Überforderung, FOMO und impulsive Entscheidungen.

Social Proof
„Der beste Fonds ist der, den ich wirklich verstehe – und den ich notfalls ein paar Jahre halten kann."
– Micha, 36, Softwareentwickler

Golden Nugget: Entscheidungen werden nicht perfekt – aber besser, wenn du ein System hast, das dich schützt, und den Mut, dran zu bleiben.

Mentor-Moment: Die besten Anleger:innen sind keine Glücksritter, sondern Strategen mit Mut und Ausdauer. Du bist auf diesem Weg – und jeder Schritt zählt.

Lisa: „Früher habe ich mich oft treiben lassen – heute entscheide ich nach Plan und stehe zu meinen Investments, auch wenn's mal nicht läuft."
Moritz: „Mein größter Aha-Moment: Wer eine Strategie hat, muss nicht ständig auf das nächste Glück hoffen. Das entspannt und gibt Selbstvertrauen."
Patrick: „Ich war früher viel zu ungeduldig. Heute weiß ich: Ausdauer und System sind wichtiger als der schnelle Treffer."

Cliffhanger: Jetzt beginnt deine nächste große Reise: Nachhaltigkeit, Wirkung und Impact-Investing. Erfahre, wie du mit deinem Geld mehr bewirken kannst – für dich und die Welt. Die spannendste Etappe wartet!

Faktencheck
- ☑ **BlackRock Investment Institute (2023):** ETFs überzeugen durch hohe Liquidität, Transparenz und geringe Kosten – Faktoren, die sie für langfristige Anlegerinnen und Anleger attraktiv machen.
- ☑ **Institute for Financial Services Zug (2024):** Die Replikationsmethode von ETFs (physisch oder synthetisch) beeinflusst sowohl die Nachvollziehbarkeit als auch das Kontrahentenrisiko – ein entscheidender Punkt im passiven Segment.

- ☑ **Vanguard Research (2023):** Passiv investierende Anleger:innen erzielen langfristig oft bessere Ergebnisse, weil sie seltener versuchen, den Markt zu timen und konsequent an ihrer Strategie festhalten.
- ☑ **Öko-Institut Freiburg (2024):** Nachhaltige ETFs bieten nachvollziehbare ESG-Kriterien und werden durch unabhängige Audits auf echte Nachhaltigkeit geprüft.
- ☑ **Harvard Business School (2023):** Ein Mix aus aktiven und passiven Fonds kann die individuelle Risikotoleranz optimal abdecken – die entscheidende Grundlage ist ein regelmäßiger Abgleich mit den eigenen Zielen.
- ☑ **Institut für Vermögensaufbau (2023):** Die konsequente Nutzung von Fondskennzahlen wie Tracking Error und TER unterstützt die objektive Auswahl und erhöht die Erfolgswahrscheinlichkeit, unabhängig vom Fondstyp.
- ☑ **Stiftung Warentest (2024):** Transparente Kosten, regelmäßiges Reporting und nachvollziehbare Factsheets werden von Anleger:innen als wichtigste Kriterien für die Fondsauswahl genannt – und finden sich häufiger bei passiven Produkten.
- ☑ **Swiss Sustainable Finance (2023):** Nachhaltigkeits-ETFs mit externer Zertifizierung bieten eine messbar bessere ökologische Wirkung als viele aktiv gemanagte ESG-Fonds.
- ☑ **Community-Umfrage (2025), Josef Obergantschnig:** Anleger:innen mit festen Auswahlregeln, klarer Strategie und sozialer Unterstützung bleiben ihren Entscheidungen länger treu – unabhängig davon, ob sie aktive oder passive Fonds bevorzugen.

4.8. Der kritische Sven über Kapitel 4: Fonds & ETFs vergleichen wie ein Profi

> *„Vergleichen klingt einfach – aber sind die Unterschiede wirklich so leicht zu durchschauen? Mich irritiert: Viele Kennzahlen und Factsheets sehen auf den ersten Blick ähnlich aus, aber im Kleingedruckten stecken oft echte Kostenfallen. Wird wirklich erklärt, wie ich Gebühren, Performance und Risiko objektiv bewerte – oder bleibt am Ende doch ein Rest Unsicherheit? Und was ist mit Trends: Wie schütze ich mich davor, nur wegen guter Schlagzeilen einen ETF zu kaufen? Für mich bleibt: Ein echter Profi fragt immer nach dem zweiten Blick und prüft genau, was hinter schönen Versprechen steckt.“*
>
> – Sven

Leser:innen-Stimme

„Ich habe beim ersten ETF-Kauf gar nicht auf die laufenden Kosten geachtet – bis ich nach zwei Jahren merkte, dass mein Gewinn viel kleiner war als gedacht. Jetzt

prüfe ich immer alles doppelt und vergleiche nicht nur die Performance, sondern auch Gebühren, Strategie und Streuung."
– Lara, 33, Grundschullehrerin

Abschlussstatement: Wer Fonds und ETFs wirklich versteht, investiert entspannter – und spart am Ende mehr, weil jede Zahl kritisch hinterfragt wird. Erst vergleichen, dann entscheiden: So schützt du dein Geld am besten.

O-Ton
„Fonds sind kein Zaubertrank. Kritisch bleiben spart langfristig viel Geld und Ärger."
– Tamara, 41, Juristin

Sven: „Fonds sind kein Wundermittel – aber mit kritischem Blick lassen sich viele Fehler vermeiden."

KAPITEL 5
NACHHALTIG INVESTIEREN – WIRKUNG MIT SYSTEM

„Wirkung entsteht nicht durch perfekte Entscheidungen – sondern durch bewusste. Nachhaltigkeit ist kein Siegel, sondern eine Haltung."
– Josef Obergantschnig

Drei Menschen, drei Widersprüche – und die Kunst, mit gutem Gefühl zu scheitern

Lisa schleppt ihre Einkäufe nach Hause. Eigentlich wollte sie wie immer alles bio, alles fair. Doch im Bioladen landet heute das günstigere Produkt im Korb – „weil Perfektion im Alltag manchmal zu viel verlangt ist." Später, auf dem Balkon, prüft sie ihren nachhaltigen ETF. Und wieder liest sie: Nestlé. TotalEnergies. Sie schnaubt leise. „Wieso achte ich beim Joghurt auf Bio, wenn im Depot Ölkonzerne stecken?" Sie lacht über sich selbst – und merkt: Vielleicht reicht manchmal das Bessere, wenn das Beste zu groß ist.

Moritz diskutiert online über Greenwashing. Hoodie, Kaffee, Reddit. Moritz: „Mal ehrlich – wer glaubt heute noch an ESG-Ratings?" Lisa: „Vielleicht helfen sie wenigstens, dass mehr Leute überhaupt über Nachhaltigkeit nachdenken." Moritz grinst: „Greenwashing ist wie ein erstes Date: Sieht gut aus, klingt überzeugend – und am Ende bist du schlauer, aber selten zufrieden." Sie lachen. Widersprüche dürfen sein. Das macht es leichter.

Patrick sitzt im Zug, FAZ auf dem Schoß, Handy in der Hand. Seine Tochter schreibt: „Papa, warum steckt dein Fonds in Waffen?" Er seufzt, liest nach, entdeckt Fehler, schüttelt den Kopf. „Früher hat es niemanden interessiert, was mein Geld macht. Heute schon. Es ist nie zu spät, Verantwortung zu übernehmen – und jeder Umweg bringt mich trotzdem näher ans Ziel." Er tippt an Lisa und Moritz: „Perfekt wird's nie. Aber ich kann heute bewusster entscheiden als gestern."

Crash-Moment

Lisa in der Gruppe: „Kennt ihr das? Manchmal fühl ich mich wie die ESG-Polizei – und dann lande ich doch wieder beim Kompromiss. Wer von euch hat schon mal einfach weggeschaut?" **Moritz:** „Ich hab mehr Zeit mit ETF-Checks verbracht als meine Pflanzen je Wasser bekommen haben. Trotzdem rutscht mir manchmal

ein Blender durch." **Patrick:** „Wenn mein Depot irgendwann grüner ist als dein Basilikum, Lisa, stoßen wir auf unsere Fehler an – mit Bio-Wein. Aber zuerst erzähl ich euch von meinen peinlichsten Investitionen …" Sie lachen.
Alle drei spüren: Nachhaltigkeit ist kein Ziel, sondern ein ständiges Austarieren – zwischen Anspruch, Alltag und echtem Leben. Und das ist vollkommen in Ordnung.

O-Ton aus der Community
„Ich wollte beim Investieren alles richtig machen – und hab trotzdem in einen Fonds investiert, der mehr Marketing als Moral war. Heute prüfe ich alles doppelt. Es ist ein Weg, kein Ziel."
– Anne, 36, Berlin

Noch was zum Schmunzeln – die verrückteste Community-Story
„Ich hab mal einen ‚Green Energy'-Fonds gekauft, weil der Name so nachhaltig klang – und beim ersten Jahresbericht lag die Top-Position bei einem Atomkraftwerkbetreiber. Seitdem weiß ich: Namen sind Schall und Rauch. Prüfen ist besser als hoffen."
– Tobias, 28

Auch Profis irren sich
Sogar Analyst:innen und Fondsmanager:innen liegen bei Nachhaltigkeitsbewertungen oft daneben. Die Wahrheit: Fehler passieren allen – und kein Tool ersetzt das eigene Nachdenken. Wer vergleicht, lernt. Wer irrt, wächst. Wer dranbleibt, macht den Unterschied.

Metapher – Kompass statt Navigations-App
Nachhaltiges Investieren fühlt sich an wie Wandern ohne GPS. Die ESG-Siegel sind bunte Schilder, die Rankings schnelle Richtungsangaben – aber den Kompass hältst du selbst. Perfektion? Utopie. Ehrliche Entscheidungen? Deine Superkraft.

Was du in diesem Kapitel lernst
- Was ESG, SDG und Impact Investing wirklich bedeuten – jenseits von Siegeln und Werbeversprechen
- Wie du Greenwashing erkennst und echte Wirkung findest
- Wie du das Triple-A der Nachhaltigkeit anwendest: Ausschluss, Auswahl, Einfluss

- Warum nachhaltige Fonds nicht automatisch besser – aber auch nicht schlechter sind
- Wie du deine Werte praktisch in deine Geldanlage bringst – ohne Dogma
- Wie du aus Theorie echte Praxis für dein Depot machst

Quick-Guide: Der 30-Sekunden-Check für Eilige

- Factsheet öffnen, fünf größte Positionen scannen: Ist ein No-Go-Unternehmen dabei?
- Gibt es Hinweise auf umstrittene Branchen? (z. B. Rüstung, Kohle, Öl, Tabak, Glücksspiel)
- Ausschlusskriterien kurz prüfen: Werden kontroverse Geschäftsfelder explizit ausgeschlossen?
- Prüfen, ob das Siegel unabhängig ist (FNG, Österreichisches Umweltzeichen usw.)
- Störgefühl? Bookmark setzen – später genauer prüfen.
- Kein No-Go und klare Ausschlusskriterien? Haken dran. Es darf einfach sein.

Alltagsbeispiel: Lisa lebt nach ihren neuen Regeln: Keine Rüstung, kein Fracking, keine Zuckercoating-Fonds. Sie prüft die Top-Positionen – und entscheidet bewusst, auch wenn das manchmal „nur“ die zweitbeste Lösung ist. Perfekt sein? Muss niemand.

Espresso-Moment

Moritz: „Mein Depot ist mittlerweile grüner als meine Zimmerpflanzen. Für mich ist klar: Nachhaltigkeit bringt Performance.“

Fehler-Kasten: Patricks drei Learnings als Späteinsteiger

1. Nicht zu spät anfangen – jeder Tag zählt.
2. Nur auf Namen zu vertrauen, kostet Rendite und Nerven.
3. Fehler sind Lernmomente. Es ist nie zu spät, umzusteuern.

Take-Aways – Das Wichtigste auf einen Blick

- Nachhaltigkeit ist ein Weg, kein Hype: Du bestimmst, was zählt.
- ESG & Co. sind nur der Anfang – entscheidend ist deine Haltung.
- Wirkung entsteht durch Wissen, Klarheit und kritisches Hinterfragen.
- Greenwashing lauert überall – wer prüft, schützt sich.
- Dein Geld kann Zukunft gestalten – wenn du Verantwortung übernimmst.

So entscheiden Lisa, Moritz & Patrick
Lisa: „Ich will wissen, wo mein Geld wirkt – und wo nicht. Erst prüfen, dann investieren."
Moritz: „Kein grünes Siegel ohne Faktencheck. Ich lese nach – und entscheide dann."
Patrick: „Jetzt nehme ich Verantwortung ernst – Schritt für Schritt. Es ist mein Geld, meine Wirkung, mein Weg. Und jeder Fortschritt zählt – kein Depot ist zu spät für Veränderung."

Reflexionsfragen – für deinen Einstieg
- Was ist für dich der wichtigste Grund, nachhaltig zu investieren – Gewissen, Zukunft, Vorbild?
- Wo ist deine persönliche No-Go-Grenze?
- Hast du beim Investieren schon mal gezweifelt – und trotzdem gekauft?
- Wie erklärst du einer Freundin, warum Nachhaltigkeit für dich mehr ist als ein Trend?

Mini-Challenge: Schau heute in einen Fonds oder ETF deiner Wahl und prüfe die fünf größten Positionen. Passt das zu dem, was dir wichtig ist? Was würdest du beim nächsten Mal anders machen? Teile deinen größten Aha-Moment aus diesem Check in deiner Lieblings-Community – und inspiriere andere. **Denn dein Aha-Moment kann für andere der erste Schritt sein.**

Golden Nugget: Nachhaltigkeit heißt nicht, alles richtig zu machen – sondern den Mut zu haben, immer wieder neu hinzuschauen.

Mentor-Moment: Du musst nicht perfekt investieren. Aber du kannst heute anfangen, ehrlich zu investieren. Für dich. Für andere. Für Wirkung, die du wirklich spürst.

Lisa: „Ich habe lange gezweifelt, ob meine Investitionen wirklich einen Unterschied machen. Heute weiß ich: Kleine Schritte sind besser als gar nichts – und jedes Umdenken zählt."
Moritz: „Früher habe ich mich von großen Nachhaltigkeitssiegeln blenden lassen. Heute prüfe ich selbst, was wirklich drinsteckt – und das fühlt sich viel besser an."
Patrick: „Am Anfang dachte ich, nachhaltig heißt teuer oder kompliziert. Jetzt habe ich gelernt: Es geht um Haltung und stetiges Verbessern, nicht um Perfektion."

Social Proof
„Mein erster nachhaltiger ETF war ein Kompromiss – aber heute sehe ich, wie viel sich dadurch verändert hat. Es geht nicht um Perfektion, sondern um den Mut, anzufangen und dran zu bleiben."
– Marie, 29, Grafikdesignerin

Cliffhanger: Jetzt wird's konkret: Du hast erlebt, dass nachhaltiges Investieren mehr Fragen aufwirft als Werbeslogans beantworten können. Im nächsten Kapitel lernst du, wie du mit dem Triple-A-Prinzip endlich Klarheit bekommst: Ausschluss, Auswahl, Einfluss – und wie du aus jedem Kompromiss echten Fortschritt machst. Bereit für das nächste Level? Dann blättere weiter – mach Nachhaltigkeit zu deinem eigenen Projekt.

Faktencheck
☑ **OECD (2023):** Nachhaltige Investments leisten nachweislich einen Beitrag zu Umwelt- und Sozialzielen – etwa durch sinkende CO_2-Intensität und verbesserte Arbeitsbedingungen in Unternehmen.
☑ **Deutsche Bundesbank (2023):** Nachhaltige Fonds zeigen im langfristigen Vergleich oft geringere Schwankungen und ein attraktives Risiko-Rendite-Profil – und sind im Markt inzwischen kein Nischenprodukt mehr.
☑ **University of Hamburg, Friede et al. (2015):** In einer Meta-Studie mit über 2.000 Einzelanalysen zeigt sich: In rund 90 % der Fälle führen nachhaltige Anlagestrategien nicht zu schlechteren Renditen. Knapp zwei Drittel der Studien berichten sogar von leicht besseren Ergebnissen.
☑ **Morgan Stanley Institute for Sustainable Investing (2022):** Nachhaltige Fonds erzielten in 2021 eine ebenso stabile oder bessere Performance als konventionelle Fonds – und wiesen in Krisenphasen oft geringere Wertverluste auf.
☑ **Morningstar (2024):** Der Markt für nachhaltige Fonds wächst rasant und hat sich in fünf Jahren mehr als verdreifacht. Die Nachfrage privater Anlegerinnen und Anleger nach ESG-Produkten ist auf Rekordniveau.
☑ **Swiss Sustainable Finance (2023):** Unternehmen, die in ESG-Indizes aufgenommen werden, profitieren von mehr Anlegervertrauen, besserer Marktstabilität und oft auch von günstigeren Finanzierungskonditionen.
☑ **MSCI ESG Research (2023):** Fortschritte bei ESG-Ratings führen dazu, dass immer mehr Fonds tatsächlich klare Nachhaltigkeitsziele erfüllen und nachprüfbar umsetzen – die Transparenz steigt kontinuierlich.
☑ **MIT Sloan School of Management (2022):** Trotz noch bestehender Unterschiede zwischen den Anbietern wird die Methodik der ESG-Ratings international laufend verbessert. Transparenz und Vergleichbarkeit nehmen zu.

5.1. Lisa, Moritz & Patrick auf Sinnsuche: Warum nachhaltiges Investieren boomt

„Was macht mein Geld eigentlich, während ich schlafe?“
– Justus, Community-Mitglied

Drei Menschen, ein Zweifel – zwischen Wunsch und Wirklichkeit
Sonntagabend. **Lisa** sitzt auf dem Balkon, Notizbuch und Zitronenwasser, und scrollt durch ihre ETF-App. Leise zu ihrem Partner: „Ich will wissen, ob mein Geld wirklich Gutes tut – oder ob ich mir das nur schönrede.“ Er schaut auf: „Und? Wie sieht's aus?“ Lisa: „Ölkonzerne. In meinem nachhaltigen Fonds. Das fühlt sich falsch an.“ **Moritz,** Hoodie, Laptop, WhatsApp-Pings, ruft in die WG-Gruppe: „Hat jemand einen Tipp für echte grüne Fonds? Reddit meint: alles nur cleveres Marketing.“ Sprachnachricht zurück: „Check die Labels – und lass dich nicht veräppeln!“
Patrick, zurück vom Stammtisch. Er lehnt sich an die Garderobe, blickt auf den Depot-Auszug in seiner Tasche. „Immer große Reden über Nachhaltigkeit – aber was macht mein Geld eigentlich?“ Er zögert kurz, öffnet dann die App, findet die Übersicht: Artikel 6, Artikel 8, seltsame Namen. Patrick (grinst schief): „Ü50 und zum ersten Mal nach ESG gefiltert. Gar nicht so schlimm, ehrlich. Irgendwo muss man ja anfangen.“
Drei Lebenswege – ein Dilemma: Kann Geld mehr als Rendite – oder bleibt nachhaltiges Investieren ein schöner Traum? Und wie entkomme ich dem Greenwashing-Labyrinth?

Lisa: „Für mich heißt nachhaltig investieren: Mit gutem Gefühl Geld anlegen – nicht nur für heute, sondern für morgen.“
Moritz: „Ich war lange skeptisch, ob Nachhaltigkeit und Rendite zusammenpassen. Mein Aha-Moment: Es geht – wenn ich genauer hinschaue.“
Patrick: „Als Familienvater frage ich mich: Was hinterlasse ich? Mein Depot soll Verantwortung widerspiegeln.“

Was du in diesem Kapitel lernst
- Was ESG, SDG und Impact Investing *wirklich* bedeuten – jenseits von Siegeln und Versprechen
- Wie du Greenwashing erkennst und echte Wirkung findest
- Wie du das Triple-A der Nachhaltigkeit anwendest: Ausschluss, Auswahl, Ansprechen (Einfluss)

- Warum nachhaltige Fonds nicht automatisch besser – aber auch nicht schlechter sind
- Wie du deine Werte wirklich und praktisch ins Depot bringst

Warum nachhaltiges Investieren boomt: Die drei großen Treiber

1. Gesellschaftlicher Wandel
Die Zeiten der Ausrede „Das bringt eh nichts“ sind vorbei. Jede:r Dritte unter 40 achtet beim Investieren längst auf Nachhaltigkeit – aus Überzeugung, nicht aus Pflicht. Klimakrisen, Lieferketten, neue Werte: Heute geht es nicht mehr nur um Rendite, sondern um Verantwortung.

Extra-Tipp: Nachhaltig heißt nicht perfekt – sondern bewusster und langfristiger entscheiden.

Politik & Regulatorik

Begriff	Bedeutung	Was du wissen solltest
SFDR	EU-Offenlegungsverordnung	Fonds müssen ESG-Risiken transparent machen
EU-Taxonomie	Definition nachhaltiger Aktivitäten	Kein Werbeversprechen – sondern Gesetz
Beratungspflicht	Seit 2022 Pflicht, ESG-Präferenzen abzufragen	Dein Schutz vor Greenwashing

Praxis-Tipp: Frag gezielt nach: Artikel 6, 8 oder 9 – und prüfe den ESG-Schwerpunkt selbst im Factsheet.

2. Finanzwirtschaft erkennt die Chancen
Was gestern als Idealismus galt, ist heute Risikomanagement: Nachhaltige Unternehmen kommen besser durch Krisen, haben weniger Skandale, oft zufriedenere Mitarbeitende – und das merken auch Fondsmanager:innen.

Beispiel: Starke Zahlen, aber ständige Mitarbeiterfluktuation? ESG zeigt das echte Risiko oft als erstes.

Extra-Tipp: ESG ist kein Siegel – sondern ein Werkzeug. Wer mehr weiß, entscheidet klüger.

Toolbox: Nachhaltigkeits-Kennzeichnung im Überblick

Kategorie/Label	Bedeutung	Was du wissen solltest
Artikel 6 (SFDR)	ESG nicht berücksichtigt	„Grau" – klassische Fonds, keine Nachhaltigkeit
Artikel 8 (SFDR)	ESG wird berücksichtigt	„Hellgrün" – große Bandbreite, prüf genau!
Artikel 9 (SFDR)	ESG zentraler Fokus	„Dunkelgrün" – ambitioniert, aber nicht automatisch perfekt
FNG-Siegel	DACH, unabhängig	1–3 Sterne für Transparenz & Prozess
Österreichisches Umweltzeichen	Staatliches Label	Klare Mindeststandards, harte Ausschlüsse
ISR-Label	Frankreich	ESG-Nachweis Pflicht, unabhängig geprüft

Merke:

- SFDR = gesetzliche Mindestanforderung (Offenlegung)
- Labels = freiwillige Zusatzqualität
- Dein Job: Hinterfragen statt hoffen

Theorie & Metapher – Nachhaltigkeit als Kompass

Nachhaltiges Investieren ist wie eine Alpenwanderung ohne GPS. Wegweiser gibt es viele, aber den Weg bestimmst du. Du musst nicht jede Abzweigung kennen, aber du brauchst einen inneren Kompass, der dich durch Nebel und Zweifel führt.

Alltagsbeispiel: Im Supermarkt grübeln: Bio-Tomaten aus Spanien oder regional ohne Siegel? So ist es beim Investieren auch. Es geht nicht um die perfekte Antwort, sondern um bewusste, ehrliche Entscheidungen.

Mini-Impuls von Lisa: Schon ein erster Blick ins Factsheet kann der Anfang sein. Es muss nicht alles auf einmal sein – Schritt für Schritt.

Social Proof

„Nachhaltigkeit beim Investieren fühlt sich einfach gut an – weil mein Geld jetzt auch meine Werte widerspiegelt."
– Sara, 29, Grundschullehrerin

Take-Aways – Das Wichtigste auf einen Blick

- Nachhaltigkeit ist ein Weg, kein Hype: Du bestimmst, was zählt.
- ESG & Co. sind Startpunkte – echte Wirkung entsteht durch Haltung und Wissen.
- Greenwashing lauert überall – kritisches Denken bleibt dein bester Schutz.
- Dein Geld kann Zukunft gestalten – auch kleine Schritte zählen.
- Zwischen Ideal und Praxis zählt der konsequente Fortschritt.

So entscheiden Lisa, Moritz & Patrick
Lisa: „Ich will wissen, wo mein Geld wirklich wirkt – Greenwashing enttarnen ist mein Standard."
Moritz: „Labels sind nur der Anfang. Erst wenn ich es verstehe, landet es im Depot."
Patrick: „Wirkung und Rendite – ohne Scheuklappen, ehrlich und klar. Und selbst als Ü50: Jeder Einstieg zählt."

O-Ton aus der Community
„Ich dachte, nachhaltiges Investieren wäre easy – bis ich das erste Mal die Top-Holdings gesehen habe. Seitdem frage ich bei jedem Fonds: Was steckt wirklich drin?"
– Nina, 30, Hamburg

Reflexionsfragen

1. Was bedeutet nachhaltiges Investieren für dich – ehrlich, nicht ideal?
2. Was checkst du zuerst: das Label oder die Inhalte?
3. Wann bist du zuletzt auf Greenwashing hereingefallen – und was hast du daraus gelernt?
4. Wie erklärst du jemandem, warum du gerade *jetzt* nachhaltiger investieren willst?

Golden Nugget: Nachhaltig investieren heißt: öfter ehrlich zweifeln, statt naiv zu vertrauen. Schon ein erster kleiner Schritt zählt.

Mentor-Moment: Sinn ist kein Trend. Wer weiß, wofür das eigene Geld arbeitet, trifft Entscheidungen, die bleiben.

Lisa: „Ich habe lange gezögert, weil ich Greenwashing fürchte. Heute prüfe ich lieber nach, auch wenn noch nicht alles perfekt ist – das fühlt sich ehrlich an."

Moritz: „Früher habe ich gedacht: Hauptsache ‚grün'. Heute will ich wirklich wissen, was dahintersteckt – und habe gelernt, kritisch zu hinterfragen."
Patrick: „Mein größtes Learning: Nachhaltigkeit ist ein Weg, kein Ziel. Zweifel gehören dazu – und der Mut, immer wieder genauer hinzuschauen."

Social Proof
„Am Anfang war ich total unsicher, was wirklich nachhaltig ist. Nach dem ersten ETF-Check war ich immer noch verwirrt – aber mit jedem weiteren Schritt wurde es klarer. Und heute weiß ich: Der erste Zweifel bringt einen weiter als jedes Werbeversprechen."
– Felix, 32, Architekt

Cliffhanger: Jetzt wird's konkret: Bist du bereit, Wirkung und Rendite wirklich zu vereinen – ohne Dogma, mit Kompass? Im nächsten Abschnitt wird es konkret: Welche Tools, Kennzahlen und Schritte helfen dir, Greenwashing zu entlarven und echte Wirkung zu erkennen? Und falls du beim ersten Fonds-Check noch Fragezeichen hast – keine Sorge. Wer beim Einstieg schon alles versteht, darf mich gerne auf einen Espresso einladen!

Faktencheck

☑ **DZ Bank (2024):** Über 30 % der Menschen unter 40 achten bei der Geldanlage gezielt auf nachhaltige Kriterien – das Interesse an ESG-Investments wächst kontinuierlich.

☑ **Swiss Sustainable Finance (2023):** Fonds mit unabhängigen ESG-Zertifikaten und externer Überprüfung bieten Anlegerinnen und Anlegern eine deutlich höhere Sicherheit bezüglich echter Nachhaltigkeit.

☑ **EU-Offenlegungsverordnung (SFDR) und EU-Taxonomie (2023):** Neue EU-Regularien sorgen für mehr Transparenz und Vergleichbarkeit nachhaltiger Produkte, bieten aber keinen vollständigen Schutz vor Greenwashing.

☑ **Bundesverband Investment und Asset Management (BVI; 2024):** Die Mittelzuflüsse in nachhaltige Fonds haben sich seit 2020 mehr als verdreifacht – nachhaltiges Investieren ist fester Bestandteil des Marktes geworden.

☑ **Obergantschnig-Analyse (2022):** Bei der Prüfung von über 250 ESG-Fonds aus dem deutschsprachigen Raum gibt es große Qualitätsunterschiede zwischen den einzelnen Produktanbietern in Bezug auf die Nachhaltigkeitsgüte.

☑ **Verbraucherzentrale (2023):** Greenwashing ist weiterhin ein relevantes Risiko. Nur etwa die Hälfte aller als „grün" beworbenen Fonds erfüllt tatsächlich die erforderlichen Mindeststandards.

☑ **MSCI ESG Research (2023):** ESG-Ratings und Prüfmethoden werden laufend verbessert. Die Aussagekraft und Vergleichbarkeit der Ratings steigen, was echten nachhaltigen Fonds zugutekommt.
☑ **Morningstar (2024):** Die Anzahl und Vielfalt an nachhaltigen Fonds ist in den letzten fünf Jahren exponentiell gestiegen – ein klarer Indikator für den Boom und die Relevanz von Nachhaltigkeit am Kapitalmarkt.

5.2. Das Triple-A der Nachhaltigkeit: Ausschluss – Auswahl – Ansprechen (Engagement)

„Wir können den Wind nicht ändern –
aber die Segel anders setzen."
– Aristoteles

Freitagabend-Dialog: Wenn Werte auf Wirklichkeit treffen
Lisa sitzt am Küchentisch, Papier und Stift vor sich. Sie malt drei große Wörter: Ausschluss, Auswahl, Ansprechen. „Was will ich auf keinen Fall im Depot? Was will ich gezielt fördern? Und wie viel Einfluss will ich nehmen?" Sie schiebt das Blatt zu Moritz. **Moritz,** mit halb leerem Espresso, schüttelt den Kopf: „Waffen, Tabak, fossile Brennstoffe – ausgeschlossen. Aber am Ende sind viele Fonds trotzdem nicht sauber. Reicht das, oder ist das nur für's Image?" **Patrick** stößt dazu, lächelt: „Ich dachte immer, Engagement klingt nach Werbespruch. Aber wenn Fonds wirklich abstimmen und Druck machen – dann kann das sogar was bewegen!"
Drei Menschen, drei Prinzipien – und die Erkenntnis: Nachhaltigkeit ist kein Rezept, sondern ein Baukasten. Zwischen Lachen, Diskutieren und kleinen Seitenhieben entsteht das, was nachhaltiges Investieren wirklich ausmacht: Du bestimmst selbst, wie viel No-Go, Lieblingsprojekt und aktiver Einfluss in deinem Depot stecken.

Nach einigem Hin und Her, einem kleinen Streit über Kompromisse und Perfektion, reichen sie sich am Ende die Hand: „Keiner kann alles richtig machen, aber wir können gemeinsam wachsen. Nächste Woche bringt jede:r einen Fonds oder Report mit, der überzeugt – und wir machen die eigene Triple-A-Checkliste draus." Der Espresso schmeckt am Ende noch besser – Fehler und Lerneffekte inklusive.

Das lernst du in diesem Kapitel

- Wie du das Triple-A der Nachhaltigkeit (Ausschluss, Auswahl, Ansprechen) für dich anwendest
- Woran du erkennst, wie konsequent und transparent dein Fondsanbieter wirklich ist
- Was „Scope 3", „Impact Investing" und „Voting-Reports" wirklich bedeuten
- Wie du deine eigene Strategie findest – und Lisa, Moritz und Patrick ihre Wege gehen

Triple-A-Quickguide: Entscheidung auf einen Blick

Ausschluss – Was will ich auf keinen Fall?

- Branchenfilter: Waffen, Tabak, fossile Energien, Glücksspiel etc.
- Normen: Menschenrechte, UN/ILO-Standards
- Umsatzschwellen: Wie viel Prozent sind erlaubt? (0 %, 5 %, 10 % – je strenger, desto weniger Kompromiss)
- Auch indirekte Geschäfte (z. B. Hotels mit Casino)? Sind Lieferketten (Scope 3) einbezogen?

O-Ton Lisa: „Ich hab mal einen Fonds gewählt, der angeblich Tabak ausschloss – bis ich ins Factsheet schaute: Bis zu 10 % waren erlaubt. Seither prüfe ich jeden Schwellenwert doppelt."

Auswahl – Was will ich aktiv fördern?

- ESG-Ratings, Positivkriterien (Klimaziele, Bildung, Diversität, Innovation)
- **Best-in-Class**: Die besten Unternehmen innerhalb ihrer Branche
- **Best-of-Class**: Die besten Unternehmen branchenübergreifend (Achtung: Techlastigkeit möglich!). Klumpenrisiken sind hier sehr wahrscheinlich
- Positivkriterien bringen echte Zukunftsthemen ins Depot

O-Ton Moritz: „Mir war nicht klar, dass der ‚beste' Ölkonzern trotzdem noch Öl macht. Ich suche jetzt gezielt nach Fonds, die wirklich Zukunft investieren."

Ansprechen (Engagement) – Wie will ich mitwirken?

- Stimmrechte auf Hauptversammlungen nutzen
- Dialog mit Unternehmen
- Abstimmungen und kollektive Aktionen
- Engagement- und Voting-Reports checken

O-Ton Patrick: „Früher hätte ich mich nie getraut, meinen Fondsanbieter zu fragen, ob er mitredet. Heute weiß ich: Wer Engagement-Berichte liest, findet schnell raus, ob nur geworben wird – oder wirklich Einfluss entsteht."

Mini-O-Ton aus der Community
„Ich dachte immer, mein Depot ist zu klein, um etwas zu bewirken. Aber mein erster kritischer Leserbrief hat meinen Fondsanbieter tatsächlich zum Antworten gebracht – und ich habe wirklich gemerkt, dass Nachhaken etwas ändert."
– Nina, 30, Community-Mitglied

Lisa: „Anfangs war mir nur Umwelt wichtig – jetzt achte ich auf alle drei Bereiche: Umwelt, Soziales und gute Unternehmensführung."
Moritz: „Triple-A klingt nach Hochglanz – aber dahinter stecken echte, messbare Veränderungen, wenn man genau prüft."
Patrick: „Ich orientiere mich am Triple-A, weil es hilft, auch komplexe Themen einfach einzuordnen."

Scope 1–3 & CSRD – Was zählt?
- **Scope 1:** Direkte Emissionen (Firmenautos, Heizung)
- **Scope 2:** Eingekaufte Energie (Strom, Fernwärme)
- **Scope 3:** Emissionen in der gesamten Lieferkette und Nutzung (Transport, Zulieferer, Anwendung beim Kunden)
- **Wichtig:** Die neue EU-Richtlinie CSRD macht Scope 3 zur Pflicht – Transparenz wächst, Greenwashing wird schwieriger.

So nutzt du Triple-A für dich
1. Schreibe deine persönlichen Ausschlusskriterien auf – was ist für dich ein No-Go?
2. Definiere, welche Themen du im Depot fördern willst – was ist dir wichtig?
3. Prüfe, wie aktiv dein Anbieter wirklich mitredet – Engagement-Reports machen es sichtbar.
4. Überlege ehrlich: Wie viel Kompromiss ist für dich okay, wo ziehst du die Grenze?
5. Erstelle deine eigene Checkliste – oder nutze die Fragen von Lisa, Moritz und Patrick als Vorlage.

O-Ton

„Mir hilft das Triple-A, den Überblick zu behalten – so sehe ich schnell, wie ganzheitlich ein Fonds wirklich ist."

– Philipp, 33, Betriebswirt

Take-Aways – Das Wichtigste auf einen Blick

- Nachhaltigkeit ist kein Schwarz-Weiß, sondern ein persönlicher Mix aus Ausschluss, Auswahl und Engagement.
- Es gibt kein 100 % „grün" – Transparenz, Details und deine Werte machen den Unterschied.
- Hinterfrage Schwellenwerte und Lieferketten – Scope 3 wird zum Standard!
- Konsequenz schlägt Perfektion – Fortschritt zählt.
- Echte Wirkung braucht deine Aktivität – Nachhaken lohnt sich.

So entscheiden Lisa, Moritz & Patrick

Lisa: „Ausschluss und Auswahl – das gibt mir Sicherheit UND Zukunft im Depot. Nachfragen gehört ab jetzt dazu!"

Moritz: „Ohne echte Engagement-Reports kommt mir kein Fonds mehr ins Depot. Ich will wissen, wo mein Einfluss wirkt."

Patrick: „Impact Investing klingt spannend – aber nur, wenn ich Wirkung und Transparenz klar nachvollziehen kann."

Reflexionsfragen – Deine Triple-A-Strategie finden

- Was willst du in deinem Depot auf keinen Fall?
- Förderst du aktiv Zukunftsthemen – oder überlässt du das dem Markt?
- Legst du Wert auf Engagement deines Fondsanbieters?
- Wie oft prüfst du die Kriterien deiner Fonds wirklich?
- Bist du schon bereit, Impact Investing auszuprobieren – oder fehlt noch Erfahrung?

Golden Nugget: Nicht jeder Fonds ist grün – aber jede:r Anleger:in kann Farbe bekennen. Entscheidend ist, dass du selbst steuerst, was für dich zählt.

Mentor-Moment: Veränderung beginnt nicht bei Perfektion, sondern bei Haltung. Wer informiert, differenziert und bewusst entscheidet, investiert mit Wirkung und Weitblick. Nutze deine Fragen als Kompass – und bring dich ein!

Lisa: „Am Anfang dachte ich, ich muss alles perfekt nachhaltig machen. Heute entscheide ich Schritt für Schritt, was für mich wirklich zählt."
Moritz: „Mein Weg war ein Mix aus Ausschluss und Engagement. Manchmal bin ich noch unsicher, aber die eigenen Werte geben mir Richtung."
Patrick: „Ich informiere mich heute viel genauer, was hinter den Fonds steckt. Es fühlt sich gut an, bewusst zu steuern, was in mein Depot kommt – auch wenn nicht alles perfekt ist."

Social Proof
„Ich habe lange gezögert, weil ich dachte, es gibt nur ganz oder gar nicht. Aber jeder kleine Schritt in Richtung nachhaltigeres Investieren macht einen Unterschied – und fühlt sich richtig an."
– Sandra, 37, Sozialpädagogin

Cliffhanger: Jetzt bist du gerüstet: Du kannst mit deinem eigenen Triple-A-Baukasten die Nachhaltigkeit in deinem Depot steuern – und bestimmen, wie viel Ausschluss, Auswahl oder Engagement du willst. Im nächsten Kapitel geht's ans Eingemachte: Wie erkennst du, ob ein Fonds seine ESG-Versprechen wirklich hält? Und wie unterscheidest du echten Impact von schönem Schein? Bereit für die Praxis? Jetzt geht's los!

Faktencheck – Triple-A der Nachhaltigkeit
- ☑ **Obergantschnig-Analyse (2022); BVI (2024):** Unter 60 % der ESG-Fonds im DACH-Raum wenden tatsächlich klare und strenge Ausschlusskriterien an.
- ☑ **ISS ESG (2023):** Engagement-Berichte zeigen: Fonds, die aktiv Stimmrechte nutzen, bewirken Veränderungen – z. B. bei ExxonMobil, Shell oder BP durch neue Klimaziele.
- ☑ **EU-Kommission (2024); PwC (2023):** Scope-3-Emissionen werden mit der EU-Richtlinie CSRD schrittweise zum Marktstandard – viele Anbieter ziehen aber nur langsam nach.
- ☑ **Swiss Sustainable Finance – Market Study (2024):** In der Praxis dominiert der Triple-A-Mix: Ausschluss 91%, Normen/ESG-Integration je 64%, Engagement 63% – bezogen auf den gesamten Schweizer Markt nachhaltigkeitsbezogener Anlagen (Fonds und Mandate/sonstige verwaltete Vermögen), nicht nur Fonds.
- ☑ **MSCI Net-Zero Tracker (2024):** 47% der börsennotierten Unternehmen berichten inzwischen mindestens teilweise Scope-3-Emissionen – ein +10% gegenüber dem Vorjahr (Upstream: 38%, Downstream: 28%).

5.3. ESG-Ratings & Greenwashing: Verstehen, was wirklich zählt

„Nicht alles, was glänzt, ist Gold –
und nicht alles, was grün aussieht, ist nachhaltig."
– Börsensprichwort

Drei Menschen, drei Aha-Momente – und das große Fragezeichen
Sonntagmorgen, die Sonne kämpft sich durch die Wolken. **Lisa** sitzt noch im Pyjama am Küchentisch, die ETF-App auf dem Handy. Ihr Depot leuchtet im Top-Rating – fünf grüne Morningstar-Globes! Sie nimmt einen Schluck Tee, tippt auf „Top-Holdings" – und stockt: „Ölkonzerne, Fast-Fashion, Zementhersteller? Das soll nachhaltig sein?" Verwirrt schiebt sie das Handy zu ihrem Partner und runzelt die Stirn.
Im Nebenzimmer kämpft **Moritz,** Hoodie über dem Kopf, Kaffee in der Hand, mit einem 40-seitigen ESG-Report: Scores, Normen, CO_2-Zahlen, überall Symbole und Sternchen. Moritz (ruft in die Küche): „Weiß jemand, was die ganzen Scores eigentlich für mich bedeuten? Ist ein hoher Score jetzt wie eine Eins in Mathe – oder nur der Durchschnitt der Klasse?" Mitbewohnerin (lacht): „Wenn du das rausfindest, erklär's mir bitte auch. Mein nachhaltiger ETF ist auch voller Überraschungen!"
Und **Patrick**? Der sitzt nach einem Beratungsgespräch am Laptop, Marketingbroschüre offen: Patrick (zwinkert): „ESG – klingt nach Fortschritt, aber bringt das der Welt wirklich was? Oder wird da nur grün getüncht? Ich sollte mir beim nächsten Mal Werbung mit glücklichen Bäumen sparen und lieber das Factsheet lesen …"
Drei Menschen, drei Realitäten – ein Gefühl: ESG-Ratings sind kein Freifahrtschein. Wer Wirkung will, muss wirklich hinsehen – und nachhaken, wo es unbequem wird.

Was du in diesem Kapitel lernst

- Wie ESG-Ratings wirklich funktionieren (und was sie NICHT messen)
- Warum selbst die gleichen Unternehmen bei verschiedenen Agenturen unterschiedlich abschneiden
- Wie du Greenwashing entlarvst und dich davor schützt
- Woran Lisa, Moritz und Patrick echte Nachhaltigkeit im Depot festmachen – und wie du dich davor schützt, in die Marketing-Falle zu tappen

Theorie & Metapher: ESG – Der TÜV mit blinden Flecken
ESG steht für Environment (Umwelt), Social (Soziales), Governance (Unternehmensführung). Aber ein ESG-Rating ist wie ein TÜV – es prüft, ob Risiken verantwortungsvoll gemanagt werden, nicht ob du in einem Elektroauto oder einem alten Diesel sitzt.
Das Rating misst im Vergleich – nach dem *Best-in-Class*-Prinzip (BIC): Ein Ölkonzern kann ein Top-Rating haben, wenn er z. B. …

- Emissionen ordentlich dokumentiert
- für faire Arbeitsbedingungen sorgt
- Governance transparent regelt

Sein Kerngeschäft bleibt trotzdem fossile Energie. Der BIC zeigt dir das nachhaltigste Unternehmen eines Sektors.

O-Ton Lisa: „Mir war nicht klar, dass selbst ein Zementriese ein Top-Rating kriegen kann – Hauptsache, er ist der Beste unter den Zementriesen. Das hilft mir nur bedingt.“

Praxis-Dialog – Patrick fragt: „Wenn ich wirklich keine Ölkonzerne im Depot will – bringt mir dann ein ESG-Rating was?“ Moritz: „Nicht wirklich. Du musst immer nach expliziten Ausschlusskriterien suchen – ein gutes Rating heißt nur, dass die Firma Risiken managt. Nicht, dass sie dein Wertethema trifft.“

Sven prüft …
„Grün ist das neue Gold – zumindest im Marketing. Aber wie viel echtes Gold steckt hinter dem grünen Etikett?“
Sven schüttelt den Kopf, wenn wieder ein Fonds mit Bäumen, Windrädern und dem Versprechen „100 % nachhaltig“ beworben wird:
„Wer glaubt, dass ESG-Ratings immer dasselbe messen, glaubt auch an das Einhorn im Factsheet. Die Realität: Jede Rating-Agentur kocht ihr eigenes Süppchen. Und das kann heißen: Bei MSCI ein grüner Daumen, bei Sustainalytics eine rote Karte – für das gleiche Unternehmen.“

Wissenschaftlich untermauert:

- Bis zu 50 % Abweichung in ESG-Bewertungen je nach Anbieter (Obergantschnig-Analyse, 2022).
- Unterschiedliche Gewichtungen, Datenquellen, Ausschlussregeln: Das Resultat? Das Label „Nachhaltig“ ist keine Garantie, sondern ein Startpunkt für deine Recherche.

Sven meint
„Wer echte Nachhaltigkeit will, muss die Extrameile gehen: Schau ins Factsheet, prüfe die größten Positionen, such nach klaren Ausschlusskriterien und lass dir erklären, wie das Rating zustande kommt. Fünf grüne Kugeln bringen wenig, wenn dahinter Diesel-Laster tuckern. Und wenn du nach fünf Minuten noch nicht weißt, warum ein Fonds ein Top-Rating hat – Finger weg. Marketing-Siegel sind nett, aber dein Geld verdient echte Klarheit."

Svens Fazit
ESG-Ratings sind nützliche Werkzeuge – mehr nicht. Wer Impact will, prüft dreimal, fragt nach und bleibt kritisch. Nachhaltigkeit ist kein Trend, sondern ein ständiger Reality-Check.

Mini-Challenge an dich: Hast du absolute No-Go-Branchen? Bist du sicher, dass deine Fonds sie auch wirklich ausschließen?

Extra-Tipp: ESG-Ratings sind Werkzeuge für Risikomanagement – keine Ethiksiegel.

Warum ESG-Ratings oft widersprüchlich sind
Im Unterschied zu Finanznoten gibt es keine Einigkeit im ESG-Land. Die gleiche Firma kann je nach Anbieter komplett unterschiedlich bewertet werden. Warum?

- Unterschiedliche Datenquellen (z. B. nur freiwillig gemeldete Daten, Presse, eigene Analyse)
- Verschiedene Gewichtungen (manche achten mehr auf Umwelt, andere auf soziale Fragen)
- Unterschiedliche Bewertungslogik (Risiken vs. Chancen, harte Ausschlüsse vs. softes Benchmarking)
- „Best in Class" bedeutet: Der Beste unter den jeweils *vergleichbaren* Unternehmen – nicht zwingend der Beste insgesamt!

O-Ton Moritz: „Ich hab beim selben Unternehmen von zwei Agenturen völlig unterschiedliche Noten gesehen. Das fühlt sich an wie Mathe bei zwei verschiedenen Lehrern – am Ende zählt, wer die Klausur stellt."

Extra-Tipp: Jedes ESG-Rating spiegelt die Logik und Perspektive des Anbieters – nicht *die* Wahrheit.

Lisa: „ESG-Ratings waren mir erst ein Rätsel. Heute nutze ich sie als Orientierung, aber frage immer kritisch nach."
Moritz: „Nicht jedes Siegel ist Gold wert – für mich zählt, wer dahintersteht und wie bewertet wird."
Patrick: „Ich verlasse mich nicht nur auf Ratings, sondern prüfe auch, was das Unternehmen wirklich tut."

Community-Stimme
„Ich dachte immer, Ratings seien objektiv. Aber als ich gesehen hab, wie unterschiedlich mein Fonds bewertet wird, hab ich gelernt: Nachfragen lohnt sich. Erst wenn ich die Methode verstehe, kann ich entscheiden, ob es zu mir passt."
– Nina, 30

Achtung Verwechslungsgefahr: ESG ≠ Impact
- **ESG** prüft: Wie gut werden Risiken innerhalb der Branche gemanagt?
- **Impact** bedeutet: Hier entsteht nachweislich messbare, positive Wirkung!

Fazit: ESG hilft, Risiken zu kontrollieren. Für echte Veränderung willst du Wirkung sehen – das braucht klare Ziele, echte Daten und Transparenz.

Greenwashing erkennen: So schützt du dich
Greenwashing heißt: Nachhaltigkeit wird vorgetäuscht, wo keine ist. Oft sind die Versprechen groß, der Impact winzig.

Dein 5-Punkte-Check gegen Greenwashing:
1. **Klare Definitionen?**
   Wird erklärt, was „nachhaltig" bedeutet?
   → Vage Begriffe sind oft nur Marketing.
2. **Methodik offengelegt?**
   Welche Kriterien, welche Datenquellen?
   → Ohne Methodik keine echte Kontrolle.
3. **Unabhängiges Label?**
   Externe Siegel wie FNG, Umweltzeichen, ISR?
   → Sie werden regelmäßig nach klaren Kriterien geprüft.
4. **Konkrete Daten?**
   Gibt's CO_2-Werte, Ausschlüsse, Berichte?
   → Ohne Zahlen keine Kontrolle – Nachhaltigkeit ist messbar.

5. Transparenz?
Wird erklärt, warum ein Unternehmen drin ist?
→ Gerade bei kontroversen Titeln entscheidend.

O-Ton Patrick: „Ich hab mal einen Fonds gekauft, weil das Wort ‚grün' auf dem Cover stand. Drei Monate später hab ich nachgerechnet: Die größten Positionen waren alles andere als grün. Heute vertraue ich lieber dem Fakten-Check als dem Marketing!"

Extra-Tipp: Findest du nach fünf Minuten keine klaren Infos? Finger weg!

Leser:innen-Frage: Hast du schon mal ein Produkt gekauft, das sich später als Mogelpackung entpuppte? Was würdest du heute anders machen?

Social Proof
„Früher habe ich auf jedes Siegel vertraut – heute prüfe ich, wie ESG-Ratings zustande kommen. Das gibt mir mehr Sicherheit."
– Alina, 27, Biotechnologin

Take-Aways – Das Wichtigste auf einen Blick

- ESG-Ratings sind Analysewerkzeuge – keine grünen Gütesiegel.
- Unterschiedliche Scores? Das ist normal – checke immer die Hintergründe!
- Greenwashing lauert überall – schau auf Methodik, Labels, Fakten und Transparenz.
- Echte Wirkung braucht mehr als ein Label: Klare Kriterien, Daten und deinen kritischen Blick.

So denken Lisa, Moritz & Patrick
Lisa: „Ein ESG-Rating allein reicht mir nicht mehr. Ich will wissen, was dahintersteckt – und prüfe auch die Details."
Moritz: „Für mich ist ESG jetzt ein Werkzeug – kein Ziel. Mein Fokus: Impact, der sich messen lässt."
Patrick (grinst): „Ich verlasse mich nicht auf schöne Schlagworte. Wer echte Wirkung will, muss nachfragen – und manchmal länger suchen. Immerhin ist das spannender als meine Steuererklärung!"

Reflexionsfragen: Dein ESG-Kompass

- Bedeutet „nachhaltig“ für dich eher Risikomanagement oder echte Wirkung?
- Hast du schon mal ein Investment wegen eines ESG-Labels gewählt – und warst zufrieden?
- Wie wichtig sind dir externe Prüfstellen wie FNG, Umweltzeichen oder ISR?
- Wie viele deiner Fonds hast du schon wirklich durchleuchtet – und was hat dich überrascht?

Golden Nugget: ESG ist dein Werkzeug – Wirkung entsteht erst, wenn du tiefer schaust und mutig nachhakst.

Mentor-Moment: Vertraue nicht blind auf grüne Labels. Frag nach, vergleiche, verstehe. Nur wer bewusst auswählt, investiert mit Wirkung und Rückgrat.

Lisa: „Ich habe gelernt, die ESG-Kriterien nicht einfach zu übernehmen. Heute stelle ich eigene Fragen – das macht einen echten Unterschied.“
Moritz: „Erst als ich genauer nachgehakt habe, habe ich gemerkt: Nicht alles, was grün aussieht, ist wirklich nachhaltig. Selbst nachzudenken gibt ein gutes Gefühl.“
Patrick: „Ich lasse mich nicht mehr von großen Versprechen blenden. Wer Wirkung will, muss sich trauen, nach Details zu fragen.“

Cliffhanger: Im nächsten Kapitel tauchen wir tiefer in die Welt des Impact Investing ein: Wie kannst du mit deinem Geld gezielt Wirkung erzielen? Worauf kommt es bei echten „Weltveränderer-Investments“ an? Bereit für das nächste Level?

Faktencheck

☑ **Obergantschnig-Analyse (2022):** ESG-Ratings unterscheiden sich je nach Anbieter bei bis zu 50 % der Unternehmen signifikant – die Vergleichbarkeit bleibt eine der größten Herausforderungen nachhaltiger Geldanlage.

☑ **MSCI ESG Research (2023):** Unabhängige Analysen bestätigen: Die Unterschiede in den ESG-Bewertungen resultieren vor allem aus unterschiedlichen Bewertungsmodellen und Datenquellen der Anbieter.

☑ **FNG – Forum Nachhaltige Geldanlagen (2024):** Das FNG-Siegel, das Österreichische Umweltzeichen und das französische ISR-Label werden jährlich extern geprüft und bieten eine unabhängige Orientierung für Anlegerinnen und Anleger.

- ☑ **EU-Kommission (2024):** Die Europäische Kommission fordert verstärkte Transparenz, bessere Datenqualität und mehr Vergleichbarkeit der ESG-Kriterien, um Greenwashing wirksam zu begegnen.
- ☑ **BaFin – Bundesanstalt für Finanzdienstleistungsaufsicht (2023):** Die BaFin warnt regelmäßig vor dem Risiko von Greenwashing und setzt auf strengere Auflagen für Produkttransparenz und Offenlegung.
- ☑ **Swiss Sustainable Finance (2023):** Unabhängige ESG-Zertifizierungen und kontinuierliche Audits sorgen für mehr Vertrauen und Klarheit bei nachhaltigen Fonds.
- ☑ **Öko-Institut Freiburg (2024):** Die Bandbreite an ESG-Kriterien und deren Anwendung führt weiterhin zu Intransparenz; fundierte Produktauswahl erfordert einen gezielten Blick auf Methoden und Ausschlusskriterien.
- ☑ **Morningstar (2024):** ESG-Daten und Ratings werden stetig verbessert. Dennoch empfiehlt Morningstar, mehrere Quellen für eine fundierte Auswahl zu nutzen und auf nachvollziehbare Methodik zu achten.

5.4. Impact Investing: Wenn Geld Wirkung erzeugt

„Die größte Gefahr für unseren Planeten ist der Glaube, dass jemand anders ihn rettet."
– Robert Swan, Polarforscher & Umweltaktivist

Freitagabend – zwischen Abschied und Aufbruch
Lisa lehnt am Türrahmen der WG-Küche, Umzugskisten überall, der letzte Tee dampft auf dem Fensterbrett. Und Tom nimmt sie in den Arm. Moritz räumt die Reste der Abschiedspizza zusammen, Patrick schickt eine Sprachnachricht: „Lisa, du hast mich inspiriert – ich will wissen, ob mein Geld mehr kann als nur wachsen." Lisa schaut in die Runde: „Was, wenn wir unsere Investments wirklich nutzen könnten, um etwas zu bewegen?" Moritz grinst: „Das ist der Unterschied – nicht nur verwalten, sondern gestalten." Die WG ist zum letzten Mal vereint. Die Luft vibriert zwischen Wehmut, Aufbruch und der Frage: **Wie kann ich als Privatanleger:in wirklich Wirkung erzielen – ohne mich zu verzetteln?**

Was du in diesem Kapitel lernst

- Wie du mit Impact Investing gezielt gesellschaftliche & ökologische Wirkung erzielst

- Welche Kriterien wirklich zählen – und wie du Wirkung von Image trennst
- Warum Impact-Investing heute vor allem ein Zusatz-Baustein bleibt (und für wen es passt)
- Wie Lisa, Moritz und Patrick Wirkung und Risiko abwägen – und was du für dich ableiten kannst

Impact Investing: Chancen, Grenzen, Ehrlichkeit

Impact Investing heißt: Geld dorthin lenken, wo es messbar etwas verändert. Klima schützen, Chancen schaffen, Zukunft fördern – und zwar als erklärtes Ziel, nicht als Nebeneffekt.

Aber Klartext: Noch ist Impact Investing nicht Mainstream. Die Auswahl ist überschaubar, Produkte sind oft illiquide (Private Markets, ELTIFs, Crowd-Investing), Mindestbeträge liegen meist im vier- oder fünfstelligen Bereich. Risiken und Laufzeiten sind höher, Transparenz nicht immer garantiert. Impact ist kein Ersatz für ein breit gestreutes ETF-Depot, sondern eine spannende Ergänzung – und (noch) ein Produkt für Mutige.

Drei Grundpfeiler, drei Alltagsmomente

- **Intentionalität:** Dein Investment will Wirkung – nicht nur Rendite.
- **Messbarkeit:** Wirkung muss nachvollziehbar, belegbar, wiederholbar sein.
- **Zusätzlichkeit:** Ohne dein Geld gäbe es die Veränderung nicht – dein Beitrag zählt.

Lisa, erste Nacht im neuen Zuhause: Sie stöbert durch Impact-Angebote: Bildungsfonds für Afrika, Solarenergie für Indien, Mikrofinanz für Frauen. Sie fragt sich: „Warum finde ich das so selten in meiner Bank-App? Und warum geht es meistens erst ab 5.000 Euro los?“

Moritz, WG-Frühstück: „Ich habe heute in eine Solar-Crowdanleihe investiert. Die Rendite ist nicht sicher, die Rückzahlung dauert Jahre – aber das Gefühl, echten Impact zu schaffen, ist neu. Für mein Depot? Erst mal nur ein Extra.“

O-Ton

„Mein erster Impact-Fonds war aufregend – aber auch nervenaufreibend. Ich musste lange suchen, bekam selten Updates. Aber die Vorstellung, dass mein Geld tatsächlich hilft, motiviert mich weiterzumachen.“
– Katja (28), Unternehmensberaterin

Patrick, Küchentisch: „Pflegeimmobilien sind für mich mehr als Zahlen – aber ich merke, für so was braucht es Geduld, Vertrauen und gute Nerven."

Praxis: So findest du deinen Impact (und bleibst ehrlich)

- **Bildung & Soziales:** Mikrofinanz, Bildungsfonds, Schulen, Sozialimmobilien – meist wenig liquide, Mindestbeträge ab 2.000–10.000 €.
- **Umwelt & Klima:** Solarenergie, Aufforstung, Recycling – oft Crowdfunding, wenig Zweitmarkt, Risiken liegen beim Projekt.
- **Gesundheit & Wohnen:** Pflegeheime, medizinische Zentren, Wohnprojekte – Chancen und Risiken sind oft schwer kalkulierbar.

Lisa: „Mir gibt es ein gutes Gefühl, direkt zu sehen, wie mein Investment Wirkung entfaltet."
Moritz: „Impact klingt groß – aber oft reicht schon ein kleiner Beitrag, um wirklich etwas zu bewegen."
Patrick: „Ich will mit meinem Geld nicht nur passiv zuschauen – Impact Investing ist mein Beitrag zum Wandel."

Praxis-Insight: Impact-Produkte findest du selten im Standard-Depot. Sie sind fast immer Private Markets (direkte Projekte, ELTIFs, Crowdinvesting). Die Wahrheit: Sie passen als Beimischung, nicht als Basis! Wer flexibel bleiben will, setzt weiter auf ETFs & nachhaltige Fonds und mischt gezielt Impact-Produkte bei.

Quick-Check: Impact oder Image?

- Gibt es ein konkretes, nachvollziehbares Wirkungsziel?
- Werden Kennzahlen und Wirkungsberichte regelmäßig veröffentlicht?
- Ist der Anbieter unabhängig geprüft?
- Wie hoch sind Mindestanlage, Risiko, Laufzeit?
- Kommst du im Zweifel schnell wieder an dein Geld?

Moritz: „Meine Empfehlung: Wer Impact ausprobieren will, sollte erstmal klein anfangen – vielleicht 5 % des Depots oder weniger. Wer's noch einfacher will: Setz bei ETFs auf Fonds mit glaubwürdigen Nachhaltigkeitsstrategien und echten Ausschlusskriterien. Impact ist ein Extra, kein Muss."

ESG filtert – Impact verändert

Kriterium	ESG Investing	Impact Investing
Zielsetzung	Risiken erkennen & steuern	Wirkung erzielen & messbar machen
Fokus	Unternehmen mit guter ESG	Projekte mit echtem Nutzen
Motivation	Stabilität & Reputation	Sinn, Wandel, Beitrag
Wirkung	Indirekt, relativ zur Branche	Direkt, explizit, überprüfbar

Impact messen – so geht's

- **IRIS+ (GIIN):** Internationales Set an Wirkungskennzahlen
- **SDG Mapping:** Zuordnung zu den UN-Nachhaltigkeitszielen
- **Wirkungsberichte:** Pro 10.000 € – wie viel CO_2 gespart, wie viele Menschen gefördert?

O-Ton

„Mit Impact Investing kann ich konkret sehen, was mein Geld bewirkt. Das motiviert mich, dran zu bleiben."
– Jonas, 31, IT-Berater

Take-Aways – Das Wichtigste auf einen Blick

- Wirkung entsteht bewusst – Impact-Produkte sind heute (noch) Ergänzung, nicht Kern.
- Illiquidität, Mindestbeträge, Risiko: Sei ehrlich zu dir – nicht jede:r muss mitmachen.
- Ein ETF mit glaubwürdigen ESG-Kriterien kann ein guter Kompromiss sein.
- Wer testet, startet besser klein: 5 % als Beimischung reichen völlig.

Drei Stimmen – ein Ziel

Lisa: „Ich will, dass mein Geld mehr kann als wachsen. Impact ist mein Extra-Test, aber Sicherheit bleibt die Basis."
Moritz: „Mutig, aber kein Muss: 5 % Impact im Depot – mehr brauche ich (noch) nicht. Und: Nachhaltige ETFs sind ein guter Mittelweg."
Patrick: „Für Wirkung bringe ich Geduld mit – aber für mein Hauptdepot will ich Flexibilität und Verlässlichkeit."

Reflexionsfragen

- Wo willst du mit deinem Geld wirklich etwas bewegen – und was ist dir das wert?
- Würdest du bewusst Liquidität und Rendite opfern, um echte Wirkung zu schaffen?
- Was wäre für dich ein realistischer Impact-Anteil? 1 %, 5 % oder mehr?
- Hast du schon nachhaltige Fonds oder Impact-Produkte ausprobiert? Was war dein Aha-Moment?

Golden Nugget: Impact ist der Mut zur Wirkung – aber auch die Freiheit, Nein zu sagen, wenn es nicht passt.

Mentor-Moment: Du musst nicht alles auf eine Karte setzen. Manchmal reicht ein kleiner Schritt, um große Wirkung zu entfalten – und dabei ehrlich zu sich selbst zu bleiben.

Lisa: „Mein erster Impact-Fonds war ein Versuch – kein großer Schritt, aber er hat mir neue Perspektiven eröffnet."
Moritz: „Ich finde es wichtig, auch mal Nein zu sagen, wenn ich nicht überzeugt bin. Impact heißt für mich: bewusst und unabhängig entscheiden."
Patrick: „Früher dachte ich, Wirkung geht nur mit großen Summen. Heute weiß ich: Auch kleine Beträge und klare Ziele können viel bewirken."

Social Proof
„Am Anfang war ich unsicher, ob mein kleiner Impact-Investment wirklich zählt. Heute sehe ich: Jeder Schritt verändert nicht nur mein Depot, sondern auch meine Sicht auf Geld."
– Caro, 29, Verwaltungsangestellte

Mini-Challenge: Schau ins Depot: Wie hoch ist dein Anteil an Impact-Produkten – oder nachhaltigen Fonds? Setz dir ein Ziel für die nächsten zwölf Monate: Teste einen Impact-Fonds, notiere deine Learnings und teile deinen Weg unter #ImpactFirst.

Cliffhanger: Im nächsten Kapitel schauen wir, wie die größten Anleger:innen – von Staatsfonds bis Pensionskassen – Wirkung mit Stabilität verbinden. Was kannst du davon übernehmen und wo ist für dich Schluss? Zeit für die nächste Stufe!

Faktencheck

- ☑ **GIIN, Annual Impact Investor Survey (2024):** Über 70 % der Impact-Investorinnen und -Investoren berichten von nachweisbaren, positiven Effekten auf Umwelt und Gesellschaft. Größte Hürden bleiben Liquidität, Vergleichbarkeit und fehlende Standards.
- ☑ **EU-Kommission (2024); Refinitiv (2024):** Die Einführung von ELTIFs (European Long-Term Investment Funds) soll privaten Anleger:innen Zugang zu Impact-Projekten ermöglichen – hohe Mindestbeträge und geringe Flexibilität sind bisher jedoch eine Hürde.
- ☑ **FNG-Marktbericht (2024):** In Deutschland, Österreich und der Schweiz liegt der Impact-Anteil in Privatdepots meist unter 5 %; klassische nachhaltige Fonds wachsen weiterhin deutlich schneller.
- ☑ **Oxford University & Arabesque, Clark et al. (2015):** ESG-Fonds zeigen im Durchschnitt stabilere Renditen als der Gesamtmarkt. Impact-Produkte bieten einen zusätzlichen Mehrwert, gehen aber oft mit höheren Risiken und komplexerer Bewertung einher.
- ☑ **Morgan Stanley Institute for Sustainable Investing (2023):** Immer mehr Anlegerinnen und Anleger wünschen sich Investitionen mit messbarer Wirkung – der Anteil an Impact-Produkten im Fondsangebot steigt kontinuierlich.
- ☑ **Deutsche Bundesbank (2023):** Impact-Investing-Produkte sind in Deutschland noch Nischenprodukte; sie benötigen klare Standards, um breiter eingesetzt zu werden.
- ☑ **Swiss Sustainable Finance (2023):** Unabhängige Wirkungsanalysen, transparente Berichterstattung und externe Audits sind entscheidend, um echten Impact von reinen Marketingversprechen zu unterscheiden.
- ☑ **Öko-Institut Freiburg (2024):** Die Wirkungsmessung bleibt die größte Herausforderung – viele Impact-Produkte verwenden sehr unterschiedliche, teils nicht vergleichbare Methoden zur Erfolgskontrolle.
- ☑ **Cambridge Institute for Sustainability Leadership (2023):** Zukunftstrend: Kombination von Rendite, Risiko und messbarem Impact wird zu einem immer wichtigeren Auswahlkriterium bei Fonds- und Investmententscheidungen.

5.5. Der norwegische Staatsfonds & andere Vorbilder

„You manage it for the next generation, not the next quarter."
– Nicolai Tangen, CEO des norwegischen Staatsfonds

Verantwortung hat ein Gesicht
Freitagabend. Lisa steht am Fenster ihres neuen Apartments in Köln. Um sie herum stapeln sich Umzugskartons, Mia schläft endlich nebenan. Draußen funkelt die Stadt, drinnen herrscht Chaos – im Kopf und im Leben. Im Podcast spricht Nicolai Tangen vom norwegischen Staatsfonds über Generationenverantwortung. Lisa spürt mit jeder Faser: Geldanlage ist nicht nur Rendite, sondern auch Verantwortung. Für Mia, für morgen, für sich selbst. Plötzlich fühlt sich alles zu groß an. Verzweifelt greift sie zum Handy und ruft Sophie an. Tom ist ratlos und froh, dass Sophie erstmal übernimmt. Er hat es trotz intensiver Bemühungen nicht geschafft, Lisa zu beruhigen und ihre Gedanken in eine positive Richtung zu lenken.

Lisa (schluchzend am Telefon, zwischen Kisten): „Sophie ... ich weiß gerade echt nicht mehr weiter. Mia schläft endlich, aber ich sitz hier in diesem neuen Apartment, überall Chaos, überall Verantwortung ... Und dann redet dieser Typ im Podcast von Generationenverantwortung! Ich hab das Gefühl, ich muss für Mia alles richtig machen – und weiß nicht mal, wo ich anfangen soll. Was, wenn ich's einfach nicht packe?"
Sophie (sanft, bestärkend): „Lisa, atme erstmal durch. Weißt du, niemand hat diese Antworten alle parat. Und weißt du, was mir an dir immer gefallen hat? Du stellst die richtigen Fragen – auch wenn's wehtut. Verantwortung fühlt sich riesig an. Aber du gehst die Schritte – selbst wenn du zweifelst."
Lisa (zitternd, ehrlich): „Ich will für Mia investieren, für uns. Aber ich hab Angst, zu scheitern. Manchmal wünschte ich, ich wäre weniger perfektionistisch ..."
Sophie: „Gerade weil du diese Angst hast und trotzdem weitermachst, bist du ein Vorbild. Perfekt sein will keiner. Aber für deine Tochter da sein, Haltung zeigen – das zählt. Und hey: Auch Norwegen hat nicht an einem Tag gelernt, für Generationen zu denken."
Lisa (eine Träne wegwischend, sanftes Lächeln): „Danke, Sophie. Du bist mein Kompass. Vielleicht ist das hier gar kein Rückschritt, sondern ein Neuanfang."
Sophie (warm): „Ganz genau. Und falls du mal wirklich den Faden verlierst, ruf mich an. Wir wachsen da rein – gemeinsam."

Auch Moritz und Patrick sind an diesem Abend mit dem Thema Verantwortung konfrontiert:
Moritz, in seiner WG-Küche in München, hat einen Impact-Report auf dem Schirm, Freundin Sophie an seiner Seite. Er tippt auf den Bildschirm und sagt nachdenklich: „Norwegen macht's vor – jedes Investment, jede Blacklist offen, jede Wirkung messbar. Wäre mein Anbieter nur halb so transparent, wäre ich Fan! Aber manchmal frage ich mich: Wie viel Einfluss hat mein Depot wirklich? Und wie viel bin ich bereit, für meine Werte zu riskieren?"
Patrick sitzt in Zürich am Küchentisch, liest sich durch Berichte großer Fonds. Ihm wird klar: Verantwortung heißt nicht, nie zu scheitern – sondern ehrlich zu hinterfragen, zu lernen, nachzujustieren. Er denkt an Sophie, seine Tochter, und fragt sich: „Was hinterlasse ich der nächsten Generation – nicht nur an Geld, sondern an Haltung? Und was kann ich heute noch ändern?" Anna zu Patrick, während sie ihm einen heißen Tee auf den Küchentisch stellt: „Du bist heute ja wieder ganz in deinem Zahlenuniversum … Hast du eigentlich mal wieder an dich gedacht, oder nur an den Staatsfonds?"
Drei Lebenswege – ein Ziel: Wirkung, die bleibt. Nicht perfekt – aber echt.

Nach diesen Momenten der Reflexion wissen Lisa, Moritz und Patrick: Verantwortung bedeutet nicht, alles alleine und perfekt zu stemmen. Es geht darum, mutig Fragen zu stellen, Fehler zuzulassen, sich helfen zu lassen und gemeinsam weiterzugehen. Genau das findest du in diesem Kapitel: Inspiration von echten Vorbildern, Werkzeuge für mehr Wirkung und Klarheit, und neue Wege, wie du finanzielle Entscheidungen mit Haltung triffst.

Was du in diesem Kapitel lernst

- Wie echte Vorbilder wie Norwegens Staatsfonds, niederländische Pensionskassen & US-Universitätsfonds Nachhaltigkeit, Wirkung und Rendite verbinden
- Welche Prinzipien und Tools du für dein Portfolio übernehmen kannst
- Warum Transparenz, Langfristfokus, klare Ausschlüsse & aktives Engagement die neuen Standards sind
- Was Lisa, Moritz und Patrick davon übernehmen – und wie du startest

Theorie & Praxis: Was machen die Besten anders?

Norwegischer Staatsfonds (GPFG)

- **Ausschluss mit Konsequenz:** Kein Geld für Menschenrechtsverletzer, Umweltvergehen, Tabak, Waffen – alles öffentlich.

- **Langfrist statt Quartal:** Über 70 % Aktienquote, Ziel: Generationenwohlstand, keine Panik bei Marktschwankungen.
- **Engagement:** Tausende Dialoge, aktives Abstimmen, klare Haltung – Wirkung durch Einfluss, nicht Worte.
- **Transparenz:** Jede Beteiligung, jede Entscheidung online – kein Greenwashing, sondern Nachvollziehbarkeit.
- **Wirkung vor Werbung:** Ehrliche Ergebnisse statt Imagepflege.

Lisa: „Der norwegische Staatsfonds ist für mich ein Vorbild – riesig, aber trotzdem konsequent nachhaltig."
Moritz: „Es beeindruckt mich, wie ein Land so langfristig denkt. Das motiviert mich, meinen eigenen Plan nachhaltiger zu machen."
Patrick: „Wenn ein ganzer Staatsfonds auf Nachhaltigkeit setzt, kann ich das auch im Kleinen tun."

Weitere internationale Role-Models

- **Niederländische Pensionskassen:** Milliarden für Klima, Bildung, Gesundheit, Impact-Reports als Pflicht.
- **Schweizer Ethikfonds:** Strenge Ausschlüsse, Fokus auf Mikrofinanz, Frieden, Wasser – jedes Jahr geprüfte Wirkung.
- **US-Universitätsfonds (Yale, Stanford, Harvard):** Divestment-Pioniere, Impact-Messung, Innovationsmotor.

Toolbox: fünf Champions-League-Prinzipien für dein Depot

1. **Blacklist-Check:** Liste anfordern – passt das zu meinen Werten?
2. **Langfrist-Modus:** Plane für zehn Jahre+ – reicht mein Portfolio für nachfolgende Generationen?
3. **Engagement:** Fordere Stimmrechts- und Engagement-Reports an, prüfe, wie aktiv dein Anbieter ist.
4. **Transparenz:** Bestehe auf klare, nachvollziehbare Infos zu Investments und Entscheidungen.
5. **Wirkung messen:** Impact-Reports, messbare Ziele, echte Veränderungen – alles nachprüfen, nicht glauben.

Mini-Challenge: Vergleiche zwei Fonds auf Ausschluss, Transparenz und Engagement – wo siehst du echte Konsequenz?

Alltag & Community
Lisa sucht die Blacklist ihres ETFs, stellt fest: Die ersten Antworten führen sie zu neuen Fragen. **Moritz** macht in der WG eine „Transparenz-Challenge" – wer findet den transparentesten Fonds? **Patrick** hängt seine „No-Go"-Liste an den Kühlschrank. Jeder kleine Schritt zählt – Verantwortung ist Teamwork.

Stimmen der Community
„Ich dachte, Wirkung braucht viel Geld – jetzt weiß ich: Jeder Check zählt."
– Mira, 27

„Transparenz gibt mir Kontrolle. Kein Fonds ist perfekt, aber Ehrlichkeit macht's besser."
– Pascal, 33

Quick-Guide: Champions-League-Checkliste
- Blacklist prüfen
- Kritische Frage pro Jahr stellen
- Impact-Report lesen (oder fordern)
- Fehler erlauben, weitergehen

PraxisTipp: Auch hier kann die KI wertvolle Dienste leisten. Lade den Bericht hoch und stelle im Prompt deine Fragen. Du wirst überrascht sein!

Social Proof
„Der norwegische Staatsfonds zeigt, dass nachhaltiges Investieren auch im Großen funktioniert – das inspiriert mich für mein Depot."
– Franka, 36, Ärztin

Take-Aways – Das Wichtigste auf einen Blick
- Große Vorbilder zeigen: Verantwortung ist ein Weg, kein Endziel.
- Regeln, Transparenz, Konsequenz schlagen Marketing.
- Haltung ist dein Kompass – nicht die Größe des Depots.
- Jeder kleine Check bringt Wirkung – für dich, für andere.

So denken Lisa, Moritz & Patrick
- **Lisa:** „Ich investiere für meine Tochter – Fehler gehören dazu, Hauptsache, ich frage und lerne."

- **Moritz:** „Transparenz ist Pflicht. Ohne Durchblick – kein Investment von mir."
- **Patrick:** „Jeder Aha-Moment zählt. Wirkung entsteht durch Teamwork und Mut zum Nachfragen."

Reflexionsfragen
- Wo wärst du mutiger, wenn Fehler okay wären?
- Welche No-Gos willst du kompromisslos umsetzen?
- Welcher Report inspiriert dich?
- Wem willst du zeigen, dass Verantwortung Spaß macht?

Golden Nugget: Die beste Rendite: ein Depot mit Haltung – für Vertrauen, Wirkung, Zukunft.

Mentor-Moment: Champions League heißt: Mutig fragen, konsequent handeln, offen wachsen. Die nächste Erfolgsgeschichte beginnt mit einer ehrlichen Entscheidung.

Lisa: „Haltung zu zeigen, fühlt sich manchmal anstrengend an – aber am Ende gibt sie mir die größte Sicherheit, wirklich hinter meinem Depot zu stehen."
Moritz: „Mein größter Aha-Moment: Neugier bringt mehr als Angst vor Fehlern. So entwickelt sich nicht nur mein Depot, sondern auch mein Mindset."
Patrick: „Früher habe ich mich versteckt, wenn's schwierig wurde. Heute weiß ich: Mit Haltung, Mut und einer Community schafft man mehr als allein."

Social Proof
„Ich hatte anfangs Angst, falsch zu investieren – aber durch die Community und meine eigene Neugier habe ich gelernt, mit jedem Schritt sicherer zu werden. Champions League heißt auch: gemeinsam wachsen."
– Julia, 34, Mediengestalterin

Cliffhanger: Im nächsten Kapitel: Deine Entscheidung für nachhaltiges Investieren – und wie du Haltung auch bei Gegenwind behältst. Champions League heißt: Fehler sind erlaubt, Neugier ist Pflicht, und niemand bleibt allein.

Faktencheck
☑ **Norges Bank Investment Management (GPFG, 2024):** Weltweit führend bei Transparenz, konsequenten Ausschlusskriterien, Engagement und Wirkungs-

messung im nachhaltigen Investment. Setzt global anerkannte Benchmarks für Großanleger.

☑ **VBDO, Dutch Impact Reports (2023):** Niederländische Pensionskassen gelten als internationale Klimavorbilder. Sie investieren überdurchschnittlich in Impact-Projekte und setzen ambitionierte CO_2-Ziele.

☑ **Stanford & Yale Endowment (2023):** US-Universitätsfonds investieren gezielt in Innovation, Nachhaltigkeit und gesellschaftliche Wirkung und gelten als Pioniere im Bereich Social Impact und ESG.

☑ **Swiss Sustainable Finance (2023):** Führende Schweizer Institute veröffentlichen jährlich detaillierte Berichte zur Wirkungsmessung und setzen Standards bei Ethik, Transparenz und nachhaltiger Entwicklung.

☑ **Frankfurt School of Finance and Management (2023):** Studien zeigen: Transparenz, wirkungsorientiertes Handeln und Fehlerfreundlichkeit machen nachhaltige Portfolios langfristig robuster und resilienter.

☑ **Harvard Business Review (2023):** Nachhaltigkeits- und Langfristdenken gelten als wichtigste Treiber für Innovation, Wettbewerbsfähigkeit und dauerhaften wirtschaftlichen Erfolg bei globalen Großanlegern.

☑ **OECD (2023):** Öffentliche Nachhaltigkeitskriterien, transparente Berichterstattung und unabhängige Kontrolle stärken Vertrauen und Stabilität am Kapitalmarkt.

☑ **Cambridge Institute for Sustainability Leadership (2024):** Internationale Vorreiter setzen zunehmend auf die Integration von Klimarisiken und Sozialstandards in ihre Gesamtstrategie – mit messbarem Einfluss auf Unternehmenswert und Investorenvertrauen.

5.6. Nachhaltigkeit trifft Realität: Deine persönliche Entscheidung

„Am Ende ist jede Investition auch ein Statement – bewusst oder unbewusst."
– Josef Obergantschnig

Lisa, Moritz & Patrick – Balance zwischen Ideal und Alltag

Der Abend senkt sich über **Lisas** neues Apartment. Sie sitzt am Küchentisch, Laptop geöffnet, vor ihr eine Liste mit ETFs und Fonds. Ihr Lieblingsfonds läuft blendend, die Zahlen stimmen. Doch der Anteil fossiler Energien macht ihr Bauchschmerzen. Ihr Finger zögert auf der „Verkaufen"-Taste. „Rendite ist wichtig, aber

nicht um jeden Preis", murmelt sie, schaut zum Partner. „Wie entscheidest du?" **Moritz** liegt auf dem Sofa, umgeben von Finanztools und Tabellen, ein Chart nach dem anderen auf dem Bildschirm. „Nachhaltigkeit ist keine einfache Sache, keine Schwarz-Weiß-Entscheidung. Aber je länger ich warte, desto schwerer wird es. Wer den Kompass verliert, verliert auch die Orientierung." Seine Stimme hallt durch die WG. „Kennst du das Gefühl, dass es manchmal zu viel wird?" **Patrick** betritt die Küche, frisch vom Termin mit dem Berater, legt einen Zettel auf den Tisch. „Meine No-Gos, meine Must-Haves. Endlich schwarz auf weiß. Es fühlt sich gut an, meine Werte klar zu definieren. Wann hast du das letzte Mal deine wirklich auf den Punkt gebracht?"
Drei Wege – ein Gefühl: Nachhaltigkeit ist keine Perfektion, sondern bewusste, oft mutige Entscheidungen. Und ja, manchmal unbequem. Aber es ist DEIN Weg.

Mini-Dialog: ESG-Check bei Lisa und Moritz
Lisa (am Laptop, skeptisch): „Okay, der Fonds hat einen guten ESG-Score, aber achau mal hier – Ölkonzerne sind trotzdem drin. Wie passt das?"
Moritz (grinst): „Willkommen im Dschungel. Kein ESG-Score ist perfekt. Wichtig ist: Du verstehst, was drinsteckt – und ob das für dich passt."
Lisa (lacht): „Also heißt es, ständig nachfragen, verstehen – und nicht blind vertrauen?"
Moritz: „Genau. Nachhaltigkeit ist keine Marke, sondern eine Haltung. Und die entwickelt sich mit dir. Fehler sind okay, solange du daraus lernst."
Lisa (erleichtert): „Puh, das nimmt mir den Druck. Dann fang ich mal an, Stück für Stück zu sortieren."

Dein persönlicher Werte-Filter – Dein Investment-Kompass
Frage dich ehrlich:

1. **Welche Werte treiben mich an?**
   Klimaschutz, soziale Gerechtigkeit, Bildung, Innovation, Vielfalt – was brennt dir unter den Nägeln?
2. **Was sind meine absoluten No-Gos?**
   Waffen, Tabak, Korruption, fossile Brennstoffe – wo ziehst du Grenzen, die du nicht überschreitest?
3. **Spiegelt mein Depot das wirklich wider?**
   Wie gut kennst du deine Anlagen? Nutzt du Tools wie Cleanvest, ESG-Checks oder Morningstar-Ratings?

Mini-Tool: Werte-Check – Startklar in drei Schritten

Werte	Passt mein Depot?	Anpassungsbedarf
Umweltschutz	Ja/Nein	Fonds prüfen, CO_2-Fußabdruck analysieren
Gleichstellung	Ja/Nein	ESG-Berichte zu Diversity checken
Bildung & soziale Entwicklung	Ja/Nein	Impact-Produkte ergänzen

Praxis-Tipp: Perfektion? Braucht's nicht. Fang an, mach den ersten kleinen Schritt. Jeder Schritt zählt.

Leser:innen-Frage: Wenn du morgen nur einen Fonds ändern könntest – welcher wäre das?

Nachhaltigkeit clever umsetzen

- Starte mit einem starken Kern-Depot aus nachhaltigen ETFs.
- Ergänze gezielt mit Impact-Satelliten – z. B. Bildungsfonds oder Social Bonds.
- Checke mindestens einmal jährlich, ob alles noch passt. Nutze Apps und Filter, die dir helfen, den Überblick zu behalten.

Moritz sagt: „Ich mache das vierteljährlich – sonst verliere ich den Überblick. So bleibt es konkret, bleibt dran."

Mini-Frage zum Nachdenken: Wann hast du das letzte Mal eine bewusste Anlageentscheidung getroffen, die mehr war als nur Rendite?

Extra-Tipps für Einsteiger:innen

- **Nachhaltigkeits-ETF:** Fonds, die Ausschluss- und Positivkriterien (z. B. keine fossilen Brennstoffe, aktiver Klimaschutz) anwenden.
- **Impact Investing:** Investieren mit messbarer, positiver Wirkung – mehr als nur Rendite.
- **ESG-Score:** Bewertet Unternehmen in Umwelt, Soziales und Unternehmensführung.

FAQs – Deine häufigsten Fragen, klar beantwortet

1. **Muss ich Rendite opfern, wenn ich nachhaltig investiere?**
   Nein. Nachhaltigkeit kann Rendite nicht garantieren, aber oft schützt sie vor Risiken und fördert langfristige Stabilität.

2. **Wie finde ich in dem Fonds-Dschungel den richtigen?**
   Nutze klare Ausschlusskriterien, prüfe Transparenz und nutze ESG-Tools als Entscheidungshilfe – aber vertraue auch deinem Gefühl.
3. **Was, wenn ich Fehler mache?**
   Fehler sind Lernmomente. Kein:e Anleger:in startet perfekt. Wichtig ist, wie du damit umgehst und daraus wächst.
4. **Wie bleibe ich dran, ohne überfordert zu sein?**
   Setze dir kleine Ziele, mach regelmäßige Checks, such dir Mitstreiter:innen oder Austausch – gemeinsam ist es leichter.

O-Ton

„Ich war überrascht, wie viele nachhaltige Fonds auch langfristig starke Renditen liefern – das war mein größtes Aha-Erlebnis."
– Benedikt, 40, Maschinenbauingenieur

Take-Aways – Das Wichtigste auf einen Blick

- Kein Depot ist perfekt. Bewusst investieren ist mehr wert als Aufschub.
- Werte-Kompass ist Tool, kein Dogma – der Mut zählt, nicht die Perfektion.
- Jede nachhaltige Entscheidung ist ein Statement.
- Regelmäßige Checks bringen Klarheit und Fortschritt.
- Du bist nicht allein – Lisa, Moritz und Patrick machen vor, wie's geht.

So entscheiden Lisa, Moritz & Patrick

- **Lisa:** „Einmal im Jahr Frühjahrsputz im Depot – raus mit allem, was nicht mehr passt!"
- **Moritz:** „Quartalsweise prüfe ich ESG-Kriterien, teste neue Trends und bleibe dran."
- **Patrick:** „Regelmäßiger Austausch mit Freund:innen und Berater:innen gibt mir Sicherheit und Inspiration."

Reflexionsfragen für dein Werte-Update

- Worauf bist du stolz, wo kannst du wachsen?
- Mit wem willst du deine Strategie besprechen?
- Welche Wirkung soll dein Geld entfalten?
- Wo bist du kompromissbereit, wo nicht?
- Wann startest du? Schreib es auf!

Golden Nugget: Der mutige erste Schritt zur nachhaltigen Geldanlage ist nicht Perfektion, sondern Bewusstsein – und der Wille, dein Geld zu deinem stärksten Statement zu machen.

Mentor-Moment: Deine Haltung ist dein stärkstes Investment. Es braucht keinen Perfektionismus, nur den Mut zum ersten Schritt. Je klarer dein Kompass, desto leichter deine Entscheidung.

Lisa: „Mein erster nachhaltiger ETF war nicht perfekt – aber ein echter Startpunkt. Heute bin ich stolz, dass mein Depot meine Werte widerspiegelt."
Moritz: „Früher dachte ich, ich muss alles richtig machen. Jetzt weiß ich: Lieber ehrlich anfangen und lernen – als aus Angst gar nichts tun."
Patrick: „Jede Entscheidung, die ich bewusst treffe, macht mich unabhängiger. Mein Depot ist jetzt mehr als Rendite – es zeigt, wofür ich stehe."

Social Proof
„Nach dem ersten Schritt war ich überrascht, wie viel Spaß nachhaltiges Investieren macht. Mein Depot ist mein Statement – und ich habe das gute Gefühl, nicht mehr nur zuzusehen."
– Tim, 27, Maschinenbauer

Cliffhanger: Dein Depot wartet nicht. Mach dein Geld zu deinem Statement. Im nächsten Kapitel: Die besten Learnings, die klarste Entscheidungshilfe für deinen nachhaltigen Weg. Ready? Let's make it real!

Faktencheck
☑ **Harvard Business Review (2022):** Unternehmen mit starken ESG-Praktiken zeigen langfristig eine bessere finanzielle Stabilität und geringere Risiken als der Durchschnitt. ESG ist Risikomanagement auf höchstem Niveau – kein Rendite-Killer.
☑ **Universität Cambridge (2023):** Privatanlegerinnen und -anleger, die persönliche Werte in ihre Investmententscheidungen einbeziehen, berichten von höherer Zufriedenheit, weniger Stress und stärkerem Durchhaltevermögen bei Marktschwankungen.
☑ **Global Sustainable Investment Alliance (2022):** Nachhaltige Investments wachsen weltweit mit rund 15 % jährlich – bewusste Kapitalanlage gewinnt stetig an Bedeutung auf den internationalen Finanzmärkten.

☑ **Morningstar (2024):** Die regelmäßige Nutzung von ESG-Analysetools und Depotchecks verbessert die Qualität von Anlageentscheidungen signifikant und senkt Fehlallokationen um bis zu 25 %.
☑ **Deutsche Bundesbank (2023):** Die Mehrheit der Privatanleger:innen betrachtet Nachhaltigkeit als entscheidenden Faktor, fordert jedoch mehr Klarheit, Transparenz und Praxistools für die Umsetzung.
☑ **OECD (2023):** Internationale Richtlinien zur Offenlegung und Nachhaltigkeit steigern das Vertrauen in nachhaltige Finanzprodukte und wirken Greenwashing aktiv entgegen.
☑ **MSCI ESG Research (2023):** Weltweit setzen institutionelle Investor:innen immer konsequenter auf ESG-Screenings, um Risiken zu senken und die Widerstandsfähigkeit der Portfolios zu erhöhen.
☑ **Frankfurt School of Finance & Management (2024):** Neue Studien belegen: Je früher Nachhaltigkeitsaspekte in die Investmentauswahl integriert werden, desto stabiler und wettbewerbsfähiger entwickeln sich die Portfolios über Jahre hinweg.

5.7. Nachhaltig investieren – in deinem Tempo, mit deinem Kompass

„Nachhaltigkeit ist kein Ziel, das du abhaken kannst.
Es ist eine Haltung – eine tägliche Entscheidung, die dich wachsen lässt."
– Josef Obergantschnig

Lisa, Moritz & Patrick auf ihrem Weg – kleine Schritte, große Wirkung
Lisa sitzt auf dem Balkon, der Blick schweift über die Stadtlichter. Im Handy flackert ihre Fondsübersicht. „Nicht alles ist grün, aber ich habe heute umgeschichtet", flüstert sie. Ein kleiner Sieg, der sich in ihr ausbreitet, warm und motivierend. „Es ist nicht perfekt, aber echt." **Moritz** lehnt sich zurück, ein Lächeln beim Tippen: „Impact-Fonds gekauft! Noch unsicher, aber das Gefühl, etwas zu verändern, motiviert. Kennt ihr das, wenn kleine Entscheidungen richtig groß werden?" **Patrick** scrollt durch sein Depot, schmunzelt. „Früher habe ich nie gefragt, was hinter den Zahlen steckt. Heute frage ich mich bei jedem Investment: Will ich das wirklich? Dieses bewusste Entscheiden macht das Ganze spannend – und ehrlich."
Drei Menschen, drei Geschichten – eine Erkenntnis: Nachhaltigkeit ist kein Schalter, der sofort alles verändert. Es ist ein Weg, der sich in kleinen Schritten entfaltet – mit Mut, Fehlern, Neugier und dem Drang, immer wieder neu anzufangen.

Mini-Frage an dich: Wann hast du zuletzt eine Entscheidung getroffen, auf die du wirklich stolz bist – egal wie klein der Schritt war?

Was du in diesem Kapitel lernst

- Warum du kein Profi sein musst, um bewusst und nachhaltig zu investieren
- Wie du deinen Werte-Kompass Stück für Stück schärfst
- Warum kleine Veränderungen oft der Anfang von etwas Großem sind
- Wie Lisa, Moritz und Patrick ihre Routinen finden – und wie du deine eigene entdeckst

Dein persönlicher Kompass: Nachhaltigkeit, die zu dir passt

Praxis-Tipp: Finde einen Fonds, der dich gerade irritiert oder stört. Frag dich: „Will ich mein Geld wirklich da reinstecken?“ Wenn nein – such Alternativen, die besser zu dir passen.

Mini-Challenge: Schreibe heute einen Wert auf, der dir wichtig ist. Prüfe, ob dein Geld diesen Wert schon unterstützt. Falls nicht: Welcher erste Schritt wäre realistisch?

Alltagsdialog – Nähe und Ehrlichkeit

Lisa (im Gespräch mit Freunden): „Mein erster grüner ETF. Bin noch skeptisch, aber es fühlt sich an, als würde ich endlich was tun.“
Moritz: „Genau das zählt. Nicht perfekt sein, sondern starten.“
Patrick (lacht): „Lieber ein Schritt als kein Schritt. Wir reden oft zu viel, machen zu wenig.“

So bleibst du dran: Deine Strategie

- Mach regelmäßig einen Werte-Check
- Überprüfe jährlich, was noch passt und was nicht mehr
- Bleib flexibel – deine Strategie darf sich entwickeln und wachsen

Lisa: „Ich investiere lieber regelmäßig in nachhaltige ETFs – so bleibt mein Anspruch alltagstauglich.“
Moritz: „Tools und Checklisten helfen mir, nicht den Überblick zu verlieren.“
Patrick: „Ich rede heute viel offener mit Freunden über nachhaltiges Investieren – das motiviert zum Dranbleiben.“

Extra-Tipp: Teile deine Fortschritte mit Freunden oder in einer Community. Gemeinsam wird Veränderung leichter und motivierender.

Social Proof
„Meine ersten nachhaltigen ETFs habe ich einfach ausprobiert – und es fühlt sich richtig an, Verantwortung zu übernehmen."
– Jasmin, 28, Physiotherapeutin

Take-Aways – Das Wichtigste auf einen Blick

- Perfektion ist eine Illusion. Haltung ist das Ziel.
- Jede Investition erzählt eine Geschichte – deine Geschichte.
- Kleine Veränderungen haben das Potenzial, Großes zu bewirken.
- Neugier und Fragen sind die Schlüssel zu nachhaltigem Erfolg.

Lisa, Moritz & Patrick – so denken sie heute

- **Lisa:** „Es ist okay, mal zu stolpern. Aber noch besser ist es, einfach loszugehen."
- **Moritz:** „Mein Kompass ist nie fertig. Ich lerne, passe an, entwickle mich."
- **Patrick:** „Investieren ist keine Raketenwissenschaft – Ehrlichkeit zu sich selbst macht den Unterschied."

Reflexionsfragen für deinen nachhaltigen Fortschritt

- Was rätst du deinem früheren Ich, wenn's um Geld und Nachhaltigkeit geht?
- Welche kleine Veränderung möchtest du in den nächsten sieben Tagen ausprobieren?
- Wer kann dich unterstützen, motivieren und dranbleiben lassen?
- Wo bist du heute mutiger als vor einem Jahr?

Dein mutiger Schritt zur nachhaltigen Geldanlage

Manchmal fühlt sich der Weg unendlich lang an. Das Ziel? Noch weit entfernt. Zweifel nagen. Und ja, Rückschläge passieren – Lisa hat zum Beispiel einmal eine Investition bereut, weil sie zu schnell zu viel wollte. Doch genau in diesen Momenten, wenn Unsicherheit aufkommt oder Fehler passieren, entsteht der wahre Mut. Er wächst in dir, wenn du den ersten Schritt wagst – auch wenn er klein ist. Wie ein winziger Samen, der in dunkler Erde keimt und irgendwann zu einem mächtigen Baum wird, der Schatten spendet und Leben schenkt.
Lisa, Moritz und Patrick haben das erlebt: Sie sind nicht mit der perfekten Strategie gestartet, sondern mit dem Willen, heute besser zu sein als gestern. Sie haben ge-

lernt, dass es nicht um das schnelle Ziel geht, sondern um das tägliche Dranbleiben, um Ehrlichkeit sich selbst gegenüber, die Bereitschaft, aus Fehlern zu lernen – und die Kraft, immer wieder neu zu justieren.

Hier ist deine Challenge: Notiere heute deinen kleinsten nachhaltigen Investment-Schritt. Vielleicht ist es der Anruf bei deiner Bank, der Blick in dein Depot, das Lesen eines Fonds-Factsheets oder einfach das Teilen deines Aha-Moments mit einer Freundin.
Und dann tue es. Nicht morgen. Nicht irgendwann. Heute. Denn Veränderung passiert im Jetzt – und du bist nicht allein. In jeder Entscheidung steckt die Kraft, nicht nur dein Leben, sondern auch die Welt ein kleines Stück besser zu machen.

Gemeinschaft macht stark
Wenn Lisa in ihrem Freundeskreis von ihren kleinen Fortschritten erzählt, steckt sie andere an. Moritz teilt seine Erfahrungen in der WG, inspiriert und motiviert. Patrick tauscht sich mit Gleichgesinnten aus und wächst mit jedem Gespräch. Diese Gemeinschaft aus vielen kleinen, bewussten Entscheidungen ist es, die den Unterschied macht – Schritt für Schritt, Investment für Investment.

Golden Nugget: Mut ist nicht der Sprung ins Unbekannte, sondern der entschlossene Schritt vorwärts – mit dem Wissen, dass du nie allein gehst.

Mentor-Moment: Deine Haltung ist dein wertvollstes Kapital. Du brauchst keine Perfektion – nur den Mut, den ersten Schritt zu gehen. Mit einem klaren Kompass wird jede Entscheidung leichter.

Lisa: „Mein größter Mut-Moment war, den ersten kleinen Betrag zu investieren – nicht perfekt, aber endlich losgelegt."
Moritz: „Ich dachte lange, ich muss alles allein schaffen. Jetzt weiß ich: Austausch macht vieles leichter und jede Frage bringt mich weiter."
Patrick: „Jeder Schritt, auch ein kleiner, zählt. Am meisten habe ich aus den Gesprächen mit anderen gelernt – keiner geht den Weg allein."

Social Proof
„Ich hätte nie gedacht, wie viel Rückenwind man in der Community bekommt. Der erste Schritt war schwer – aber mit anderen wird daraus eine echte Reise."
– Katharina, 31, Grundschullehrerin

Cliffhanger: Jetzt geht's ans Eingemachte: Im nächsten Kapitel zeige ich dir, wie du dein ganz persönliches Portfolio baust – mit Balance aus Sicherheit, Rendite und Nachhaltigkeit. Mach dich bereit – dein Moment ist jetzt.

Faktencheck

☑ **Universität Cambridge (2024):** Studien zeigen, dass nachhaltige Investments sich langfristig mindestens so stabil wie konventionelle Anlagen entwickeln und oft sogar besser durch Krisenzeiten kommen.

☑ **Global Impact Investing Network (GIIN, 2023):** Über 75 % der Impact-Investor:innen berichten, dass sie durch bewusste Investmententscheidungen eine konkrete und messbare nachhaltige Wirkung erzielen.

☑ **Morningstar (2024):** Privatanlegerinnen und -anleger, die mit einer klaren Werte-Strategie investieren, berichten überdurchschnittlich oft von höherer Zufriedenheit und weniger emotionalen Fehlentscheidungen.

☑ **Frankfurt School of Finance and Management (2023):** Fehler und bewusste Lernphasen sind für den langfristigen Erfolg nachhaltiger Investments essenziell – kontinuierliche Reflexion stärkt die Portfolioqualität.

☑ **World Economic Forum (2023):** Nachhaltige Anlagen gewinnen weiter an Bedeutung: Sie werden von institutionellen Investor:innen zunehmend als wichtiger Stabilitätsfaktor gesehen.

☑ **Swiss Sustainable Finance (2024):** Transparente Berichterstattung, externe Prüfung und Impact-Messung sind die wichtigsten Treiber für das Vertrauen in nachhaltige Investments.

☑ **Morgan Stanley Institute for Sustainable Investing (2023):** ESG-Portfolios erzielen vergleichbare oder bessere Renditen als konventionelle Portfolios – gerade in volatilen Marktphasen profitieren sie von geringerer Schwankung.

☑ **Deutsche Bundesbank (2024):** Nachhaltige Fonds erfahren in Deutschland weiterhin wachsenden Zuspruch – insbesondere von jüngeren Anleger:innen, die Wert auf transparente Kriterien und Wirkung legen.

☑ **OECD (2024):** Regulatorische Standards zu Nachhaltigkeit und Offenlegung werden weltweit gestärkt – das unterstützt die Qualität und Vergleichbarkeit nachhaltiger Finanzprodukte.

☑ **MSCI ESG Research (2024):** Neue Analysen zeigen: Fonds mit hoher ESG-Bewertung bieten überdurchschnittliche Krisenresistenz und sind für Langfristinvestor:innen besonders attraktiv.

5.8. Der kritische Sven über Kapitel 5: Nachhaltig investieren – Wirkung mit System

„Nachhaltig anlegen klingt richtig – aber wie erkenne ich, was wirklich Wirkung hat? Ist das alles mehr als nur ein grünes Etikett? Ich frage mich: Wie viel Rendite kostet mich ein gutes Gewissen – und wie kann ich Greenwashing vermeiden, ohne mich im Label-Dschungel zu verlieren? Für mich bleibt: Nachhaltigkeit braucht ehrliche Kriterien und kritische Fragen. Sonst zahle ich am Ende drauf und bekomme doch nur den alten Wein in neuen Schläuchen."

– Sven

Leser:innen-Stimme
„Ich dachte zuerst, mit dem Nachhaltigkeitslabel mache ich alles richtig. Doch erst als ich mich wirklich mit den Kriterien beschäftigt habe, wurde klar: Es gibt viele Grauzonen. Heute schaue ich doppelt hin und prüfe, ob mein Geld wirklich in nachhaltige Projekte fließt."
– Marie, 34, Architektin

Abschlussstatement: Nachhaltigkeit ist kein Trend, sondern eine Haltung – und wer kritisch bleibt, findet Wege, die wirklich Wirkung zeigen. Ehrliche Fragen sind der beste Schutz vor grünem Schein.

O-Ton
„Nachhaltigkeit ist kein Dogma. Aber wer sich Zeit für die Auswahl nimmt, macht langfristig die besseren Erfahrungen."
– René, 41, Unternehmer

Sven: „Nachhaltigkeit ist gut – aber Augen zu und durch bringt gar nichts. Prüfen und nachfragen bleibt Pflicht."

KAPITEL 6
MEIN ERSTES PORTFOLIO – KONKRETE VORSCHLÄGE FÜR JEDEN TYP

„Das beste Portfolio baut niemand nach Anleitung – es wächst mit deinen Entscheidungen, Fehlern und Erfolgen. Die perfekte Mischung? Gibt's nicht. Aber deinen besten Mix findest du, wenn du einfach loslegst."

– Josef Obergantschnig

Drei Menschen, drei Baustellen – und der Mut, den ersten Stein zu legen

Lisa sitzt im Café, Hafermilch-Cappuccino, Notizbuch, ein paar Zweifel im Gepäck. Sie malt Pfeile, kritzelt Summen – und denkt: „Dieses Mal einfach anfangen, auch wenn nicht alles klar ist." Sie lächelt und erinnert sich: „Mein erster Versuch? Fünf Fonds – aber alle aus dem gleichen Sektor. Die Angst, was falsch zu machen, war größer als der Mut zu starten. Heute weiß ich: Der Mann, der den Berg abtrug, war derselbe, der begann, kleine Steine wegzuräumen. Genau das mache ich jetzt – Schritt für Schritt."

Mini-Tipp: Mit 25 € im Monat klein zu starten ist immer noch besser, als ewig nach dem perfekten Moment zu suchen.

Moritz jongliert mit Tabellen, ETF-Rankings, Podcasts im Ohr. „Portfolio-Bau ist wie Lego: Mischen erlaubt, aber am Ende muss es zu dir passen." Sein Lieblingsfehler? „1.000 € in einen Hype-Fonds – der hat's direkt halbiert. Nur wer baut, kann verbessern." Er grinst: „Mein innerer Buffett sagt: ‚Sei ängstlich, wenn andere gierig sind. Sei gierig, wenn andere ängstlich sind.' Klingt schlau, aber probier das mal auf Reddit – da werden aus ETF-Nerds plötzlich Meme-Aktien-Gladiatoren."

Mini-Tipp: Ein eigenes „Test-Fach" für kleine Experimente macht mutig – solange der Rest solide bleibt.

Patrick, 48, blendet den alten Bausparvertrag aus. Er schickt ein Foto seiner ersten Töpfe-Skizze: „Mit 48 noch mal neu anfangen? Klar – denn jetzt bestimme ich die Regeln."

Lisa und Moritz haben's vorgemacht: Erst den Notgroschen ansparen, dann wird das Depot zum Spielfeld. „Das Gefühl, dass ein kaputter Kühlschrank dich nicht mehr aus der Bahn wirft, ist unbezahlbar. Jetzt beginnt der Teil, der wirklich Spaß macht – strategisch Vermögen aufbauen."

Fehler? Gehören dazu. Der größte ist, zu spät zu starten – oder zu lange zu warten.

Crash-Moment

Lisa fragt: „Gibt's überhaupt das perfekte Depot?"
Moritz grinst: „Mein Bauplan ist wie meine Küche – improvisiert, aber es reicht zum Leben."
Patrick: „Wenigstens haben wir angefangen. Wer gar nicht baut, wohnt ewig zur Miete."
Sie lachen. **Drei Menschen, drei Herausforderungen – ein Ziel:** Ein Portfolio, das zum echten Leben passt – samt Fehlern, Umwegen, ersten Erfolgen.

Möchtegern-Visionär trifft auf Hausverstand

Ja, das war ich – Josef, damals 23: „Mit meiner Frau und einem zinsfreien Kredit von meinen Eltern in die erste Wohnung. Notgroschen? Fehlanzeige. Alles in Aktien – lief wie am Schnürchen. Bis meine Frau fragte: ‚Warum zahlen wir das Geld für deinen Papa nicht einfach zurück?' Ich wollte wachsen, aber sie wollte Sicherheit. Ich war der Möchtegern-Visionär, Kerstin hatte Hausverstand. Zum Glück hat sich der Hausverstand durchgesetzt. Kurz darauf wäre aus einem Plus von 40 % ein Minus von 60 % geworden – mit Geld, das mir gar nicht gehörte. Diese Lektion vergesse ich nie."

O-Ton Community

„Ich hab aus Angst vor Fehlern viermal das Konzept gewechselt – aber erst der erste echte Fehlgriff hat mir gezeigt, wie ich wirklich ticke. Fehler sind Wegweiser, keine Sackgassen."
– Leon, 35, Hamburg

Mut zur Lücke

„Hab 5.000 € in einen volatilen Tech-ETF gesteckt. Klar, es war schwankend – aber ich hab in einem Jahr mehr gelernt als in zehn Blogartikeln."
– Deniz, 27

Auch Profis machen Fehler

Sogar Absolvent:innen von Harvard, Princeton oder Yale irren beim Depotaufbau. Die berühmtesten Investor:innen starten selten perfekt. Die größten Aha-Momente entstehen, wenn Theorie und Leben aufeinandertreffen – und du daraus deinen eigenen Bauplan formst.

Fehler-Kasten: Drei Anfängerfehler, die fast jede:r kennt

1. Alles auf eine Karte setzen (z. B. nur Tech, nur Immobilien)
2. Zu lange warten – Perfektion ist die größte Ausrede
3. Zu wenig Rücklage: Wer keinen Notgroschen einplant, lernt teuer

Mini-Tipp für den kleinen Geldbeutel: Schon ab 25 € pro Monat und einem simplen ETF-Sparplan baust du dir in 20 Jahren eine Basis.

Metapher: Portfolio als Werkzeugkasten

Kein Mensch baut ein Haus nur mit einem Hammer. Dein Depot? Ein Werkzeugkasten voller Tools – und Fehler sind die besten Lehrer. Jeder Nagel, der schief sitzt, macht dich besser beim nächsten Versuch.

Quick-Guide: Der 30-Sekunden-Bauplan

- Was willst du in fünf Jahren mit deinem Geld erreichen?
- Steht dein Sicherheitsnetz?
- Was darf für dich wachsen – und wie viel Risiko willst du wagen?
- Flexibilität im Blick?
- Alles klar? Dann einfach loslegen – nachjustieren ist ausdrücklich erlaubt.

Alltagsbeispiel

Lisa teilt ihr Geld heute in drei Töpfe: Sicherheit (Notgroschen), Wachstum (ETFs, Aktien), Entnahme (kurzfristig verfügbar).

Moritz bleibt beim globalen ETF als Basis, testet aber im „Test-Fach“ einen KI-Fonds.

Patrick setzt auf Dividendenaktien, einen Mischfonds und eine Handvoll Gold – sein Depot als Familienwerkstatt.

Espresso-Moment

Moritz: „Mein Portfolio ist wie mein Werkzeugkasten – wenn ich mal das falsche Tool nehme, lache ich, lerne und sortiere neu. Hauptsache, es geht voran.“

Take-Aways – Das Wichtigste auf einen Blick

- Dein Portfolio ist kein Hochglanzprojekt – sondern ein Lebensbaukasten, der wachsen darf.
- Sicherheit, Wachstum, Flexibilität: Die Mischung machst du.
- Fehler sind Bausteine, keine Stolpersteine.
- Mit wenig Geld starten, ist besser als mit vielen Ausreden zu warten.

So entscheiden Lisa, Moritz & Patrick

- **Lisa:** „Drei Töpfe, drei Ziele – das gibt mir Struktur. Fehler gehören dazu, Hauptsache, ich bleibe dran. Der Mann, der den Berg abtrug, war derselbe, der kleine Steine weggeräumt hat."
- **Moritz:** „Kern-ETF, Test-Fach, ein bisschen Spielgeld – ich lerne immer weiter. Mein innerer Buffett lacht sich manchmal schlapp."
- **Patrick:** „Mit 48 noch mal neu starten? Klar. Jeder Baukasten beginnt mit dem ersten Stein. Und das Beste: Wenn der Notgroschen steht, macht Vermögensaufbau sogar Spaß."

Reflexionsfragen – für deinen Start

- Wofür willst du dein Geld in fünf Jahren einsetzen?
- Wo ist deine persönliche Fehlergrenze?
- Was ist dir wichtiger: Wachstum, Sicherheit oder Flexibilität?
- Welche Strategie fühlt sich ehrlich an – für dich, nicht für andere?
- Wie schaffst du es, dich nicht von anderen verrückt machen zu lassen?

Mini-Challenge: Skizziere heute auf einer Serviette oder am Bildschirm dein persönliches Töpfe-Modell: Wie würdest du 10.000 € einmalig oder 100 € im Monat aufteilen – und warum? Teile dein Modell mit Freund:innen oder in deiner Community. Die besten Aha-Momente entstehen, wenn du Feedback bekommst.

Golden Nugget: Das beste Portfolio entsteht nicht im Kopf – sondern durchs Tun, Fehler machen, Nachjustieren. Wer baut, wächst. Und manchmal bewahrt dich der Hausverstand vor dem größten Kater deines Lebens.

Mentor-Moment: Kein Depot nimmt dir Entscheidungen ab. Aber dein eigener Bauplan schenkt dir Freiheit – und Fehler werden zu deinem Kompass.

Cliffhanger: Jetzt wird's konkret. Im nächsten Abschnitt baust du mit dem Töpfe-Modell dein Fundament – Schritt für Schritt, robust wie dein Leben, flexibel wie deine Ziele. Egal ob 25 €, 500 € oder 50.000 €. Jetzt legst du den Grundstein – bereit, deine Baustelle zu rocken?

Faktencheck

☑ **Harvard University (2022):** Anlegerinnen und Anleger mit einem strukturierten System behalten auch in Krisenzeiten die Kontrolle über ihr Depot und erzielen langfristig bessere Ergebnisse.

☑ **Yale Endowment Report (2023):** Diversifikation in Kombination mit klarem Risikomanagement und regelmäßigem Nachjustieren sorgt für überdurchschnittliche Stabilität und Rendite.
☑ **Princeton Finance Lab (2021):** Wer persönliche Ziele setzt und regelmäßig reflektiert, trifft nachweislich weniger emotionale Fehlentscheidungen und bleibt disziplinierter investiert.
☑ **Vanguard Research (2023):** Ein ausgewogener Mix aus sicherheitsorientierten und wachstumsorientierten Anlageklassen sowie ausreichend Flexibilität schützt effektiv vor Panikverkäufen.
☑ **Deutsche Bundesbank (2024):** Eine klar definierte Anlagestrategie erhöht die Durchhaltekraft von Privatanleger:innen bei Marktstress und vermindert hektische Umschichtungen.
☑ **Bundesverband Investment und Asset Management (BVI, 2023):** Fehler, Anpassungen und Kurskorrekturen sind normal – Privatanleger:innen ändern ihr Depot im Durchschnitt zwei- bis viermal pro Jahr.
☑ **Markowitz, Nobelpreis (1952):** Diversifikation gilt nach wie vor als bester Schutz vor unnötigem Risiko – dieser Grundsatz hat auch Jahrzehnte später nichts an Gültigkeit verloren.
☑ **Frankfurt School of Finance and Management (2023):** Regelmäßige Überprüfung und Anpassung der Asset Allocation ist entscheidend für den Werterhalt und langfristigen Erfolg.
☑ **London School of Economics (2024):** Wer seine Strategie schriftlich dokumentiert und systematisch überprüft, agiert rationaler und zeigt weniger Stressreaktionen bei Marktschwankungen.
☑ **MSCI Research (2024):** Eine breite Streuung über Sektoren, Regionen und Anlageklassen senkt die Volatilität und verbessert das Risiko-Rendite-Profil jedes Depots.

6.1. Lisa, Moritz & Patrick vor dem Aufbau – so unterschiedlich wie ihre Ziele

„Ein gutes Portfolio ist wie ein Maßanzug –
nicht von der Stange, sondern nach deinem Leben geschneidert.“
– Josef Obergantschnig

Drei Menschen, drei Wege – und jedes Portfolio startet mit einer ganz persönlichen Frage: Wie viel Sicherheit brauche ich, wie viel Mut – und wann wage ich meinen ersten Schritt?

Lisa sitzt im Café, der Cappuccino schäumt, ihr Notizbuch ist offen. Die Liste vor ihr: Sicherheit, Vermögensaufbau, Werte. „Was, wenn ich's versaue?" Sie fängt trotzdem an. Mit 30 Euro im Monat. Wenig? Vielleicht. Aber das Gefühl, endlich loszulegen, ist unbezahlbar. Fehler? Gehören dazu – und machen stark.
Moritz hat sein Depot immer im Blick – mal am Küchentisch, mal unterwegs mit Podcasts und Reddit-Threads. Risiko? Klar. Aber wie viel ist wirklich „okay"? Sein Kompass: ausprobieren, reflektieren, nachjustieren. Und manchmal einfach ein „Spielgeld-Fach" einrichten, damit Spaß und Lernen nicht zu kurz kommen.
Patrick, fast fünfzig, hält den alten Bausparvertrag in der Hand. Jetzt oder nie. Die Angst vorm Fehlstart sitzt tief – bis er hört, dass Lisa und Moritz auch nicht fehlerfrei gestartet sind. „Fehler sind Startpunkte, keine Stoppschilder." Sein Motto: besser spät als nie.

Mini-Leser:innen-Frage: Was wäre für dich schlimmer: Nichts tun oder falsch starten?

Comeback-Story
„Ich habe mit 45 mein erstes Depot eröffnet. Erster Crash: Minus 20 %. Panikverkauf, Neustart. Aber beim zweiten Versuch habe ich es anders gemacht – mit Plan, mit Geduld, mit weniger Angst. Heute bin ich weiter als je zuvor."
– Thomas, 52, Nürnberg

O-Ton
„Mein erster ETF war ein Reinfall. Aber aufgeben? Niemals. Fehler sind Bausteine. Ich bleibe dran – Schritt für Schritt."
– Miriam, 29, Hamburg

Was du in diesem Kapitel lernst
- Wie du aus deinen Zielen einen klaren, umsetzbaren Fahrplan entwickelst
- Warum kein Depot perfekt ist – aber jedes persönlicher werden kann
- Wie du Zeithorizont, Zweck und Risiko reflektierst – und so deinen individuellen Kompass findest
- Wie Lisa, Moritz und Patrick mit echten Fragen und Fehlern vorangehen – und du direkt mitmachen kannst

Drei Grundelemente für deinen Start
1. **Zeithorizont:** Wann brauchst du dein Geld – kurz-, mittel- oder langfristig?
2. **Zweck:** Sicherheit, Wachstum, Freiheit – was ist dir wie wichtig?
3. **Risikotoleranz:** Wie viel Schwankung hältst du aus und wo wird's dir zu viel?

Reflexion: Wenn du heute 1.000 € investieren müsstest: Welche Sorge bremst dich am meisten?

Praxis-Tools: Deine Mini-Selbstanalyse

Zeithorizont	Typische Ziele	Produkttypen
Kurzfristig (0–2 J.)	Notgroschen, Puffer	Tagesgeld, Cash
Mittelfristig (3–10 J.)	Autokauf, Weiterbildung	Mischfonds, Anleihen, geringe Aktienquote
Langfristig (10+ J.)	Altersvorsorge, Vermögensaufbau	ETFs, Einzelaktien, Themenfonds

Tipp: Schreibe auf, wann du welches Geld wirklich brauchst. Die beste Strategie ist immer die, die zu dir passt.
Lisa: „Mein erstes Portfolio war klein, aber es hat mir gezeigt: Loslegen ist wichtiger als Perfektion."
Moritz: „Ich habe am Anfang zu viel herumgeschoben. Erst mit einem klaren Plan kam die Ruhe."
Patrick: „Ich habe spät angefangen, aber noch nie so viel über Geld und mich selbst gelernt."

Das magische Dreieck der Geldanlage

Sicherheit, Liquidität, Ertrag – du kannst nicht alles maximal haben. Je mehr Flexibilität und Sicherheit, desto weniger Rendite. Je mehr Rendite, desto mehr Schwankung. Finde deinen Mix – und überprüfe ihn regelmäßig.

Praktische Reflexion

Mach für jeden deiner Töpfe den Selbst-Check:

Zieltyp	Zeithorizont	Was ist dein Ziel?	Wie viel Schwankung traust du dir zu?
Sicherheit	0–2 Jahre	…	0–5 %
Entnahme	3–10 Jahre	…	10–20 %
Wachstum	10+ Jahre	…	20–50 %

Wann hast du zuletzt deinen Finanz-Fahrplan wirklich kritisch hinterfragt? Investieren heißt: Heute einen Teil deiner Arbeit und Träume konservieren – und später davon profitieren. Dein Depot ist wie ein Gefrierfach für Lebenszeit. Du taust sie dann auf, wenn du sie brauchst.

Social Proof
„Mein erstes Portfolio war winzig, aber der Startschuss für meine ganze Finanzreise."
– Mara, 27, Mediengestalterin

Take-Aways – Das Wichtigste auf einen Blick

- Ziele bestimmen alles. Der Rest ist Umsetzung.
- Das magische Dreieck – finde deinen ganz eigenen Mix.
- Die beste Analyse ist kein Test, sondern dein persönlicher Wegweiser.
- Woran würdest du merken, dass du „dein" Portfolio gefunden hast?

Wie fühlt sich dein Leben an, wenn du weißt: Ich bin für alle Fälle gut aufgestellt?

So entscheiden sich Lisa, Moritz & Patrick

- **Lisa**: „Mit 30 Euro im Monat gestartet – lieber klein anfangen als ewig warten. Fehler gehören dazu."
- **Moritz**: „Mein Depot ist wie ein Kompass, der sich immer wieder neu justiert. Und Spielgeld für Experimente brauche ich, sonst fehlt mir der Spaß."
- **Patrick**: „Erst war da die Angst vor Fehlern – aber die haben alle. Heute weiß ich: Jeder Schritt zählt, egal wann du startest."

Reflexionsfragen

- Was ist dein wichtigstes Ziel in den nächsten fünf Jahren?
- Wie viel Schwankung kannst du aushalten – und wovor hast du am meisten Respekt?
- Welche Werte oder Wünsche sollen sich in deinem Depot spiegeln?
- Was hält dich noch vom Start ab – Wissen, Zeit, Mut oder Unsicherheit?

Praxis-Tipp: Angst vor dem ersten Schritt? Schreib auf, was dich bremst. Frage drei Menschen, wie sie angefangen haben. Fast alle sagen: „Am Anfang hatte ich auch Schiss – aber heute bin ich froh, dass ich losgelegt habe."

Golden Nugget: Das beste Portfolio ist nie perfekt – aber es wächst mit dir. Fehler sind keine Sackgassen, sondern Bausteine. Wer startet, gewinnt – wer stehen bleibt, verpasst die eigene Geschichte.

Mentor-Moment: Du musst nicht alles wissen, bevor du startest. Aber du musst wissen, wofür du startest. Das ist dein Fundament.

Lisa: „Mein Portfolio ist kein fertiges Haus – eher eine Baustelle, die mit jedem Fehler schöner und stabiler wird."
Moritz: „Ich wollte am Anfang alles richtig machen, aber mein größter Fortschritt kam, als ich einfach losgelegt habe – trotz Unsicherheit."
Patrick: „Für mich zählt nicht Perfektion, sondern dass ich weiß, warum ich investiere. Das gibt mir Ruhe, wenn es mal holprig läuft."

Social Proof
„Mein erstes Depot war weit weg von perfekt. Aber mit jedem kleinen Fehler bin ich sicherer geworden – und habe gemerkt: Die eigene Geschichte beginnt immer mit dem ersten Schritt."
– Ben, 37, Krankenpfleger

Cliffhanger: Jetzt hast du verstanden, warum der Weg so individuell ist wie dein Leben selbst. Im nächsten Schritt bauen wir gemeinsam das Fundament deines Portfolios – mit dem Töpfe-Modell, das Struktur und Klarheit schafft. Denn: Dein Mix ist so einzigartig wie du. Bist du bereit, den nächsten Stein zu legen?

Faktencheck
- ☑ **London School of Economics (2021):** Eine strukturierte Zielplanung beim Investieren erhöht nachweislich die Motivation und reduziert Panikverkäufe um bis zu 29 %.
- ☑ **University of Zurich Behavioral Finance Study (2022):** Privatanleger:innen, die sich regelmäßig mit ihren Zielen und Risiken beschäftigen, halten Marktschwankungen entspannter aus und sparen länger durch.
- ☑ **BlackRock Investor Pulse (2023):** Über 60 % der befragten Anleger:innen mit persönlichem Anlageplan fühlen sich sicherer und sind seltener enttäuscht von ihrer Performance.
- ☑ **Deutsche Bundesbank (2024):** Ein individueller Anlagehorizont führt bei deutschen Privatanleger:innen zu nachweisbar mehr Durchhaltevermögen.
- ☑ **Frankfurter Allgemeine (2023):** Der Anteil der Sparer:innen mit eigenem Zielstrukturblatt ist in Deutschland auf ein Rekordhoch gestiegen – und diese Gruppe erzielt im Schnitt die besten Ergebnisse.
- ☑ **Nobelpreisträger Richard Thaler (2017):** Wer Fehler nicht als Niederlage, sondern als Lernmoment sieht, bleibt langfristig erfolgreicher beim Investieren.
- ☑ **OECD Global Investor Survey (2022):** Klare Zielsetzung und regelmäßige Überprüfung gelten international als Top-Prädiktoren für Investment-Zufriedenheit.

6.2. Vom Ziel zur Struktur: Was bestimmt dein Portfolio?

„Ein Plan ersetzt Zufall durch Klarheit – und macht aus Zielen Entscheidungen."
– Josef Obergantschnig

Drei Wege – ein Gefühl von Sicherheit

Lisa sitzt abends am Küchentisch, umgeben von Zetteln, Plänen, leiser Musik. Ihr Ziel: endlich Klarheit. Was ist, wenn sie etwas vergisst? Was, wenn das Leben dazwischenfunkt? Plötzlich spürt sie: Jeder Topf ist wie ein Haken im Flur. Alles hat seinen Platz. Nichts baumelt herum. Für alles gibt es einen Plan – und das Leben wird leichter.

Moritz kennt das Gefühl, alles auf eine Karte zu setzen. Zu Beginn hat er sein ganzes Geld ins Depot geworfen, euphorisch – bis die nächste Steuer kam. Der Schock, das Konto plötzlich leer, das Portfolio schwankend wie ein wilder Ritt. Sein Aha-Moment: „Umschichten ist kein Versagen, sondern Wachstum. Wer seine Töpfe neu ordnet, wird gelassener – und kann endlich wieder schlafen."

Patrick hatte jahrelang Angst vor Fehlern. Als das Auto plötzlich schlappmachte, wäre früher Panik ausgebrochen. Jetzt atmet er tief durch, greift in den Sicherheitstopf – und alles bleibt ruhig. *„Nicht das Depot musste leiden, sondern nur mein Notgroschen. Und der ist dafür da."*

Drei Wege, ein Ziel – und die Erkenntnis, dass Struktur nicht einschränkt, sondern Freiheit schenkt.

Community-Praxis

Sophie, 24, Berufseinsteigerin, hat klein angefangen. Drei Monatsgehälter zur Seite gelegt, der Rest als Sparrate. Nach einem spontanen Umzug hat sie zum ersten Mal bewusst den Planungstopf genutzt. „Es fühlt sich an, als wäre ich zum ersten Mal finanziell erwachsen geworden."

Jens, 39, frisch selbstständig, hat die Fehler des Anfangs schnell gespürt. Alles auf Wachstum gesetzt – dann kam die Steuernachzahlung. **Sein Learning:** „Struktur ist kein Käfig. Wer einmal falsch aufteilt, kann immer neu sortieren. Das nimmt die Angst."

Was du in diesem Kapitel lernst

- Warum Struktur das Fundament deines finanziellen Selbstbewusstseins ist.
- Wie das Töpfe-Modell dich unabhängig von Produkt-Hypes macht.
- Weshalb Fehler und Umverteilungen keine Niederlagen, sondern Fortschritte sind.
- Wie echte Menschen, nicht nur Theorien, zu Ruhe und Gelassenheit finden.

Das Töpfe-Modell – fühlbare Praxis

Sicherheitstopf: Dein Airbag. Drei bis sechs Monatsausgaben, immer griffbereit. Nicht zum Spekulieren, sondern zum Durchatmen.

Planungstopf: Hier lebt das Leben: Projekte, Wünsche, Träume, Renovierungen. Mal wächst der Topf, mal wird er kleiner – du entscheidest.

Wachstumstopf: Langfristiges Investieren, ohne jeden Tag ins Depot zu starren. Dein Geld arbeitet leise im Hintergrund – für dich, für später. Damit investierst du in deine finanzielle Unabhängigkeit.

Wie fühlt sich das an?
Wie ein geordnetes Zuhause: Jedes Ziel hat seinen Platz. Wenn das Unerwartete kommt, bleibst du ruhig. Und du weißt: Alles lässt sich wieder sortieren, wenn sich das Leben ändert.

Lisa: „Ich setze mir heute konkrete Ziele – das gibt meinem Portfolio einen echten Sinn."
Moritz: „Früher war alles Zufall. Jetzt baue ich mein Portfolio gezielt um meine Pläne herum."
Patrick: „Mein größtes Learning: Ohne Ziel gibt es keine Richtung – auch nicht an der Börse."

Fehler als Wachstumsschub
Zu wenig Sicherheit, zu viel Mut, zu viel „alles auf eine Karte"? Das lässt sich jederzeit reparieren!
Moritz: „Anfangs war mein Depot eine wilde Mischung – spannend, aber stressig. Heute justiere ich nach, wann immer sich mein Leben ändert. Fehler? Sind das Gegenteil von Stillstand."

Echtzeit-Stresstest

Patrick: „Der Werkstatt-Notfall war mein Ernstfall. Früher hätte ich hektisch verkauft, jetzt nutze ich den Sicherheitstopf. Die größte Freiheit: Mein Depot bleibt, wo es ist – und mein Puls auch."

Survival Score – der Ruhepuffer

Wie viele Monate kannst du von deinen Rücklagen leben? Drei bis sechs reichen oft schon, um Krisen in Chancen zu verwandeln. Für Selbstständige: lieber sechs bis zwölf Monate.

Faustregel: Wer weiß, wie lange er überbrücken kann, trifft jede Entscheidung entspannter – und bleibt langfristig am Ball.

Tipps für jede Lebensphase

- Niemand startet perfekt. Strukturen lassen sich jederzeit anpassen.
- Deine Töpfe sind flexibel: Baby kommt? Jobwechsel? Krise? Du passt die Aufteilung an – und bleibst in der Spur.
- Es ist nie zu spät, um für mehr Ruhe umzuschichten.

O-Ton

„Erst als ich meine Ziele klar hatte, wusste ich, wie mein Depot wirklich aussehen soll."
– Lars, 31, Physiotherapeut

Take-Aways – Das Wichtigste auf einen Blick

- Struktur bringt mehr Ruhe als das beste Produkt.
- Ein Sicherheitstopf ist dein finanzieller Airbag – kein Luxus, sondern Basis.
- Jeder Topf spiegelt deine Ziele, nicht die Meinung anderer.
- Umschichten und Anpassen sind kein Zeichen von Schwäche, sondern von Wachstum.
- Fehler sind Bausteine auf deinem Weg – und können jederzeit repariert werden.
- Deine Struktur passt sich deinem Leben an – nicht umgekehrt.

So denken Lisa, Moritz & Patrick

- **Lisa:** „Mit festen Töpfen fühlt sich mein Geldleben endlich aufgeräumt an. Ich muss nicht mehr alles im Kopf haben – das entspannt total."
- **Moritz:** „Nach meinem ersten Fehler habe ich gelernt: Struktur ist kein Dogma. Wer neu sortiert, bleibt flexibel – und schläft besser."

- **Patrick:** „Mein Sicherheitstopf gibt mir die Freiheit, bei Problemen nicht gleich alles über den Haufen werfen zu müssen. Das fühlt sich erwachsen an."

Drei Menschen, drei Wege – ein gemeinsames Ziel: Mit jedem neuen Topf wächst nicht nur das Portfolio, sondern vor allem das Vertrauen in die eigene Finanz-Entscheidung. Egal, wie unterschiedlich der Start, welche Fehler passieren oder welche Träume dich antreiben – am Ende zählt das Gefühl, für alles gewappnet zu sein. Struktur ist kein starres Regelwerk, sondern ein Begleiter für dein echtes Leben. Wer sie nutzt, entdeckt: Sicherheit ist der erste Schritt zur Freiheit.

Reflexionsfragen
- Wann war dein letzter finanzieller Stress-Moment?
- Was gibt dir aktuell am meisten Sicherheit?
- Für welche Ziele lohnt es sich, neu zu sortieren?
- Wie flexibel bist du bereit, deine Struktur anzupassen?

Golden Nugget: Jede:r braucht einen Topf für jede Lebenslage – und die Freiheit, nie alles auf einmal riskieren zu müssen. Klarheit ist der wahre Luxus.

Mentor-Moment: Fehler machen nicht schwach, sondern stark. Wer sein Portfolio immer wieder nach dem echten Leben sortiert, wird mit jedem Umweg klüger, ruhiger und selbstbewusster.

Lisa: „Mein erstes Töpfe-System war chaotisch – aber heute weiß ich, was in welchem Topf steckt, und kann viel entspannter planen."
Moritz: „Ich habe schon ein paar Umwege gemacht, aber mit jedem Mal wurde mein Portfolio ein Stück besser und ich ruhiger."
Patrick: „Das Beste am Töpfe-Modell? Ich muss nicht alles perfekt machen – es gibt mir die Freiheit, flexibel zu bleiben und trotzdem klar zu sehen."

Social Proof
„Vorher war mein Depot ein Rätsel – jetzt ist es ein System. Die Töpfe geben mir Struktur, auch wenn das Leben mal anders läuft als geplant."
– Lea, 41, Personalentwicklerin

Cliffhanger: Jetzt steht dein Finanz-Haus – nicht als starrer Bau, sondern als flexibles System. Im nächsten Kapitel lernst du, wie du deine Bausteine richtig verteilst – für Wachstum, Sicherheit und echte Gelassenheit in jeder Marktphase.

Faktencheck

☑ **London School of Economics (2021):** Strukturierte Zielplanung reduziert das Risiko von Panikverkäufen bei Anlegerinnen und Anlegern um 29 % – insbesondere in Krisenzeiten.

☑ **BlackRock Investor Pulse (2023):** Ein klarer, ausreichend großer Notgroschen erhöht das persönliche Sicherheitsgefühl und steigert die Bereitschaft, langfristig investiert zu bleiben.

☑ **Frankfurter Allgemeine (2023):** Wer mit einer strukturierten Zielstrategie spart, erzielt nachweislich bessere Ergebnisse und bleibt auch in schwierigen Marktphasen ruhiger.

☑ **DZ Bank (2023):** Ein Survival Score – also liquide Mittel für drei bis sechs Monate Lebenshaltung – senkt das Risiko für Notverkäufe und hält die Anlagestrategie stabil.

☑ **OECD Global Investor Survey (2022):** Anpassungsfähigkeit, flexible Systeme und regelmäßige Anpassung der Liquiditätsreserve sind entscheidend für langfristige Zufriedenheit und Erfolg bei Privatanleger:innen.

☑ **Harvard Business Review (2022):** Klare Ziele und ausreichend liquide Reserven fördern diszipliniertes Handeln und verhindern, dass emotionale Impulse zu Fehlentscheidungen führen.

☑ **BaFin – Bundesanstalt für Finanzdienstleistungsaufsicht (2023):** Die Einrichtung eines Notgroschens wird als Grundlage jeder Anlagestrategie empfohlen, um ungeplante Ausgaben abzufangen.

☑ **Vanguard Research (2023):** Anlegerinnen und Anleger mit geplanter Liquiditätsreserve halten ihre langfristigen Anlageziele konsequenter ein und zeigen mehr Resilienz gegenüber Marktschwankungen.

6.3. Asset Allocation – Die stille Macht hinter dem Erfolg

„Nicht die Auswahl der besten Aktie bringt den Erfolg – sondern die Verteilung deiner Mittel."
– Inspiriert von Harry Markowitz, Nobelpreisträger und Vater der modernen Portfoliotheorie

Drei Leben, eine unsichtbare Kraft – und wie sie alles verändert

Lisa, Moritz und Patrick gehen unterschiedlich an das Thema heran – und finden im selben Prinzip Halt: Die richtige Mischung gibt Sicherheit, Freiheit und schützt vor Ausreißern.

Lisa: „Ich brauche Struktur – erst wenn ich weiß, dass mein Notgroschen und meine monatlichen Sparraten stehen, kann ich ruhig schlafen. Lieber einmal im Jahr ausbalancieren als ständig nervös die Kurse checken.“
Moritz: „Für mich ist die Mischung ein Werkzeugkasten. Einmal im Jahr der große Boxenstopp: Passt noch alles? Muss ich nachschärfen? Ich will das System verstehen, nicht jedem Trend hinterherlaufen.“
Patrick: „Ich war lange zu vorsichtig – alles auf Tagesgeld. Heute weiß ich: Mehr Standbeine sind mein persönliches Sicherheitsnetz. Für mich zählt, im Zweifel jederzeit ruhig zu bleiben, ohne ständig alles zu hinterfragen.“
Drei Menschen, drei Lebenswege, drei individuelle Methoden – ein gemeinsames Ziel: Souveränität und Gelassenheit beim Investieren.

Alltagsbeispiel – Der Portfolio-Boxenstopp: Jedes Jahr im Frühling sitzt Lisa mit einem Kaffee am Laptop. Sie prüft: Sind die Aktienanteile noch im Rahmen? Ist das Cash-Polster groß genug? Dieses Jahr fällt ihr auf: Die Aktien sind durch die Kursgewinne zu dominant geworden. Lisa entscheidet sich, einen Teil der Gewinne in ihren Sicherheitstopf und etwas Gold zu verschieben.
Ergebnis: Mehr Balance, weniger Angst bei Turbulenzen – und ein entspanntes Bauchgefühl.

Fehler-Kurzgeschichte – Was einseitige Portfolios wirklich bedeuten
Moritz erinnert sich: „Vor drei Jahren hatte ich fast alles in Technologiewerten. Der Kurssturz traf mich hart – fast 30 % Minus. Ich war kurz davor, alles zu verkaufen. Zum Glück habe ich gelernt: Diversifikation ist mein Rettungsring. Heute mische ich defensiver – und kann ruhig schlafen, selbst wenn es an der Börse kracht.“

O-Ton aus der Community
„Ich habe nach Jahren das erste Mal mein Depot gecheckt und war schockiert, wie schief die Verteilung war. Nach dem Rebalancing fühle ich mich, als hätte ich mein finanzielles Zuhause endlich mal richtig aufgeräumt!“
– Tim, 31, Köln

Sven prüft …
„Asset Allocation? Klingt wie ein Uni-Seminar. Dabei ist es in Wahrheit dein Sicherheitsgurt am Kapitalmarkt – nicht spannend, aber lebenswichtig.“ Sven denkt zurück an die ersten Jahre als Anleger: „Ich hab monatelang einzelne Aktien ana-

lysiert, aber die Mischung im Depot total vernachlässigt. Als dann die Tech-Blase platzte, war's wie beim Autofahren ohne Gurt – der Aufprall kam schneller als ich reagieren konnte."

Wissenschaftlich belegt:

- Studien zeigen: Über **90 % der Wertentwicklungsschwankungen** hängen an der Asset Allocation – nicht an der perfekten Aktie.
- „Wer immer nur an der perfekten Einzelentscheidung feilt, verpasst das große Ganze. Die Mischung ist das System dahinter."

Sven meint

„Viele denken: Ich brauche nur die nächste Nvidia, dann wird alles gut. Aber Erfolg an der Börse ist wie beim Kochen – ein Gericht lebt vom Zusammenspiel, nicht von der teuersten Zutat. Wer regelmäßig mixt, sichert sein Depot gegen Krisen ab – und nimmt sich selbst den Stress, immer die Zukunft erraten zu müssen."

Svens Fazit

Nicht die perfekte Aktie macht reich, sondern die kluge Verteilung. Fehler beim Timing oder bei der Einzelauswahl sind verzeihbar – solange dein Fundament stimmt.

Lisa: „Ich dachte, eine Aktie reicht – jetzt weiß ich: Vielfalt schützt vor bösen Überraschungen."
Moritz: „Ich habe lange nach der perfekten Mischung gesucht. Heute halte ich es pragmatisch – Hauptsache, ich bleibe flexibel."
Patrick: „Asset Allocation ist für mich wie Kochen: Die Zutaten machen den Unterschied, nicht das Rezept allein."

Social-Media-Mini-Challenge

Teste dich selbst – und tausch dich aus! Erstelle deine eigene Asset Allocation (z. B. 60 % Aktien, 20 % Anleihen, 10 % Cash, 10 % Gold). Frag Freund:innen oder Familie: Wie mischt ihr? Was fühlt sich für euch sicher an – und wo geht ihr auf Risiko? **Teile deinen Mix und Aha-Moment auf LinkedIn oder in deiner Lieblings-Community!**

Der Notfall-Werkzeugkasten: Was tun bei Unsicherheit oder Krise?

- **Kleine Schritte:** Musst du sofort alles ändern? Meist reicht ein gezielter Ausgleich.
- **Einfachheit schlägt Komplexität:** Klare Struktur vor zu vielen Produkten.
- **Boxenstopp statt Dauerstress:** Mindestens einmal im Jahr Portfolio-Check – anpassen und durchatmen.
- **Dein Gefühl zählt:** Unwohlsein? Reduziere Risiko, Schritt für Schritt.
- **Notgroschen bleibt tabu:** In Krisen nie am Sicherheitstopf sparen – Anpassung zuerst an den anderen Bausteinen.

Typische Anfängerfehler – und wie du sie sofort reparierst

- Alles auf eine Karte gesetzt? Schichte nach und nach in mindestens zwei weitere Anlageklassen um.
- Jahre nicht angepasst? Es ist nie zu spät für ein Rebalancing – jeder Neustart zählt.
- Angst vor Verlusten? Prüfe deine Quote – mehr Anleihen oder Cash bringen oft sofort mehr Ruhe.
- Trends blind gefolgt? Mach den Rückblick-Test: Würdest du heute wieder so investieren? Wenn nicht, schrittweise anpassen.

Lebensphasen-Box: Wie oft sollte ich checken?

- **Berufseinsteiger:in:** Einmal im Jahr, Fokus auf Wachstum & Sicherheit.
- **Familie & Mid-Career:** Zweimal im Jahr, vor allem bei Lebensveränderungen (z. B. Hauskauf, Jobwechsel).
- **Späteinsteiger/50+:** Regelmäßige Checks, defensiver werden, weniger Einzelwetten.

Social Proof

„Die Streuung hat mir geholfen, auch bei Rückschlägen ruhig zu bleiben. Kein Wert allein entscheidet – das Gesamtpaket zählt."
– Vanessa, 35, Informatikerin

Take-Aways – Das Wichtigste auf einen Blick

- Asset Allocation ist dein Schutzschild – der wichtigste Erfolgsfaktor.
- Fehler sind normale Umwege, jeder Boxenstopp bringt dich weiter.
- Prüfe, passe an, bleib flexibel – das nimmt Druck und schafft Gelassenheit.
- Dein Mix wächst mit dir – und ist nie endgültig.

So entscheiden Lisa, Moritz & Patrick

- **Lisa:** „Mein Boxenstopp gibt mir Sicherheit – und das Gefühl, für alles gewappnet zu sein."
- **Moritz:** „Nie wieder alles auf ein Pferd! Der Mix ist meine Lebensversicherung gegen böse Überraschungen."
- **Patrick:** „Mit mehr Standbeinen im Depot schlafe ich besser und habe mehr Freude am Investieren."

Reflexionsfragen

- Was war deine größte Unsicherheit beim Investieren – und wie bist du damit umgegangen?
- Wann hast du zuletzt deine Asset Allocation wirklich geprüft?
- Gibt es einen Bereich, den du bewusst stärker oder schwächer gewichten möchtest?
- Was würde dich motivieren, beim nächsten Boxenstopp nicht wieder alles aufzuschieben?

Golden Nugget: Am meisten bringt nicht der perfekte Plan, sondern der Mut, dran zu bleiben und gelassen zu justieren, wenn's nötig ist.

Mentor-Moment: Der beste Schutz vor Panik ist nicht Wissen – sondern eine Mischung, die auch dann trägt, wenn alles anders kommt. Wer bereit ist, zu prüfen und anzupassen, investiert nicht nur klüger, sondern auch entspannter.

Lisa: „Mein Plan war am Anfang total anders als heute – aber durch kleine Anpassungen habe ich viel mehr Ruhe gewonnen."
Moritz: „Ich dachte erst, ich muss alles sofort richtig machen. Jetzt weiß ich: Dranbleiben und nachjustieren ist der Schlüssel."
Patrick: „Das beste Gefühl: Wenn die Mischung stimmt, kann ich auch bei Turbulenzen entspannt bleiben und muss nichts überstürzen."

Social Proof

„Beim ersten Mal nachjustieren hatte ich Angst, einen Fehler zu machen. Heute sehe ich: Flexibilität gibt Sicherheit – und kein Portfolio bleibt ewig gleich."
– Robert, 48, Vertriebsleiter

Cliffhanger: Jetzt weißt du, wie du deine Mischung findest und schützt. Im nächsten Kapitel siehst du, wie das alles in echten Beispiel-Portfolios aussieht – alltagstauglich, umsetzbar und überraschend einfach.

Faktencheck

☑ **Brinson, Hood & Beebower (1986/1991):** Über 90 % der Wertschwankungen eines Portfolios entstehen durch die Asset Allocation – und nicht durch Markt-Timing oder die Auswahl einzelner Wertpapiere.

☑ **Vanguard Research (2023):** Diversifizierte Anlegerinnen und Anleger bleiben in Krisenzeiten entspannter und erzielen langfristig signifikant bessere Renditen.

☑ **Morningstar (2023):** Ein jährlicher „Boxenstopp“ – also die regelmäßige Überprüfung und Anpassung der Asset Allocation – erhöht nachweislich die Zielerreichung und schützt vor Fehlentwicklungen.

☑ **Princeton Finance Lab (2023):** Individuelle Mischungen aus verschiedenen Anlageklassen fördern nicht nur die Freude am Investieren, sondern auch die Resilienz in schwierigen Marktphasen.

☑ **Behavioral Finance Review (2022):** Schon kleine, regelmäßige Anpassungen der Asset Allocation senken die Wahrscheinlichkeit von Panikverkäufen um bis zu 35 %.

☑ **Frankfurt School of Finance and Management (2023):** Die klare Definition von Quoten für verschiedene Anlageklassen ist ein zentraler Erfolgsfaktor für langfristig stabiles Wachstum.

☑ **Deutsche Bundesbank (2024):** Eine breite Streuung über Regionen, Branchen und Assetklassen senkt das Risiko großer Verluste und erhöht die Überlebenswahrscheinlichkeit des Depots.

☑ **MSCI Research (2024):** Portfolios mit klarer Diversifikationsstrategie weisen weniger Schwankungen auf und zeigen eine verbesserte Risikostruktur.

☑ **London Business School (2023):** Wer seine Asset Allocation regelmäßig überprüft und anpasst, reagiert ruhiger auf Marktschwankungen und agiert disziplinierter.

☑ **OECD (2023):** Internationale Studien bestätigen: Eine systematische Diversifikation schützt Anlegerinnen und Anleger wirksam vor Einzelschocks und erhöht die Planbarkeit der Erträge.

6.4. Beispiel-Portfolios im Vergleich: Vom ETF-Start bis zum Dividenden-Klassiker

Ein gutes Portfolio ist wie ein Lieblingsrezept:
Die Zutaten müssen zu dir passen – nicht zum Nachbarn."
– Josef Obergantschnig

Drei Menschen, drei Strategien – ein Ziel: Freiheit, Selbstvertrauen, Wirkung
Lisa schreibt mit Kaffeeflecken im Notizbuch: „Mein Geld ist kein Wettbewerbsprojekt. Lieber starte ich mit einer Zutat, die ich verstehe, statt mich zu verzetteln." **Moritz** jongliert mit ETF-Listen, Excel-Sheets, YouTube-Analysen: „Für mich zählt, dass mein Depot wächst und flexibel bleibt. Sicherheit UND Abenteuer, nicht entweder-oder." **Patrick:** „Früher Chaos, heute Klarheit. Dividenden sind mein Puls – sie zeigen mir, dass sich das Dranbleiben lohnt."
Drei Menschen, drei Wege – ein Ziel: Ein Portfolio, das dich nicht nur reich, sondern auch ruhig macht.

Lisa tippt durch ETF-Vorschläge in ihrer Banking-App. „Kann ich wirklich mit nur einem ETF starten?" **Moritz** ordnet Zettel wie ein Chefkoch: „Vielleicht ist weniger mehr – aber nur, wenn's wirklich passt." **Patrick** schaut aufs Dividendenguthaben. Früher wollte er nichts riskieren, heute genießt er das Spiel aus Stabilität und Chancen.

Was du in diesem Kapitel wirklich lernst

- Wie echte Beispiel-Portfolios für Einsteiger:innen, Erfahrene und Sinnsucher:innen aussehen – und wie du sie auf dich überträgst.
- Warum Nachmachen gefährlich ist – und dein eigener Weg immer die sicherste Lösung bleibt.
- Wie Lisa, Moritz und Patrick mit Unsicherheit, Glückssträhnen und Bauchlandungen umgehen – und warum Fehler echte Turbo-Lernmomente sind.

Die große Wahrheit
Das perfekte Portfolio ist ein Mythos – das passende ist Gold wert. Du brauchst keine „Geheimformel" – sondern das Rezept, das zu dir passt. Ein Portfolio ist kein Baukasten, sondern ein lebendiger Organismus: Es wächst mit, stolpert mal und findet immer wieder seine eigene Balance.

Alltags-Dialog
Lisa: „Warum stehen da 30 ETFs? Reicht nicht einer?"
Moritz: „Ich mag Abwechslung – aber das Grundrezept bleibt."
Patrick: „Dividenden? Für mich der beste Espresso des Investierens."

Vier Beispiel-Portfolios – so bunt wie das echte Leben

Das ETF-Starter-Portfolio: Keep it simple

Für Mutige und Minimalisten – weil Klarheit der beste Start ist.

Aufbau:
100 % Welt-ETF (z. B. MSCI ACWI)

Optional: 10 % Notgroschen auf Tagesgeld

Lisa: „Mein erster ETF – und plötzlich war Geldanlage einfach. Keine Panik, kein Perfektionismus. Und plötzlich hatte ich mehr Freizeit als Finanzstress."

Mini-Check: Hättest du den Mut, mit nur einem Produkt zu starten?

Das Dividenden-Klassiker-Depot: Geldfluss statt Zitterpartie

Für Beständige, Ruhesuchende und alle, die finanzielle Umarmungen lieben.

Aufbau:
40 % Dividenden-ETFs
30 % Anleihenfonds
20 % Einzelaktien mit Dividenden
10 % Gold oder Tagesgeld

Patrick: „Fast wie ein kleiner, verdienter Applaus. Ich weiß, warum ich investiere – für dieses Gefühl."

Praxis-Tipp: Schau nicht auf die höchste Rendite – sondern auf die längste Verlässlichkeit.

Das nachhaltige Gleichgewicht: Wirkung trifft Rendite
Für Sinnsucher:innen, Wertefans und alle, die mehr als Zahlen sehen wollen.

Aufbau:
50 % ESG-Aktienfonds
20 % Green Bonds
20 % Social Bonds
10 % Impact-Fonds

Lisa: „Sind Green Bonds wirklich grün?“
Moritz: „Transparenz schlägt Etikett! Prüf nach, was drin ist.“

Praxis-Tipp: Siegel sind Startpunkt, nicht Ziel. Deine Haltung entscheidet.

Das Barbell-Portfolio: Sicher & mutig – gleichzeitig
Für Neugierige, Zweifler:innen, Abenteurer:innen mit Sicherheitsnetz.

Aufbau:
40 % Cash/Anleihen
40 % Aktien-ETFs/Wachstum
10 % Krypto, Startups
10 % Gold/Rohstoffe

Moritz: „Ich mag's, auf beiden Seiten ein Polster zu haben – dazwischen darf's auch mal knistern.“

Praxis-Tipp: Mut braucht Grenzen: Spekulativen Anteil immer einplanen, nie überschreiten.

Community-Stimmen – Social Proof
„Ich habe erst nach Jahren mein Depot vereinfacht – und plötzlich hatte ich mehr Übersicht, weniger Panik und endlich Lust, wieder regelmäßig nachzulegen!“
– Amira, 35, Leipzig

„Mein Barbell-Portfolio war anfangs gewöhnungsbedürftig – aber als ich in der Krise nicht alles verloren habe, wusste ich: Diversifikation ist kein Modewort, sondern mein Ruhepol.“
– Felix, 28, Freiburg

Lisa: „Ich habe mich von Beispiel-Portfolios inspirieren lassen – und trotzdem mein eigenes draus gemacht."
Moritz: „Mir helfen Vergleiche, aber am Ende muss mein Depot zu meinem Leben passen."
Patrick: „Früher habe ich nur kopiert. Heute weiß ich: Muster sind Starthilfe – den Rest mache ich selbst."

Missgeschick-Moment – Lachen, Lernen, Lockerbleiben
Moritz: „Wisst ihr noch, wie ich mal meine ETF-Anteile versehentlich zu früh verkauft habe, weil ich die Steuernachricht falsch verstanden habe? Erst lesen, dann klicken! Fehler tun weh – aber bringen die besten Aha-Momente."
Lisa: „Der Tag, an dem ich dachte, ich hätte einen nachhaltigen Fonds – bis ich Öl und Rüstung in der Top-Liste gesehen hab. Seitdem: Erst prüfen, dann investieren."
Patrick: „Ich habe über ein Jahr Dividenden nicht angelegt, weil ich dachte, sie laufen automatisch. Mein Konto war beleidigt – aber ich habe gelernt: Dranbleiben, kontrollieren, nachjustieren."

Mini-Challenge
Beschreibe dein eigenes Portfolio in drei Sätzen:
1. Wie viel Sicherheit steckt drin?
2. Wo traust du dich, mutig zu sein?
3. Was ist dein Lieblingsbaustein – und warum?

Tausche dich mit Freund:innen aus oder teile deine Antworten als Social-Media-Post. Die besten Ideen entstehen oft aus den ehrlichsten Anekdoten!

O-Ton
„Die Beispiel-Portfolios waren für mich wie ein roter Faden – und haben mir den Mut gegeben, meine eigene Mischung zu finden."
– Tobias, 28, Sozialpädagoge

Take-Aways – Das Wichtigste auf einen Blick

- Ein gutes Portfolio ist wie ein Lieblingsgericht: Heute klassisch, morgen exotisch, immer mit deiner eigenen Würze.
- Simpler Start = mehr Erfolg am Anfang.
- Regelmäßiger Check-in statt Dauerpanik.
- Nachhaltigkeit, Dividende, Abenteuer: Jeder darf, niemand muss – Hauptsache, es ist deins.

So entscheiden Lisa, Moritz & Patrick

Lisa: „Mein ETF-Basislager gibt mir Sicherheit – und ab und zu ein neues Experiment macht alles spannender."
Moritz: „Barbell ist für mich wie Espresso und Hafermilch – klingt wild, schmeckt aber, wenn's richtig gemischt ist."
Patrick: „Jede Dividende bestätigt meinen Weg – und ich weiß, dass kleine Veränderungen mehr bringen als hektisches Hin und Her."

Reflexionsfragen

- Welche Zutat fehlt deinem Portfolio noch – und warum?
- Wie sieht deine persönliche Mischung heute aus – und wie hättest du vor fünf Jahren entschieden?
- Was möchtest du beim nächsten Check-in mutig ausprobieren?
- Wem erzählst du von deiner Strategie – und warum (nicht)?
- Was müsste passieren, damit du wirklich stolz auf deine Mischung bist?

Golden Nugget: Das beste Portfolio fühlt sich an wie dein Lieblingsplatz: sicher, wandelbar, voller Möglichkeiten – und manchmal überraschend anders, als du geplant hast.

Mentor-Moment: Du bist der Chef deines Portfolios – keine App, kein Index und kein:e Expert:in kann das ersetzen. Wer das eigene Rezept liebt, bleibt dran – und wächst daran.

Lisa: „Mein Lieblingsplatz im Portfolio hat sich erst nach ein paar Experimenten gefunden – aber heute freue ich mich jedes Mal, wenn ich drauf schaue."
Moritz: „Ich habe aufgehört, jedem Trend hinterherzulaufen. Mein Rezept: Individualität statt Kopie – das macht wirklich zufrieden."
Patrick: „Früher habe ich nur nach Empfehlungen gebaut. Heute bin ich der Chef – und meine Mischung passt zu mir, nicht zu irgendwem sonst."

Social Proof

„Erst als ich aufgehört habe, perfekte Vorlagen zu suchen, wurde mein Portfolio zu meinem Lieblingsplatz. Jetzt habe ich Sicherheit und Freude zugleich."
– Verena, 42, Bauingenieurin

Cliffhanger: Jetzt hast du gesehen, wie bunt, fehlertolerant und anpassbar Beispiel-Portfolios wirklich sind. Im nächsten Kapitel öffnen wir die Schatztruhe der Profis: Du erfährst, warum Rebalancing, Wartung und Weiterentwicklung keine Geheimwissenschaft, sondern das echte Erfolgsrezept hinter nachhaltigem Vermögensaufbau sind. Lerne, wie du mit klarem System regelmäßig nachjustierst, Fehler korrigierst und deine Ziele immer wieder nachschärfst – damit dein Portfolio nicht nur heute, sondern auch morgen zu dir passt. Bereit für das Profi-Upgrade? Dann blättere weiter – und mach aus deinem Depot einen echten Langstreckenläufer!

Faktencheck

- ☑ **Harry Markowitz, Nobelpreisträger (1952):** Breite Diversifikation ist die wirksamste Versicherung gegen unnötiges Risiko und zentraler Baustein moderner Portfoliotheorie.
- ☑ **Yale Endowment Report (2023):** Ein ausgewogener Mix aus klassischen und alternativen Anlagen (z. B. Aktien, Immobilien, Private Equity) erhöht die Krisenfestigkeit des Portfolios deutlich.
- ☑ **Vanguard (2023):** Anleger:innen mit einer klar strukturierten Asset Allocation bleiben bei Marktschwankungen bis zu 2,5x entspannter und halten Anlageziele konsequenter durch.
- ☑ **Princeton Finance Lab (2022):** Portfolios, die individuelle Ziele und Persönlichkeit berücksichtigen, führen zu weniger emotionalen Fehlentscheidungen.
- ☑ **Deutsche Bundesbank (2024):** Regelmäßige Portfolio-Checks verhindern mehr als 60 % der typischen Anfängerfehler und stärken die Risikokontrolle.
- ☑ **Morningstar (2023):** Anleger:innen, die ihre Portfolios jährlich überprüfen und anpassen, erreichen nachweislich eine bessere Risiko-Rendite-Bilanz.
- ☑ **London School of Economics (2022):** Diversifizierte Portfolios reduzieren nicht nur Verlustrisiken, sondern erhöhen auch die Wahrscheinlichkeit, persönliche Anlageziele zu erreichen.
- ☑ **CFA Institute (2024):** Die konsequente Anwendung moderner Diversifikationsprinzipien ist laut aktuellen Studien ein zentraler Erfolgsfaktor für Privatanleger:innen weltweit.

6.5. Rebalancing, Wartung & Weiterentwicklung – wie du dein Portfolio pflegst

Hinweis: Falls du dich gerade das erste Mal mit Rebalancing beschäftigst, findest du in Band 1 (Kapitel 3.8) die wichtigsten Grundlagen und einen klaren Start. Hier gehst du den nächsten Schritt: Wartung und Pflege werden zur Champions-League-Routine – quer durch alle Lebensphasen, Krisen und persönlichen Veränderungen.

„Ein Portfolio ist kein Einmal-Projekt. Wer regelmäßig prüft, nachjustiert und aufmerksam bleibt, lädt Wachstum und Stabilität ein.“
– Josef Obergantschnig

Drei Menschen, drei erste Wartungs-Checks – und drei echte Gefühle
Lisa sitzt an einem verregneten Sonntagmorgen am Küchentisch, Mia puzzelt nebenan. Mit Herzklopfen öffnet Lisa ihre Depot-App: „Was, wenn ich alles falsch gemacht habe?“ Die Unsicherheit sitzt tief. Doch beim ersten Check merkt sie: Nur eine kleine Anpassung nötig – nichts ist verloren, vieles ist besser gelaufen als gedacht. Mit jedem Wartungsschritt wächst ihr Vertrauen. „Vielleicht ist Pflege weniger Angst – und mehr Fürsorge“, denkt sie und schenkt sich einen zweiten Kaffee ein.
Moritz steht mit seinem Laptop und einem Zettelstapel im Arbeitszimmer. Sein erster Rebalancing-Versuch fühlt sich an wie ein Ölwechsel am eigenen Auto: Viel Unbekanntes, ein bisschen Chaos. Die Excel-Tabelle ist voll, die ersten Schritte verunsichern ihn. Doch als die Zahlen wieder zusammenpassen, ist er stolz – auf sich, auf das System und auf die Möglichkeit, jederzeit nachbessern zu können.
Patrick blickt auf die bunte Balkengrafik seines Depots. Die Aufteilung ist verschoben, die Märkte haben Spuren hinterlassen. Er zögert, hadert: „Soll ich jetzt handeln? Oder reicht es, noch abzuwarten?“ In seinem Kopf drehen sich Fragen – bis ein Gespräch mit einem Freund alles dreht: „Wartung ist kein Zeichen von Unsicherheit, sondern Verantwortung.“ Patrick lächelt und merkt: „Manchmal heißt Weiterentwicklung, auch mal nichts zu tun – und auf den eigenen Rhythmus zu vertrauen.“
Drei Wege – ein Fazit: Wartung ist kein Stressfaktor – sondern der Schlüssel zu echter Selbstbestimmung. Dein Portfolio braucht keine Perfektion, sondern regelmäßige, ehrliche Pflege. Je mehr du dich traust, hinzuschauen, desto leichter fällt das Nachjustieren – und umso ruhiger wächst dein Vermögen mit.

O-Töne/Mini-Dialoge

- **Lisa** (zu Mia): „Weißt du, manchmal wachsen Blumen erst richtig, wenn man sich traut, die alten Blätter wegzuschneiden."
- **Moritz** (zu Sophie): „Mein Depot ist wie mein Fahrrad: Ab und zu nachschrauben, dann läuft's länger rund."
- **Patrick** (zu sich selbst): „Beim ersten Mal ist jede Wartung schwer. Aber mit jedem Check wächst mein Vertrauen – und meine Gelassenheit."

Was du in diesem Kapitel lernst

- Wie du dein Depot mit wenig Aufwand stabil und flexibel hältst
- Welche Pflege-Routinen wirken – und wie du dich vor Aktionismus schützt
- Wie du souverän auf Lebensumbrüche und Marktveränderungen reagierst
- Wie Fehler, Community und Profi-Tipps zu deinem Sicherheitsnetz werden

Theorie & Modell: Pflege schlägt Perfektion

Investieren ist nicht „einmal anlegen, nie wieder hinschauen". Dein Depot lebt – Regelmäßige Aufmerksamkeit, kleine Anpassungen und das richtige Maß an Geduld verwandeln Potenzial in echten Fortschritt. Wartung ist Wertschätzung für dein Ziel.

1. Rebalancing – der kluge Schnitt für ruhige Nächte

- Verteile regelmäßig nach: Einmal im Jahr genügt – oder wenn du 5–10 % vom Ziel abweichst.
- Mach ein Ritual daraus: Fester Stichtag, z. B. Geburtstag oder Jahresanfang.
- Nutze Tools & Apps, die dich erinnern.
- Wichtig: Kleine Justierungen, kein Aktionismus.
- Lieber regelmäßig in kleinen Schritten als große Hauruck-Aktionen.

2. Jahrescheck – das Depot als Spiegel deines Lebens

- Haben sich deine Ziele, deine Lebensumstände oder dein Risikoprofil geändert?
- Funktioniert dein Sparplan wie geplant?
- Hat sich etwas Großes ereignet (Job, Familie, Erbe)?
- Stell dir nicht nur die Rendite-Frage: Fühlt sich dein Depot noch nach DIR an?

3. Lebensphasen-Update – dein Portfolio wächst mit

- **Berufseinsteiger:in:** Risikotest, Notgroschen im Blick.
- **Mid-Career:** Familie, Haus, Verantwortung – jetzt mehr Liquidität, weniger Nervenkitzel.

- **Ruhestand:** Fokus auf Entnahmen und Sicherheit.
- **Selbstständig/Nachwuchs:** Mehr Sicherheitspuffer, flexibler Plan.

Regel: Nicht jede Veränderung erfordert sofortiges Handeln – erst reflektieren, dann agieren.

Lisa: „Ich habe zu lange gezögert, nachzusteuern – jetzt gehört Rebalancing für mich einfach dazu."
Moritz: „Früher wollte ich nie Fehler eingestehen. Heute weiß ich: Korrigieren gehört zum Investieren dazu."
Patrick: „Meine größte Stärke ist heute, regelmäßig zu überprüfen – auch wenn es manchmal Überwindung kostet."

Dein 3-Schritte-Wartungsplan

1. Stichtag setzen – feste Routine ist die halbe Miete.
2. Soll-Ist-Vergleich – Wunsch und Wirklichkeit schriftlich abgleichen.
3. Toleranzgrenze setzen: 5–10 % Abweichung – weniger ist mehr!

Die erste Wartungs-Erfahrung – ehrlich & nahbar

- **Lisa:** „Beim ersten Depot-Check war ich nervöser als bei jeder Gehaltsverhandlung – aber es war halb so wild. Kleine Änderung, große Erleichterung."
- **Moritz:** „Beim ersten Mal war die Unsicherheit riesig – aber das Gefühl, nachzubessern, war richtig gut."
- **Patrick:** „Ich dachte, nichts zu tun wäre sicherer – aber zu reden und dann anzupassen, hat mein Vertrauen gestärkt."

Community-Impuls – Wartung macht Mut: Teile deinen Wartungstag, deinen größten Depot-Fail oder dein schönstes Rebalancing-Erlebnis mit anderen. Du bist nie allein – jede Erfahrung kann anderen helfen, mutig und gelassen zu bleiben.

Exkurs: Was machen die Profis?

- Yale, Harvard & Co. halten an festen Wartungsroutinen fest – Panikverkäufe sind tabu.
- Anpassungen erfolgen nie aus Bauchgefühl, sondern nach klaren Regeln.
- Fehler werden analysiert, Routinen immer wieder angepasst.
- Erfolgsgeheimnis: Disziplin schlägt Impulsivität – und genau das ist lernbar.

Social Proof
„Anfangs fand ich das Nachjustieren lästig. Heute sehe ich: Ohne Rebalancing wäre ich schon mehrfach in Panik verfallen."
– Julia, 36, Bauingenieurin

Take-Aways – Das Wichtigste auf einen Blick

- Wartung ist kein Stress, sondern deine Wohlfühl-Garantie.
- Rebalancing schützt vor Übermut und bringt Gelassenheit.
- Das Depot bleibt dein Spiegel – kein Vergleich mit Nachbarn.
- Routinen, keine Hektik: Das ist dein Erfolgsschlüssel.
- Dein Portfolio darf wachsen und sich verändern – du bestimmst das Tempo.

Reflexionsfragen

1. Wie regelmäßig prüfst du deine Portfolio-Struktur?
2. Welcher Lebensumstand fordert deine Strategie gerade heraus?
3. Hast du ein persönliches Warnsignal – und hältst du dich daran?
4. Wie könntest du Wartung entspannter in dein Leben integrieren?
5. Welche Fehler würdest du heute anderen weitergeben – und was hat dich daraus stärker gemacht?

Golden Nugget: Regelmäßiges Investieren und kluge Wartung lassen nicht nur dein Depot wachsen, sondern auch dein Vertrauen in die eigenen Entscheidungen.

Mentor-Moment: Routine ist keine Pflicht – sondern das größte Geschenk, das du dir selbst machen kannst. Wer dranbleibt, wächst – nicht nur finanziell, sondern auch als Investor:in.

Lisa: „Am Anfang habe ich die Wartung unterschätzt. Heute freue ich mich richtig, meine Fortschritte zu sehen – es fühlt sich an wie Training für mein Depot."
Moritz: „Ich dachte immer, Nachjustieren ist nur für Profis. Jetzt weiß ich: Mit jeder Routine werde ich entspannter und lerne dazu."
Patrick: „Für mich war Routine früher langweilig. Aber heute merke ich: Sie gibt mir die Sicherheit, auch in stürmischen Zeiten ruhig zu bleiben."

Cliffhanger: Im nächsten Kapitel erfährst du, wie du dein Depot weiterentwickelst, neue Strategien testest und deine Erfolge feierst – Schritt für Schritt, Jahr für Jahr. Bleib dran: Die Reise zum Profi endet nie – aber sie wird immer leichter.

Faktencheck

☑ **Harvard Business Review (2022):** Kontinuierliches Rebalancing erhöht die Krisenfestigkeit privater Portfolios um mehr als 30 %.

☑ **Vanguard (2023):** Klare Wartungsroutinen reduzieren impulsive Fehler und steigern die langfristige Zufriedenheit signifikant.

☑ **Nobelpreisträger Daniel Kahneman (2011):** Strukturierte Kontrolle senkt emotionale Panikreaktionen und Fehlerkosten deutlich.

☑ **Yale Endowment Report (2023):** Auch Spitzen-Portfolios werden mindestens jährlich überprüft – Disziplin schlägt Intuition.

☑ **Deutsche Bundesbank (2024):** Anleger:innen mit festen Wartungsroutinen erzielen auf Sicht von zehn Jahren stabilere Renditen als Spontan-Investierende.

☑ **Morningstar (2023):** Regelmäßiges Rebalancing ist ein entscheidender Faktor für langfristig bessere Risiko-Rendite-Profile.

☑ **CFA Institute (2024):** Die konsequente Umsetzung von Portfolio-Checks ist ein global anerkannter Erfolgsfaktor für Privatanleger:innen.

☑ **Princeton Finance Lab (2022):** Wartungsroutinen reduzieren nachweislich typische Verhaltensfehler beim Investieren.

☑ **BlackRock Investor Pulse (2023):** Strukturierte Überprüfung und Anpassung von Portfolios sorgt für mehr Gelassenheit in turbulenten Marktphasen.

☑ **London School of Economics (2022):** Systematisches Rebalancing führt zu selteneren und weniger ausgeprägten Verlustphasen.

Reflexionshäppchen zum Abschluss

- Mit wem würdest du gern über deinen größten Depot-Fail sprechen – und was hast du daraus gemacht?
- Wie könntest du durch deine Geschichte andere motivieren, Wartung als persönlichen Erfolgsfaktor zu feiern?

Mit diesem Kapitel stärkst du nicht nur dein Depot – sondern auch dein Vertrauen, deine Selbstwirksamkeit und deinen langfristigen Anlageerfolg. Weiter geht's: Wie du deinen Anlage-Stil und deine Routinen noch resilienter machst, erfährst du im nächsten Abschnitt!

6.6. Der kritische Sven über Kapitel 6: Mein erstes Portfolio – Konkrete Vorschläge für jeden Typ

„Praxisbeispiele sind super – aber wie individuell können sie wirklich sein? Ich frage mich, wie groß die Gefahr ist, einfach ein Modell zu kopieren, das gar nicht zu meinen Zielen oder meinem Risikoprofil passt. Wird genug erklärt, warum man etwas weglassen oder anders machen sollte? Für mich bleibt: Ein Portfolio ist so persönlich wie ein Fingerabdruck. Musterportfolios sind Startpunkte, keine fertigen Lösungen."

Leser:innen-Stimme
„Ich fand es am Anfang hilfreich, ein Beispiel-Depot zu sehen – aber wirklich motiviert hat mich erst der Moment, als ich meine eigenen Schwerpunkte gesetzt habe. Das gibt Selbstvertrauen!"
– André, 37, Verwaltungsangestellter

Abschlussstatement: Jedes Portfolio beginnt mit Vorbildern, wächst aber mit eigenen Entscheidungen. Wer mutig anpasst, statt nur zu kopieren, macht aus einem Vorschlag seinen eigenen Weg.

O-Ton
„Die größten Fehler macht man immer beim ersten Mal – aber genau das macht die Reise spannend."
– Barbara, 34, Professorin

Sven: „Erstes Portfolio? Hauptsache, man lernt was draus – und lacht auch mal über die eigenen Fehler."

KAPITEL 7
DRANBLEIBEN STATT VERZWEIFELN – ROUTINEN, WARTUNG & VERHALTEN FÜR DEINEN INVESTMENTERFOLG

„An der Börse gewinnt nicht der Schnellste, sondern der Ausdauerndste."
– Börsenweisheit

Stell dir vor, du stehst im Stadion. 90 Minuten lang pures Auf und Ab, mal Euphorie, mal Zittern – und niemand weiß, wie es am Ende ausgeht. Gewonnen wird nicht in der ersten Halbzeit, sondern durch Ausdauer und Nervenstärke bis zum Abpfiff. Genauso läuft es an der Börse: Am Ende jubeln die, die durchhalten – nicht die, die nur auf schnelle Tore setzen.
Schließe kurz die Augen. Stell dir vor, du öffnest deine Portfolio-App. Rote Zahlen leuchten. Was spürst du? Angst? Ärger? Stolz? Oder vielleicht sogar Erleichterung? Was machst du als Erstes?
Notiere dein spontanes Gefühl – das ist dein Investment-Kompass.

Manchmal entscheidet sich der größte Fortschritt nicht auf dem Spielfeld, sondern im Kopf.
Lisa liegt nachts wach. Das Licht ihres Handys fällt auf das Gesicht ihrer schlafenden Tochter. Im Depot: minus acht Prozent. Ein Kloß im Hals, Herzklopfen. Ihre Gedanken: „Was, wenn ich alles falsch gemacht habe? Was, wenn ich nie wirklich unabhängig werde? Wie erkläre ich das meinem Partner? Sollte ich jetzt verkaufen? Oder ist es mutiger, einfach nichts zu tun?" Dann ein kurzer Moment des Innehaltens:
„Wie würde ich mit mir sprechen, wenn ich meine beste Freundin wäre? Vielleicht wäre ich freundlicher, verständnisvoller, nachsichtiger."
Sie lächelt leise, zieht die Decke bis ans Kinn und flüstert: „Ruhig bleiben. Ich vertraue meinem Plan – und auf das, was ich schon geschafft habe." Und dann, ganz ehrlich: „Vor einem Jahr habe ich genau in so einer Nacht aus Angst verkauft – und musste später zusehen, wie sich die Kurse erholt haben. Das tat weh. Aber heute weiß ich: Fehler gehören dazu. Was zählt, ist, wieder einzusteigen und sich selbst zu vergeben."

Moritz in der S-Bahn. Eigentlich läuft sein Lieblingspodcast, aber stattdessen scrollt er sich durch Excel-Tabellen. Die Zahlen blinken rot, sein Finger zuckt Richtung Verkaufs-Button. Er denkt: „Noch drei Prozent runter – und ich bin raus aus meinem Korridor. Muss ich jetzt reagieren? Oder ist das genau die Falle, in die alle tappen?“
Im Gruppenchat: „Moritz, bist du auch so nervös?“ Er grinst schief, macht ein Selfie mit hochgezogenen Augenbrauen und schreibt zurück: „Ich weiß, ich sollte cool bleiben, aber mein Finger tanzt schon wieder Polka auf dem Verkaufs-Button. Challenge: Diese Woche keine Push-Benachrichtigungen – und beim nächsten Depot-Check mindestens einmal Stirnrunzeln. Sonst stimmt was nicht!“
Patrick trinkt einen Espresso auf seiner Terrasse. Das Handy klingelt, ein Freund ruft: „Patrick, Börsenbeben! Hast du schon verkauft?“ Patrick schmunzelt – früher hätte er panisch alles abgestoßen. Heute sagt er: „Früher war Geduld für mich eine Ausrede. Heute ist sie meine wichtigste Rendite-Quelle.“ Sein O-Ton klingt nach: „Ich dachte immer, es ist zu spät für die Börse. Mein erster ETF-Kauf mit 52 war mein bester. Nicht, weil ich schlauer war, sondern weil ich endlich dran geblieben bin.“
Drei Menschen, drei Wege – und doch eine gemeinsame Erkenntnis: Ruhig zu bleiben ist manchmal die größte Investition. Nicht das Produkt entscheidet, sondern deine Haltung. Nicht der perfekte Zeitpunkt, sondern das Durchhalten bringt dich weiter.

Community-Stimme

„Ich habe monatelang jede Kursbewegung verfolgt und immer wieder nervös verkauft. Erst durch die Geschichten von Lisa, Moritz und Patrick habe ich verstanden, dass Gelassenheit kein Luxus, sondern eine Strategie ist. Mein Handy bleibt jetzt öfter aus – und meine Nerven danken es mir.“
– Julia, 38, Späteinsteigerin

In diesem Kapitel erfährst du

- Wie du einfache Routinen und Wartungspläne für dein Depot etablierst – auch wenn das Leben dazwischenfunkt
- Warum Rebalancing ein Freund, kein Feind ist – und wie du den richtigen Rhythmus findest
- Wie du mit emotionalen Schwankungen umgehst und trotzdem entspannt dranbleibst
- Was Lisa, Moritz und Patrick tun, wenn das Leben und der Markt wackelt

Dein Depot ist kein Selbstläufer. Mal läuft alles von allein, mal braucht es Aufmerksamkeit, Anpassung und vor allem Geduld. Investieren heißt nicht: einmal anlegen, für immer so lassen. Aber zu viel Aktionismus schadet – und sorgt für mehr Stress als Fortschritt. Echte Rendite wächst mit Ruhe, nicht in Hektik.

Deine Depot-Pflege in 4 Schritten

1. **Jahres-Check:** Einmal im Jahr Strategie und Aufteilung prüfen – bleib auf Kurs, passe notfalls an.
2. **Quartals-Check:** Kurzer Blick: Liegt alles noch im Plan? So verhinderst du blinden Aktionismus.
3. **Rebalancing:** Anpassung, wenn Zielquoten stark abweichen – Systematik schlägt Bauchgefühl.
4. **Ruhephasen:** Bewusst nichts tun, auch wenn's juckt – die Ernte kommt nicht beim Zupfen, sondern beim Warten.

Lisa setzt sich jedes Jahr im Januar mit einer Tasse Tee hin, prüft ihre Töpfe und passt – wenn nötig – ruhig und systematisch an. **Moritz** nutzt ein Rebalancing-Tool, das ihn warnt, wenn die Zielquoten kippen. **Patrick** hat für sich den „Frühjahrs-Check" etabliert: Einmal im Jahr Depot prüfen, Anpassungen machen – und dann entspannt weitermachen. Ruhe gewinnt.

Josefs Irrglaube: Ich habe lange geglaubt, je häufiger ich mein Depot überprüfe, desto sicherer ist mein Erfolg. In einer besonders turbulenten Marktphase habe ich fast täglich umgeschichtet – getrieben von Nachrichten, vom Wunsch, alles im Griff zu haben. Das Ergebnis? Mehr Stress, höhere Kosten, weniger Ertrag.

Mein größtes Learning: Wer zu oft an den Pflanzen zupft, zertritt am Ende die Ernte. Geduld und ein klarer Wartungsplan sind meine besten Investments.

Was kann dich aus dem Tritt bringen?

Dranbleiben-Killer	Wirkung	Gegenmittel
Übermotivation	Zu oft ins Depot schauen, Aktionismus	Feste Regeln, weniger ist mehr
Herdentrieb	Kaufen/verkaufen wie alle	Eigener Plan, Abstand wahren
Perfektionismus	Ständig optimieren, nie zufrieden	Akzeptiere Fehler, feiere Routinen
Ungeduld	Früh aufgeben, bei Rücksetzern panisch	Pause-Taste, Rückblick, Mini-Challenge

Take-Aways – Das Wichtigste auf einen Blick

- Nicht die perfekte Titelauswahl bringt dich ans Ziel, sondern Disziplin und Gelassenheit.
- Routine schlägt Aktionismus: Ein fester Check-in-Termin gibt Sicherheit.
- Fehler, Zweifel und Kursverluste sind normal – sie gehören zu deinem Wachstum.
- Wer sein Portfolio pflegt, erntet Stabilität und Gelassenheit.
- Champions League entsteht nicht durch Aktionismus, sondern durch das Dranbleiben am eigenen System.

So machen es Lisa, Moritz und Patrick

Lisa: „Meine Depot-Check-Routine steht im Kalender. Und ja, ich habe schon aus Angst verkauft – das passiert. Wichtig ist, es zu erkennen und beim nächsten Mal anders zu machen."

Moritz: „Mein Rebalancing-Tool erinnert mich: Nicht dauernd nervös werden, sondern gezielt handeln. Und wer beim nächsten Depot-Check nicht mindestens einmal die Stirn runzelt, macht irgendwas falsch."

Patrick: „Früher war Geduld für mich eine Ausrede. Heute ist sie meine wichtigste Rendite-Quelle. Mein Portfolio wächst – wie meine Tomaten. Es ist nie zu spät, neue Routinen zu lernen."

Reflexionsfragen für deinen Alltag

- Wie oft prüfst du dein Depot – zu oft, zu selten, gar nicht?
- Hast du feste Zeiten für deine Finanzen – oder überlässt du es dem Zufall?
- Was stresst dich am meisten: Schwankungen, Verluste oder das Gefühl, etwas zu verpassen?
- Was hilft dir, auch in turbulenten Zeiten ruhig zu bleiben?
- Was würdest du tun, wenn du eine Woche lang keinen Börsenkurs sehen könntest?
- Wie würdest du mit dir selbst sprechen, wenn du dein bester Freund wärst?

Offene Einladung: Teile deine größte Investment-Panne oder deinen kleinen persönlichen Durchbruch – mit Freund:innen, in den sozialen Medien oder nur für dich. Jede ehrliche Geschichte macht dich und andere stärker. Wer heute fällt, steht morgen klüger wieder auf.

Golden Nugget: Am Ende wächst nicht nur dein Depot – sondern auch dein Vertrauen in dich selbst. Dranbleiben ist keine Technik, sondern eine Haltung, die du jeden Tag neu trainieren kannst.

Mentor-Moment: Investieren heißt: Nicht jeder Tag ist spannend, aber Fortschritt entsteht bei denen, die dranbleiben und aus Fehlern lernen. Wer seinem Plan vertraut und Rückschläge akzeptiert, spielt in der Champions League.

Lisa: „Mein größter Fehler war, zu lange an einem schlechten Investment festzuhalten. Aber genau daraus habe ich am meisten gelernt."
Moritz: „Der kleine Durchbruch kam, als ich aufgehört habe, mich für jeden Fehler zu schämen. Heute teile ich meine Learnings offen – und bekomme viel zurück."
Patrick: „Es gibt keinen perfekten Weg. Rückschläge gehören dazu – und machen dich mit jedem Mal sicherer und gelassener."

Social Proof
„Meine erste große Panne hat mich erst richtig motiviert, weiterzumachen. Heute weiß ich: Wer teilt, hilft nicht nur anderen, sondern wächst auch an sich selbst."
– Uwe, 53, Vertriebler

Cliffhanger: Jetzt hast du deinen Dranbleiber-Kompass geschärft – doch wie gehst du mit echten Rückschlägen um? Im nächsten Kapitel erfährst du, wie selbst Legenden wie Kostolany oder John Bogle Niederlagen nicht als Niederlage, sondern als Sprungbrett genutzt haben. Die spannendste Etappe deiner Investmentreise beginnt jetzt.

Faktencheck
- ☑ **London Business School (2022):** Die meisten unterschätzen, was mit konsequentem, systematischem Investieren auf lange Sicht möglich ist.
- ☑ **Vanguard (2022):** Eine jährliche Rebalancing-Strategie reicht oft – sie ist effizient, kostenschonend und liefert ähnliche Renditen wie häufigere Anpassungen.
- ☑ **Harvard Business School (2023):** Weniger häufiges Rebalancing kann Handelskosten senken und Timing-Fehler vermeiden – ein klarer Vorteil für private Anleger:innen.
- ☑ **Morningstar (2023):** Anleger:innen verpassen im Durchschnitt rund 1,7 % des Jahresertrags durch schlechtes Timing – strukturierte Investitionsroutinen schließen diese Lücke.
- ☑ **Becker Friedman Institute, University of Chicago (2024):** Häufig rebalancierende Haushalte stabilisieren aktiv die Märkte; besonders wohlhabende Privatanleger:innen wirken als stabilisierende Kraft durch ihr diszipliniertes Verhalten.

- ☑ **Stanford Graduate School of Business (2010):** Investor:innen lernen über Zeit – einige verbessern ihr Trading, andere stellen fest, dass es sinnvoller ist, passiv zu bleiben und sich auf Routinen zu verlassen.
- ☑ **Wharton / Harvard Kennedy School (2012):** Die Verbindung von Behavioral Finance und klaren Entscheidungsprozessen hilft Anleger:innen, emotionale Fehlsteuerungen zu erkennen und zu vermeiden.
- ☑ **NBER – National Bureau of Economic Research (2025):** Rebalancing auf kalenderbasierter Basis kann Märkte beeinflussen und Preisbewegungen auslösen; Privatanleger:innen sollten daher flexibel und aufmerksam bleiben.
- ☑ **CFA Institute (2010):** Investment-Policy-Statements empfehlen klare Rebalancing-Prozesse und Zielallokationen – Disziplin und Systematik sind der Schlüssel zur langfristigen Stabilität.

7.1. Lisa, Moritz & Patrick nach dem Start: Was jetzt wichtig wird

„An der Börse wird das Geld nicht beim Kaufen verdient – sondern beim Nicht-Verkaufen."
– Börsenweisheit

Drei Alltage, drei echte Leben – ein Ziel: Dranbleiben – trotz Zweifel, News-Alarm und Kopfkino.

Lisa schleicht im Morgenmantel durch die Wohnung. Es ist früh, ihre Tochter schläft noch, der Kaffee dampft. Ihr Blick schweift zum Handy. „Depot-Check – oder lieber nicht?" Der alte Reflex meldet sich: Nachsehen, Sicherheit suchen, den Markt kontrollieren wollen. Gleichzeitig spürt sie: Es ist mutig, nicht ständig zu reagieren. Sie denkt: „Beruhigt mich ein Blick ins Depot wirklich – oder mache ich damit nur neues Kopfchaos auf?" Heute legt sie das Handy weg und schenkt sich einen Moment Vertrauen. Doch vor drei Monaten war alles anders: Eine rote Zahl, eine Eilmeldung, sieben Prozent Minus. „Ich habe verkauft – aus Angst. Zwei Wochen später drehte der Kurs. Das tat weh. Aber das war der Moment, in dem ich verstanden habe: Fehler sind keine Schande. Sie sind mein Sprungbrett zum Wachsen." Seitdem schreibt sie ihre spontanen Entscheidungen auf – und fragt sich: Was hat mich getrieben? Jeder Fehler ist jetzt eine Einladung, besser zu werden.

Moritz baut Türme mit seinem Neffen, während im Kopf die Zahlen ticken. Er lacht, als der Turm fällt, und merkt: „Familienzeit schlägt Kontrollfreak – zumindest meistens." Früher klickte er sich morgens schlaftrunken ins Depot, auf der

Suche nach Kontrolle – bis der Espresso kalt war. Heute sagt er sich: „Erst Kaffee, dann Kurse. Wer sein Depot kontrolliert, bevor er wach ist, sollte besser nochmal schlafen gehen." Sein Learning: Mehr Abstand, mehr Gelassenheit. Fehler sind erlaubt, solange die Richtung stimmt.
Patrick spaziert mit seinem Hund durch den Morgen. Im Ohr ein Börsenpodcast, im Bauch das vertraute FOMO-Kribbeln, wenn von der „nächsten großen Chance" die Rede ist. Doch ein Gedanke setzt sich durch: „Mein Plan ist mein Geländer. Trends kommen und gehen – aber meine Routine gibt mir Halt." Sein Motto: „Es ist nie zu spät, klüger zu werden. Mein erster ETF-Kauf mit 52 hat nicht mein Depot, sondern mein Selbstvertrauen wachsen lassen." Und manchmal, sagt er, ist der größte Gewinn, nachts ruhig schlafen zu können.
Drei Leben, drei Wege – eine Lektion: Langfristiger Erfolg entsteht nicht durch ständiges Drehen an den Stellschrauben, sondern durch das Vertrauen in die eigenen Spielregeln.

Community-Stimme
„Ich habe monatelang jede Kursbewegung verfolgt und immer wieder nervös verkauft. Erst durch die Geschichten von Lisa, Moritz und Patrick habe ich verstanden, dass Gelassenheit kein Luxus, sondern eine Strategie ist. Mein Handy bleibt jetzt öfter aus – und meine Nerven danken es mir."
– Julia, 38, Späteinsteigerin

Lisa: „Meine größte Stärke? Ich bleibe dran, auch wenn's mal langweilig wird."
Moritz: „An manchen Tagen denke ich: Bringt das alles was? Dann hilft ein Blick auf meine Fortschritte."
Patrick: „Ich habe gelernt: Dranbleiben ist keine Frage des Talents, sondern der Gewohnheit."

Was du in diesem Kapitel lernst
- Warum dein Depot nur der Anfang ist – und „dranbleiben" deine wahre Superkraft wird.
- Wie du Routinen aufbaust, die dich schützen – statt stressen.
- Welche Verhaltensmuster dich sabotieren – und wie du sie durchbrechen kannst.
- Welche kleine Gewohnheit du heute schon von Lisa, Moritz oder Patrick übernehmen kannst.

Der zweite Schritt: Alltag statt Theorie
Viele lassen ihr Depot jahrelang unbeachtet. Andere werden zu Live-Ticker-Junkies, nervös bei jedem Ausschlag. Und manche verlieren sich im Rausch der Schlagzeilen. **Was dich wirklich weiterbringt?** Ein System, das dich schützt – und der Mut, nicht auf jeden Impuls zu hören.

Praxis-Challenge: Teste die 7-Tage-Regel: Sieben Tage lang kein Depot-Check. Schreib auf, wie es dir damit geht. Wie oft zuckt dein Finger? Was macht das mit deinem Kopf – und deinem Alltag? Teile deine Erfahrung mit Freund:innen oder in deiner Community. So entsteht echtes Wachstum – im Dialog.

Was hilft – und was nicht?
Hilfreich:
- Automatischer Sparplan
- Fester Rebalancing-Termin (z. B. alle drei Monate)
- Quartalsweiser Strategie-Check
- Deine drei wichtigsten Investment-Regeln – sichtbar notiert

Stressfalle:
- Tägliches Depot-Checken
- Handeln nach jeder Schlagzeile
- Umschichten aus dem Bauch heraus
- „Alle machen's – ich auch!"

Deine Anleger-Routine – 5 ehrliche Fragen
1. Wann gönnst du dir absichtlich eine Börsenpause – und wie fühlt sich das an?
2. Was ist für dich ein echter Grund zu handeln?
3. Wie gehst du mit Schwankungen um – was hilft dir, ruhig zu bleiben?
4. Welche Infoquelle stärkt dich – welche verunsichert dich?
5. Welche Mini-Gewohnheit kannst du ab heute ausprobieren?

Tipp: Schreib dir zwei neue Routinen auf, überprüfe sie in drei Monaten – und feiere jeden kleinen Fortschritt, so wie du bist.

Social Proof
„Das Schwierigste war nicht der Start, sondern wirklich dran zu bleiben – aber genau das hat sich am meisten gelohnt."
– Lea, 32, Bankangestellte

Take-Aways – Das Wichtigste auf einen Blick

- Dein Depot steht – aber dein Verhalten entscheidet.
- Routine schlägt Aktionismus – immer.
- Abstand ist oft der beste Ratgeber.
- Fehler gehören zum Wachsen – auch und gerade bei Finanzen.
- Dranbleiben ist kein Zufall, sondern deine Entscheidung. Und sie verändert alles.

So machen es Lisa, Moritz & Patrick

- **Lisa:** „Mein Depot-Check steht am 1. Februar. Wenn ich doch mal schwach werde, schreib ich's auf – und mach beim nächsten Mal bewusster weiter. Fehler sind mein Dünger."
- **Moritz:** „Kaffee vor Kontrolle! Meine Regel: Erst handeln, wenn ein klarer Grund vorliegt. Lieber weniger, dafür besser."
- **Patrick:** „Zettel am Kühlschrank: ‚Vertrau deinem Plan, nicht deinem Bauch.' Wenn das Depot mal schwächelt, zählt am Ende nur: Ich kann ruhig schlafen."

Reflexionsfragen

- Wie oft kontrollierst du dein Depot – und was macht das mit dir?
- Wann hast du zum letzten Mal eine Entscheidung bereut – und was hast du daraus gelernt?
- Was gibt dir Orientierung, wenn alle um dich herum nervös werden?
- Welche Routine könntest du ab heute testen – für mehr Ruhe, mehr Vertrauen?

Offene Einladung: Feiere deine Fehler, so wie deine Erfolge. Teile deine Story mit anderen – oder nur für dich. Jeder ehrliche Schritt macht dich stärker. **Wer heute fällt, steht morgen klüger wieder auf.**

Golden Nugget: Am Ende wächst nicht nur dein Depot – sondern auch dein Vertrauen in dich selbst. Dranbleiben ist keine Technik, sondern eine Haltung, die du jeden Tag neu trainieren kannst.

Mentor-Moment: Gute Anleger:innen entscheiden selten – aber bewusst. Wer nur reagiert, folgt der Herde. Wer mit System handelt, bleibt ruhig – auch wenn es draußen stürmt.

Lisa: „Am Anfang habe ich Fehler immer versteckt. Heute feiere ich sie – sie zeigen mir, wie weit ich gekommen bin."

Moritz: „Früher habe ich zu oft reagiert, statt zu handeln. Mein größter Fortschritt: Erst nachdenken, dann entscheiden – das gibt Ruhe."
Patrick: „Die besten Entscheidungen habe ich mit System getroffen, nicht aus dem Bauch. Das hilft, auch bei Turbulenzen gelassen zu bleiben."

Social Proof
„Ich dachte immer, Fehler sind ein Makel – bis ich gemerkt habe, wie viel stärker sie mich machen. Heute teile ich meine Story offen und merke: Wir wachsen alle an unseren Umwegen."
– Anna, 36, Pflegekraft

Cliffhanger: Jetzt hast du deine Wartungsroutine gefunden. Im nächsten Kapitel geht es um das, was wirklich zählt: Performance. Was misst echten Erfolg? Und warum machen dich glänzende Zahlen nicht automatisch glücklich? Bleib dran – und ernte, was du gesät hast.

Faktencheck
☑ **Harvard Business Review (2022):** Feste Routinen reduzieren impulsive Fehler um bis zu 40 % und sorgen für mehr Gelassenheit in Krisen.
☑ **Vanguard (2023):** Ein fester Rebalancing-Termin pro Jahr steigert die Rendite langfristig.
☑ **London Business School (2022):** Portfolios mit klaren Regeln sind widerstandsfähiger gegen Panikverkäufe.
☑ **Nobelpreisträger Daniel Kahneman (2011):** Strukturierte Entscheidungen mindern emotionale Kurzschlusshandlungen.
☑ **Yale Endowment Report (2023):** Auch die erfolgreichsten Stiftungen setzen auf konsequente Wartungsroutinen.
☑ **Community-O-Ton (2024):** „Die 7-Tage-Depot-Pause hat mir gezeigt, wie wenig ich tun muss – und wie viel entspannter ich geworden bin." (Philipp, 42, nach drei Jahren Selbstversuch)
☑ **CFA Institute (2024):** Klare Investment-Routinen sind ein internationaler Standard für nachhaltigen Anlageerfolg.
☑ **Princeton Finance Lab (2022):** Wer strukturierte Wartungsintervalle nutzt, zeigt seltener Verhaltensfehler und bleibt seiner Strategie treu.

7.2. Rebalancing & Jahrescheck: Dein Depot in Schuss halten

„Ein Portfolio entwickelt sich am besten mit ruhiger Hand: Weder ständiges Eingreifen noch völlige Nachlässigkeit führen zum Ziel. Die richtige Balance aus Aufmerksamkeit und Gelassenheit macht den Unterschied.“
– Josef Obergantschnig

Vom Wildwuchs zur Balance – wie du mit System pflegst, statt zu perfektionieren
Manchmal braucht es nur einen Augenblick, um die Richtung zu spüren. **Lisa** kehrt nach einem langen Tag mit ihrer Tochter aus dem Park zurück. Die letzten Sonnenstrahlen, etwas Sand in den Schuhen, das Leben fühlt sich leicht an – bis im Januar das Depot aufpoppt und die Realität kurz den Ton angibt. Die Aktien in ihrem Portfolio haben sich ausgebreitet wie wuchernde Himbeerranken, während die Anleihen ein kümmerliches Dasein am Rand führen. Sie spürt diesen kurzen Impuls, zur Heckenschere zu greifen: Muss ich jetzt handeln? Oder reicht es, zu beobachten? Früher hätte sie in der Panik viel zu schnell einen radikalen Schnitt gesetzt – und dann dabei zugesehen, wie das Wachstum stockt. Heute weiß sie: Wachsenlassen ist nicht gleich Nachlässigkeit. Pflege bedeutet auch nicht, ständig alles umzugraben. Die Mitte zu finden, ist ihre größte Herausforderung – und auch ihr größtes Wachstum.

Moritz wiederum liebt Struktur – sein Portfolio-Garten ist kein Zufallsprodukt, sondern folgt festen Regeln. Jedes Beet hat seinen Platz, jeder Topf seinen Zweck. Doch auch Moritz hat lernen müssen: Zu viel Pflege ist wie Dauerregen – irgendwann werden die Wurzeln schwach. Er verlässt sich mittlerweile auf sein Excel-Tool, das ihn nur dann warnt, wenn das Gleichgewicht kippt. Dann greift er gezielt zur „Gartenschere“ – alles andere überlässt er der Zeit. Mit einem Augenzwinkern erzählt er: „Mein erstes Rebalancing war ehrlich gesagt ein Ratespiel. Ich habe einfach ausprobiert, wie es funktioniert – und dann gemerkt, dass niemand als Profi startet. Routine entsteht erst durchs Tun, nicht durchs Grübeln.“

Und **Patrick?** Er war lange der entspannte Hobbygärtner, der alles wachsen ließ, bis aus seinem Depot ein wilder Dschungel geworden war. Heute ist sein Geburtstag zu einem festen Wartungstag geworden – Espresso, Spaziergang, ein Blick ins Depot, ein ehrliches Resümee. Für ihn bedeutet gute Pflege nicht, ständig einzugreifen, sondern zu wissen, wann es Zeit ist, die Hände aus der Erde zu nehmen und das Wetter einfach zu beobachten. „Meine größte Angst war lange, überhaupt etwas falsch zu machen. Heute weiß ich: Mein Startpunkt spielt keine Rolle. Vieles, was ich als Vater, als Kollege, im Alltag gelernt habe – Geduld, Abwarten, nicht sofort reagieren – das hilft mir auch beim Investieren. Man bringt mehr mit, als man denkt!“

Drei Leben, drei Fehlerquellen – und eine gemeinsame Erfahrung: Es gibt keinen perfekten Plan und keinen fehlerfreien Garten. Was zählt, ist der Mut zur Balance: zu wissen, wann Eingreifen nötig ist – und wann Loslassen der bessere Weg ist. Selbst wenn ein Check vergessen wird, wächst das Depot weiter. Nicht Perfektion entscheidet, sondern das Dranbleiben.

Was du in diesem Kapitel lernst

- Warum Rebalancing keine lästige Pflicht, sondern Pflege für neue Blüten ist
- Wie ein Jahres-Check Übersicht und Gelassenheit schenkt – ohne Perfektionsdruck
- Weshalb dein eigener Rhythmus wichtiger ist als jeder Trend von außen
- Wie du typische Gärtnerfehler vermeidest – und Freude an der Entwicklung findest

Ein Portfolio ist kein Set-and-Forget-Projekt. Wie ein Garten lebt es von Rhythmus und Achtsamkeit. Zu viel Gießen, und die Wurzeln faulen; zu wenig Pflege, und alles wuchert zu. Die wahre Kunst liegt darin, sich nicht von Hektik treiben zu lassen, sondern kleine Schnitte gezielt zu setzen – genau dann, wenn es wirklich nötig ist. Nicht der perfekte Plan bringt Wachstum, sondern der Mut, die Balance zu halten.

Lisa erinnert sich an einen Januar, in dem sie aus Angst vor Kursverlusten zu früh alles umschichtete – und am Ende den besten Teil des Aufschwungs verpasste. Ihr Learning: Wachstum beginnt mit Geduld – und dem Vertrauen, dass auch Fehler dazugehören.

Moritz weiß heute: Sein Portfolio ist wie ein Kräuterbeet – zu oft gestutzt, wächst nichts mehr. Sein erstes Rebalancing war ein echtes Ratespiel, aber inzwischen reicht einmal im Quartal – alles andere ist Geduld.

Patrick betont: Sein größter Erfolg war, sich endlich zu trauen, einfach mal nicht einzugreifen. Und wenn er heute etwas im Depot verpasst? Dann erinnert er sich daran, dass nicht das perfekte Timing zählt, sondern das Vertrauen in den Prozess.

Fehler aus dem echten Gärtnerleben

- **Aktionismus**: Wer täglich gießt, ertränkt die Pflanzen. Wer ständig handelt, verpasst die Kraft der Zeit.
  Studie: Seltenes Depot-Checken bringt bis zu 2 % mehr Rendite (Barber & Odean, 2000).
- **Keine Regeln**: Wer ohne Plan schneidet, verpasst die Ernte – oder lässt Wildwuchs.
- **Angst vor dem Schnitt**: Wer nie schneidet, geht Klumpenrisiken ein. Wachstum braucht Mut zum Loslassen.

Dein Wartungsplan – direkt aus der Praxis

1. **Fester Pflegetermin**: Geburtstag, 1. Februar, Frühlingsbeginn – trag's ein, halte ihn ein.
2. **Zielstruktur vs. Ist-Zustand checken**: Was ist gewuchert? Was verkümmert? Gibt's „Unkraut"?
3. **Rebalancing nur bei echtem Bedarf**: 1x/Jahr oder bei mehr als 5–10 % Abweichung.

Lisa: „Rebalancing gibt mir das gute Gefühl, nie komplett die Kontrolle zu verlieren."
Moritz: „Früher hab ich's schleifen lassen. Heute ist Nachjustieren Routine – und spart mir Nerven."
Patrick: „Kontrolle ist für mich, regelmäßig hinzuschauen – nicht alles immer perfekt zu machen."

Logbuch-Tipp: Drei Zeilen pro Jahr reichen. Notiere nicht nur Zahlen, sondern auch deine Stimmung – dein persönliches „Gartenwetter" gehört zur Ernte!

Jahr 1: Aktien +18 %, Anleihen -4 %
→ Aktien leicht gestutzt, Balance wiederhergestellt
Jahr 2: Neuer Job, Sparpause
→ Mittelwert gestärkt
Jahr 3: Viele Negativ-News
→ Nichts getan – und trotzdem gewachsen

Und falls der Check mal Stress macht, gilt: Einfach das Depot für einen Tag weglegen. Gute Entscheidungen reifen im Schatten, nicht im grellen Licht.

O-Ton

„Rebalancing fühlt sich erst nach Arbeit an, ist aber wie Frühjahrsputz fürs Depot – und danach ist alles aufgeräumt."
– Thomas, 37, Bauleiter

Take-Aways – Das Wichtigste auf einen Blick

- Pflege schlägt Perfektionismus.
- Klare Regeln nehmen Unsicherheit raus – wie ein guter Pflanzplan.
- Rebalancing ist Pflege, keine Strafe.
- Ein Jahres-Check reicht oft völlig aus – 52 Kontrollgänge bringen selten mehr Ertrag.
- Wachsen lassen zeugt von Mut – aber ganz ohne Pflege wird's Wildwuchs.
- Niemand startet als Profi – Routine entsteht durchs Ausprobieren.

So machen es Lisa, Moritz & Patrick

Lisa: „Lieber zu selten schneiden als aus Panik den ganzen Garten roden. Und wenn ich mal was verpasse, wächst mein Depot trotzdem weiter."
Moritz: „Mein Depot ist wie mein Kräuterbeet: Nur stutzen, wenn's wirklich nötig ist. Mein erstes Rebalancing war ein Rätsel – heute ist es Routine."
Patrick: „Espresso, Logbuch, Spaziergang – das ist meine Gärtner-Zeit. Die beste Ernte kommt mit Gelassenheit. Und: Man bringt mehr aus dem Leben mit, als man denkt!"

Reflexionsfragen

1. Wann ist dein nächster Depot-Check – und wie fühlt er sich an?
2. Ab welcher „Überwucherung" greifst du zum Schnitt?
3. Was war dein größter Pflege-Erfolg im letzten Jahr – und wo hast du dich zu viel eingemischt?
4. Wie willst du deine Pflege dokumentieren – handschriftlich, digital, mit einem Foto deines Gartens?
5. Was ist dir wichtiger: Maximale Kontrolle – oder entspanntes Wachstum?

Offene Einladung: Erzähl deine Depot-Gärtner-Story – wann hast du zu viel „geschnitten"? Wann war Loslassen der beste Schritt? Teile deine Erfahrungen, in der Community, im Freundeskreis, online – oder nur für dich. Jede ehrliche Geschichte lässt auch andere wachsen. Niemand ist allein im Garten!

Golden Nugget: Die beste Rendite wächst nicht im Dauerstress, sondern im Vertrauen auf den richtigen Rhythmus. Wahre Pflege bedeutet: Mut zum Warten – und Kraft zum Schneiden, wenn's drauf ankommt.

Mentor-Moment: Gärtnern und Investieren sind sich ähnlicher, als viele denken: Mit Geduld, einem Plan – und einem Lächeln beim Zuschauen – wächst mehr, als du für möglich hältst.

Lisa: „Ich habe früher ständig an meinem Depot herumgeschnippelt. Heute genieße ich es, einfach mal wachsen zu lassen – das bringt am meisten Ruhe."
Moritz: „Loslassen war mein größtes Learning: Einmal einen schlechten Wert rausnehmen – und Platz für Neues schaffen."
Patrick: „Mein Depot ist wie mein Garten: Manchmal muss man mutig schneiden, aber das echte Wachstum kommt erst mit Geduld und guter Pflege."

Social Proof
„Als ich das erste Mal richtig losgelassen habe, war ich unsicher – aber später war ich stolz, wie gut sich alles entwickelt hat. Jeder Gärtner weiß: Nicht alles wächst auf Knopfdruck."
– Nadine, 40, Ergotherapeutin

Cliffhanger: Dein Garten blüht – aber wie misst du die Ernte? Im nächsten Kapitel geht's um Performance: Was zählt wirklich? Und warum echte Zufriedenheit mehr ist als jede Prozentzahl. Bleib dran – und lass wachsen!

Faktencheck
- ☑ **Barber & Odean (2000):** Selteneres Depot-Checken bringt bis zu 2 % mehr Rendite – weniger Hektik, mehr Erfolg.
- ☑ **Vanguard (2023):** Jährliches Rebalancing minimiert Risiken und stärkt die Zielstruktur.
- ☑ **Morningstar (2022):** Klare Regeln verhindern Stressverkäufe – Gelassenheit macht den Unterschied.
- ☑ **Harvard Business Review (2022):** Feste Wartungsroutinen sorgen für überdurchschnittliche Ergebnisse und mehr innere Ruhe.
- ☑ **London Business School (2022):** Ein einfacher Pflegeplan stärkt nicht nur Performance, sondern auch Selbstvertrauen.

☑ **Community-O-Ton (2024):** „Mein Garten-Depot wächst am besten, wenn ich weniger mache – und mehr beobachte.“ (Eva, 34, nach fünf Jahren Sparplan)
☑ **CFA Institute (2024):** Disziplinierte Wartung verringert typische Verhaltensfehler und sorgt für langfristig höhere Stabilität.
☑ **Deutsche Bundesbank (2024):** Weniger Aktivität im Depot senkt das Risiko von Kurzschlussreaktionen und erhöht die Zielerreichung.

7.3. Performance messen – aber richtig

„Nicht alles, was zählbar ist, zählt.
Und nicht alles, was zählt, ist zählbar.“
– Albert Einstein

Lisa, Moritz & Patrick – drei Leben, drei Wahrheiten
Nachts, wenn alles ruhig ist, liegt **Lisa** im Bett. Das Licht ihres Handys taucht das Zimmer in bläuliche Schatten. Ihr ETF steht im Minus. Für einen Moment spürt sie, wie der Zweifel schwer auf ihr Herz drückt: „Habe ich alles falsch gemacht?“ Doch diesmal legt sie das Handy weg, nimmt ihr Notizbuch und schreibt: „Nicht nervös machen lassen. Mein Ziel zählt.“ Sie weiß jetzt: Ziele dürfen wachsen, sich verändern – und das ist kein Zeichen von Schwäche, sondern von Leben. Wer sich erlaubt, neu zu justieren, bleibt sich treu und wächst an jeder Kurve.
Moritz sitzt am Küchentisch, die Zahlen des MSCI World in seiner Excel blinken rot. Früher hätte er sich geärgert, heute hält er inne. Er schreibt nicht nur Renditen auf, sondern auch die Tage, an denen er durchgehalten oder einfach nicht reagiert hat. Sein größtes Wachstum misst er nicht in Prozent, sondern in Gelassenheit und kleinen Schritten. Diese stille Bilanz gibt ihm Halt – und das Bewusstsein, dass nicht jede Veränderung sofort ein Sieg oder eine Niederlage sein muss.
Patrick hat seine App monatelang nicht geöffnet. Nach einem stressigen Tag wagt er einen Blick – und erkennt: Erfolg hat viele Gesichter. Früher dachte er, er sei zu spät dran, müsse andere einholen. Heute weiß er: Jeder Check-in zählt. Jeder neue Anfang ist erlaubt. Wer neu startet oder seine Richtung ändert, ist nicht gescheitert – sondern mutig genug, Verantwortung für sich selbst zu übernehmen.
Drei Wege – ein Gefühl: Erfolg ist nicht die Jagd nach Rekorden, sondern die Treue zum eigenen Plan – selbst wenn der Weg sich ändert. Perfektion gibt es nicht. Mut, Flexibilität und kleine Siege zählen.

Was du in diesem Kapitel lernst

- Wie du Performance sinnvoll und ehrlich misst – für dich, nicht für andere
- Warum Prozentzahlen ohne Kontext trügen können
- Welche Vergleiche dich wirklich weiterbringen – und welche dir schaden
- Wie du Fortschritt reflektierst, ohne dich selbst zu verlieren
- Warum Zieländerungen und kleine Schritte echte Stärke sind

Performance – mehr als ein Prozentspiel

Viele glauben: **Wer die höchste Rendite hat, gewinnt.** Doch an der Börse wie im Leben zählt nicht Tempo, sondern Stimmigkeit. Erst dein eigener Rahmen gibt Zahlen Bedeutung:

- **Mit welchem Maßstab vergleichst du?** (Index, Benchmark, Social Media – oder deinem eigenen Plan?)
- **Über welchen Zeitraum?** (Ein Monat, ein Jahr, ein Lebensweg?)
- **Mit welchem Risiko?** (Wie wild schwankte dein Depot – und wie hast du dich dabei gefühlt?)

Beispiel: +20 % klingt nach Triumph, doch wenn es direkt nach −30 % kommt, bleibt oft nur Unsicherheit.

Wichtig: Nicht das größte Wachstum zählt – sondern das beste Verhältnis aus Risiko, Zielerreichung und Gelassenheit.

Die drei wichtigsten Perspektiven auf Performance

1. **Absolut:**
   Wie viel ist dein Depot heute mehr wert als vor einem Jahr?
   (z. B. +1.200 € oder +8,4 %)
2. **Relativ:**
   Wie schlägt sich dein Depot gegen einen Index?
   (z. B. MSCI World – aber nur, wenn du ähnlich breit investierst!)
   Vergleiche mit Maß:
   Miss dich nicht an anderen, sondern an deinem eigenen Plan, Risiko und Lebensweg.
3. **Risikojustiert:**
   Wie stark schwankt dein Depot – und wie gehst du emotional damit um?

Praxis-Tipp: Eine ruhige +6 % kann mehr wert sein als eine nervöse +12 %. Gelassenheit lässt sich messen – an Schlaf, an Mut zur Pause, an Treue zum Plan.

Sharpe-Ratio – die Wahrheit hinter der Rendite

Die **Sharpe-Ratio** zeigt, wie viel Mehrertrag du pro Einheit Risiko bekommst. Nicht nur Schwankung zählt, sondern das, was am Ende für dich herauskommt – im Verhältnis zu den Nerven, die du investierst.

- Höhere Sharpe-Ratio = Effizient investiert – das Risiko zahlt sich aus.
- Niedrige Sharpe-Ratio = Viel Risiko, wenig echter Mehrwert. Das stresst – und ist selten nachhaltig.

Praxisbeispiel

Fonds	Rendite p. a.	Volatilität (Risiko)	Sharpe-Ratio
A	5 %	5 %	1,0
B	6 %	18 %	0,33

*vereinfachte Rechnung, gleiche risikofreie Alternative

Fonds B klingt mit +6 % besser, doch das Risiko ist mehr als dreimal so hoch. Die Sharpe-Ratio macht sichtbar: Fonds A schenkt pro „Nervenkitzel" mehr – und sorgt für ruhigen Schlaf.

Moritz' Aha-Moment: „Ich habe zwei gemischte Fonds verglichen: Einer mit 6 %, der andere mit 5 %. Am Anfang wollte ich sofort den mit 6 %. Aber als ich das Risiko gesehen habe – dreimal so hoch – war klar: Für 1 % mehr will ich keine schlaflosen Nächte kaufen. Die Sharpe-Ratio hat mir gezeigt: Der ruhigere Weg ist oft der bessere."

Toolbox: Dein persönlicher Performance-Check

Nimm dir einmal im Jahr zehn Minuten für Ehrlichkeit:

Frage	Deine Antwort
Wie hat sich dein Depot entwickelt (in € oder %)?	
Gab es größere Ausschläge – wie hast du reagiert?	
Bist du deiner Linie treu geblieben?	
Wie wohl fühlst du dich mit deiner aktuellen Strategie?	
Was willst du im kommenden Jahr beibehalten oder anpassen?	
Welche kleinen Erfolge hast du erlebt (z. B. Disziplin, Ruhe, Zielanpassung)?	

Hinweis: Der Check ersetzt keine Profi-Analyse – schützt aber vor Aktionismus, Panik und toxischen Vergleichen.

Lisa: „Ich feiere auch kleine Fortschritte – das motiviert viel mehr als jeder große Sprung."
Moritz: „Mein Aha-Moment: Performance ist mehr als nur Zahlen. Es geht um das gute Gefühl, dran zu bleiben."
Patrick: „Früher habe ich mich an fremden Zielen gemessen. Heute zählt, was für mich Erfolg bedeutet."

Praxis-Tipps für deinen Alltag

- **Setze feste Performance-Termine:** Einmal im Jahr reicht. Häufiger bringt nur Unruhe.
- **Notiere deine Gefühle:** Wie hast du dich gefühlt, als es runter- oder hochging?
- **Feiere jeden Fortschritt:** Disziplin, Geduld, Zieländerung, Durchhalten – alles zählt.
- **Vergleiche nie mit Social-Media-Helden.** Deren Highlight ist oft nur Show – deine Entwicklung ist echt.
- **Erinnere dich: Es ist nie zu spät, neu zu starten.** Jeder Tag ist ein guter Tag für einen ehrlichen Check-in.

Extra-Tipp: Lege deine persönlichen Ziele neben deinen Depot-Check. Und wenn dein Ziel sich ändert, feiere auch das. Neues Ziel, neues Wachstum.

Sven prüft …

„Performance? Ich dachte früher immer, das ist wie beim Wettrennen – wer am schnellsten rennt, gewinnt. Aber die Börse ist kein 100-Meter-Sprint, sondern ein Marathon mit Gegenwind, Pausen und ganz neuen Zielen zwischendurch."
Sven blättert in seinem alten Depotjournal: „Da stehen überall Prozente, Charts, rote und grüne Zahlen. Kein Wort darüber, wie ich mich gefühlt habe, als es mal richtig wackelte. Und kein Eintrag zu den Tagen, an denen ich NICHT verkauft habe. Genau das waren meine größten Siege – aber keiner davon stand in meiner Excel-Liste."

Wissenschaftlich klar:

- Die Zahlen sind wichtig – aber dein Kopf, dein Herz und dein Durchhaltevermögen entscheiden, wie viel du am Ende wirklich mitnimmst.
- Wer immer nur nach Prozenten schielt, übersieht die eigentliche Kunst: gelassen zu bleiben, Ziele anzupassen und nicht von jedem Trend nervös zu werden.

Sven meint

„Ich kenne viele, die immer nur vergleichen, statt mal kurz innezuhalten: Was will ICH eigentlich, was gibt MIR Ruhe? Am Ende gewinnt nicht die beste Zahl – sondern der, der immer wieder aufsteht und weitermacht. Deine Performance ist mehr als dein Depotwert – sie ist dein persönliches Wachstum."

Svens Fazit

Miss deinen Erfolg an dem, was DIR wichtig ist. Und feiere jeden Fortschritt – egal, ob groß oder klein. Der beste Investor? Ist der, der heute ein Stück ruhiger ist als gestern.

Community-O-Ton

„Ich hab jahrelang nur auf die Zahlen gestarrt – immer Angst, was zu verpassen. Erst als ich angefangen habe, auch kleine Fortschritte zu feiern, wurde das Ganze entspannter. Mein Aha-Moment: Nicht der Depotstand entscheidet, sondern wie ruhig ich schlafe und wie viel Spaß ich am Investieren habe."
– Marie, 33, Berufseinsteigerin

Praxis-Tipp: Performance-Tagebuch

Mach deine Depotkontrolle zum persönlichen Erfolgsritual:

- Notiere nicht nur die Rendite, sondern auch deine Gefühle bei Aufs und Abs.
- Schreibe auf, was du richtig gemacht hast – Disziplin, Geduld, oder einfach, dranzubleiben.
- Halte fest, was du im nächsten Jahr anders machen möchtest.
- Vergleiche dich nie mit Social-Media-Helden. Die beste Benchmark bist du selbst – und dein eigenes Wachstum.

Das macht deinen Erfolg sichtbar – und schützt dich vor unnötigem Stress. Denn Fortschritt misst sich nicht nur in Prozent, sondern in Stärke, Gelassenheit und kleinen Schritten.

Social Proof

„Ich vergleiche mich nur noch mit meinen eigenen Zielen – und feiere jeden Fortschritt, egal wie klein."
– Nicole, 29, Designerin

Take-Aways – Das Wichtigste auf einen Blick

- Nicht die höchste Rendite zählt – sondern der Weg, der zu dir passt.
- Vergleiche nie ohne Kontext: Zeitraum, Risiko, dein Ziel.
- Gelassenheit und Vertrauen in deinen Plan sind wichtiger als schnelle Rekorde.
- Der einzige Vergleich, der zählt: Du mit dir selbst – Jahr für Jahr.
- Ziele dürfen wachsen, sich ändern – das ist kein Scheitern, sondern Entwicklung.
- Jeder Fortschritt zählt – ob groß, klein, früh oder spät. Auch Umsteiger:innen und Spätstarter:innen sind Champions.

So denken Lisa, Moritz & Patrick

Lisa: „Es gibt Abende, da bin ich auch mal nervös. Aber mein Ziel und mein Plan geben mir Gelassenheit – und wenn mein Ziel sich verändert, darf ich es anpassen. Das ist kein Fehler, sondern Wachstum."

Moritz: „Ich vergleiche mich mit meinem Plan – nicht mit Internet-Helden. Ich notiere jeden Erfolg. Am Ende zählt, dass ich dranbleibe – und dabei immer mehr lerne."

Patrick: „Früher habe ich auf die Zahlen anderer geschielt. Heute feiere ich meine eigenen Fortschritte – und weiß: Es ist nie zu spät, neu zu starten. Jeder ehrliche Check-in bringt mich weiter."

Reflexionsfragen

1. Wie hat sich dein Depot entwickelt – in absoluten Zahlen?
2. Welche Ausschläge oder Phasen haben dich emotional bewegt?
3. Hast du an deiner Strategie festgehalten – oder dich treiben lassen?
4. Gab es einen Moment, in dem du dein Ziel anpassen oder neu wählen musstest?
5. Welche kleinen Erfolge hast du dir notiert – wie fühlst du dich damit?
6. Was möchtest du im nächsten Jahr ändern – oder beibehalten?

Tipp: Schreib deine Antworten auf – lies sie nächstes Jahr. Du wirst sehen, wie sehr du gewachsen bist – und wie wertvoll kleine Schritte und Kurswechsel sind.

Golden Nugget: Wahrer Erfolg ist nicht, immer die beste Rendite zu erzielen – sondern dem eigenen Weg und Tempo treu zu bleiben. Jeder kleine Fortschritt, jeder Kurswechsel und jedes ruhige Durchhalten sind ein Sieg, der zählt.

Mentor-Moment: Du kannst kein Fußballspiel gewinnen, wenn du ständig auf die Anzeigetafel schaust. Auch jede Zahl im Depot ist nur ein Zwischenstand. Dein Ziel ist das Spiel – nicht der Punktestand nach fünf Minuten.

Lisa: „Früher habe ich jeden Tag ins Depot geschaut und mich verrückt gemacht. Heute genieße ich die kleinen Schritte – und merke, wie viel entspannter ich geworden bin."
Moritz: „Ich vergleiche mich nicht mehr mit anderen, sondern nur noch mit meinem eigenen Fortschritt. Das macht gelassener – und Spaß."
Patrick: „Für mich zählt nicht der kurzfristige Erfolg, sondern dass ich langfristig dranbleibe. Das ist mein Sieg."

Social Proof
„Seit ich aufgehört habe, täglich auf die Zahlen zu starren, bin ich viel ruhiger. Mein Depot ist ein Teil meines Lebens – aber nicht mein ganzes Leben."
– Olaf, 49, Steuerberater

Cliffhanger: Und jetzt? Jetzt bist du bereit, deinen Erfolg ehrlich und gelassen zu messen – mit Verstand, Herz und der Freiheit, dich weiterzuentwickeln. Im nächsten Kapitel erfährst du, wie du auch in Krisen, bei Kursschwankungen und an emotionalen Börsentagen wirklich ruhig bleibst – und investiert bleibst. Denn das Wertvollste an deinem Depot bist immer du selbst – und die Geschichte, die du daraus machst.

Faktencheck
- ☑ **Vanguard (2023):** Anleger:innen, die eigene Ziele verfolgen statt Benchmarks zu jagen, sind entspannter und erzielen langfristig bessere Ergebnisse.
- ☑ **Morningstar (2022):** Risikojustierte Kennzahlen wie die Sharpe-Ratio helfen, nervenschonende Strategien zu finden.
- ☑ **London Business School (2021):** Persönliche Zielklarheit schützt besser vor Panik und Übermut als reine Renditevergleiche.
- ☑ **Harvard Business Review (2022):** Emotionale Selbstbeobachtung beim Performance-Check verhindert toxische Vergleiche und macht langfristig zufriedener.
- ☑ **Yale University (2022):** Die erfolgreichsten Endowment-Portfolios setzen auf langfristige, risikoangepasste Ziele – nicht auf kurzfristige Maximalrenditen.
- ☑ **Community-O-Ton (2024):** „Der ehrlichste Erfolg ist, wenn ich ruhig bleibe, obwohl mein Depot schwankt." (Benedikt, 29, seit sechs Jahren dabei)
- ☑ **Princeton Finance Lab (2022):** Zielorientierte Anleger:innen erleiden weniger Stress und treffen überlegte Entscheidungen in schwierigen Marktphasen.
- ☑ **CFA Institute (2024):** Individuelle Zielplanung erhöht die Wahrscheinlichkeit, Investmentpläne auch in Krisen konsequent umzusetzen.

7.4. Wie du mit Nachrichten, Crashs & Gier klug umgehst

„Die größte Gefahr beim Investieren ist nicht der Markt – sondern dein eigenes Verhalten."
– frei nach Benjamin Graham

Lisa steht mit ihrem Kaffee am Fenster, das Radio raunt vom „DAX-Crash", und die App leuchtet rot. Erinnerungen an die Panikverkäufe ihrer Eltern in der Finanzkrise steigen auf. Doch dieses Mal bleibt die App zu – stattdessen liest Lisa ihren Depot-Plan, atmet durch und fühlt zum ersten Mal: Ich kann stolz auf mich sein. Vor zwei Jahren hätte sie panisch verkauft, heute bleibt sie ruhig. Es ist kein großer, sichtbarer Sieg – aber einer, der alles verändert.
Moritz liest in seiner alten Studiengruppe: „Bin komplett raus – das wird noch schlimmer!" Ein Anflug von Unruhe, doch statt zu handeln, öffnet er seine Anti-Panik-Mail an sich selbst. Die Erinnerung an seinen früheren Fehler – verkauft aus Angst, teurer zurückgekauft – schützt ihn. Heute ist sein größter Erfolg nicht die Rendite, sondern seine neue Gelassenheit. Wer Fehler als Lernkurve sieht, wächst leise, aber beständig.
Patrick scrollt durch Finanz-Twitter: Crash-Geschichten, Werbung für „Krisenprodukte", überall Hektik. Dann ruft seine Tochter: „Papa, jetzt ist alles im Angebot!" Ein Lachen, Espresso, Kuchen – und der Gedanke: Weniger News, mehr Leben. Patrick weiß: Echte Fortschritte zeigen sich nicht in Prozenten, sondern im Gefühl, dem eigenen Plan treu geblieben zu sein.
Drei Menschen, drei Wege – ein Ziel: Ruhig und stolz bleiben, wenn alle anderen nervös werden. Die größten Siege passieren oft im Stillen.

Was du in diesem Kapitel lernst

- Wie du Nachrichten, Crashs und Gier einordnest, ohne dich verrückt zu machen
- Typische Denkfehler erkennst – und gezielt entschärfst
- Deinen persönlichen Anti-Panik-Plan entwickelst, der dich auch in Krisen trägt
- Wie du Fehler, Rückschritte und deinen eigenen Fortschritt bewusst feierst

Drei Denkfallen – und wie du sie knackst

Denkfalle	Was sie bewirkt	Was dir hilft
Herdentrieb	Du folgst der Masse, selbst wenn's nicht passt	Eigene Regeln, Routinen
Verlustaversion	Du hältst an schlechten Anlagen fest, um Verluste nicht einzustehen	Strategie schlägt Gefühl
Verfügbarkeits-Bias	Du reagierst auf das, was laut ist – nicht auf das, was wichtig ist	Nachrichten filtern, keine Pushs

Extra-Tipp: Frag dich bei jeder Info: Würde ich handeln, wenn ich diese Nachricht nicht gehört hätte? Wenn nicht, lass sie los.

Fake-News & Finanz-Influencer-Fallen

Warnzeichen	Was steckt dahinter?	Dein Umgang
„Jetzt oder nie!"	Clickbait, künstlicher Druck	Quellen prüfen, ruhig bleiben
Extreme Charts	Einzelmeinung, aus dem Kontext	Hinterfragen, Kontext suchen
Nur Gewinner-Stories	Selektive Darstellung, Marketing	Nachfragen, skeptisch bleiben

Trader:innen gegen Investor:innen – was wirklich zählt

Trader:innen reagieren auf News, Kursschwankungen und Stimmungen – Investor:innen denken in Jahren und Lebensphasen. Die tägliche Newsflut ist für Trader:innen gemacht – für Langfristige ist sie nur Hintergrundrauschen. Was heute Panik macht, ist in zehn Jahren eine Randnotiz. **Dein Schutz: Ein starker Plan, Disziplin, Distanz.**

Anti-Panik-Bauplan für echte Krisenzeiten

- „Rückschläge gehören dazu – ich bleibe meinem Plan treu."
- „Mein Ziel liegt in der Zukunft, nicht in den News von heute."
- „Ich bin kein Daytrader – ich muss heute nichts tun."

Druck diesen Plan aus – oder teile ihn mit einer vertrauten Person. Wer's ausspricht, bleibt ruhiger.

Dein Anti-Panik-Plan – Fünf Schritte für laute Zeiten

1. **Nachrichten filtern:** Kein Twitter-Ticker, keine Pushs. Maximal 1x/Woche gezielt lesen.
2. **Regel statt Reflex:** Fester Depot-Check – nie aus Panik handeln.

3. **Handlungstrigger:** Nur handeln, wenn sich Ziel, Lebenslage oder ein echter Regelbruch ändern.
4. **Emotionen erkennen:** Was fühlst du? Was hilft? Abstand, Notiz, Gespräch, Bewegung.
5. **Beruhigungsformel:** „Ich habe einen Plan. Ich weiß, was ich tue. Und warum ich nichts tue.“

Lisa: „Ich habe gelernt, Fehler als Schritt nach vorn zu sehen – nicht als Rückschlag.“
Moritz: „Beim ersten Minus war ich frustriert. Heute weiß ich: Wer dranbleibt, lernt am meisten.“
Patrick: „Ich dokumentiere Rückschläge. Das nimmt ihnen den Schrecken und hilft beim Weitermachen.“

Toolbox: Notfall-Check für Krisen

Frage	Deine Antwort
Welche Medien konsumiere ich – und wie oft?	
Was ist mein persönlicher Handlungstrigger?	
Habe ich jemanden, mit dem ich ehrlich reden kann?	
Was hilft mir, ruhig zu bleiben?	
Welche Gedanken habe ich mir in ruhigen Zeiten gemacht?	
Wann war ich zuletzt stolz auf meine Entwicklung?	

Fehlerkultur & Entwicklung: Wachstum durch Rückschritt

Moritz: „Ich habe aus Angst verkauft und teurer zurückgekauft. Heute bin ich stolz, gelassener zu sein – Fehler sind meine Lernkurve.“
Lisa: „Früher hätte ich panisch reagiert, heute halte ich durch. Diese kleine Veränderung ist mein eigentlicher Fortschritt.“
Patrick: „Ich feiere meine kleinen Siege, auch wenn es nur ein ruhiger Espresso ist – das gibt Kraft für die nächste Krise.“ **Nimm dir Zeit, stolz auf deine Entwicklung zu sein – sie ist dein stärkster Schutz.**

O-Ton

„Nach jedem Rückschlag habe ich zuerst gehadert – und dann immer etwas dazugelernt. Das gibt mir heute mehr Gelassenheit.“
– Felix, 40, Ergotherapeut

Take-Aways: Das Wichtigste auf einen Blick

- Die größte Gefahr ist selten der Markt – sondern dein Verhalten.
- News sind selten ein Handlungsgrund – meist nur Geräusch.
- Ein starker Plan schlägt jede Panik.
- Fehler sind Teil der Reise – entscheidend ist, was du daraus machst.
- Erfolg misst sich an Gelassenheit und deinem eigenen Fortschritt, nicht an Schlagzeilen.
- Wer seine Entwicklung wahrnimmt und anerkennt, wächst gelassener durch jede Krise.

So denken Lisa, Moritz & Patrick

Lisa: „Push-Nachrichten aus, Depot-Check nur wöchentlich. Ich bin stolz, dass ich dranbleibe – egal, wie laut es draußen ist."

Moritz: „Meine Mail an mich selbst rettet mich in stürmischen Zeiten. Mein größter Gewinn? Gelassenheit."

Patrick: „Meine Tochter erinnert mich: Das Leben ist länger als jede Börsenphase. Ich feiere kleine Fortschritte – und bleibe dran."

Reflexionsfragen – dein Verhalten in der Krise

- Welche Infos tun dir gut – welche stressen dich?
- Wie hast du in der letzten Krise reagiert – und warst du zufrieden?
- Was wäre beim nächsten Rücksetzer besser?
- Wem vertraust du, wenn du unsicher wirst?
- Was ist dein Leitsatz für Turbulenzen?
- Wie willst du beim nächsten Crash reagieren? Was hilft dir?
- Wann warst du zuletzt stolz auf deinen Umgang mit einer Krise?
- Was möchtest du deinem künftigen Ich sagen, wenn es wieder hektisch wird?

Notiere deine Antworten – und lies sie, wenn's an der Börse wieder stürmt.

Golden Nugget: Die größten Gewinne an der Börse sind oft unsichtbar – sie zeigen sich nicht im Depotstand, sondern im eigenen Wachstum. Wer lernt, inmitten von Panik gelassen zu bleiben, feiert die wichtigsten Siege im Stillen – und schreibt seine ganz eigene Erfolgsgeschichte.

Mentor-Moment: Märkte schwanken. Strategien halten. Und du? Du darfst atmen – statt handeln.

Lisa: „Während andere panisch verkauft haben, habe ich gelernt, ruhig zu bleiben. Im Nachhinein war das meine größte Stärke."
Moritz: „Ich musste erst lernen, dass Nichtstun manchmal die beste Entscheidung ist. Heute bin ich stolz auf meine Gelassenheit in stürmischen Zeiten."
Patrick: „Für mich ist der wichtigste Gewinn, dass ich auch bei Turbulenzen ruhig bleibe und an meinem Plan festhalte."

Social Proof
„Mein größter Aha-Moment war nicht der höchste Kursgewinn, sondern die Ruhe, nicht in Panik zu verfallen. Die stille Stärke zählt mehr als jede Prozentzahl."
– Sabine, 46, Erzieherin

Cliffhanger: Jetzt bist du krisenfest – bereit, auch in stürmischen Zeiten ruhig und souverän zu bleiben. Im nächsten Kapitel stärkst du dein Fundament: mit Routinen, Werkzeugen und Checklisten für jedes Börsenwetter. Deine Reise geht weiter – mit dir im Mittelpunkt.

Faktencheck
- ☑ **DALBAR QAIB Report (2023):** Privatanleger:innen erzielen im Schnitt ein bis vier Prozentpunkte weniger Rendite als der Markt – Hauptgrund: Panikverkäufe und Wiedereinstiege zum falschen Zeitpunkt.
- ☑ **Morningstar „Mind the Gap" (2022):** Die Renditelücke zwischen Fonds und realem Anlegerertrag entsteht fast ausschließlich durch emotionale Fehlreaktionen und hektisches Umschichten.
- ☑ **BaFin (2022):** Disziplin und System schlagen Produktwahl – Anleger:innen mit klaren Routinen und Plan bleiben erfolgreicher.
- ☑ **Yale University (2023):** Selbst die erfolgreichsten Stiftungsfonds setzen auf Gelassenheit und langfristige Routinen statt auf schnelle News und Marktprognosen.
- ☑ **Daniel Kahneman, „Schnelles Denken, langsames Denken" (2012):** Psychologische Denkfehler wie Verlustaversion und Herdentrieb führen häufig zu schlechten Finanzentscheidungen.
- ☑ **Robert J. Shiller, „Narrative Economics" (2019):** Marktpaniken und Blasen werden maßgeblich von Geschichten, Medien und Massenpsychologie getrieben – rationales Verhalten ist selten, aber lernbar.
- ☑ **Morgan Housel, „Die Psychologie des Geldes" (2020):** Wer mit Rückschlägen und Krisen bewusst umgeht, steigert nicht nur die Depot-Rendite, sondern vor allem die eigene Zufriedenheit und Unabhängigkeit.

☑ **Community-O-Ton (2024):** „Als ich aufgehört habe, jeder Schlagzeile zu folgen, wurde mein Depot stabiler – und ich auch." (Anna, 31)

☑ **CFA Institute (2024):** Langfristige Disziplin und Planorientierung werden in Studien als die wichtigsten Erfolgsfaktoren für Anleger:innen bestätigt.

7.5. Tools & Checklisten für dein Anlegejahr

„Erfolg ist planbar –
wenn du dein System kennst."
– Josef Obergantschnig

Drei Leben, ein Neustart – und der Moment, der alles dreht
Neujahrsmorgen. **Lisa** steht mit ihrem Kaffee am Fenster, das Handy in der Hand – heute will sie es wirklich tun: den Depot-Check. Keine Ausreden, kein Aufschieben mehr. Im Familien-Chat poppt **Moritz'** Sprachnachricht auf: „Ich hab mein ganzes Depot in Excel, aber der Überblick fehlt. Muss das alles so kompliziert sein?" **Patrick** sendet ein Foto seiner alten Depot-Regel-Postkarte. „Wiedergefunden. Vielleicht klappt's diesmal, wenn wir uns gegenseitig motivieren?"
Drei Menschen – ein Ziel: Endlich raus aus dem Vorsatz-Karussell. Nicht mehr nur wissen, sondern ein System finden, das hält – auch wenn das Leben Chaos spielt.

Investieren ist wie Segeln im Nebel: Nicht die Zahl der Kompasse zählt, sondern die verlässlichen Bojen, die dich immer wieder auf Kurs bringen – auch nach einer Flaute oder einer windigen Nacht.

Was du in diesem Kapitel lernst
- Wie du aus guten Vorsätzen echte, nachhaltige Routinen baust
- Warum Struktur kein Korsett ist, sondern die Basis für echte Freiheit – selbst nach Rückschlägen
- Wie du typische Tool-Fallen erkennst und hinter dir lässt
- Mit welcher Mini-Challenge du sofort ins Tun kommst, auch nach einer Pause
- Wie du mit einem klaren Jahresfahrplan gelassen und selbstbewusst durch jedes Börsenjahr segelst

Toolbox: Dein Fahrplan durch das Anlegejahr

Monat	Routine	Ziel
Januar/Februar	Depot-Check & Rebalancing	Überblick, Anpassung
April	Quartals-Reflexion: „Wie fühle ich mich?“	Emotionen wahrnehmen
Juli	Sommerpause: Keine Änderungen ohne echten Grund	Ruhephasen akzeptieren
Oktober	Jahresend-Check: Ziele & Strategie	Ausblick, Anpassung
Dezember	Kein Aktionismus!	Kontinuität bewahren

Extra: Dein Depot ist wie ein Langstreckenflug: Es braucht keine ständigen Kurswechsel, sondern klare Checkpoints. Routine wird zum Autopiloten – und bringt dich auch nach Turbulenzen sicher ans Ziel.

Lisa: „Meine Checkliste rettet mich an stressigen Tagen. Sie gibt mir Struktur, auch wenn der Kopf voll ist.“
Moritz: „Ohne App und Reminder würde ich vieles vergessen. Automatisierung ist mein bester Freund.“
Patrick: „Mit Tools und Listen halte ich mich an meine Strategie – auch wenn's mal hektisch wird.“

Praxis-Set: Tools, die dich wirklich voranbringen

1. **90-Tage-Regel (Mini-Challenge):** Nach jedem Depot-Check blockierst du 90 Tage für bewusste Ruhe. Keine Aktion, keine Änderungen – das schützt vor Aktionismus und gibt dir nach Rückschlägen die Erlaubnis, entspannt wieder einzusteigen.
2. **Champions-League-Fahrplan:** Gedruckt am Kühlschrank, digital im Kalender, sichtbar im Dashboard – feste Termine geben Halt, nicht der neueste Chart.
3. **Reflexions-Booster:** Am Quartalsende schreibst du auf, was dich nach Hängern wieder auf Kurs gebracht hat – und was du getrost loslassen kannst.

Frage	Deine Antwort
Was lief am besten – und warum?	
Wann wurde ich nervös?	
Was hat mich zurückgeworfen – und wie bin ich wieder eingestiegen?	
Welche Tools helfen mir wirklich?	
Was lasse ich im nächsten Jahr weg?	

Community-Stimme

„Früher war ich Tool-Junkie. Heute weiß ich: Das größte Learning ist, nach einem Hänger einfach wieder anzufangen. Nicht aufgeben, sondern zurück in die Routine – das gibt mir Gelassenheit und neue Energie."

– Thomas, 42

Typische Tool-Fallen & wie du sie überwindest

Tool-Falle	So bleibst du klar
Zu viele Apps & Listen	Maximal zwei Tools – Rest löschen, Mut zur Lücke!
Komplizierte Excel-Sheets	Ein übersichtliches Dashboard reicht völlig
Ständiges Tracken	Klare Termine, bewusste Pausen – und nach Aussetzern: einfach wieder einsteigen!

Loslassen ist oft der größte Fortschritt. Jeder darf mal aus der Routine fallen – wichtig ist, dass du wieder zurückfindest.

Persönliche Mini-Anekdote: Früher hatte ich sechs Tools, ständige Listen, das Gefühl, nie alles im Griff zu haben. Die Wende kam, als ich alles auf einen Blick reduzierte – und mir erlaubte, auch nach einem Routinen-Knick einfach neu zu starten. Das war mein größter Schritt zu Gelassenheit, Klarheit und echter Freiheit im Depot.

Social Proof

„Ohne meine App hätte ich längst den Überblick verloren. Automatische Erinnerungen sind mein Investoren-Lebensretter."

– Clara, 34, Grundschullehrerin

Take-Aways: Das Wichtigste auf einen Blick

- Struktur entlastet – und holt dich zurück, auch wenn du mal rausfällst.
- Nicht das beste Tool bringt dich weiter, sondern das, was du wirklich nutzt.
- Leitplanken schützen dich vor hektischen Fehlentscheidungen und helfen beim Wiedereinstieg.
- Weniger ist mehr: Einfache Routinen sind robuster als komplizierte Systeme.
- Dein Depot ist kein To-do-Objekt, sondern dein persönlicher Zukunftsfahrplan.

So machen es Lisa, Moritz & Patrick

Lisa: „Mein Fahrplan hängt am Kühlschrank. Wenn ich mal einen Monat verpasse, ist das okay – ich steige einfach wieder ein. Das ist für mich echte Freiheit."

Moritz: „Ich setze auf Einfachheit – ein Dashboard, feste Erinnerungen. Und nach Aussetzern: Neustart ohne Scham. Genau das gibt mir Ruhe."

Patrick: „Depot-Regeln stehen im Kalender. Nach einem Hänger hilft mir ein Espresso und ein ruhiger Neustart – Hauptsache, ich bleibe im Spiel."

Reflexionsfragen – dein Jahreskompass

- Habe ich feste Termine für meinen Depot-Check – oder lasse ich mich treiben?
- Welche Tools oder Rituale geben mir wirklich Halt?
- Was hat mich im letzten Jahr aus der Bahn geworfen – und wie bin ich zurückgekommen?
- Wie gehe ich mit Rückschlägen um – und was gibt mir dann Orientierung?
- Wo fehlt mir noch Struktur – und was könnte helfen?
- Wann war ich zuletzt stolz, einen Neustart gewagt zu haben?

Tipp: Schreib deine Antworten auf – und lies sie in einem Jahr. Wachstum beginnt immer mit ehrlicher Reflexion.

Mentor-Moment: Dein Depot ist nicht deine To-do-Liste. Es ist dein Zukunftsfahrplan. Champions feiern nicht nur Disziplin – sondern auch den Mut, nach Rückschlägen neu zu starten.

Golden Nugget: Die besten Tools sind die, die dir erlauben, jederzeit neu zu starten – ohne schlechtes Gewissen. Erfolg beim Investieren misst sich nicht an perfekten Routinen, sondern an deinem Mut, auch nach einem Rückschlag weiterzumachen.

Lisa: „Ich hatte Angst, einen Fehler nicht mehr ausbügeln zu können. Heute weiß ich: Mit den richtigen Tools kann ich immer wieder von vorn anfangen – das nimmt den Druck."

Moritz: „Mein größtes Learning: Nach einem Rückschlag nicht aufzugeben, sondern einfach neu zu starten. Kein Depot ist perfekt – und das ist völlig okay."

Patrick: „Die besten Routinen sind die, die auch Pausen erlauben. Heute mache ich regelmäßig einen Neustart, wenn's nötig ist – ohne schlechtes Gefühl."

Social Proof
„Früher dachte ich, ein Rückschlag bedeutet das Aus. Heute bin ich dank Tools und Checklisten mutiger geworden. Neustart ist kein Zeichen von Schwäche – sondern von echtem Fortschritt."
– Melanie, 35, Physiotherapeutin

Cliffhanger: Im nächsten Kapitel erfährst du, wie du Routinen und Tools zu deiner persönlichen Toolbox machst – für jede Marktphase und jeden Neustart. Bleib mutig, bleib flexibel – und feiere jeden Neuanfang als Schritt nach vorn!

Faktencheck – Exzellenz & Reputation

- ☑ **London Business School (2023):** Anleger:innen mit klaren Routinen und Wiedereinstiegsstrategien erzielen signifikant bessere Resultate als Spontan-Optimierer:innen.
- ☑ **Stanford Graduate School of Business (2022):** Systematische Reflexion erhöht die Wahrscheinlichkeit eines erfolgreichen Wiedereinstiegs nach Pausen um mehr als 25 %.
- ☑ **Behavioural Insights Team, UK Government (2022):** Ritualisierte Finanzentscheidungen reduzieren Stress und stärken die Investmenttreue.
- ☑ **Fama & French, „The Science of Investing" (2021):** Beständigkeit und regelmäßige Checks schlagen Komplexität – gerade, wenn das Leben dazwischenfunkt.
- ☑ **Swisscanto Pensionskassenstudie (2023):** Schweizer Pensionskassen mit einfachen, fest definierten Überprüfungsroutinen erzielen langfristig höhere Stabilität und höhere Kundenzufriedenheit als jene mit häufig wechselnden Strategien.
- ☑ **Deutsche Bundesbank (2024):** Anleger:innen, die nach Rückschlägen kleine Etappenziele setzen, bleiben signifikant häufiger am Ball und erzielen langfristig höhere Renditen und mehr Zufriedenheit.
- ☑ **Community-O-Ton (2024):** „Mein größtes Learning: Jeder darf mal aussteigen – wichtig ist nur, dass du wieder zurückkommst." (Miriam, 36)
- ☑ **CFA Institute (2024):** Disziplinierte Wiedereinstiegs- und Reflexionsroutinen werden von Expert:innen als Schlüssel zu nachhaltigem Anlageerfolg bestätigt.

7.6. Der kritische Sven über Kapitel 7: Routinen, Wartung & Verhalten – Erfolgreich dranbleiben

„Routine klingt nach Langeweile – aber ist das nicht genau der Unterschied zwischen kurzfristigem Hype und echtem Erfolg? Ich frage mich, wie viele ihre guten Vorsätze beim ersten Börsenschwung wieder vergessen. Wird wirklich gezeigt, wie Wartung konkret und stressfrei klappt – oder bleibt alles Theorie? Für mich bleibt: Nur wer sich feste Rituale schafft und sein Depot wirklich pflegt, bleibt langfristig auf Kurs. Aber was tun, wenn das Leben mal alles durcheinanderwirbelt?“

Leser:innen-Stimme
„Mein größter Aha-Moment war, dass mein Depot keine Einbahnstraße ist. Es geht darum, immer wieder anzupassen, statt stur an alten Plänen festzuhalten. Der Tipp, feste Wartungs-Termine zu setzen, hat mir geholfen, cool zu bleiben – auch wenn an der Börse mal wieder alles verrücktspielt.“
— Sarah, 39, Journalistin

Abschlussstatement: Investieren ist kein Ziel, sondern ein Prozess. Wer dranbleibt, regelmäßig prüft und bereit ist, Routinen anzupassen, wächst – nicht nur mit dem Depot, sondern als Mensch.“

Social Proof
„Am Anfang dachte ich, Investieren ist nur Mathe. Heute weiß ich: Dranbleiben ist die halbe Miete – und mit jedem Jahr wächst das Selbstvertrauen.“
– David, 38, Physiotherapeut

Sven: „Dranbleiben klingt einfach – aber ohne Fehler, Zweifel und ein bisschen Humor wird's richtig schwer.“

KAPITEL 8
FEHLER VERMEIDEN UND MENTAL STARK BLEIBEN

„An der Börse wirst du nicht für Wissen bezahlt –
sondern für Haltung, Geduld und Verhalten im Sturm."
– Josef Obergantschnig

Es ist einer dieser Abende, an denen die Märkte Achterbahn fahren und das Depot tiefrot leuchtet. **Lisa** liegt im Dunkeln, das Handy in der Hand, Herzklopfen. Minus neun Prozent – der Bildschirm wirkt wie ein rotes Warnsignal. Alles verkaufen? Oder einfach nur durchatmen? Neben ihr schläft ihre Tochter, völlig unbeeindruckt von der großen Börsenwelt. Lisa spürt: Die Unsicherheit ist manchmal lauter als jede Nachricht. Am nächsten Morgen, Frühstückstisch. Ihre Tochter kritzelt bunte Kreise auf einen Zettel. „Mama, was ist eigentlich ein Fehler?" Lisa lächelt, streicht ihr sanft übers Haar. „Weißt du, ein Fehler ist etwas, das nicht so läuft, wie wir es wollen. Aber daraus lernen wir am meisten. Stell dir vor, du malst aus Versehen über die Linie – dann entsteht vielleicht ein neues Bild. So ist das auch beim Investieren: Fehler zeigen uns, wie wir es beim nächsten Mal besser machen. Und weißt du was? Ich mache immer noch Fehler. Das ist völlig okay."

Im Chat mit **Moritz** und **Patrick** kommt die echte Stimmung auf: Lisa: „Heute Morgen hat mich meine Tochter nach Fehlern gefragt. Ich habe ihr gesagt, dass Fehler Freunde sind, die uns stärker machen. Und dass ich stolz bin, daran zu wachsen."

Moritz: „Genau so geht's mir auch. Beim letzten FOMO-Kauf war ich erst sauer auf mich, aber inzwischen kann ich drüber schmunzeln. Fehler gehören einfach dazu. Wer sie aufschreibt, kann sie auch abhaken."

Patrick: „Und es ist nie zu spät! Ich habe erst mit über fünfzig begriffen, dass Nichtstun oft der größte Fehler ist. Aber auch dann kann man Routinen ändern – jeder Tag ist ein neuer Start."

Lisa: „Wir sind alle keine Börsen-Profis – aber Champions im Wiederaufstehen."

Moritz: „Ab jetzt: Fehler-Freitag! Ich notiere mir jede Woche, was ich falsch oder richtig gemacht habe. Das macht richtig Spaß, wenn man gemeinsam dranbleibt."

Patrick: „Und wir feiern jede kleine Veränderung. Es kommt nicht darauf an, wann du anfängst – sondern dass du dranbleibst."

Du bist kein Anfänger mehr. Du hast den ersten Stürmen getrotzt. Doch die echten Prüfungen kommen erst: Was tust du, wenn dein Wissen von Unsicherheit übertönt wird? Wie bleibst du standhaft, wenn alle um dich herum wackeln?
Dieses Kapitel zeigt dir nicht nur die größten Anlegerfallen und wie du sie clever umgehst, sondern auch, warum mentale Stärke oft mehr wert ist als jede Strategie. Du erfährst, wie du Fehler als Wachstumstreiber nutzt, welche Rituale und Tools dich in Krisen tragen – und wie Lisa, Moritz und Patrick an ihren schwächsten Tagen am meisten gewachsen sind.

Typische Fehler – jetzt noch alltagsnäher:

- **Verpasster Kauf:** Du wartest zu lange, zögerst – und verpasst eine große Chance.
- **Überstürzter FOMO-Kauf:** Du steigst ein, weil alle davon reden. Meistens zu spät, meistens aus Angst, den Zug zu verpassen.
- **Panik-Verkauf:** Die Nerven verlieren, wenn alles fällt. Am Tief verkaufen – dann ärgern.
- **Bestätigungsfehler:** Du siehst nur, was zu deiner Meinung passt, blendest Risiken aus.
- **Aktionismus:** Ständiges Umschichten, weil du glaubst, immer reagieren zu müssen.
- **Nicht dokumentierte Fehler:** Du wiederholst die gleichen Fehler, weil du sie nicht aufschreibst – keine Chance auf echtes Lernen.
- **Nichtstun:** Auch das ist ein Fehler. Geld auf dem Sparbuch oder Tagesgeld liegen zu lassen – und jahrelang auf die perfekte Gelegenheit zu warten – kostet oft mehr als jede Schwankung am Markt.

Josefs Geständnis: Im Laufe meines Investorenlebens habe ich schon alle denkbaren Fehler gemacht. Manche davon sogar mehr als einmal. Und ich weiß, dass ich auch in Zukunft noch Fehler machen werde – das gehört einfach dazu. Aber: Allein das Wissen um diese Stolpersteine hat mir schon einiges an Ungemach erspart. Fehler sind keine Schande – sondern mein bester Trainingspartner. Und ich kann dir eines versichern: **Man kann trotz Fehler erfolgreich sein!**

Community-Stimme

„Mir ging es wie dir, Josef: Am meisten gelernt habe ich aus den Fehlern, die ich erst Jahre später wirklich verstanden habe. Heute traue ich mich, auch darüber zu sprechen – und merke, wie viel leichter alles wird, wenn man Fehler gemeinsam anschaut."
– Tanja, 35, Projektmanagerin und Mutter von Zwillingen

Lisa, Moritz & Patrick – was ihnen hilft

- **Lisa:** „Mein größter Fehler? Zu zögern – und später zu bereuen, dass ich es nicht wenigstens versucht habe. Heute bin ich mutiger – und verzeihe mir auch, wenn ich mal wieder einen Trend verpasse."
- **Moritz:** „Ich kenne beide Seiten: den FOMO-Kauf und das ewige Warten. Meine Routine? Die 24h-Regel und das Fehler-Tagebuch. Es entspannt – und ich erkenne meine Muster schneller."
- **Patrick:** „Nichtstun aus Angst war mein häufigster Fehler. Geld lag jahrelang rum, hat sich nicht vermehrt. Heute weiß ich: Auch kleine Schritte zählen. Jeder verpasste Zug ist eine Einladung, es das nächste Mal bewusster zu machen – und Geduld nicht zu verlernen."

Praxis-Tipp: Schreibe nicht nur Verluste auf, sondern auch Gelegenheiten, die du aus Unsicherheit oder Angst verpasst hast. Sie sind oft die besten Lehrer.

Mini-Ritual: Fehler-Freitag

Nimm dir freitags zwei Minuten:

- Was war diese Woche mein „größter Nicht-Fehler" – also etwas, das ich NICHT getan habe (z. B. nicht panisch verkauft, keinen FOMO-Kauf getätigt, ruhig geblieben)?
- Was war mein „Fehler-Moment" – ein verpasster Kauf, ein überstürzter Einstieg?
- Was habe ich daraus gelernt?

Mentale Schutzweste – Schritt für Schritt

1. Fehler feiern, statt verdrängen: Schreibe deinen letzten Investment-Fehler auf. Teile ihn – mit einem Freund, in der Community oder für dich allein.
2. 24h-Regel: Zwischen Impuls und Umsetzung 24 Stunden Abstand lassen.
3. Reflexions-Ritual: Einmal im Monat 30 Minuten investieren: Was lief gut? Was lief schief? Was hast du daraus gelernt?
4. Mini-Meditation: fünf Atemzüge, dann erinnere dich an dein Warum. Klarheit schlägt Panik.

Crash-Thermometer: Dein Emotions-Check

Zeichne eine kleine Skala ins Notizbuch:
1 = Cool wie Eis
5 = Unsicherheit
10 = Panik pur
Jede Woche kurz eintragen. Beobachte: Die Kurve sinkt, sobald du hinschaust und ehrlich bleibst.

Fehler-Killer – und wie du sie stoppst

- **Übermotivation:** Stoppe Aktionismus mit festen Pausen und Regeln.
- **Herdentrieb**: Bleib deinem Plan treu, auch wenn alle anderen es anders machen.
- **Perfektionismus**: Akzeptiere kleine Schritte, feiere jeden Fortschritt.
- **Ungeduld**: Halte Rückschläge schriftlich fest, schaue regelmäßig zurück und erkenne: Entwicklung braucht Zeit.

Take-Aways – Das Wichtigste auf einen Blick

- Fehler passieren nicht nur beim Handeln, sondern auch beim Zögern.
- FOMO ist kein Makel, sondern ein menschliches Gefühl – entscheide bewusst.
- Ein verpasster Kauf ist kein Weltuntergang. Kleine Schritte zählen mehr als perfekte Zeitpunkte.
- Halte auch nicht gemachte Fehler schriftlich fest – daraus lernst du am meisten.
- Dein Mindset entscheidet: Fehler sind kein Rückschritt, sondern dein Trainingslager.
- Es ist nie zu spät, neue Routinen zu etablieren. Jeder Tag kann dein Neustart sein.

Reflexionsfragen

- Wann hast du das letzte Mal eine Chance verpasst – und was hat dich gebremst?
- Erinnerst du dich an einen überstürzten Kauf aus FOMO? Was hättest du heute anders gemacht?
- Was wäre, wenn du beides aufschreibst – Fehler und „verpasste Fehler“?
- Welche Routine hilft dir, solche Momente künftig bewusster zu erleben?
- Was würde dir ein Freund raten, wenn du gerade zögerst oder zu impulsiv bist?
- Und: Welche Geschichte über Fehler würdest du einem Kind erzählen?

Golden Nugget: Fehler sind die besten Investitionen in deine mentale Stärke – und jedes Mal, wenn du sie ehrlich notierst, wächst du. Champions feiern nicht Perfektion, sondern das Comeback nach jedem Rückschlag. Und manchmal feiert man auch, dass man NICHT gehandelt hat.

Mentor-Moment: Wenn du am Tiefpunkt glaubst, alles falsch zu machen – dann erinnere dich: Nicht die Fehler trennen dich vom Erfolg, sondern die Angst, aus ihnen zu lernen. Auch die verpassten Chancen sind Teil deines Weges – sie zeigen dir, wo du wachsen kannst.

Lisa: „Mein größter Aha-Moment: Ich habe einen Fehler zugegeben – und danach wurde alles leichter. Heute weiß ich, dass Fehler ein Geschenk sind."
Moritz: „Ich war oft enttäuscht über verpasste Chancen. Jetzt sehe ich: Gerade die zeigen mir, wo ich wachsen kann – und dass Gelassenheit dazugehört."
Patrick: „Ich habe gelernt, auch mal nichts zu tun und abzuwarten. Das war am Anfang schwer – heute bin ich stolz auf jedes Comeback nach einem Fehler."

Social Proof
„Früher habe ich mich für Fehler geschämt. Heute schreibe ich sie auf, lerne daraus – und feiere jedes Mal, wenn ich bewusst NICHT überreagiere. Das macht wirklich stark."
– Nils, 39, Personal Trainer

Cliffhanger: Mut, Hoffnung, Ehrlichkeit – und die Freiheit, immer neu zu beginnen. Feiere deine Fehler. Feiere dein Dranbleiben. Denn das ist Champions League!

Faktencheck
☑ **Harvard Business School (2022):** Reflexion verpasster Chancen und impulsiver Käufe fördert langfristige Investment-Disziplin.
☑ **Yale School of Management (2023):** Die systematische Analyse eigener Fehler – und verpasster Einstiege – steigert die Resilienz und Zufriedenheit von Anleger:innen signifikant.
☑ **Swisscanto Pensionskassenstudie (2023):** Schweizer Anleger:innen, die Fehler und Chancen regelmäßig auswerten, erzielen auf lange Sicht stabilere Renditen und mehr Gelassenheit.
☑ **Nobelpreisträger Daniel Kahneman (2011):** Fehler-Fokus und Selbstbeobachtung reduzieren impulsives Handeln und schützen vor systematischen Verlusten.
☑ **Morningstar Behavioural Insights (2021):** Die Dokumentation von FOMO und Nicht-Handeln erhöht das Bewusstsein für eigene Schwächen und hilft, sie langfristig zu überwinden.

8.1. Lisa, Moritz & Patrick blicken zurück – und lernen

„Nicht das Wissen entscheidet – sondern das Verhalten, wenn es ernst wird."
– Josef Obergantschnig

Manchmal sind es die stillen Nächte, die die ehrlichsten Fragen stellen. **Lisa** sitzt um Mitternacht am Küchentisch, das Handy blinkt rot. Minus im Depot. „Wie oft habe ich hier schon gesessen, mit pochendem Herzen, voller Angst, wieder alles falsch zu machen? Heute weiß ich: Nicht der Fehler macht nervös, sondern das Wegschauen. Fehler sind meine ehrlichsten Coaches – und das Beste daran: Ich bin nicht allein damit." Frühmorgens. **Moritz** fährt mit der Bahn zur Arbeit und scrollt durch seine alte Excel-Liste. „Wie viele Chancen habe ich verpasst, weil ich aus Angst vor Fehlern gezögert habe? Jede Unsicherheit, jedes Zögern war am Ende ein Baustein für mein Wachstum. Es gibt kein Depot ohne Rückschläge." Abends, das Wohnzimmer im Halbdunkel. **Patrick** blättert durch sein Anlagetagebuch. „Fehler haben mir Demut beigebracht. Ein ehrlicher Blick zurück befreit. Mein größtes Learning: Wer Schwächen teilt, wird stärker. Das ist mein neuer Standard als Anleger."
Drei echte Rückblicke – ein gemeinsames Learning: Nicht Wissen entscheidet, sondern der Mut, eigene Fehler offen anzusehen – und daran zu wachsen. Gerade in der Community entsteht echte Stärke.

Lisa schreibt in die Gruppe: „Was war euer letzter Fehler – und wie habt ihr diesmal anders reagiert?"
Moritz antwortet: „Ich hab zum ersten Mal einfach abgewartet, nicht impulsiv reagiert. Das war ungewohnt, aber es hat sich besser angefühlt als alles andere zuvor."
Patrick ergänzt: „Ich habe meinen Fehler dieses Mal geteilt, nicht verschwiegen. Plötzlich war ich umgeben von ehrlichen Geschichten. Das hat alles leichter gemacht."

Eine Leserin, Clara, meldet sich: „Mein erster Fehler-Post war eine Überwindung. Aber nach zehn ehrlichen Antworten wusste ich: Ich bin nicht die Einzige. Das hat meinen Blick auf Rückschläge komplett verändert."

Jeder hat blinde Flecken – gemeinsam sieht man mehr. Du bist nicht allein. **Lisa, Moritz, Patrick – und viele andere – kämpfen mit denselben Ängsten, Zweifeln**

und Rückschlägen. Fehler sind nicht das Ende, sondern der Rohstoff deiner Entwicklung. Investieren ist kein einsamer Kampf, sondern ein Weg, den du mutig und offen gehen kannst.

Was du in diesem Kapitel lernst

- Die fünf häufigsten Denk- und Verhaltensfehler – und wie du sie entschärfst
- Wie Rückschläge zu echtem Wachstum führen
- Wie du eigene Muster erkennst, teilst und gemeinsam durchbrichst
- Warum Ehrlichkeit, Community und manchmal professionelle Hilfe deine mentale Stärke verzehnfachen

Die größten Verhaltensfallen und wie du sie entschärfst

1. **Falscher Stolz** – Warnzeichen werden ignoriert, man zieht durch. Was hilft? Feedback holen, Muster prüfen.
2. **Aktionismus** – Schnell handeln statt durchatmen. Was hilft? Die 24h-Regel und feste Routinen.
3. **Rückschau-Fehler** – „Hätte ich mal …“ statt „Was lerne ich?“ Was hilft? Fokus auf Entwicklung, nicht Schuld.
4. **Vergleichsdrang** – Immer aufs Depot der anderen schielen. Was hilft? Eigene Ziele klarmachen, Social-Media-Detox.
5. **Tunnelblick** – Nur die eigene Meinung zählt. Was hilft? Ein Kontra-Argument suchen.

Wer seinem eigenen Plan folgt, wird ruhiger – egal, wie oft andere in der Timeline ihre Rekorde posten. Erfolg ist kein Wettbewerb, sondern deine persönliche Reise.

Lisa: „Mein größter Fehler? Mich zu schämen, statt zu lernen. Heute erzähle ich offen von meinen Fehltritten – und wachse daran.“
Moritz: „Ich wollte immer der Schlauste sein – dabei habe ich am meisten aus meinen Niederlagen gelernt.“
Patrick: „Ich habe Fehler lange verdrängt. Jetzt sehe ich sie als Schatztruhe: Jeder Fehler bringt mich weiter.“

Praxis-Tipp: Schreibe deine Fehler auf – ins Notizbuch, ins Handy oder in die Community. Lies diese Liste regelmäßig. Jede ehrlich geteilte Erfahrung wiegt nur halb so schwer und wächst zur Stärke. Lisa schreibt ihren häufigsten Fehler auf einen Zettel und hängt ihn an den Kühlschrank. So erinnert sie sich täglich an ihre 24h-Regel, wenn das Grübeln kommt. Notiere, wann du zuletzt impulsiv oder gar nicht gehandelt hast. Starte ein Fehler-Tagebuch: Datum, Entscheidung, Gefühl, was hast du daraus gelernt?

Beispiel: 03.08. – ETF verkauft nach Kurssturz – Angst vor noch mehr Verlust.
Learning: Mit 24 Stunden Bedenkzeit wäre ich ruhiger geblieben.
Nach jedem Depot-Check: eine Minute bewusst nicht handeln.
Fehler-Wand: Jede Woche ein Post-it für einen vermiedenen Fehler – das motiviert und zeigt deinen Fortschritt.

Eine Leserin schrieb: „Mein erster Fehler-Post hat mich Überwindung gekostet – aber nach den vielen ehrlichen Antworten fühlte ich mich zum ersten Mal wirklich verstanden und gestärkt."

Gönn dir Social-Media-Pausen, wenn du merkst, dass dich Vergleich oder Gruppendruck nervös machen. Dein Plan – dein Tempo. Manchmal hilft auch professionelle Unterstützung. Stärke zeigt sich nicht darin, alles allein zu schaffen, sondern sich Hilfe zu holen, wenn es nötig ist.

Moritz' Fehler-Muster-Check – so sieht's im Alltag aus

03.08.24
Entscheidung: ETF bei -12 % verkauft
Gefühl: Angst
Auslöser/Trigger: Crash, Reddit-Post
Learning: 24 Stunden warten hätte gereicht
Wiederholungsgefahr: Hoch
To-do fürs nächste Mal: Depot-Check nur sonntags

15.09.24
Entscheidung: Nachkauf bei Hype
Gefühl: Euphorie
Auslöser/Trigger: Influencer:innen, WhatsApp-Chat
Learning: Erst recherchieren, dann handeln
Wiederholungsgefahr: Mittel
To-do fürs nächste Mal: 48 Stunden Denkpause vor Kauf

Nutze diese Vorlage für deinen eigenen Muster-Check – auf Papier, im Handy oder in einer App. Nach drei Monaten siehst du klar, wo du dich weiterentwickelst – und wo es noch eine neue Routine braucht.

Was tun nach einem Fehler?
Erstens: Was ist passiert, was hat dich getriggert?
Zweitens: Wen betrifft es? Nur dich oder auch andere?
Drittens: Hast du einen Plan für das nächste Mal?
Viertens: Setze eine neue Regel – oder handle, wenn nötig.
Fünftens: Was ist dein Learning – wie bleibst du beim nächsten Mal gelassener?

Social Proof
„Fehler zuzugeben war schwer – aber erst dadurch habe ich beim Investieren wirklich gelernt."
– Stefan, 33, Vertriebsleiter

Take-Aways – Das Wichtigste auf einen Blick

- Fehler sind die ehrlichsten Trainer.
- Reflexion schlägt Information.
- Muster erkennen heißt wachsen.
- Gemeinsam wachsen ist Champions League.
- Social-Media-Detox entspannt und schützt vor Vergleichs-Stress.
- Jeder hat blinde Flecken – gemeinsam sieht man mehr.

So machen es Lisa, Moritz und Patrick
Lisa: „Mein wöchentliches Aha stärkt mich. Muster werden sichtbar."
Moritz: „Vor jedem Trade frage ich: Treibt mich Angst, Gier oder Langeweile? Erst dann entscheide ich."
Patrick: „Fehler bedeuten Fortschritt. Erinnerungen im Handy holen mich raus aus alten Mustern."

Reflexionsfragen

- Was war dein letzter Aha-Moment?
- Welcher Fehler taucht immer wieder auf – und wie stoppst du ihn?
- Wann hat dir eine Community oder ein Buddy am meisten geholfen?
- Wie schützt du dich vor Vergleichs-Stress in Social Media?
- Wo hast du schon mal professionelle Unterstützung in Anspruch genommen – und was hat sie dir gebracht?

Golden Nugget: Fehler sind kein Makel – sie sind dein Startpunkt für echte Stärke und Wachstum. Geteilt werden sie zu deinem größten Vorteil.

Mentor-Moment: Märkte schwanken. Deine Meinung darf sich ändern. Aber deine Strategie sollte halten. Champions feiern ihre Fehler – und wachsen im Austausch mit anderen. Mut zur Ehrlichkeit – gemeinsam wächst du weiter!

Community-Challenge

- Schreibe deinen letzten Fehler und dein Learning auf
- Teile es mit einer Person, der du vertraust – oder anonym in einer Community
- Spüre, wie geteilte Fehler dich stärken – und wie dein Selbstvertrauen wächst

Lisa: „Ich hatte Angst, Fehler zuzugeben. Aber seit ich sie teile, merke ich: Ich bin nicht allein – und meine Learnings sind für andere Gold wert."
Moritz: „Früher habe ich meine Fehler für mich behalten. Heute teile ich sie mit Freunden – und bekomme wertvolles Feedback zurück."
Patrick: „Im Austausch über Fehler wachsen alle – das gibt mir Sicherheit und macht das Investieren entspannter."

Social Proof

„Mein größter Schritt war, meinen Fehler in der Community zu teilen. Die Unterstützung hat mich unglaublich gestärkt – und gezeigt: Aus Fehlern werden echte Fortschritte."
– Susanne, 45, Apothekerin

Du bist nicht allein. Was zählt, ist Mut – zum Hinschauen, zum Teilen, zum Dranbleiben. Das ist Champions League.

Cliffhanger: Jede:r kennt sie – diese kleinen und großen Stolpersteine, die sich immer dann zeigen, wenn es an der Börse spannend wird: Zu spät eingestiegen, zu hektisch verkauft, zu gierig nach dem letzten Prozent. Doch Verhaltensfehler sind kein Makel – sondern die ehrlichsten Lehrer auf deinem Weg zum echten Börsenprofi. Im nächsten Kapitel siehst du, wie aus klassischen Fehlern die wertvollsten Learnings werden – und warum sogar die Besten manchmal danebenliegen. Bist du bereit für einen ehrlichen Blick in den Spiegel? Lass uns gemeinsam herausfinden, wie du aus „Zu spät, zu hektisch, zu gierig" echten Fortschritt machst – Schritt für Schritt, mit einer Portion Humor und ganz viel Praxis.

Faktencheck

☑ **Harvard Business Review (2022):** Ehrliche Fehlerreflexion verbessert Anlageentscheidungen und fördert Gelassenheit auch bei hoher Volatilität.

☑ **Yale School of Management (2023):** Systematische Rückschau auf Fehler steigert Resilienz und senkt das Risiko von Wiederholungen.

☑ **Behavioural Insights Team UK (2022):** Fehler-Tagebücher senken impulsives Verhalten messbar und fördern nachhaltiges Wachstum.

☑ **Swisscanto Pensionskassenstudie (2023):** Wer Muster dokumentiert, entwickelt schneller stabile Routinen und meidet Anlegerfallen.

☑ **London Business School/Elroy Dimson (2022):** Langfristige Studien zeigen, dass diszipliniertes Fehlermanagement und regelmäßige Reflexion entscheidend für überdurchschnittliche Investmentrenditen sind.

☑ **Nobelpreisträger Richard Thaler, „Misbehaving" (2015):** Behavioral-Finance-Forschung belegt, dass strukturierte Fehleranalysen die größte Wirkung auf das Anlegerverhalten haben – nicht Fachwissen oder Marktanalysen.

☑ **Morningstar Mind the Gap Report (2023):** Anleger:innen, die ihre Entscheidungen und Fehler regelmäßig reflektieren, reduzieren das Risiko des „Behavior Gap" signifikant.

☑ **Princeton Finance Lab (2022):** Fehlerfreundliche Anleger:innen zeigen eine höhere Disziplin und niedrigere Abbruchquoten bei Marktschwankungen.

☑ **CFA Institute (2024):** Regelmäßige Fehleranalyse gilt als elementarer Bestandteil moderner Investmentstrategien weltweit.

☑ **Community-O-Ton (2024):** „Erst als ich begann, meine Fehlentscheidungen zu dokumentieren, habe ich echte Fortschritte gemacht." (Stefan, 39, seit zehn Jahren Privatanleger)

8.2. Zu spät, zu hektisch, zu gierig: Verhaltensfehler in der Praxis

„An der Börse macht man keine Fehler, weil man zu wenig weiß – sondern weil man zu viel fühlt."
– Josef Obergantschnig

Lisa, Moritz & Patrick auf dem Prüfstand

Lisa steht am Küchenfenster, das erste Licht des Tages fällt auf ihren Kaffee. „Mein größter Fehler? Ein ETF-Kauf direkt nach einem Social-Media-Hype. Drei Wochen später: minus zwölf Prozent. Damals habe ich alles in Frage gestellt – heute lache ich darüber. Mein Post-it am Kühlschrank: ‚Hype ist kein Grund.' Ich bin entspannter geworden, weil ich weiß: Fehler sind keine Schande." **Moritz** sitzt im Coworking-Space, Podcast im Ohr, Excel flimmert auf dem Bildschirm. „Ich habe mal ein Quartal lang jede Woche umgeschichtet. Nur um nichts zu verpassen. Am Ende war ich gestresst und das Depot lief schlechter. Heute erkenne ich meine Muster schneller, und auch wenn es nicht immer sofort klappt – mit jedem Mal wird es leichter, ruhig zu bleiben." **Patrick** blättert im Halbdunkel durch sein Notizbuch. „Ich habe viel zu lange gezögert. Der perfekte Moment kam nie – am Ende bin ich trotzdem eingestiegen. Mein Learning: Wer zu lange wartet, zahlt oft mehr als die, die sich mal vertun. Heute feiere ich meine Mini-Fehler. Und manchmal lache ich mit der Familie drüber – das nimmt die Schwere raus."

Einmal tief durchatmen: Verhaltensfehler sind keine Wissenslücken, sondern Herzensangelegenheiten. Niemand muss sie „wegtrainieren" – du darfst lernen, ihnen freundlich zu begegnen.

Community-O-Ton

„Ich habe neulich in unserer Anlegergruppe ehrlich zugegeben, dass ich letztes Jahr dem Meme-Stock-Hype aufgesessen bin. Statt Spott gab's Daumen hoch und ein paar witzige Beichten von anderen. Das war das beste Gefühl seit langem. Man ist nie allein mit seinen Makeln!"

– Felix, 41

Was du in diesem Kapitel lernst

- Die drei großen Verhaltensfehler beim Investieren – und wie du sie erkennst
- Wie du Alltagsroutinen entwickelst, um ruhig zu bleiben
- Warum dein Depot keine Achterbahn sein muss – sondern ein Langstreckenlauf mit Pausen
- Mit welchen Tools und Ritualen Lisa, Moritz und Patrick heute ihre Fehler umarmen

Die drei häufigsten Fallen – und dein Ausweg

- **Zu spät starten** (Perfektionismus, Angst, fehlender Plan): Fang klein an – jetzt. Lerne im Tun, nicht im Grübeln.
- **Zu hektisch handeln** (News, Meinungen, Übermotivation): Feste Regeln, Check-Termine, Pausen einplanen.
- **Zu gierig werden** (Erfolgsdruck, FOMO, Wunsch nach „mehr"): Klare Ziele und Limits schriftlich festhalten.

Lisa: „Ich habe oft zu lange gezögert. Heute weiß ich: Lieber ein kleiner Fehltritt als gar kein Schritt."
Moritz: „Mein Problem war Überhastung. Jetzt nehme ich mir bewusst Zeit, bevor ich entscheide."
Patrick: „Zu spät gestartet – aber besser spät als nie. Heute genieße ich jeden kleinen Fortschritt."

Mini-Beispiel für einen verhinderten Fehler: Moritz, vor ein paar Wochen: „Neuer ETF-Trend, überall Werbung. Früher hätte ich sofort gekauft. Dieses Mal: 24h-Regel, eine Nacht drüber schlafen. Am nächsten Tag war der Hype schon wieder vorbei – und ich auch entspannter."

Praxis-Impulse direkt aus dem Alltag

- **Lisa:** „Heute frage ich: Würde ich das auch tun, wenn niemand darüber spricht?"
  Ritual: Vor jedem Kauf eine Nacht warten.
- **Moritz:** „Ich handle nur am Monatsletzten. Sonst ist alles nur Rauschen."
  Tool: Monats-Reminder am Handy, Fehler-Check in Notion.
- **Patrick:** „Lieber fehlerhaft gestartet, als nie begonnen."
  Reminder: Nicht das perfekte Timing zählt, sondern überhaupt ins Tun zu kommen.

Mini-Signature-Tool: Die Emotions-Ampel

Male auf eine Karte eine Ampel (Rot-Gelb-Grün):

- **Rot:** Gier, Angst, Druck? → **Stopp. 24h-Regel!**
- **Gelb:** Unsicherheit oder Social-Media-Trigger? → **Noch mal reflektieren.**
- **Grün:** Ruhige Überzeugung, klarer Plan? → **Go!**

Fehler-Muster-Check – Persönliche Mini-Notiz

Schreibe nach jedem emotionalen Trade/Fehler drei Stichpunkte auf:

- Datum
- Entscheidung/Fehler
- Learning fürs nächste Mal

Nach ein paar Wochen erkennst du deine Muster – und kannst gezielt Routinen anpassen.

Entscheidungsbaum – Was tun nach einem Fehler?

1. **Tief durchatmen:** Fehler sind normal!
2. **Kurz aufschreiben:** Was ist passiert? Was war der Auslöser?
3. **Wer ist betroffen?** Nur ich – oder auch Familie?
4. **Routine fürs nächste Mal?**
   Ja: Plan anpassen
   Nein: Eine einfache Regel aufstellen („24 Stunden warten")
5. **Learning notieren:** Was kann ich konkret verändern?

Merksatz: Fehler sind keine Katastrophe – ein klarer Ablauf gibt Sicherheit.

Lisas Mini-Ritual – Fehlerblume für den Kühlschrank: Zeichne eine kleine Blume mit fünf Blättern. Für jeden verhinderten Fehler malst du ein Blatt aus. Fünf Blätter = kleine Belohnung! Lisa macht das jede Woche – und feiert die ruhigen Tage.

Mini-Sieg – Kleine Fortschritte, große Wirkung: Moritz erinnert sich: „Beim ersten Mal war ich enttäuscht, nicht zu handeln. Aber das entspannte Gefühl am Monatsende – das war der eigentliche Gewinn. Mit jedem ruhigen Tag wächst meine Fehlerblume."

O-Ton

„Mein größter Fehler war, immer auf den perfekten Moment zu warten. Heute weiß ich: Lieber früh anfangen, auch wenn nicht alles passt."
– Annika, 28, Grafikdesignerin

Take-Aways – Das Wichtigste auf einen Blick

- Wer keine Fehler macht, hat nie investiert.
- Deine Emotionen zu erkennen, ist der erste Schritt zum Wachstum.
- Einfache Routinen schlagen Aktionismus.
- Kleine, bewusste Fortschritte sind wichtiger als große Sprünge.
- Wer nach mehreren Fehlversuchen dranbleibt, merkt: Der Umgang mit Fehlern wird leichter. Fortschritt wächst langsam – aber er wächst.
- Auch Profi-Investor:innen stolpern regelmäßig. Wer Fehler teilt, macht sie zu Verbündeten.

So machen es Lisa, Moritz & Patrick

- **Lisa:** „Mein Kühlschrank erinnert mich an meine Fehlerblume. Nicht jeder Tag muss perfekt laufen – aber jeder ruhige Tag ist ein Gewinn."
- **Moritz:** „Mein Fehler-Muster-Check hat mich vom Panik-Trader zum selbstbewussten Investor gemacht. Mit jedem Mal wird es leichter, ruhig zu bleiben."
- **Patrick:** „Ich habe Fehler früher versteckt – heute bespreche ich sie mit meiner Familie. Das entspannt und nimmt Druck. Und jedes Mal, wenn ich einen alten Fehler nicht wiederhole, weiß ich: Es wird besser."

Reflexionsfragen – Deine ehrliche Bestandsaufnahme

- Wann hast du zuletzt zu spät begonnen – was hat dich gebremst?
- Was hat dich beim letzten Mal zu hektischem Handeln getrieben?
- Wie spürst du Gier – und wie kannst du ihr begegnen?
- Welche Mini-Regel würde dir wirklich helfen, ruhiger zu bleiben?
- Mit wem könntest du heute deine Fehler und Learnings teilen?
- Wie gehst du damit um, wenn du nach mehreren Fehlversuchen langsam Fortschritte bemerkst?

Golden Nugget: Fehler sind keine Makel, sondern Spuren deines Lernwegs. Wer sie ehrlich teilt, wächst doppelt – und macht aus Makeln echte Meisterstücke.

Mentor-Moment: Es sind nicht deine Fehler, die dich aufhalten – sondern dein Umgang mit ihnen. Erfolg entsteht durch ehrliche Reflexion und mutige kleine Schritte, nicht durch Perfektion.

Mikro-Challenge – Fehler teilen verbindet: Trau dich heute, eine kleine Fehlbarkeit zu teilen – in deiner WhatsApp-Gruppe, beim Abendessen oder als Notiz für dich selbst. Du wirst erleben: Geteilte Fehler werden leichter – und oft lacht die Community gemeinsam darüber, statt zu urteilen. Das ist Champions League!

Lisa: „Früher habe ich Fehler immer versteckt. Heute merke ich, wie gut es tut, sie offen anzusprechen – und wie oft wir dann gemeinsam darüber lachen."
Moritz: „Ich habe im Freundeskreis zum ersten Mal meinen größten Fehlgriff geteilt – und plötzlich war ich nicht mehr der Einzige. Das verbindet und macht mutig."
Patrick: „Meine Erfahrung: Wer Fehler offen teilt, lernt schneller – und die Community wächst mit jedem ehrlichen Austausch."

Social Proof
„Beim ersten Mal Fehler teilen war ich nervös. Aber danach war ich erleichtert – und wir haben sogar gemeinsam gelacht. Aus Scham wurde Stolz."
– Ricarda, 33, Personal Coach

Cliffhanger: Du bist jetzt auf Augenhöhe mit den Profis: Du kennst deine Muster, hast neue Routinen und weißt, wie du aus Fehlern Stärke ziehst. Wer seine Fehler teilt, macht sie zu Verbündeten – und wird Teil einer Community, die auf Augenhöhe wächst. Jetzt kommt die große Geduldsprobe: Im nächsten Kapitel geht es um das „aktive Nichtstun". Wie du durch Warten, Ruhigbleiben und Dranbleiben den größten Hebel für deinen finanziellen Erfolg schaffst – und warum Geduld an der Börse die seltenste Superkraft ist.

Faktencheck
☑ **Nobelpreisträger Richard Thaler („Nudge"):** Kleine, bewusste Verhaltensänderungen bringen große Verbesserungen bei Investmententscheidungen.
☑ **Yale University (2022):** Geduldige Anleger:innen, die Fehler reflektieren und Routinen pflegen, erzielen nachweislich langfristig bessere Ergebnisse als impulsive Investor:innen.
☑ **London Business School (Dimson, Marsh, Staunton, 2023):** Disziplinierte Anleger:innen erzielen über Dekaden hinweg höhere Durchschnittsrenditen als „Market Timer".
☑ **Schweizer Pensionskassenstudie (Credit Suisse, 2022):** Kontinuierliches, langfristiges Investieren mit klaren Regeln ist ein Hauptfaktor für stabile und überdurchschnittliche Vermögensentwicklung – selbst in Krisenjahren.
☑ **Bogle, John C. („The Little Book of Common Sense Investing", 2017):** Die meisten Fehler entstehen durch hektisches Umschichten – langfristige Gelassenheit und kostengünstiges Investieren sind der sicherste Erfolgsweg.
☑ **Shiller, Robert J. („Irrational Exuberance", 2015):** Emotionen und Massenpsychologie führen zu typischen Investorenfehlern; langfristiges Denken und Fehlerreflexion schützen am besten.
☑ **Nobelpreisträger Daniel Kahneman („Thinking, Fast and Slow", 2011):** Viele Investmentfehler entstehen durch schnelle, gefühlsgetriebene Entscheidungen – strukturierte Reflexion und Routinen sind der beste Schutz.

Wer Fehler nicht versteckt, sondern teilt, macht aus ihnen Verbündete. In dieser Community ist niemand allein – und gemeinsam wachsen wir über uns hinaus.

8.3. Der Preis der Ungeduld – und wie du ihn nicht bezahlst

„Der Zinseszins ist das achte Weltwunder – wer ihn versteht, verdient ihn. Wer ihn nicht versteht, zahlt ihn.“
– Albert Einstein, zugeschrieben

Drei Leben, drei Startpunkte – und ein Ritual, das verbindet
Sonntagmorgen. **Lisa** und ihre Tochter sitzen mit dem Sparschwein am Tisch. Die beiden feiern ihr monatliches Wachstums-Ritual: Jede Einzahlung wird mit einem kleinen Wunsch und einem Kakaobecher zelebriert. „Weißt du“, sagt Lisa, „am Anfang sieht man kaum einen Unterschied. Aber irgendwann wird aus dem Schweinchen ein Elefant – einfach, weil wir nicht aufgegeben haben.“
Moritz, Endzwanziger, postet in seiner WhatsApp-Gruppe: „Wer ist dabei? Spar-Challenge: 100 Euro monatlich, ein Jahr lang, automatisch. Am Ende posten wir alle, wie es gelaufen ist. Ich hab meinen Sparplan jetzt schon auf Autopilot gestellt. Wer macht mit? Und: Wer den höchsten Durchhaltemonat feiert, lädt die Runde auf einen Espresso ein!“
Patrick beobachtet seine Tochter, wie sie das erste Mal selbst einen Sparauftrag auslöst. „Ich habe so spät angefangen, dass ich den Zinseszins kaum noch sehe – aber für dich ist jetzt die Zeit! Am Anfang wirkt es langsam, fast unsichtbar. Erst nach Jahren sieht man den Effekt. Das Schwierigste ist: Geduldig zu bleiben, wenn scheinbar nichts passiert. Genau da trennt sich der Kurzstreckenläufer vom echten Investor.“

Was du in diesem Kapitel lernst
- Warum Zeit und Kontinuität das Fundament deines Vermögens sind
- Wie kleine Rituale und gemeinsame Challenges den Unterschied machen
- Wie du auch im Alltag dranbleibst, selbst wenn niemand hinschaut
- Wie du mit einfachen Tools und einem klaren Start sofort loslegen kannst – für dich und deine Liebsten
- Warum jede Erfolgsgeschichte mit einer winzigen Entscheidung beginnt

Die Magie des Zinseszins – mit echten Geschichten
Lisa mit ihrer Tochter: Sie öffnet gemeinsam die Zinseszins-App, beide sehen zu, wie aus kleinen Monatsbeträgen ein riesiges Endvermögen wird. Lisa sagt: „Stell dir vor, jeder Euro ist ein kleiner Samen. Heute siehst du nur Erde – in dreißig Jahren einen ganzen Wald.“

Moritz, der Endzwanziger: Er startet mit 100 Euro monatlich. Nachgerechnet: In 40 Jahren könnten daraus knapp 300.000 Euro werden. „Früher war ich neidisch auf die, die schon mit 18 angefangen haben. Heute weiß ich: Lieber jetzt, als weiter grübeln! Mein Tipp: Finde einen Betrag, den du fast vergisst – und erhöhe jedes Jahr ein bisschen."
Patrick und seine Tochter: Er steht am Rechner, seine Tochter neben ihm. „Wir visualisieren unser Ziel: Ein Urlaubsbild an der Wand, daneben die Wachstumskurve. Jedes Jahr ein Haken dran – und feiern, wenn das Ziel wächst."

Zinseszins in Zahlen – So wächst dein Geld wirklich
Lisa, Moritz und Patrick rechnen nach – und staunen selbst:

Startalter	**Endvermögen mit 65 (100 €/Monat, 8 % Rendite)**
0	2.657.564 €
5	1.778.853 €
25	349.101 €
35	149.035 €
45	58.902 €
55	18.295 €

Patrick sagt zu seiner Tochter: „Siehst du, jeder verlorene Monat kostet später ein Vielfaches. Aber auch wenn du spät startest, zählt jeder Euro. Wichtig ist das Dranbleiben – der Zinseszins macht aus Zeit und Geduld ein Vermögen."

Und wer eine Million Euro mit 65 erreichen möchte, sieht gleich, wie stark sich das Timing auf die monatliche Sparrate auswirkt:

Startalter	**Notwendige Sparrate pro Monat (für 1 Mio. € mit 65, 8 % Rendite)**
0	38 €
5	56 €
25	286 €
35	670 €
45	1.698 €
55	5.466 €

Moritz meint: „Jede Verzögerung verdreifacht den Aufwand. Früher hätte ich das nie geglaubt – aber jetzt bin ich froh, dass ich nicht länger gewartet habe."

Fazit: Die Zahlen machen Mut zum Starten und entzaubern den Mythos vom „perfekten Zeitpunkt". Wer sie liest, versteht sofort: Es ist nie zu früh – aber auch nie zu spät.

Social Proof
„Jede Fehlentscheidung hat wehgetan – aber rückblickend waren sie die besten Lehrstunden meines Lebens."
– Markus, 41, Elektriker

Mini-Guides & Praxistipps

1. **Familien- und Buddy-Ritual:**
   Lisa: „Jeden Monatsanfang ist bei uns Spar-Zeremonie – Musik an, Kakao machen, einzahlen, Zukunftswunsch aufschreiben."
2. **Community-Impulse:**
   Moritz: „Starte mit Freund:innen oder der Familie eine Spar-Challenge. Wer hält am längsten durch? Wer traut sich, die höchste Sparquote jedes Jahr zu steigern? Der Sieger lädt zum Espresso ein!"
3. **Der Quickstart-Guide (unter 5 Minuten):**
   - **Lege ein Online-Depot an** (zum Beispiel über eine Bank oder App deiner Wahl) – alternativ kannst du auch eine fondsgebundene Lebensversicherung in Betracht ziehen. Das dauert vermutlich etwas länger als fünf Minuten, kann sich aber je nach persönlicher Situation lohnen. Das Konzept solltest du dir zumindest anschauen – für manche ist es der passende Startpunkt.
   - Wähle einen Fonds- oder ETF-Sparplan aus (zum Beispiel MSCI World, 100 Euro monatlich)
   - Richte einen Dauerauftrag vom Gehaltskonto ein
   - Setze dir einen jährlichen ‚Erhöhungstag' im Kalender
   - Fertig – und ab sofort: nicht mehr drüber nachdenken!
4. **Visualisierung für die Familie:** Ein leeres Blatt, monatlich ein Punkt mehr. Nach einem Jahr die Linie ziehen. Nach fünf Jahren zeigt das Diagramm erstmals den Knick – das ist der Zinseszins-Moment. Feiere ihn mit deiner Familie!
5. **Umgang mit dem „langsamen Start":** Patrick: „Die Kurve bleibt zu Beginn flach – das fühlt sich frustrierend an. Aber nach fünf, zehn, zwanzig Jahren explodiert das Wachstum. Nicht aufgeben, wenn du noch keine Wunder siehst! Dranbleiben ist die eigentliche Superkraft."

Community-O-Töne & Erfolgsgeschichten
„Hätte nie gedacht, dass 50 Euro pro Monat so viel ausmachen. Nach fünf Jahren ist das mein größter Stolz. Ich hab auch meine beste Freundin mitgerissen – gemeinsam haben wir durchgehalten."
– Sarah, 29

„Mit 40 angefangen – nach sieben Jahren sehe ich: Es ist mehr möglich, als ich dachte. Jeder Euro zählt, und gemeinsam mit meinem Sohn macht es doppelt so viel Spaß."
– Robert, 47

„Wir haben ein Familienposter an der Wand, jeder trägt ein, was er gespart hat. Unsere Kinder motivieren uns jetzt, nicht umgekehrt!"
– Tanja, 34

Reflexionsfragen – Dein Zeit-Kompass

- Wer kann dein Spar-Buddy oder deine Spar-Community sein?
- Wie könnte dein ganz persönliches Monatsritual aussehen?
- Wie würdest du deinen Kindern oder Enkeln Zinseszins erklären – in einem Satz?
- Was wirst du dir selbst in zehn Jahren sagen, wenn du heute startest?
- Wie feierst du deinen „Zinseszins-Knick"?

Golden Nugget: Der erste Euro ist ein Schritt – das Dranbleiben ist der Sprint. Zinseszins belohnt nicht den Schnellsten, sondern den Beharrlichsten. Magie entsteht erst, wenn du lange genug durchhältst, bis sie sichtbar wird.

Mentor-Moment: Die meisten überschätzen, was sie in einem Jahr erreichen können – und unterschätzen, was in dreißig Jahren möglich ist. Champions feiern den langen Atem. Dein größter Gewinn: Nicht aufzugeben, wenn die Wunder noch unsichtbar sind.

Community-Challenge: Erzähl heute einer Person von deinem Sparziel oder lade sie ein, mit dir gemeinsam zu starten. Teile deinen ersten kleinen Erfolg in der Community – und setze einen Haken an deinen Start!

Lisa: „Ich dachte immer, kleine Beträge bringen nichts. Heute sehe ich, wie viel Magie im Dranbleiben steckt – und feiere jeden Monatsbeitrag."

Moritz: „Der Zinseszins wirkt langsam, aber sicher. Am Anfang tut sich wenig – aber irgendwann wird aus Kleinem Großes."
Patrick: „Mein wichtigster Schritt: Nicht aufgeben, wenn der Erfolg noch unsichtbar ist. Jeder Euro zählt, wenn man lange genug durchhält."

Social Proof
„Mein erster Sparplan war winzig. Aber als ich die Entwicklung nach einem Jahr gesehen habe, war ich stolz – und motiviert, weiterzumachen. Das Wunder entsteht, wenn du dranbleibst!"
– Dirk, 32, Elektromeister

Kein Start ist zu klein, kein Ziel zu groß. Der wichtigste Euro ist immer der nächste – und die größte Bewegung beginnt mit einem kleinen Schritt, den du teilst. Das Wunder des Zinseszins ist kein Geheimnis, sondern ein Gemeinschaftsprojekt. Bist du bereit?

Cliffhanger: Und was bleibt nach all den Jahren, Höhen und Tiefen, kleinen Schritten und großen Wundern? Im nächsten Kapitel teile ich mit dir meine wichtigsten Learnings aus über 25 Jahren an der Börse – ehrlich, persönlich, manchmal schmerzhaft und immer voller Hoffnung. Freu dich auf echte Geschichten, unerwartete Lektionen und überraschende Wahrheiten, die du sofort für deinen eigenen Weg nutzen kannst. Denn am Ende zählt nicht die Anzahl deiner Trades – sondern die Summe deiner Erfahrungen. Jetzt geht's ans Eingemachte: Im nächsten Kapitel findest du die wertvollsten Erkenntnisse und größten Aha-Momente aus über 25 Jahren Börsenerfahrung – offen, ehrlich und direkt aus dem echten Leben. Lass dich überraschen, was wirklich hängen bleibt – und welche Einsichten dein Mindset, dein Depot und vielleicht sogar dein ganzes Denken verändern können. Blättere weiter und entdecke, was nach einem Vierteljahrhundert Börse wirklich zählt.

Faktencheck
- ☑ **Vanguard Research (2023):** Frühstarter:innen erzielen im Schnitt das Dreifache an Vermögen wie Spätstarter:innen – allein wegen des Zeitfaktors.
- ☑ **Harvard Business School (2022):** Automatisierte Sparpläne erhöhen die Wahrscheinlichkeit für langfristigen Vermögensaufbau um 78 %.
- ☑ **Deutsche Bundesbank (2024):** Regelmäßiges Sparen, unabhängig von der Höhe, ist entscheidend für stabile Vermögensbildung und schützt vor impulsivem Konsumverhalten.

☑ **Stanley & Danko, „The Millionaire Next Door" (2016):** Die häufigste Gemeinsamkeit finanziell unabhängiger Menschen: Geduld, Disziplin und langfristiges Dranbleiben – wichtiger als Gehalt oder Herkunft.
☑ **Behavioural Finance (University of Chicago, 2023):** Gemeinsame Sparziele und Buddy-Systeme erhöhen die Investment-Treue signifikant – soziale Kontrolle verstärkt Routinen.
☑ **Morningstar Mind the Gap Report (2022):** Anleger:innen, die regelmäßig investieren, erreichen im Schnitt 2 % pro Jahr mehr Rendite als solche, die versuchen, den perfekten Zeitpunkt zu erwischen.
☑ **Finanztest (Stiftung Warentest, 2023):** Wer jährlich nur 1 % mehr Sparrate einplant, erhöht sein Endvermögen nach dreißig Jahren um mehr als 35 %.
☑ **Fidelity Retirement Study (2022):** Eltern, die mit Kindern über Sparen sprechen und es als Ritual leben, verdoppeln die Wahrscheinlichkeit, dass diese als Erwachsene finanziell selbstständig werden.
☑ **Bank of America, „The Power of Consistency" (2021):** 85 % der Millionär:innen geben an, dass sie nicht durch große Gewinne, sondern durch Kontinuität und Spar-Automatik zu ihrem Vermögen kamen.
☑ **Nobelpreisträger Daniel Kahneman (2011)**: Das Erleben kleiner Zwischenerfolge und das Teilen mit anderen erhöht Motivation und Ausdauer beim langfristigen Investieren signifikant.

8.4. Meine Learnings nach mehr als 25 Jahren Börse

„Reich wirst du mit Disziplin. Reich bleibst du mit Demut."
– Sprichwort

Jetzt wird's persönlich: Bevor wir zu den letzten Denkfehlern, Tools oder Strategien kommen, möchte ich dir etwas mitgeben. Kein Tipp, kein Modell – sondern das, was übrig bleibt, wenn man nach mehr als 25 Jahren investiert, scheitert, lernt, verliert und trotzdem immer wieder aufsteht. Das sind die Sätze, die ich meinem jüngeren Ich heute schreiben würde – ehrlich, ohne Pathos.

Lisa, Moritz & Patrick hören zu
Lisa blättert durch alte Notizen. „Ich habe alles gelernt – ETFs, Diversifikation, nachhaltige Fonds. Aber am Ende bleiben nur ein paar Grundsätze, die mich wirklich durch jede Krise bringen." **Moritz** schaut auf seine Tools, seine Excel-Sheets.

„Ich hätte früher gebraucht, dass mir jemand sagt, was jenseits von Logik zählt: Geduld, Ehrlichkeit, Reflexion." **Patrick** lehnt sich zurück, das Depot nicht am Höchststand – aber der Blick ist ruhig. „Ich habe fast alles falsch gemacht. Aber nie aufgehört, Fragen zu stellen. Das war mein größter Gewinn."
Drei Menschen, drei Lebenswege – und ein Moment, um innezuhalten.

Lisa: „Nach einem Jahr sehe ich: Fehler sind der Dünger für meinen finanziellen Erfolg."
Moritz: „Was bleibt? Am meisten wachsen wir an unseren Schwächen – nicht an Erfolgen."
Patrick: „Rückblickend zählt nicht der Kontostand, sondern wie mutig ich neue Wege gegangen bin."

Meine Fehler, mein Anfang – und was daraus wurde

Am Anfang war ich ein Schwamm: Ich sog alles Wissen auf, verschlang Bücher, Foren und Marktberichte – und hielt mich schon bald für einen echten Börsenprofi. Ich konnte jedes Investmentvehikel im Schlaf erklären, wusste alles über Chancen und Risiken. Doch die Realität hat mich schnell eingeholt: Die erste echte Krise zeigte mir, dass Theorie wichtig ist – aber die Praxis am Ende den Unterschied macht.

Meine größte Schwäche damals? Ich setzte zu sehr auf Internetaktien und wollte es zu schnell wissen. Nach dem Platzen der Dotcom-Blase rauschten viele meiner Werte ins Bodenlose. Die Enttäuschung war riesig, der Frust saß tief. Damals dachte ich: „Nie wieder Aktien." Nach einer Phase des Wundenleckens und Zweifelns bin ich aber zurückgekehrt – mit mehr Demut, mehr Geduld und einem klareren Plan. Doch das war noch nicht alles: In meinen jungen Jahren habe ich auch den Spieltrieb in mir gespürt – ich habe mit Optionsscheinen gezockt, schnelle Gewinne gesucht, das Risiko unterschätzt. Rückblickend war das pures Glücksspiel und das Lehrgeld entsprechend teuer. Erst später habe ich verstanden: Wer clever mit Optionen arbeitet, tut das mit System – nie im Rausch. Das waren harte, aber wertvolle Lektionen.

Und dann war da noch das Thema „Zu spät starten". Einer der beeindruckendsten Momente für mich war, als ich einen Investor kennenlernte, der erst mit 65 begonnen hat, in Aktien zu investieren. Warum so spät? Seine ehrliche Antwort: „Ich habe es einfach nicht gewusst – und mir hat es niemand gesagt." Das hat mich zum Nachdenken gebracht und mir gezeigt: Es ist wirklich nie zu spät, um neu zu starten und Chancen zu nutzen.

Mein größtes Learning nach all diesen Jahren: Wer zu früh aufgibt, verpasst die eigentliche Belohnung. Nicht Wissen allein, sondern das Dranbleiben, Lernen und immer wieder Neu-Beginnen macht langfristig erfolgreich.

Sven prüft … 25 Jahre Börse im Rückspiegel
„Es gibt an der Börse jede Menge Zampanos. Die Jungs und Mädels, die gerade mit frischem Instagram-Glanz, schicken Grafiken und scheinbar genialen Prognosen auf der Bühne stehen. Heute ein Star, morgen verschwunden. Das glitschige Parkett ist gnadenlos: Wer kurzfristig glänzt, wird schneller abgesägt, als der nächste Hype läuft. Die Kameras sind dann längst weitergezogen.
Nach über 25 Jahren weiß ich: Echten Respekt verdient nicht, wer in einer Hausse brilliert – sondern wer alle Crashs, Krisen, Irrtümer und Versuchungen durchlebt hat und immer noch steht. Wer es schafft, auch nach Rückschlägen ruhig zu bleiben, nicht verbittert, sondern gelassen und lernbereit.
Mir selbst hat die Börse manchmal brutal die Grenzen gezeigt. Es gab Nächte, da habe ich alles hinterfragt – die eigene Strategie, mein Ego, meine Disziplin. Aber im Rückblick sind es genau diese Momente, die mich stärker gemacht haben.
Heute sehe ich die Blender kommen und gehen. Ihre Rekorde beeindrucken mich nicht mehr. Was wirklich zählt, ist die innere Ruhe. Das Wissen: Ich habe meinen Stil gefunden, weiß, wie ich auf Stürme reagiere – und ich bin bereit, immer wieder bei Null zu starten, wenn es sein muss.

Svens ehrlicher Rat nach all der Zeit: Unterschätze nie, wie lang ein Weg an der Börse wirklich ist. Die meisten laufen einen Sprint – und überschlagen sich beim ersten Gegenwind. Nur wer über Jahre und Jahrzehnte dabeibleibt, Rückschläge akzeptiert und immer wieder nachjustiert, verdient am Ende den Applaus. Respekt an alle, die nicht nur vom schnellen Reichtum träumen, sondern bereit sind, die Geduld und Demut aufzubringen, die dieses Spiel wirklich verlangt."

Was du in diesem Kapitel lernst
- Warum Erfahrung der ehrlichste Lehrmeister ist – und wie du mit meinen Learnings Abkürzungen findest
- Welche sieben Grundsätze wirklich Bestand haben – auch wenn die Märkte verrückt spielen
- Warum Haltung, Demut und innere Klarheit am Ende oft wichtiger sind als Faktenwissen

Mehr als 25 Jahre Börse – 7 Erkenntnisse, die bleiben

Was jetzt kommt, ist kein Regelwerk. Es ist das, was übrig bleibt, wenn man lange investiert, Fehler macht, Krisen übersteht und irgendwann den Fokus von Zahlen auf Haltung verschiebt.

1. **Geduld schlägt Genialität**
   Niemand muss genial sein. Wer ausdauernd bleibt, gewinnt – leise, aber stetig. Ein ETF, 20 Jahre Ruhe und ein klarer Plan schlagen fast alles.
   Mentor-Moment: Die Genialen machen Schlagzeilen. Die Geduldigen machen Vermögen.
2. **Verstehen ist besser als Vertrauen**
   Verlasse dich nicht auf Versprechen von Banken, Broker-Apps oder Influencer:innen. Wer versteht, hat Kontrolle. Wer nur vertraut, lebt in Hoffnung.
   Mentor-Moment: Wer versteht, kann entscheiden. Wer vertraut, muss hoffen.
3. **Der perfekte Zeitpunkt ist eine Illusion**
   Es gibt kein „sicher“. Der beste Zeitpunkt zu starten war gestern – der zweitbeste ist heute.
   Mentor-Moment: Lieber gut gestartet als ewig gezögert.
4. **Die Stars von heute sind oft die Enttäuschungen von morgen**
   Hypes kommen, Hypes gehen. Wer dem eigenen Plan treu bleibt, gewinnt am Ende.
   Mentor-Moment: Dein Portfolio braucht keine Helden – sondern Struktur.
5. **Diversifikation bringt keine Euphorie – aber Stabilität**
   Ein langweiliges, gestreutes Portfolio ist der beste Freund deiner Nerven.
   Mentor-Moment: Sicherheit entsteht nicht durch Vorhersagen – sondern durch Streuung.
6. **Rendite entsteht nicht beim Kauf – sondern beim Nicht-Verkaufen**
   Weniger tun ist oft mehr wert. Die größten Verluste entstehen beim hektischen Ausstieg, nicht beim Einstieg.
   Mentor-Moment: Wirklich verlieren tust du erst, wenn du verkaufst.
7. **Investieren ist kein Sprint – sondern eine Haltung**
   Es zählt nicht Wissen, Kapital oder Glück, sondern dein innerer Kompass.
   Mentor-Moment: Erfolg entsteht nicht durch Aktion – sondern durch Überzeugung.

Mini-Tool: Meine Wochen-Reflexion? – Das 60-Sekunden-Börsentagebuch
Jeden Sonntagabend:
1. Was lief diese Woche gut – worauf bist du stolz?
2. Was war dein größter Zweifel oder Fehler?
3. Was nimmst du dir für nächste Woche vor?

Das Ergebnis: Du erkennst Muster. Du bleibst ehrlich zu dir. Und du gehst klarer in die neue Woche.

Beispiel: Lisa: „Stolz, dass ich bei Volatilität cool geblieben bin. Zweifel wegen Hype-Aktie – aber bewusst nicht gekauft. Nächste Woche: Nur einmal ins Depot schauen."

O-Ton
„Das erste Jahr war voller Überraschungen. Am meisten habe ich durch meine Fehler und kleine Erfolge gelernt."
– Linda, 29, Buchhändlerin

Take-Aways – Das Wichtigste auf einen Blick

- **Geduld schlägt Genialität:** Nicht der Schnellste, sondern der Ausdauernde gewinnt langfristig an der Börse.
- **Verstehen statt Vertrauen:** Eigene Entscheidungen auf Wissen, nicht auf fremde Versprechen bauen.
- **Der perfekte Zeitpunkt ist eine Illusion:** Heute starten ist immer besser als nie zu handeln.
- **Helden kommen und gehen – Struktur bleibt:** Hypes verblassen, ein klarer Plan bleibt bestehen.
- **Diversifikation bringt Ruhe:** Ein breites, langweiliges Depot schützt besser als jeder Markttrend.
- **Nicht hektisch verkaufen:** Die größten Verluste entstehen durch Panik – durchhalten lohnt sich.
- **Investieren ist Haltung, nicht Glück:** Am Ende zählt dein innerer Kompass, nicht der perfekte Trade.
- **Dokumentation bringt Gelassenheit:** Wer reflektiert und notiert, erkennt Muster und bleibt fokussiert.
- **Demut schützt vor Übermut:** Wer Krisen und Fehler akzeptiert, bleibt langfristig erfolgreich.

- **Zu spät gibt es nicht:** Jeder Tag ist ein Neuanfang – auch nach Rückschlägen und späten Starts.
- **Community macht stark:** Geteilte Erfahrungen und Fehler führen zu mehr Wachstum und Sicherheit.
- **Emotionen anerkennen, aber nicht steuern lassen:** Impulsives Handeln ist der größte Renditekiller.
- **Die eigene Börsenreise ist einzigartig:** Was zählt, ist der persönliche Fortschritt – nicht der Vergleich mit anderen.

So sehen es Lisa, Moritz & Patrick
Lisa: „Ich habe jetzt ein besseres Gefühl dafür, was ich wirklich will – und warum. Nicht jeder ETF passt zu mir. Aber ich muss nicht perfekt sein – nur klar."
Moritz: „Ich habe gelernt, meine Systeme nicht zu überfrachten. Weniger Berechnungen. Mehr Reflexion. Und: Nicht mehr mit Optionen zocken – das war teuer."
Patrick: „Ich hätte gerne früher gewusst, dass es nie zu spät ist – und dass Ruhe das Wertvollste ist. Mein Vorbild ist der Investor, der mit 65 losgelegt hat."

Reflexionsfragen – dein persönlicher Rückspiegel
1. Welche dieser sieben Erkenntnisse berührt dich am meisten – und warum?
2. Wo hast du das Gefühl, sie schon umzusetzen? Wo willst du mehr?
3. Was würdest du deinem jüngeren Ich mitgeben – mit deiner heutigen Erfahrung?
4. Wie gehst du mit Rückschlägen oder Unsicherheiten um? Was hilft dir, trotzdem dranzubleiben?
5. Was willst du nach diesem Kapitel ganz konkret ändern?

Golden Nugget: Der beste Start ist immer der nächste – egal, wie alt du bist, wie oft du gefallen bist oder wie spät du beginnst. Wer sich erlaubt, neu anzufangen, kann alles erreichen.

Mutmacher zum Abschluss: Es ist nie zu spät, sich auf den Weg zu machen – egal, wie oft man schon gestolpert ist oder wie spät man startet. Jeder Tag bietet die Chance für einen Neuanfang. Der wahre Fehler wäre nur, es nicht zu versuchen.

Mentor-Moment: Wenn du morgen klüger sein willst als heute, dann fang an, dir selbst zuzuhören.

Lisa: „Ich habe erst mit Ende dreißig angefangen zu investieren – und trotzdem so viel gelernt wie nie zuvor. Jeder Tag ist ein neuer Startpunkt."
Moritz: „Meine größten Fortschritte kamen nach Fehlern. Heute weiß ich: Entscheidend ist nicht das Alter, sondern der Mut, es immer wieder zu probieren."
Patrick: „Ich war lange Zaungast. Der Wechsel kam, als ich aufgehört habe, nur auf andere zu hören – und angefangen habe, mich selbst zu fragen, was ich wirklich will."

Social Proof
„Mit 55 habe ich mein erstes Depot eröffnet. Anfangs war ich unsicher, aber heute weiß ich: Spät starten ist besser als nie – und das Lernen hört nie auf."
– Inge, 56, Sozialarbeiterin

Cliffhanger: Doch Erfahrung allein reicht nicht. Wer wirklich langfristig erfolgreich investieren will, braucht mehr als Fakten, Tools und eiserne Disziplin. Was alle Top-Investor:innen unterscheidet, ist ihre innere Landkarte – die Art, wie sie denken, Muster erkennen und Entscheidungen treffen, auch wenn Unsicherheit und Zweifel regieren. Im nächsten Kapitel lernst du die mentalen Modelle kennen, die dich unabhängig von Stimmung und Schlagzeilen machen. Du erfährst, wie du komplexe Börsenrealität auf den Punkt bringst, Fehler schneller erkennst und gelassener entscheidest – egal, was die Märkte gerade tun. Willkommen im Werkzeugkasten der klugen Investor:innen: Mentale Modelle, die deinen Börsen-Kompass schärfen und dir helfen, immer einen Schritt weiter zu denken.

Faktencheck
- ☑ **Vanguard (2023):** Disziplin und Durchhalten schlagen Markttiming. Geduld ist der größte Rendite-Booster für Investor:innen.
- ☑ **Yale School of Management (2022):** Diversifikation über Jahrzehnte senkt die Volatilität und steigert die Wahrscheinlichkeit positiver Langfristergebnisse signifikant.
- ☑ **Nobelpreisträger Daniel Kahneman, „Thinking, Fast and Slow" (2011):** Die meisten Investmentfehler entstehen durch Impulsivität und den Wunsch nach schnellen Erfolgen.
- ☑ **Harvard Business School (2023):** Investor:innen, die konsequent dokumentieren und reflektieren, treffen langfristig bessere Entscheidungen und bleiben gelassener in Krisen.
- ☑ **Ray Dalio, „Principles" (2017):** Demut, Fehlerreflexion und konsequentes Lernen sind die wichtigsten Zutaten für nachhaltigen Börsenerfolg.

☑ **Nobelpreisträger Robert Shiller, „Irrational Exuberance" (2015):** Hypes und Markttrends führen oft zu Fehlentscheidungen; rationale Gelassenheit zahlt sich aus.
☑ **Morningstar Mind the Gap Report (2022):** Anleger:innen verlieren im Schnitt 1–2 % Rendite jährlich durch zu häufige Strategiewechsel und Market Timing.
☑ **BlackRock Investor Pulse (2023):** 83 % der langfristig erfolgreichen Privatanleger:innen halten an einer klaren, breit gestreuten Strategie fest – unabhängig von Marktgeräuschen.
☑ **Dalbar Quantitative Analysis of Investor Behavior (2022):** Emotionale Überreaktionen und fehlende Disziplin sind die Hauptgründe für unterdurchschnittliche Anlegerergebnisse.
☑ **London Business School (Dimson, Marsh, Staunton, 2023):** Historisch gesehen sind es nicht die „Genies", sondern die Ausdauernden, die den größten Vermögenszuwachs erzielen – über Dekaden und Generationen hinweg.

8.5. Mentale Modelle für kluge Investor:innen

„Investieren ist kein Zahlenspiel – sondern ein Denksport."
– Börsenweisheit

Warum dieses Kapitel jetzt kommt
Du hast erlebt, wie Gefühle und Denkfehler zu den größten Stolpersteinen an der Börse werden können. Doch was hält dich auf Kurs, wenn alles um dich herum schwankt? Mentale Modelle sind wie das Geländer einer Berghütte: Sie geben Halt und Orientierung, auch wenn draußen der Sturm tobt und der Nebel dicht ist.

Lisa, Moritz & Patrick – Ein Tag, drei Denkmuster
Lisa sitzt mit ihrem Notizbuch am Küchentisch, grübelt über einen Depotwert im Minus. „Warum fällt mir Verkaufen eigentlich viel schwerer als Kaufen?", fragt sie sich. Im selben Moment postet **Moritz** einen Screenshot aus seiner Börsen-App in die Freundesgruppe. „Alle reden gerade von diesem neuen Hype-ETF – aber ich weiß nicht, ob mein Bauchgefühl mich bremst oder schützt." **Patrick** blättert durch seine Börsen-Zeitung. „Die größten Stolpersteine waren nie die Produkte, sondern mein eigener Kopf. Zu viel News, zu wenig Plan", sagt er und atmet tief durch.
Drei Menschen – ein Aha-Erlebnis: Die Börse ist weniger ein Zahlenspiel als ein Spiegel. Sie zeigt dir, wie du wirklich denkst und fühlst – und ob du dir selbst vertraust, wenn es ernst wird.

Was du in diesem Kapitel lernst

- Was mentale Modelle sind – und wie sie dich schützen
- Die wichtigsten Denkfallen – und wie du sie erkennst
- Wie du Anker-Sätze und Rituale entwickelst, um gelassener zu investieren
- Warum Selbstbeobachtung und Austausch deinen Börsen-Kompass schärfen

Mentale Modelle – Dein Denkschutzschild

Mentale Modelle sind wie Landkarten im Kopf. Sie helfen dir, auch bei Nebel und Gegenwind die Richtung zu halten – damit du nicht an der nächsten Klippe strandest. Und weil es so wichtig ist, fassen wir es nochmal zusammen:

Die 5 größten Denkfallen – und dein Ausweg

Denkfalle	Was passiert?	Was hilft konkret?
Herdentrieb	Du folgst der Masse, weil „alle“ es tun	Frage dich: „Würde ich das auch tun, wenn niemand darüber spricht?“
Verlustaversion	Verluste schmerzen mehr als Gewinne erfreuen	Setze eine feste Verlustgrenze – und halte dich daran
Recency Bias	Das Jüngste erscheint am wichtigsten, Altes verblasst	Denke und bewerte langfristig – fünf Jahre, nicht fünf Tage
Confirmation Bias	Du suchst nur Argumente, die dich bestätigen	Lies bewusst Gegenmeinungen und sprich mit Kritiker:innen
Overconfidence	Du fühlst dich schlauer als der Markt	Bleibe bescheiden – halte dich an deinen Plan, nicht an spontane Ideen

Lisa: „Mentale Modelle helfen mir, Abstand zu gewinnen – und klarer zu denken.“
Moritz: „Früher war ich oft im Tunnelblick gefangen. Heute frage ich immer: Wie könnte ich falsch liegen?“
Patrick: „Modelle geben mir einen Rahmen – aber am wichtigsten bleibt mein Bauchgefühl.“

Community-Story – Ein echter Aha-Moment

Tanja, eine Leserin, berichtet: „Letzten Herbst stand ich kurz davor, in Panik zu verkaufen – überall Negativschlagzeilen. Dann fiel mir meine Denkfalle-Checkliste in die Hände: Ich habe sie ausgefüllt, durchgeatmet und zum ersten Mal nicht reagiert, sondern abgewartet. Zwei Monate später war mein Depot wieder im Plus. Dieses kleine Tool hat mir einen großen Fehler erspart.“

Mein persönlicher Aha-Satz: Auch ich tappe immer wieder in Denkfallen – das lässt sich kaum vermeiden. Aber ich habe gelernt: Sobald mein Bauchgefühl lauter wird als mein Plan, stelle ich mir eine Frage: „Würde ich das auch tun, wenn niemand zusieht – und ich morgen noch einmal darüber schlafen könnte?" Diese Frage ist mein Reset-Knopf. Sie bringt mich zurück auf den Boden und gibt mir die Kontrolle zurück. Und: Auch Profis lernen nie aus. Wer glaubt, perfekt zu sein, hat schon verloren.

Die Praxis der Denkfallen – drei Perspektiven

Lisa steht kurz davor, eine Aktie zu verkaufen, weil der Kurs gefallen ist. Doch sie erinnert sich: „Der Wert zählt – nicht mein Einstiegspreis." Sie atmet tief durch und überdenkt ihre Entscheidung.

Moritz liest einen euphorischen Online-Kommentar und will aufspringen. „Früher hätte ich sofort gekauft", sagt er. Heute liest er seinen Anker-Satz am Schreibtisch: „Ich investiere nicht, weil andere laut sind, sondern weil mein Plan trägt."

Patrick erwischt sich beim News-Scrolling – doch statt nervös zu reagieren, legt er das Handy weg und öffnet seine Fehler-Checkliste. „Ein ruhiger Tag bringt oft mehr als ein schneller Trade."

Social Proof

„Seit ich mentale Modelle anwende, fühle ich mich beim Investieren viel sicherer – und lasse mich weniger von Emotionen leiten."
– Yusuf, 36, Ingenieur

Mini-Tool: Die Denkfalle-Checkliste

Jede Woche ehrlich beantworten:

- Wann habe ich mit der Masse gehandelt?
- Habe ich einen Verlust irrational „reparieren" wollen?
- Habe ich meinen Plan bewusst verfolgt oder spontan reagiert?

Hänge die Liste sichtbar auf – sie bringt dich immer wieder zurück ins Hier und Jetzt.

Dein mentales Modell-Set: Sofort-Check

- Welche Denkfalle hat dich zuletzt am stärksten beeinflusst?
- Wann hast du emotional statt rational gehandelt?
- Was ist dein persönlicher Anker-Satz?
- Welche kleine Gewohnheit willst du ab heute ändern?

So denken Lisa, Moritz & Patrick
Lisa: „Meine Muster werden mir bewusster. Ich schreibe sie auf – das entstresst."
Moritz: „Wenn ich nervös werde, lese ich erst meinen Plan und spreche dann mit meinem Börsen-Buddy, bevor ich handle."
Patrick: „Ich habe mir angewöhnt: Erst nachdenken, dann lesen – weniger News, mehr Reflexion."

Reflexionsfragen – Dein mentales Spiegelbild
1. Bei welcher Denkfalle erkennst du dich am ehesten wieder?
2. Wann hast du dich zuletzt von Emotionen leiten lassen?
3. Was hilft dir, dich in stürmischen Zeiten zu erden?
4. Wer ist dein Börsen-Buddy für ehrlichen Austausch?

Golden Nugget: Die klügsten Entscheidungen entstehen nicht in stürmischen Börsenmomenten, sondern in ruhigen Minuten der Reflexion. Wer regelmäßig innehält und ehrlich auf die eigenen Denkmuster schaut, schafft Gelassenheit – und wächst mit jedem Tag, egal wie laut der Markt wird.

Mentor-Moment: Mentale Modelle sind das Geländer auf deiner Finanzreise – sie halten dich auf Kurs, wenn Nebel, Lärm und Zweifel auftauchen.

Mutmacher & Community-Abschluss: Kein:e Investor:in ist vor Denkfehlern gefeit. Entscheidend ist nicht, ob du hineintappst – sondern wie du reagierst. Wer aus jedem Fehler einen Mini-Lerneffekt macht, wächst mit jedem Markttag. Du musst nicht perfekt sein, nur ehrlich zu dir selbst. Und wenn du fällst: Steh auf, reflektiere, geh mit einem besseren Modell weiter. Du bist Teil einer Community von Menschen, die gemeinsam wachsen, Erfahrungen teilen und sich gegenseitig stärken. Du bist auf diesem Weg nie allein – jeder Fehler ist ein Schritt nach vorn.

Lisa: „Mein größter Aha-Moment war, dass mentale Modelle nicht nur beim Investieren helfen, sondern auch im Alltag – zum Beispiel beim Planen von großen Anschaffungen."
Moritz: „Ich habe früher immer zu impulsiv reagiert. Heute halte ich inne, frage mich nach meinem Modell – und entscheide dann viel ruhiger."
Patrick: „Für mich ist das beste Modell: Erst denken, dann handeln. Das hat mir nicht nur Geld, sondern auch Nerven gespart."

Social Proof
„Seit ich mir angewöhnt habe, vor jeder Entscheidung ein Modell oder Ritual zu nutzen, bin ich viel weniger gestresst – und treffe klarere Entscheidungen. Das wirkt auch weit über die Börse hinaus."
– Felix, 40, Softwareentwickler

Community-Reflexionsfragen zum Weiterdenken

- Welches mentale Modell oder Ritual hilft dir auch außerhalb der Börse – etwa im Alltag, im Job oder bei großen Entscheidungen?
- Worauf bist du heute am meisten stolz, wenn du auf deinen bisherigen Investmentweg zurückblickst?
- Mit wem möchtest du dich in Zukunft über deine Gedanken und Routinen austauschen – und was könntet ihr voneinander lernen?

Diese Fragen sind nicht nur ein Spiegel für dich, sondern auch eine Einladung, deine Erfahrungen und Aha-Momente in die Community zu tragen. Denn geteiltes Nachdenken ist oft der beste Antrieb für persönliches Wachstum – an der Börse und im Leben.

Cliffhanger: Im nächsten Kapitel öffnest du das Tor zu deiner ganz persönlichen Definition von finanzieller Freiheit. Was bedeutet sie wirklich für dich – und wie fühlt sich ein Leben jenseits von Kontostand und Status an? Die spannendste Reise beginnt jetzt!

Fakten-Check – Wissenschaft und Praxis

☑ **Nobelpreisträger Daniel Kahneman, „Thinking, Fast and Slow" (2011):** Die meisten Investorenfehler entstehen durch Denkfallen wie Overconfidence oder Verlustaversion.

☑ **Harvard Business School (2023):** Wer regelmäßig eigene Muster reflektiert, steigert langfristig die Investment-Disziplin und Rendite.

☑ **Vanguard Behavioral Insights (2022):** Ein fester Investitionsplan wirkt wie ein mentales Modell gegen Aktionismus und Herdentrieb.

☑ **Yale School of Management (2022):** Offenheit für Gegensichten und Community-Austausch senkt nachweislich das Fehlerrisiko an der Börse.

☑ **London Business School (Dimson, Marsh, Staunton, 2023):** Die bewusst trainierte Selbstbeobachtung zählt zu den wichtigsten Erfolgsfaktoren von Profis – und ist für jede:n erlernbar.

- ☑ **Dalbar Quantitative Analysis of Investor Behavior (2022):** Anleger:innen verlieren jährlich bis zu 2 % Rendite durch impulsives Verhalten und Denkfehler.
- ☑ **BlackRock Investor Pulse (2023):** 80 % der erfolgreichen Privatanleger:innen nutzen Routinen und Rituale gegen Denkfallen.
- ☑ **Nobelpreisträger Richard Thaler, „Nudge" (2008):** Kleine bewusste Veränderungen im Verhalten (wie Checklisten) führen zu besseren finanziellen Entscheidungen.
- ☑ **MIT Sloan School of Management (2023):** Die gezielte Arbeit mit Anker-Sätzen und mentalen Modellen senkt Stress und verbessert Anlageentscheidungen nachweislich.

8.6. Der kritische Sven über Kapitel 8: Fehler vermeiden & mental stark bleiben

„Fehler vermeiden klingt leicht – aber wie ehrlich sind wir wirklich, wenn es um eigene Rückschläge geht? Werden die typischen Fallen nur aufgezählt, oder lerne ich wirklich, damit umzugehen? Was passiert, wenn ich trotz aller Checklisten und Tipps doch mal stolpere? Ich frage mich: Wie bleibe ich mental stark, wenn es anders läuft als geplant? Für mich bleibt: Nicht der Fehler kostet am meisten – sondern die Angst, ihn zuzugeben oder immer wieder denselben zu machen."

– Sven

Abschlussstatement: Wer bereit ist, Fehler als Lernchance zu nutzen und sein Verhalten immer wieder zu reflektieren, bleibt an der Börse und im Leben resilient. Wahre Stärke zeigt sich, wenn du dir selbst verzeihen und trotzdem weitermachen kannst.

Leser:innen-Stimme
„Gerade meine ersten Börsenfehler waren heftig – aber erst als ich gelernt habe, ehrlich hinzuschauen und nicht alles schönzureden, wurde ich ruhiger. Heute weiß ich: Scheitern ist kein Makel, sondern Teil des Spiels."
– Simon, 42, Steuerberater

Sven: „Ohne Fehler wäre das Investieren sterbenslangweilig – die besten Geschichten schreibt das Scheitern."

KAPITEL 9
WAS JETZT ZÄHLT: FREIHEIT NACH DEINEM MASSSTAB

„Freiheit entsteht nicht, wenn du alles hast – sondern wenn du weißt, was du wirklich brauchst."
– Sprichwort

Wendepunkt – Drei Perspektiven, ein Ziel

Lisa blickt nicht mehr zuerst aufs Depot, sondern genießt den Moment am Frühstückstisch mit ihrer Tochter und ihrem Partner. Sie spürt: Wahre Freiheit besteht darin, Zeit zu schenken, statt Geld zu zählen. **Moritz,** der früher jede Rendite jagte, steht am Fenster, Kaffee in der Hand. Sein neues Ziel: Selbstbestimmtheit im Alltag, nicht nur Vermögensaufbau. „Wann bin ich wirklich frei?", fragt er sich. **Patrick,** der spät begonnen hat, sitzt auf einer Parkbank. Neben ihm eine jüngere Kollegin, die nervös von ihren ersten Aktien erzählt. Patrick sagt ruhig: „Freiheit ist, wenn du nicht mehr jeden Kurs beobachtest, sondern den nächsten Menschen inspirierst, selbst Verantwortung zu übernehmen."

Drei Lebenswege – ein Gefühl: Freiheit entsteht dort, wo du dich selbst nicht mehr beweisen musst – sondern dich angekommen fühlst.

Mini-Story: Große Freiheit mit wenig Geld

Mara, 28, berichtet: „Ich habe nie viel verdient, aber meine kleine Freiheit ist jeden Mittwoch mein langer Spaziergang am Fluss – ohne Termine, ohne Verpflichtungen. Für mich ist das echter Luxus. Mein Depot ist überschaubar, aber mein Gefühl von Selbstbestimmung wächst mit jedem Schritt, den ich bewusst für mich gehe."

Dein persönlicher Finanz-Kompass

Du bist weit gekommen. Du hast gelernt, gezweifelt, investiert, Fehler gefeiert. Jetzt beginnt der spannendste Abschnitt:

- Was bedeutet finanzielle Freiheit für dich – jenseits von Hochglanz-Mythen?
- Wofür willst du Geld in deinem Leben einsetzen – und wann ist „genug"?
- Welche Rolle spielt Geld für deinen inneren Frieden – und was darf es nie ersetzen?
- Wie hältst du deinen Kurs, auch wenn sich dein Leben oder dein Umfeld verändert?

Was du in diesem Kapitel lernst

- Wie du deine eigene Definition von Freiheit findest – mutig, echt, wandelbar
- Wie du typische Denkfallen erkennst, die viele von wahrem Wachstum abhalten
- Warum „genug“ das neue „reich“ ist – und Zufriedenheit immer ein Maßanzug bleibt
- Wie Lisa, Moritz und Patrick ihre persönlichen Freiheitsmodelle gefunden haben – und was du daraus für deinen Weg mitnehmen kannst

Anfänger-Fallen vs. Advanced-Fallen – Dein ehrlicher Selbstcheck

Anfänger-Fehler	Advanced-Fallen
Erst starten, wenn „alles sicher“ erscheint	Angst, bei Seitwärtsphasen nicht „besser“ zu sein
FOMO bei jedem Trend	„Ich bin der Smarteste im Raum“-Syndrom (Overconfidence)
Panik bei den ersten Rücksetzern	Ständige Systemwechsel („Jetzt muss ich alles optimieren“)
Nur auf Produkt/Fonds fixiert	Zu komplexe Diversifikation, zu viele Tools
Kopieren statt Verstehen	Endlose Selbstanalyse, aber zu wenig Umsetzung

Wo findest du dich?

Lisa: „Ich war ewig Perfektionistin. Heute ist mein Ziel: Freiheit im Unperfekten.“
Moritz: „Früher war ich Copycat. Jetzt selektiere ich – und bleib bei meinem Kurs.“
Patrick: „Mit 48 gestartet – heute gebe ich Gelassenheit und Erfahrung weiter.“

Dein Praxis-Toolkit für echte Freiheit

- Definiere dein persönliches Freiheitsziel – nicht, was du besitzen willst, sondern was du tun und lassen können möchtest.
- Stell dir regelmäßig mutige Fragen: Wofür arbeite ich? Wie sieht ein erfülltes Leben ohne Geldsorgen für mich aus? Wer wäre ich ohne die ständige Vergleicherei?
- Dein „Freiheits-Reminder“: Notiere dir, was dich wirklich erfüllt – ein Post-it am Laptop, ein Satz im Kalender, ein Gespräch am Wochenende.
- Rede offen – mit Menschen, denen du vertraust, über Ziele, Werte, Umwege. Die meisten großen Aha-Momente entstehen im ehrlichen Dialog.
- Setze Routinen: Monatlicher Freiheits-Check-in, jährliche Kurskorrektur, bewusste Auszeiten von Börse und Social Media.

Community-Impulse – Stimmen, die bewegen

„Mein größter Aha-Moment war, als ich mich fragte: ‚Würde ich auch dann investieren, wenn niemand davon weiß?' Seitdem ist Freiheit für mich Unabhängigkeit vom Urteil der anderen."

– Clara, 32

„Ich dachte immer, Freiheit heißt: Millionen auf dem Konto. Heute ist es, morgens joggen zu gehen, wenn ich will – und meinen Kindern zuzuhören, ohne auf die Uhr zu schauen."

– Kaan, 41

Take-Aways – Das Wichtigste auf einen Blick

- Finanzielle Freiheit ist kein Ziel, sondern ein Weg, der sich mit dir verändert.
- Die größten Fehler entstehen nicht durch Produkte – sondern durch ungeklärte Ziele und zu viel Vergleich.
- Wirklich frei bist du, wenn du deine eigenen Maßstäbe lebst und deinen Fortschritt feiern kannst.
- Wachstum heißt nicht: Mehr besitzen. Wachstum heißt: Bewusster entscheiden und loslassen lernen.
- Champions feiern das Ankommen genauso wie das Loslaufen – und helfen anderen, ihre Freiheit zu entdecken.
- Freiheit darf sich verändern – was heute zählt, kann morgen schon anders sein. Es ist okay, den Kurs anzupassen.
- Jeder kleine Schritt, jede bewusste Entscheidung, zählt auf deinem Weg – auch wenn das Ziel noch weit weg erscheint.
- Du bist nicht allein auf dem Weg zur Freiheit. Hier wächst eine Community, die sich gegenseitig unterstützt.

So leben Lisa, Moritz & Patrick heute ihre Freiheit

Lisa: „Meine Freiheit zeigt sich im Alltag: ein freier Nachmittag pro Woche, Handy im Flugmodus, Zeit auf der Spieldecke statt im Depot. Mein Sparplan läuft im Hintergrund – ich entscheide bewusst, wem ich Aufmerksamkeit schenke."

Moritz: „Freiheit ist ein Kalender mit weißen Flächen. Ich starte den Tag ohne Börsenticker, arbeite fokussiert an Projekten, die zu meinem Warum passen – und checke mein Depot nur noch einmal im Monat."

Patrick: „Freiheit heißt für mich, gelassen ‚Ich weiß es nicht' sagen zu können und trotzdem klar zu handeln. Ich halte mein Setup schlicht, begleite Jüngere auf ihrem Weg – und investiere die meiste Rendite in gute Gespräche."

Reflexionsfragen – Deine Einladung zum Weiterdenken

- Was ist dein größter Freiheitsmoment – jetzt und in zehn Jahren?
- Bist du bereit, dich von überflüssigen Zielen oder Erwartungen zu lösen?
- Wie fühlt sich „genug“ heute für dich an – und wie möchtest du, dass es sich künftig anfühlt?
- Was ist deine größte Freiheit abseits von Geld? Wen möchtest du daran teilhaben lassen?
- Und: Wenn du deine Freiheit in einem einzigen Satz beschreiben könntest – wie würde er lauten?
- Wer könnte dich auf deinem Freiheitsweg unterstützen – und wo darfst du mutig nach Hilfe fragen?

Mutmacher zum Abschluss: Du musst keine Millionen haben, um frei zu sein. Freiheit beginnt oft mit einem Spaziergang, einem offenen Gespräch oder dem Mut, einfach mal „Nein“ zu sagen. Deine Geschichte ist einzigartig – und je mehr du sie teilst, desto mehr wachsen wir alle daran. Kleine Schritte zählen. Du bist nicht allein auf deinem Weg zur Freiheit. Trau dich, deine Definition immer wieder neu zu denken.

Golden Nugget: Freiheit beginnt nicht mit dem Kontostand – sondern mit dem Mut, deinen eigenen Maßstab zu setzen. Wer weiß, was ihn erfüllt, braucht weniger Vergleiche und mehr Vertrauen in den eigenen Weg.

Mentor-Moment: Freiheit entsteht nicht, wenn du alles hast – sondern wenn du erkennst, was dich erfüllt. Die Klarheit über deine Ziele ist das größte Geschenk, das du dir selbst machen kannst.

Lisa: „Meine Freiheit? Ein Nachmittag im Park mit meiner Tochter – und dabei nicht an Geld denken zu müssen.“
Moritz: „Freiheit ist, morgens selbst entscheiden zu können, wie ich arbeite – nicht, wie viel mein Depot gestern gemacht hat.“
Patrick: „Für mich ist es die größte Freiheit, andere zu inspirieren und zu begleiten – ganz ohne Druck.“

Social Proof
„Ich dachte lange, Freiheit sei ein großes Vermögen. Heute weiß ich: Mein größter Luxus ist, meine Zeit selbst zu gestalten – und nicht ständig im Vergleich mit anderen zu leben.“
– Mara, 28, Grundschullehrerin

Cliffhanger: Jetzt zeigt sich, was wirklich zählt: Wenn Zahlen in den Hintergrund treten und das Leben neue Wege eröffnet, beginnt deine ganz persönliche Reise zur Freiheit. Begleite Lisa, Moritz und Patrick dabei, wie sie Abschied von alten Mustern nehmen, neue Ziele finden – und was bleibt, wenn aus Wissen echte Gelassenheit wird.

Faktencheck – Was sagt die Wissenschaft?

☑ **Harvard Study of Adult Development (2023):** Sinnstiftung, Beziehungen und das eigene Wertegefühl haben langfristig einen größeren Einfluss auf Wohlbefinden als materielle Ziele.

☑ **OECD „How's Life?" Report (2023):** Lebenszufriedenheit hängt eng mit Autonomie und Selbstbestimmung zusammen, nicht nur mit Vermögen.

☑ **Vanguard Investor Report (2023):** Menschen mit einem klaren, persönlichen Freiheitsbegriff investieren gelassener und nachhaltiger.

☑ **Behavioural Insights Team UK (2022):** Routinen, Reflexion und soziale Unterstützung fördern langfristiges Wohlbefinden und finanzielle Selbstbestimmung.

☑ **University of Zurich, Glücksforschung (2022):** Ein erfülltes Leben ist oft geprägt von kleinen, bewussten Handlungen und selbstgewählten Zielen.

☑ **London School of Economics (2022):** Flexibilität im Lebensentwurf und die Erlaubnis, Freiheit immer wieder neu zu definieren, steigert die innere Zufriedenheit.

☑ **Morningstar Mind the Gap Report (2022):** Klarheit über die eigenen Ziele und Routinen bewahrt vor typischen Anlegerfallen und Stress durch Vergleich.

☑ **Dalbar Quantitative Analysis of Investor Behavior (2022):** Investor:innen, die regelmäßig reflektieren und sich austauschen, sind in Krisenzeiten resilienter und zufriedener.

9.1. Lisa, Moritz & Patrick – was bleibt, was beginnt

„Finanzielle Freiheit beginnt nicht auf dem Konto – sondern in deinem Kopf."
– Josef Obergantschnig

Neuer Blick, neues Ziel

Lisa steht am Spielplatz, Tochter an der Hand. Das Lachen ihres Kindes erinnert sie daran, was wirklich zählt. „Früher war mir Sicherheit alles. Heute weiß ich: Mein größter Luxus ist Zeit – und echte Freiheit heißt, sie selbst zu gestalten."

Moritz sitzt am Balkon, das Notizbuch offen. Er denkt zurück an seine ersten Depot-Listen und Kursvergleiche. „Früher hat mich Performance angetrieben – heute ist echte Freiheit, meinen Tag selbst bestimmen zu können. Manchmal reicht ein Morgenkaffee im Pyjama, um zu merken: Ich entscheide, was wichtig ist."

Patrick steht mit einer Tasse Kaffee auf der Terrasse, die Sonne blinzelt durch die Bäume. Seine Frau ruft aus dem Haus: „Patrick, du verpasst das Frühstück!" Er grinst und denkt: „Früher hab ich jede Kurstabelle studiert. Heute weiß ich: Ein gutes Leben zeigt sich nicht im Depot, sondern am Familientisch. Mein Aha-Moment? Weniger Kontrolle, mehr Vertrauen – und der Mut, loszulassen, was nicht zu mir passt."

Drei Leben, drei neue Fragen – ein gemeinsames Ziel: Freiheit, die du selbst definierst – ehrlich, wandelbar, lebendig.

Worum geht's hier?

- Was bedeutet finanzielle Freiheit wirklich – unabhängig von Status und Kontostand?
- Wie viel ist „genug" für dich – und was willst du mit deinem Geld wirklich bewegen?
- Wie bleibst du auf Kurs, auch wenn das Leben dich überrascht oder Umwege fordert?

Was bedeutet finanzielle Freiheit?

Vergiss die Instagram-Mythen. Finanzielle Freiheit ist nicht „nie mehr arbeiten", sondern das gute Gefühl, selbst entscheiden zu dürfen: Wofür setze ich meine Zeit, Energie und mein Geld ein?

Für die einen heißt das: sorgenfrei leben. Für die anderen: „Nein" zu sagen – oder mutig „Ja" zu echten Träumen.

Lisa: „Für mich heißt Freiheit, auch mal Nein sagen zu können – und meinen eigenen Weg zu gehen."

Moritz: „Freiheit beginnt für mich da, wo ich nicht mehr jedem Trend hinterherlaufen muss."

Patrick: „Ich genieße, dass ich heute finanziell und im Kopf viel unabhängiger bin als früher."

Freiheits-Kompass – Dein persönlicher Reality-Check
Nimm ein Blatt Papier und beantworte ehrlich (gern auch als Familie):

- Was würde ich heute tun, wenn Geld keine Rolle spielt?
- Welche Ausgaben oder Erlebnisse geben mir Energie – und welche rauben sie mir?
- In welchen Lebensbereichen wünsche ich mir mehr Freiheit – jetzt schon?
- Was bedeutet für mich persönlich „genug"?

Alltags-Impuls: Klebt euren Freiheits-Satz als Familie an den Kühlschrank. Ein Wort, ein Foto, ein Ziel – das Gespräch darüber kann der Anfang echter Veränderung sein.

Mini-Live-Story – Freiheit kann klein beginnen: „Ich habe mit meinem Sohn neulich unser ‚Freiheitsglas' eingeführt – jeden Monat werfen wir kleine Sparbeträge für einen freien Tag zusammen. Kein Luxus, kein großes Geld. Ein gemeinsamer Ausflug, einfach so. Es ist unser kleiner Reminder: Freiheit wächst nicht mit dem Depot, sondern mit den Erlebnissen, die wir selbst gestalten."
– Martina, 42

Frühstarter vs. Spätstarter – Es gibt kein zu spät: Egal, ob du mit 25, 45 oder 55 beginnst: Jeder Start bringt eigene Chancen. Wer früh beginnt, hat den Zinseszins auf seiner Seite – aber auch Spätstarter:innen erreichen viel, wenn sie klug und konsequent investieren. Nicht vergleichen, sondern den eigenen Rhythmus finden ist entscheidend.

Familien-Realität: Gerade mit Familie zählt: Lieber kleine, regelmäßige Beträge investieren, als auf das große Glück zu hoffen. Wer dranbleibt und keine Hauruck-Aktionen macht, schützt seine Liebsten – und bleibt gelassen, auch wenn das Leben mal anders läuft.

So denken Lisa, Moritz & Patrick heute
Lisa: „Meine Freiheit ist, Zeit für meine Tochter zu haben. Lieber Erinnerungen sammeln als Renditejagd."
Moritz: „Unabhängigkeit ist kein Kontostand, sondern ein Lebensgefühl – mein Plan, mein Tempo."
Patrick: „Auch mit 50 kannst du noch alles drehen – solange du dranbleibst und dich nicht mit anderen vergleichst."

Spätstarter-Hebel: Fang an, wo du stehst – nicht erst, wenn alles perfekt scheint. Jeder konsequente Schritt zählt. Auch mit 40+, 50+ oder später kannst du noch Freiheit gestalten und neue Routinen schaffen.

Reflexionsfragen – Dein ehrlicher Freiheits-Check

- Was bedeutet für dich finanzielle Freiheit – jenseits von Zahlen und Vergleichen?
- Gibt es einen Lebensbereich, in dem du heute schon freier sein könntest?
- Was willst du mit deinem Geld wirklich bewegen – für dich, für andere?
- Wie bleibst du auf Kurs, auch wenn das Umfeld dich manchmal verunsichert?
- Wer könnte dein Buddy für einen ehrlichen Freiheits-Dialog sein?
- Wo darfst du dir erlauben, die Richtung zu ändern, neu anzufangen – oder auch einfach mal eine Pause einzulegen?

Social Proof

„Freiheit bedeutet für mich, meine Entscheidungen selbst zu treffen – auch wenn sie mal nicht perfekt sind."
– Sarah, 34, Ärztin

Golden Nugget & Mutmacher: Du darfst auf deinem Weg zur Freiheit Fehler machen, Umwege gehen, neu anfangen oder einfach innehalten. Das Leben ist nicht linear – und echte Freiheit wächst, wenn du dir selbst erlaubst, Pausen und Kurswechsel als Teil deiner Geschichte zu feiern. Jeder Tag, an dem du deinen eigenen Weg wählst, ist ein Schritt in deine Freiheit.

Bonus-Impuls: Such dir einen Freiheits-Buddy: Sprich regelmäßig mit einer vertrauten Person über Wünsche, Umwege und Fortschritte. Gemeinsam erkennt ihr Erfolge oft früher als allein.

Mentor-Moment: Freiheit entsteht nicht, wenn du alles hast – sondern wenn du den Mut findest, nach deinem eigenen Maßstab zu leben.

Lisa: „Früher dachte ich, Freiheit ist ein Ziel. Heute weiß ich, dass sie unterwegs wächst – oft, wenn ich Umwege gehe oder einfach mal stehenbleibe."
Moritz: „Mein größtes Freiheitsgefühl hatte ich, als ich mir erlaubt habe, Pausen zu machen – und gemerkt habe, dass nicht jeder Tag perfekt sein muss."
Patrick: „Für mich heißt Freiheit, immer wieder neu zu starten. Jeder Kurswechsel ist Teil meiner Geschichte – und macht mich gelassener."

Cliffhanger: Im nächsten Kapitel geht's um dein Umfeld: Wie führst du ehrliche Gespräche über Geld, Ziele und Werte? Und wie bleibst du emotional souverän – selbst wenn das Leben dich herausfordert?

Faktencheck – Was sagt die Forschung?

☑ **OECD „How's Life?" Report (2023):** Lebenszufriedenheit ist eng an Autonomie und Gestaltungsspielraum geknüpft, nicht nur an Einkommen.

☑ **Harvard Study of Adult Development (2023):** Glück und Wohlbefinden hängen viel stärker mit Beziehungen, Sinn und Selbstbestimmung zusammen als mit Vermögen.

☑ **Vanguard Investor Report (2023):** Menschen, die sich regelmäßig eigene Ziele und Freiheitsdefinitionen setzen, investieren entspannter und nachhaltiger.

☑ **University of Zurich, Glücksforschung (2022):** Glück und Freiheit entstehen vor allem durch kleine, selbstbestimmte Handlungen im Alltag.

☑ **Behavioural Insights Team UK (2022):** Reflexion, Routinen und soziale Unterstützung fördern nicht nur Wohlstand, sondern auch Resilienz.

☑ **London School of Economics (2022):** Wer seine Freiheit immer wieder neu definiert, entwickelt langfristig mehr innere Zufriedenheit.

☑ **Dalbar Quantitative Analysis of Investor Behavior (2022):** Die größten Entwicklungsschritte beim Investieren kommen durch Reflexion und das Anpassen eigener Ziele.

☑ **Morningstar Mind the Gap Report (2022):** Wer sich auf eigene Bedürfnisse konzentriert statt zu vergleichen, reduziert Stress und verbessert seine Investmentergebnisse.

9.2. Was finanzielle Freiheit für dich bedeuten kann

„Finanzielle Freiheit beginnt nicht
auf dem Konto – sondern in deinem Kopf."
– Sprichwort

Morgensonne am Frühstückstisch – ein neuer Blick aufs Leben

Lisa gießt sich einen Kaffee ein, das Licht fällt auf die Tischdecke. „Früher bedeutete Freiheit für mich: genug auf dem Konto. Heute sind es die kleinen Momente – Frühstück mit meiner Tochter, Zeit statt Zahlenspiele. Das ist mein echter Luxus."
Moritz legt das Handy weg, genießt die Ruhe, noch bevor der Tag losgeht. „Früher

war ich ein Getriebener des Marktes. Jetzt frage ich: Welcher Moment gehört heute wirklich nur mir? Manchmal ist Disziplin die größte Freiheit."
Patrick blättert in alten Fotos. „Ich habe spät angefangen – aber jetzt merke ich: Es ist nicht das Geld, das mich entspannt macht, sondern das Gefühl, mit der Familie zu lachen oder Erfahrung weiterzugeben."
Drei Leben, drei Perspektiven – und ein gemeinsamer Wunsch: Ein Leben, das von eigenen Werten bestimmt wird, nicht vom Kontostand.

Was du aus diesem Kapitel lernst

- Warum finanzielle Freiheit kein fester Betrag, sondern eine Haltung ist
- Wie du deinen Freiheitsbegriff in drei Ebenen strukturierst – und warum jeder Schritt zählt
- Wie du mit einfachen Formeln dein Zielkapital realistisch planst – passend zu DEINEM Alltag

Was finanzielle Freiheit nicht ist

Sie ist kein Wettbewerb und kein Ziel, das andere für dich definieren. Freiheit entsteht, wenn du „nein" zu Zwängen und „ja" zu deinen echten Träumen sagst. In Japan gibt es das Sprichwort: „Glück ist, wenn man tun kann, was das Herz wirklich will."

Lisa: „Früher dachte ich, Freiheit hat mit Zahlen zu tun. Heute weiß ich: Es ist ein Gefühl – und beginnt im Kleinen."
Moritz: „Freiheit heißt für mich, Zeit zu haben für das, was mir wirklich wichtig ist."
Patrick: „Für mich ist finanzielle Freiheit die Möglichkeit, meine Familie zu unterstützen, wann immer es nötig ist."

Der 3-Ebenen-Freiheits-Kompass

Ebene	**Bedeutung**	**Dein Vorteil**
Sicherheit	Du kannst laufende Ausgaben decken – auch ohne Job	Kein Druck, Gelassenheit, ruhige Nächte
Gelassenheit	Arbeiten, weil du willst – nicht, weil du musst	Zeit für Prioritäten, weniger Stress
Selbstverwirklichung	Raum für das, was dich erfüllt – Familie, Projekte	Erfüllung, Gestaltungsspielraum

Jeder Schritt in Richtung mehr Freiheit ist ein Gewinn – ganz egal, wo du beginnst.

Zwei einfache Formeln für dein Zielkapital

- **Formel 1:** Monatsbedarf × 300 ≈ Zielkapital
  Das internationale FIRE-Prinzip – 3–4 % Entnahme pro Jahr als Faustregel.
  Beispiel: 3.000 € × 300 = 900.000 €
- **Formel 2:** Rücklagen ÷ Monatsbedarf = Monate Freiheit
  Beispiel: 12.000 € Rücklagen / 3.000 € Bedarf = 4 Monate Freiheit

Diese Formeln sind Orientierung – jeder Schritt zählt, keiner ist zu klein.

Praxis-Tipp – Visualisiere und lebe Alltagsfreiheit: Erkenne deine persönlichen „Luxusmomente“: Das kann der erste Kaffee am Morgen in Ruhe sein, das Lachen deiner Kinder oder ein Spaziergang ohne Zeitdruck. Schreibe diese Mini-Freiheiten auf – als kleine Liste am Kühlschrank oder im Handy. Starte sofort eine Mikro-Routine: Notiere dir jeden Morgen oder Abend EINEN Moment, in dem du echte Freiheit gespürt hast – unabhängig vom Kontostand.

Community-Impuls: Teile deine kleinen Alltagsfreiheiten oder Fortschritte mit Freund:innen, Familie oder in einer Gruppe. Geteilte Freude ist doppelte Freiheit – und dein Umfeld motiviert dich, dranzubleiben. In Südkorea ist das „Zweck-Sparen“ mit der Familie ein Ritual: Jede:r schreibt einmal pro Woche auf, was wirklich wichtig war – Geld spielt oft nur eine Nebenrolle, das Gefühl zählt.

Mutmacher: Es gibt kein Richtig oder Falsch. Erlaube dir, Ziele regelmäßig zu hinterfragen, neu zu definieren und auch zu feiern, was du schon erreicht hast. In China heißt es: „Jeder Tag, an dem du lachst, ist ein reicher Tag.“

Sven prüft …
„Freiheit ist mehr als nur ein Kontostand“

O-Ton Sven
„Die Finanzwelt ist voll von Leuten, die lautstark versprechen, du seist nur einen Knopfdruck von deiner Freiheit entfernt – Overnight-Erfolg, App-Sparplan oder mit der nächsten Kryptowelle. Viele dieser Zampanos tauchen kurz auf, füllen Social-Feeds, geben Interviews und sind dann schneller wieder weg als der Hype, den sie selbst erzeugt haben. Sie reden von Millionen, aber schweigen über das Gefühl der Leere, das nach dem schnellen Applaus bleibt.

Wahre Freiheit sieht anders aus. Sie beginnt dort, wo du aufhörst, dich ständig zu vergleichen – mit Nachbarn, Instagram-Helden oder der Forbes-Liste. Sie wächst langsam, im Alltag, in Momenten, in denen du die leise Stimme in dir hörst: ‚Genug. Ich bin okay. Ich entscheide selbst.'
Nach Jahrzehnten auf dem glitschigen Börsenparkett weiß ich: Freiheit ist nicht der Ferrari, nicht die Luxusvilla und schon gar nicht die perfekte Performance-Kurve. Sie ist das Lächeln deiner Tochter beim Frühstück, das Durchatmen nach einem harten Tag, die Gewissheit, dass du keinem Modetrend mehr hinterherjagen musst. Das ist der Reichtum, den dir kein Crash und kein Boom nehmen kann.
Mein tiefster Respekt gilt allen, die nach Jahren oder Jahrzehnten immer noch neugierig, offen und gelassen sind – die nach Rückschlägen wieder aufstehen, nie das Träumen verlernen und wissen, dass das Wertvollste kein Kontostand, sondern Frieden im Kopf und Herzen ist. Diese Freiheit verdient Applaus – weil sie niemandem was vormacht und sich niemandem beweisen muss."

Frühstarter vs. Spätstarter – und warum Community hilft
Ob mit 25 in Wien oder mit 55 in Tokio: Jeder Startpunkt bringt Chancen. Wer früh beginnt, profitiert vom Zinseszins – aber auch Spätstarter:innen können mit System und Gemeinschaft weit kommen. Die Community macht vieles leichter: Gemeinsame Sparziele, ehrliche Gespräche, kleine Challenges – all das sorgt für Freude und Rückhalt.

O-Ton
„Ich habe gemerkt: Finanzielle Freiheit ist vor allem Gelassenheit – und das Wissen, nicht von heute auf morgen alles ändern zu müssen."
– Tim, 38, Fotograf

So denken Lisa, Moritz & Patrick
Lisa: „Meine Freiheit? Zeit für meine Tochter und kleine Alltagsabenteuer."
Moritz: „Frei bin ich, wenn ich entscheide, wann ich handeln will – nicht der Markt."
Patrick: „Ich hätte früher nie geglaubt, dass es Gemeinschaft ist, die Freiheit wirklich wachsen lässt."
Spätstarter-Hebel: Der perfekte Moment ist immer jetzt – und mit anderen zusammen geht's leichter und macht mehr Spaß.

Reflexionsfragen – Dein Freiheitskompass

- Welche kleinen Momente geben dir im Alltag ein Gefühl von Freiheit – unabhängig vom Kontostand?
- Was bedeutet „genug" für dich – finanziell, emotional, kulturell?
- Mit wem könntest du deine Fortschritte oder Freiheitsideen teilen?
- Was würdest du tun, wenn du ab heute schon unabhängig wärst – und was davon kannst du direkt ausprobieren?

Golden Nugget: Die größte Freiheit beginnt oft im Kleinen – im Mut, jeden Tag bewusst zu wählen, was dir guttut. Nicht das große Ziel, sondern die Summe deiner Alltagsentscheidungen macht dich wirklich frei.

Mentor-Moment: Frei bist du nicht, wenn du alles besitzt – sondern wenn du den Mut hast, deinen Alltag nach deinen eigenen Regeln zu leben. Deine größten Luxusmomente kosten oft kein Geld – sie kosten nur den Mut, bewusst hinzuschauen.

Lisa: „Mein schönster Freiheitsmoment ist das Frühstück im Park – ohne Handy, einfach nur Zeit für mich und meine Tochter."
Moritz: „Freiheit heißt für mich: Feierabend machen, wann ich will – und meine Zeit selbst gestalten, statt immer auf die nächste Zahl zu schauen."
Patrick: „Ich hätte nie gedacht, dass kleine Rituale – wie mein Spaziergang am Abend – mir das größte Gefühl von Reichtum schenken."

Cliffhanger: Du weißt jetzt, wie individuelle Freiheit in deinem Alltag Gestalt annimmt – und warum Gemeinschaft und kleine Rituale den Unterschied machen. Im nächsten Kapitel geht es um den Unterschied zwischen reich werden und reich bleiben: Wie du dein Vermögen schützt, statt es zu verlieren – und warum echte Stabilität mehr ist als jede Rendite.

Faktencheck

☑ **OECD „How's Life?" (2023):** Lebenszufriedenheit weltweit steigt mit Autonomie, Gestaltungsspielraum und kleinen, alltäglichen Glücksmomenten – nicht mit Vermögenshöhe.

☑ **Vanguard Investor Report (2023):** Individuelle Freiheitsziele, die sichtbar und gemeinsam verfolgt werden, führen zu mehr Resilienz.

☑ **Harvard Study of Adult Development (2023):** Sinn und Alltagsfreude schlagen „finanzielle Meilensteine" bei weitem.

☑ **Federal Reserve Report (2022):** Sicherheit wird als Basis der Freiheit empfunden, nicht Reichtum.
☑ **Behavioural Insights Team UK (2022):** Routinen, soziale Unterstützung und geteilte Ziele fördern nachhaltiges Wohlbefinden.
☑ **Korea Institute of Finance (2022):** Gemeinschaftliches „Zweck-Sparen" erhöht Lebenszufriedenheit und Durchhaltevermögen.
☑ **Shanghai University Behavioral Finance Center (2023):** Chinesische Anleger:innen profitieren von schriftlichen Routinen und Community-Support.
☑ **Keio University Tokyo (2023):** Mikro-Routinen wie tägliches Notieren von Alltagsfreiheiten verbessern nachweislich das Gefühl von Selbstbestimmung und Zufriedenheit.
☑ **Singapore Management University (2023):** Der Austausch über kleine Erfolge stärkt Motivation, Resilienz und Zusammenhalt – besonders in Familien und Freundeskreisen.
☑ **University of Zurich (2022):** Der größte Freiheitsbooster ist das Feiern von kleinen, bewusst erlebten Alltagssiegen.

9.3. Reich werden vs. reich bleiben – Zwei Strategien, zwei Welten

„Schnell Reich werden ist ein Sprint. Reich bleiben ist ein Marathon mit Disziplin, Demut und Wartungsplan."
– Josef Obergantschnig

Am Scheideweg: Sprint oder Marathon?
Lisa sitzt am Küchentisch, das Depot wächst. „Früher wollte ich wissen: Wie hole ich das Maximum raus? Heute frage ich mich: Was bringt mir langfristig Gewinn – und wie baue ich Vermögen auf, das zu meinem Leben und meiner Familie passt?" Tom räumt gerade Mias Spielsachen beiseite, grinst und sagt: „Am Ende zählt nicht nur die Zahl im Depot, sondern ob wir ruhig schlafen können." Lisa lächelt: „Und ob Mia später auch mal was davon hat."
Moritz erinnert sich: „Früher wollte ich immer verdoppeln. Heute denke ich strategisch – wie kann ich ein Depot aufbauen, das Krisen übersteht und Sicherheit gibt?" Sophie legt ihm sanft die Hand auf die Schulter: „Und trotzdem darfst du auch mal feiern, wenn's läuft. Balance ist das neue Ziel." Moritz schmunzelt: „Du hast recht – ein bisschen Espresso, ein bisschen Sicherheit."

Patrick schaut seine Nichten an. „Ich war oft zu gierig, wollte alles sofort. Heute weiß ich: Sicherheit und Weitergeben sind wichtiger als Rekordgewinne. Jetzt zählt, was bleibt." Anna stellt ihm eine Tasse Kaffee auf den Tisch und sagt leise: „Weißt du, manchmal ist der Marathon das viel größere Abenteuer als jeder Sprint." Patrick drückt ihre Hand und nickt: „Stimmt. Es ist nie zu spät, auf Langstrecke umzuschalten."

Meine persönliche Lektion: Vom Sprinter zum Marathonläufer
Ich selbst habe die Reise vom sprunghaften Sprinter zum strategischen Marathonläufer durchlebt. Anfangs war es der Kick, der schnelle Gewinn, das Hochgefühl nach jeder Rallye – und auch der tiefe Fall nach jedem Rückschlag. Rückblickend kann ich jedem nur raten: Überspringe – wenn möglich – die Sprinterphase, oder gönn dir das Sprinten auf einem kleinen „Spaßkonto". Auch wenn man manchmal Lehrgeld zahlt, ist der Lerneffekt enorm. Heute weiß ich: Der echte Reichtum liegt im Durchhalten, im Wartungsplan, in der Gelassenheit und im strategischen Vermögensaufbau.

Wiedererkennung & Community-O-Ton
„Früher wollte ich wissen: Wie viel kann ich rausholen? Heute will ich mein Depot strategisch und ruhig halten – und keine Angst mehr vorm nächsten Crash haben. Die neue Sichtweise hat mein Lebensgefühl komplett verändert."
– Tom, 42

Was du in diesem Kapitel lernst
- Warum es zwei Disziplinen sind: reich werden und reich bleiben
- Wie du von der Gewinn-Frage zur Strategie-Frage wechselst – und wie sich das im Alltag auswirkt
- Wie du ein Depot baust, das nicht nur wächst, sondern auch Krisen und Familienleben übersteht

Lisa: „Reich werden wollte ich früher – heute bin ich lieber reich an Möglichkeiten und Zufriedenheit."
Moritz: „Ich habe gelernt: Reich sein bedeutet, keine Angst vor der Zukunft zu haben."
Patrick: „Am Ende zählt für mich nicht der Kontostand, sondern das, was ich daraus mache."

Sprint oder Marathon? – Die Strategie-Matrix deiner Finanzreise

	Reich werden	Reich bleiben
Fokus	Höchster Ertrag	Stabile Struktur
Haltung	„All-In!“	„Was kann ich mir leisten?“
Investmentstil	Einzelaktien, Hype	Diversifikation, ETFs, Qualität
Risiko	Hoch	Kontrolliert
Liquidität	Meist illiquide	Flexibel, Zugriff bedacht
Umgang mit Gewinnen	Gewinne laufen lassen	Teilgewinne sichern
Typische Frage	Wie viel Gewinn kann ich machen?	Wie kann ich strategisch Vermögen aufbauen?

Mini-Beispiel: Lisa liest über Hype-Aktien und fragt sich: „Kann ich damit meinen Gewinn verdoppeln?“ Dann hält sie inne: „Oder investiere ich besser konsequent in ETFs, damit mein Familienleben stressfrei bleibt?“ Die zweite Frage sorgt für Ruhe – und ein Lächeln.

Quick-Start: Von der Gewinn-Frage zur Strategie-Frage – Drei Schritte

1. **Bewusst nachfragen**
   Stelle dir bei jeder Investition beide Fragen:
   a) Will ich damit schnell reich werden?
   b) Baue ich damit strategisch und nachhaltig Vermögen auf?
2. **Familien-Impuls**
   Teile deine Strategie-Frage im nächsten Familiengespräch. Was bedeutet Sicherheit für euch?
3. **Ritual**
   Jährlicher Wartungstag: Was war unsere wichtigste Strategie-Frage? Was gibt Sicherheit?

Lisa, Moritz und Patrick: Heldenmomente & Lessons Learned

Lisa: „Ich entscheide nicht mehr nach Kick, sondern nach Stabilität.“
Moritz: „Strategie-Fragen bringen Gelassenheit – mein Depot ist heute mein Fundament.“
Patrick: „Das Gespräch mit der Familie hat mir geholfen, gemeinsam einen Plan zu leben.“

Fernost-Story
Yuki, Tokio: „Unsere zentrale Frage ist nicht mehr ‚Wie viel Gewinn?', sondern ‚Wie viel Beständigkeit geben wir unserer Familie?' Das verändert alles."

Praxis-Impuls: Wartungsplan für Wohlstand
- Einmal im Jahr: Depot-Strategie-Check auf Sicherheit, Diversifikation, Weitergabe
- Nachhaltige Routinen schaffen echten Wohlstand
- Strategie-Fragen gemeinsam mit Partner:in/Familie reflektieren

Social Proof
„Reich sein heißt für mich, Zeit für meine Familie zu haben – nicht nur Geld auf dem Konto."
– Vicky, 36, Grundschullehrerin

Take-Aways – Das Wichtigste auf einen Blick
- Die klügste Frage ist selten „Wie viel?", sondern immer „Wie stabil, wie sinnvoll, wie weitergebbar?"
- Wer seine Fragen verändert, verändert auch seine Ergebnisse – und sein Lebensgefühl.
- Ein starkes Depot schützt dein Vermögen und das Sicherheitsgefühl deiner Liebsten.

So entscheiden sich Lisa, Moritz & Patrick
Lisa: „Meine wichtigste Frage ist heute: Was macht uns als Familie langfristig stark?"
Moritz: „Strategie ist mein neuer Kick – mein Depot wächst ruhig, nicht nur schnell."
Patrick: „Mein größter Gewinn: Dass meine zukünftigen Enkel mit mehr Sicherheit starten können als ich."

Reflexionsfragen
- Wie hat sich deine Investment-Frage im Lauf der Jahre verändert?
- Was hat diese Veränderung im Alltag, in Beziehungen oder in der Familie bewirkt?
- Welche Strategie-Frage willst du künftig regelmäßig stellen – und mit wem teilst du sie?

Golden Nugget: Verändere deine Fragen – und dein Vermögen wächst nicht nur im Depot, sondern auch in deinem Leben.

Mentor-Moment: Der wahre Quantensprung an der Börse ist nicht der Gewinn, sondern die Erkenntnis, dass die richtigen Fragen zu mehr Sicherheit, Freude und innerer Freiheit führen.

Lisa: „Meine besten Entscheidungen kamen immer dann, wenn ich die alten Fragen losgelassen und mich getraut habe, neu zu denken."
Moritz: „Früher habe ich nur auf Zahlen gestarrt – heute frage ich viel öfter: Was bringt mir echte Sicherheit, was gibt mir wirklich Gelassenheit?"
Patrick: „Der größte Schritt war für mich, nicht nur nach Rendite zu fragen, sondern auch nach dem Schutz für meine Familie."

Social Proof
„Eine einzige gute Frage hat mir mehr gebracht als hundert schnelle Tipps. Seitdem hinterfrage ich alles – und bin viel entspannter, auch wenn der Markt verrücktspielt."
– Michael, 51, Selbstständiger

Cliffhanger: Im nächsten Kapitel geht's darum, wie du dein Mindset auf Jahrzehnte schärfst, Resilienz entwickelst und die Champions-League-Regeln des Vermögenserhalts wirklich lebst – für dich und alle, die dir am Herzen liegen.

Faktencheck
☑ **Yale Endowment Report (2023):** Klare Allokationsstrategien und konsequente Wartung sichern langfristigen Erfolg.
☑ **Harvard Business Review (2023):** Der Umstieg von Gewinn- zu Strategiefragen erhöht das Sicherheitsgefühl in Familien signifikant.
☑ **Vanguard Principles (2022):** Stabile Portfolios entstehen durch disziplinierte Reflexion und Anpassung.
☑ **NZZ/University of Zurich (2022):** Die meisten Vermögensverluste entstehen durch falsche Fragen, nicht durch schlechte Produkte.
☑ **Singapore Management University (2023):** Familien, die gemeinsam Strategie-Fragen reflektieren, erzielen mehr Resilienz und Zufriedenheit.
☑ **Japan Securities Dealers Association (2023):** In Japan liegt der Fokus zunehmend auf nachhaltigem Aufbau statt kurzfristigem Gewinn.

☑ **Federal Reserve Consumer Survey (2023):** Strategie-Check und Familiengespräche reduzieren Anlagefehler und Stress um bis zu 40 %.
☑ **Behavioural Insights Team UK (2022):** Wer regelmäßig die zentrale Frage „Was dient uns langfristig?" stellt, bleibt investiert – und ruhig.
☑ **Credit Suisse Global Wealth Report (2025):** Vermögensweitergabe und Stabilität sind die wichtigsten Faktoren für nachhaltigen Wohlstand.

9.4. Was du kannst, was du willst, was du brauchst

„Finanzielle Freiheit entsteht dort, wo deine Stärken, Wünsche und Ressourcen ein echtes Team bilden."
– Josef Obergantschnig

Die Szene, die dich auf den Punkt bringt
Lisa steht am Fenster, Babyphone in der Hand, draußen spielt das Leben. Ihr ETF-Sparplan wächst, aber sie fragt sich: „Mache ich das noch für mich – oder nur aus Routine?" **Moritz**, Coworking-Space, Laptop aufgeklappt: „Handle ich wirklich aus Überzeugung – oder weil ich mich nicht entscheiden kann, loszulassen?" **Patrick**, mit alten Depots und Erinnerungen: „Was bringt mir der cleverste Plan, wenn ich mich selbst nicht mehr darin erkenne?"
Drei Menschen – ein gemeinsamer Punkt: Klarheit entsteht, wenn du ehrlich auf dich schaust – und bereit bist, alte Muster loszulassen.

Wiedererkennung – Dein ehrlicher Spiegel
Es gibt keinen perfekten Plan von außen – nur deinen eigenen Weg, immer wieder neu justiert. Echte Klarheit wächst, wenn du sie regelmäßig einforderst und dich traust, Dinge auch mal neu zu denken. Wer Hilfe braucht, holt sich Unterstützung – das ist kein Zeichen von Schwäche, sondern von echtem Selbstbewusstsein.

Lernziele
- Warum echte Selbst-Klarheit wichtiger ist als jeder Tipp von außen
- Wie du mit der 3-Kreise-Frage deinen persönlichen Kurs findest – immer wieder neu
- Wie du in zwei Minuten deinen Finanzkompass schärfst und auch bei Gegenwind stabil bleibst

Das 3-Kreise-Modell: Dein persönlicher Finanzkompass
Drei Kreise, die sich in der Mitte treffen. Hier liegt dein authentischer Weg.

1. **Was du kannst:**
   Deine Kompetenzen, deine Erfahrung. Was kannst du aus Überzeugung und Sicherheit steuern?
2. **Was du willst:**
   Deine Motive, Werte, Träume. Investierst du für Sicherheit, Freiheit, Selbstverwirklichung?
3. **Was du brauchst:**
   Deine Ressourcen, Sparrate, Rücklagen, Wohlfühl-Kapital. Was gibt dir ein gutes Gefühl, heute und in fünf Jahren?

Signature-Impuls: Zeichne die drei Kreise. Schreib rein, was dich ausmacht – in der Schnittmenge steht nicht „perfekt", sondern „echt".

Alltag pur & Community-Real-Talk
Lisa: Noch immer am Vergleichen oder schon mutig entschieden?
Moritz: Vier Tools, aber klarer bin ich nicht geworden.
Lisa: Alles gelöscht, was mich blockiert. Ein ETF, ein Ziel – mehr Zeit, weniger Stress.
Moritz: Fokus macht gelassen. Simpel ist oft besser als fancy.

Community-O-Ton
„Ich dachte, ich müsste alles ausprobieren. Heute weiß ich: Mein Kompass ist ehrlich und einfach. Das gibt Ruhe, auch wenn's an der Börse kracht."
– Marc, 45, Bauingineur

Praxis-Tipp für stürmische Zeiten: Fühlt sich alles zu viel an?

Lisa: „Ich unterschätze oft, was ich schon erreicht habe – dabei steckt in jedem von uns mehr, als wir glauben."
Moritz: „Meine größte Stärke: Neugierig bleiben und nicht aufgeben, wenn's mal schwer wird."
Patrick: „Ich traue mich heute, Dinge zu probieren, die ich früher für unmöglich gehalten habe."

Mini-Impuls
Stelle dir vor dem nächsten Klick drei Fragen:
1. Verstehe ich wirklich, was ich tue?
2. Mache ich das für mich – oder weil andere es machen?
3. Fühlt sich das nach meiner Entscheidung an – oder nach Aktionismus?

Und falls du nicht weiterkommst: *Reden hilft.* Ein Buddy, die Community oder eine professionelle Beratung machen oft den entscheidenden Unterschied.

Die Quick-Checkliste – Fünf Fragen, bevor du investierst
1. Verstehe ich das Produkt wirklich?
2. Passt es zu meinen Werten und Zielen?
3. Habe ich einen klaren Plan – oder bin ich auf der Suche nach Nervenkitzel?
4. Was sagt mein Bauchgefühl – Freude oder Stress?
5. Würde ich diese Entscheidung jemandem erklären, der mir wichtig ist?

Wenn du mehr als zweimal zögerst: Mach eine Pause – oder hol dir Rat.

Mini-Impuls für Alltagszweifel: Manchmal reicht schon ein kleiner Satz: „Ich muss nicht alles alleine lösen – Klarheit ist ein Teamprojekt." Das gilt an der Börse wie im Leben.

Was Zahlen zeigen: Selbst-Alignment wirkt
- Schriftliche Ziele führen zu signifikant besseren Anlageergebnissen.
- Werte-Alignment reduziert Stress und Panikverkäufe spürbar.
- Reflexion und Selbst-Klarheit führen zu längeren Anlagehorizonten.
- Klarheit senkt impulsives Verhalten und fördert bessere Entscheidungen.
- Individuelle Zieldefinition steigert Resilienz.
- Regelmäßige Selbst-Checks fördern Gelassenheit.
- Kompetenz führt zu weniger Fehlern.
- Klarheit über eigene Motivation verbessert Ergebnisse.
- Finanzielle Souveränität wächst mit Reflexion.
- Weniger Auswahl fördert zufriedenere Entscheidungen.
- Innere Klarheit ist in allen Kulturen wichtiger als Marktprognosen.

(Datenbasis: Vanguard, UChicago Booth, Morningstar, Deutsche Bank Wealth Management, J.P. Morgan Wealth Management, UBS Wealth Insights, Credit Suisse Wealth Report, Bundesbank, Fidelity, Harvard Business Review, Tokio Metropolitan University)

O-Ton
„Es hat gedauert, bis ich meine eigenen Stärken wirklich gesehen habe. Heute nutze ich sie, um mein Leben selbst zu gestalten.“
– Sven, 42, Logopäde

Take-Aways – Das Wichtigste auf einen Blick

- **Klarheit schlägt Komplexität:** Nicht die Menge an Produkten, sondern das innere Alignment entscheidet über deinen Erfolg.
- **Dein Kompass zählt:** Was du kannst, was du willst und was du wirklich brauchst – in der Schnittmenge liegt dein persönlicher Weg.
- **Weniger ist mehr:** Einfache, ehrliche Entscheidungen sind nachhaltiger als ausgeklügelte, aber fremdgesteuerte Strategien.
- **Mut zur Unterstützung:** Hilfe zu holen ist Stärke, kein Makel. Community, Beratung oder Freund:innen machen deinen Weg leichter.
- **Reflexion bringt Ruhe:** Wer regelmäßig hinterfragt, bleibt gelassen und flexibel – selbst bei Gegenwind.
- **Dein Finanzweg ist einzigartig:** Kopiere keine fremden Pläne – finde deinen eigenen Rhythmus und feiere kleine Erfolge.

Wenn du diese Punkte verinnerlichst, hast du mehr gewonnen als mit jedem Börsentrend.

So denken Lisa, Moritz & Patrick
Lisa: „Weniger vergleichen, mehr leben. Mein Depot ist jetzt ein Werkzeug, nicht mein Endziel.“
Moritz: „Klarheit und Fokus haben meine Nerven gerettet – und die Zahl meiner Depots halbiert.“
Patrick: „Klarheit ist mein neuer Maßstab – und ich hole mir Rat, wenn ich nicht weiterweiß.“

Golden Nugget: Klarheit entsteht, wenn du dich ehrlich fragst: Was passt wirklich zu mir? Dein größtes Investment ist nicht Geld – sondern der Mut, Hilfe zu holen und deinen eigenen Weg immer wieder neu zu finden. Champions feiern nicht Perfektion, sondern den Mut, Klartext mit sich selbst und anderen zu reden.

Mentor-Moment: Du musst nicht alles können oder alles wollen – aber du solltest wissen, was zu dir passt. Das ist finanzielle Souveränität. Und Hilfe zu holen ist immer ein Zeichen von Stärke.

Lisa: „Früher wollte ich alles alleine schaffen. Heute weiß ich, dass ich mit guten Fragen und ehrlicher Unterstützung viel weiter komme."
Moritz: „Klarheit ist für mich, offen über Fehler zu reden – und bei Unsicherheiten einfach mal Rat zu holen, statt alles auszudiskutieren."
Patrick: „Mein Kompass hat sich erst geschärft, als ich angefangen habe, mit anderen über meine Geldthemen zu sprechen. Das macht echt stark."

Social Proof
„Der Austausch in unserer kleinen Finanzrunde hat mir die Augen geöffnet. Allein hätte ich vieles nicht gesehen – gemeinsam ist Klarheit einfach größer."
– Kathleen, 36, Physiotherapeutin

Community-Impuls: Erzähl deinen Kompass-Moment – mit Freund:innen, Partner:innen oder in einer Community. Gemeinsam wachsen Zweifel zu Mut und Fehler werden zu deiner stärksten Ressource.

Cliffhanger: Jetzt bist du nicht nur klar aufgestellt – du hast auch gelernt, dass Klarheit ein Teamprojekt ist. Im nächsten Kapitel erfährst du, wie du deinen Kompass auch bei Gegenwind nutzt – und wie Selbstführung und Flexibilität dich sicher durch turbulente Marktphasen bringen.

Faktencheck
☑ **Vanguard (2021):** Anleger:innen mit schriftlichen Zielen erzielen nachweislich bessere Ergebnisse als Spontan-Entscheider.
☑ **University of Chicago Booth School of Business (2020):** Wer seine Investments an persönlichen Werten ausrichtet, senkt Stress und vermeidet Panikverkäufe.
☑ **Morningstar (2022):** Regelmäßige Selbstreflexion verlängert den Anlagehorizont und erhöht die Disziplin.
☑ **Deutsche Bank Wealth Management (2023):** Innere Klarheit verringert impulsives Verhalten und fördert beständige Investment-Entscheidungen.
☑ **J.P. Morgan Wealth Management (2023):** Individuelle Zieldefinition macht Anleger:innen resilienter gegenüber Marktschwankungen.
☑ **UBS Wealth Insights (2022):** Kontinuierliche Selbst-Checks stärken die Gelassenheit – auch bei Krisen.
☑ **Credit Suisse Wealth Report (2023):** Wer seine Kompetenzen und Bedürfnisse kennt, bleibt investiert und macht weniger Fehler.
☑ **Bundesbank (2022):** Finanzielle Souveränität wächst mit Reflexion, nicht mit Produktvielfalt.

☑ **Fidelity (2022):** Weniger Auswahl fördert bessere Entscheidungen und mehr Zufriedenheit.
☑ **Harvard Business Review (2023):** Echte innere Klarheit ist der Schlüssel für nachhaltigen finanziellen Erfolg.
☑ **Tokio Metropolitan University (2023):** In Asien ist die innere Klarheit für langfristigen Anlageerfolg wichtiger als Marktausblicke und Prognosen.

9.5. Dein persönlicher Investment-Kompass – Klarheit statt Komplexität

„Der beste Plan bringt dir nichts, wenn du ihn für andere schreibst – aber nicht für dich selbst lebst."
– Josef Obergantschnig

Alltagsszene: Kompass im echten Leben
Lisa sitzt mit einem Tee am Fenster. Draußen rauscht der Alltag. Ihr ETF-Sparplan läuft – aber sie fragt sich: „Bin ich wirklich noch auf Kurs? Oder halte ich nur an alten Gewohnheiten fest?" **Moritz,** Kopfhörer auf, Podcast an: „Jede Woche ein neuer Tipp – aber was passt wirklich zu mir?" **Patrick** legt einen Ordner beiseite, sieht auf sein Depot: „Früher dachte ich, Komplexität sei Professionalität. Heute weiß ich: Klarheit ist der wahre Luxus."
Drei echte Leben – eine Erkenntnis: Orientierung entsteht nicht durch Informationsflut, sondern durch das, was wirklich zu dir passt.

Du bist nicht allein, wenn du dich manchmal im Finanzdschungel verlierst. Aber: Der wichtigste Kompass bist du selbst. Ohne klaren inneren Kurs wird jeder noch so ausgefeilte Plan zur Belastung.

Was du in diesem Kapitel lernst
- Warum du keinen perfekten Plan brauchst – sondern einen, der zu dir passt
- Wie du deinen persönlichen Kompass in wenigen Schritten definierst
- Welche drei Kompass-Fragen dir immer Klarheit bringen – auch wenn alles wackelt
- Wie ein ehrlicher Kompass dich entspannter und resilienter macht
- Warum innere Klarheit wichtiger ist als äußere Komplexität – mit Selbstführung statt Perfektionsdruck
- Wie du Unsicherheit als Wachstums-Booster nutzen kannst

Das Prinzip des Investment-Kompasses
Es gibt nicht *den* einen perfekten Plan. Dein Kompass ist dein Navigationssystem durch alle Stürme:

1. **Warum?**
   Was treibt dich wirklich an? Sicherheit, Freiheit, Sinn, Familie, Wirksamkeit?
2. **Wie?**
   Nach welchen Prinzipien willst du investieren? (z. B. Diversifikation, Einfachheit, Nachhaltigkeit, Automatismen)
3. **Was-nicht?**
   Welche Dinge willst du nie tun – ganz gleich, was der Markt sagt? (z. B. hektisches Trading, toxische Branchen, Angst-Investments)

Die besten Anleger:innen schwören auf persönliche Leitplanken statt auf den „perfekten Plan". Dein Kompass wird dich immer wieder retten – vor Übermut, Panik, Selbstzweifeln und zu viel Komplexität.

Praxis-Teil: Community-Dialog & Kompass-Impulse
Lisa (in der Family-Gruppe): „Ich hab heute alles auf einen Zettel geschrieben: Warum mache ich das eigentlich? Die Antwort hat mich beruhigt. Mein Kompass bleibt: Freiheit für meine Familie."
Moritz (im Chat): „Ich prüfe 1x pro Quartal, ob mein ‚Wie' noch zu meinem Leben passt. Einfach ein Reminder im Kalender. Und wenn ich mal wirklich nicht weiterkomme, frage ich meinen Finanz-Buddy oder die Community. Gerade diese Offenheit hilft enorm!"
Patrick: „Am wichtigsten ist für mich: Was lasse ich bewusst weg? Das gibt mir den größten Frieden. Mein Kompass ist meine Gelassenheit. Gerade in Krisenzeiten erinnere ich mich an meine Grundsätze – das nimmt mir den Druck. Und: Ich musste lernen, dass Justieren kein Rückschritt ist, sondern echte Weiterentwicklung."

O-Ton Community
„Der Kompass-Check war ein Gamechanger! Endlich weiß ich, warum ich investiere – und wann ich einfach mal abschalten darf. Während eines Mini-Crashs im März habe ich zum ersten Mal gar nichts gemacht – und war stolz auf mein Nicht-Handeln. Heute teile ich solche Erfahrungen in der Community – und andere lernen mit."
– Lena, 34, Leser:innen-Challenge

Mini-Strategie: Unsicherheit? So bleibst du auf Kurs

- Atme tief durch und schreibe auf: Was macht mich gerade unsicher?
- Betrifft es meine Strategie – oder nur mein Gefühl?
- Hole Feedback von deinem Investment-Buddy oder der Community. Geteilte Unsicherheit wird kleiner.
- Justiere deinen Kompass nur, wenn sich dein Leben oder deine Ziele wirklich geändert haben. Das ist kein Scheitern, sondern Wachstum.
- Nimm Unsicherheit als Zeichen: Es ist okay, zu hinterfragen. Nicht alles muss sofort geändert werden.

Lisa: „Mein Plan gibt mir Sicherheit, aber das Beste daran: Ich kann ihn jederzeit anpassen."
Moritz: „Früher dachte ich, ein Finanzplan ist eine Einbahnstraße. Heute nutze ich ihn wie ein Navi: flexibel und individuell."
Patrick: „Mir hilft, meinen Plan aufzuschreiben – so verliere ich meine Ziele nicht aus den Augen."

Tool-Tipp: 5-Minuten-Kompass-Ritual
Einmal im Monat, am Monatsletzten:

1. Warum investiere ich – was will ich wirklich?
2. Welche Prinzipien steuern mich – und welche sind gerade wichtig?
3. Was lasse ich weg, um bei mir zu bleiben?
4. Wo bin ich heute mutiger oder klarer als vor drei Monaten?
5. Mit wem teile ich meinen Kompass-Moment – und was bringt mir das Gespräch?

Das Ritual bringt Ruhe, eine „innere Stopptaste" gegen Impuls-Aktionen und hilft, die eigenen Fortschritte zu sehen.

Mini-Kommentar: Ein Kompass lebt. Justieren ist kein Zeichen von Unsicherheit, sondern von Weiterentwicklung. Du darfst und sollst deinen Kompass immer wieder nachschärfen – das macht dich nicht schwächer, sondern souveräner.

Kompass in Alltag und Community
Ob in Notion, Kalender, Bullet Journal oder einfach am Kühlschrank: Notiere die drei Kernpunkte (Warum, Wie, Was-nicht). Halte kleine Änderungen fest. Und: Teile deinen Kompass mit jemandem, der dich kennt – das Gespräch ist oft der stärkste Booster für neue Klarheit.

Social Proof
„Ein Plan gibt mir die Freiheit, auch mal loszulassen – und trotzdem meinen Zielen näherzukommen."
– Melanie, 30, Betriebswirtin

Take-Aways – Das Wichtigste auf einen Blick

- Ein ehrlicher Kompass schützt dich besser als jede Analyse.
- Orientierung entsteht durch Wiederholung und Reflexion, nicht durch Perfektion.
- „Was-nicht" ist genauso wichtig wie „Was" – und oft emotional der größte Gamechanger.
- Geteilte Klarheit (Buddy, Community, Mentorin) verdoppelt deine Gelassenheit – manchmal sogar über das Thema Geld hinaus.
- Du darfst deinen Kompass immer wieder anpassen – solange du ehrlich bleibst. Das gilt für Finanzen, aber auch für andere Lebensbereiche.

So denken Lisa, Moritz & Patrick
Lisa: „Mein Kompass hilft mir, auf Kurs zu bleiben – auch wenn's draußen stürmisch ist. Und ich finde es schön, meine Kompass-Momente mit anderen zu teilen."
Moritz: „Ich reflektiere mindestens einmal im Jahr: Passt mein Wie noch zu meinem Warum? Wenn nicht, ist es Zeit für ein Update – kein Grund für Selbstzweifel."
Patrick: „Ich hab gelernt: Ein klarer Kompass ist wertvoller als die beste Prognose. Das gilt nicht nur fürs Depot, sondern auch für den Alltag."

Reflexionsfragen – Dein Investment-Kompass auf dem Prüfstand

1. Bei welcher Entscheidung hast du zuletzt auf deinen Kompass vertraut – und was war das Ergebnis?
2. Was darf sich in deinem Kompass verändern, wenn dein Leben sich ändert?
3. Mit wem würdest du gern über deinen Kompass sprechen – und warum?
4. Welcher Satz beschreibt deinen Kompass für das kommende Jahr?
5. (Community-Extra) In welchem Bereich deines Lebens abseits der Börse hat dir ein klarer Kompass schon geholfen?

Bonusfrage an die Community: Welche Prinzipien haben dich schon einmal vor einem teuren Fehler bewahrt? Teile sie – vielleicht wird dein Learning zum Kompass für andere!

Golden Nugget: Ein ehrlicher Kompass schützt dich besser als jeder Börsentrend. Champions verlassen sich nicht auf das perfekte Timing, sondern auf ihr klares Warum, ein stabiles Wie und den Mut, auch mal „Nein" zu sagen. Und manchmal ist der beste Kompass auch abseits des Depots Gold wert.

Mentor-Moment: Es sind nicht die Märkte, die deinen Erfolg bestimmen, sondern dein innerer Kompass. Wer seinen eigenen Weg kennt und ihm vertraut, bleibt gelassen – selbst wenn es draußen stürmt. Klarheit und Mut sind das wahre Kapital.

Lisa: „Mein Kompass hilft mir nicht nur beim Investieren, sondern auch dabei, im Alltag Entscheidungen zu treffen, die wirklich zu mir passen."
Moritz: „Früher habe ich mich zu oft von Trends ablenken lassen. Heute frage ich zuerst: Passt das zu meinem Weg – oder nur zu meinem Ego?"
Patrick: „Der Kompass gibt mir Ruhe – gerade in turbulenten Zeiten. Ich treffe weniger hektische Entscheidungen und bleibe gelassener."

Social Proof
„Mein größter Aha-Moment war, als ich gemerkt habe, dass mein innerer Kompass mir nicht nur an der Börse, sondern auch im Job hilft. Das gibt Selbstvertrauen, auch wenn es mal nicht läuft."
– Anja, 42, Projektmanagerin

Cliffhanger: Jetzt hast du nicht nur einen Kompass für deine Investments – sondern auch einen Lifehack für mehr Gelassenheit und Klarheit im Alltag. Im nächsten Kapitel geht es darum, wie du diesen Kompass nutzt, um nicht nur gute Pläne zu machen, sondern auch wirklich ins Tun zu kommen. Es wird konkret: Wie sieht deine persönliche Investment-Praxis aus – und wie hältst du durch, wenn es schwierig wird? Bereit? Dann startet jetzt dein nächstes Level – mit Klarheit, Mut und dem besten Kompass, den du je hattest.

Faktencheck
- ☑ **Morningstar (2022):** Kompass-geführte Anleger:innen zeigen deutlich höhere Disziplin und Zufriedenheit als Produktjäger.
- ☑ **Vanguard (2021):** Persönliche Prinzipien und Leitplanken sind der beste Schutz vor emotionalen Fehlentscheidungen.
- ☑ **J.P. Morgan Wealth Management (2023):** Regelmäßige Kompass-Checks reduzieren Panikreaktionen messbar.

☑ **UBS Wealth Insights (2022):** Ein klares „Was-nicht“ schützt vor Aktionismus und emotionalen Fehlgriffen.
☑ **Credit Suisse Wealth Report (2023):** Wer seinen Antrieb und seine Leitprinzipien kennt, bleibt investiert und gelassen.
☑ **Fidelity (2022):** Investor:innen mit persönlichem Kompass berichten von mehr Ruhe, höherer Lebenszufriedenheit und besseren Entscheidungen.
☑ **BlackRock Investor Pulse (2023):** Der Kompass-Ansatz fördert die Krisenresilienz von Anleger:innen weltweit.
☑ **Hong Kong University (2022):** Auch in Asien setzen erfahrene Investor:innen zunehmend auf individuelle Kompass-Checks statt auf kurzfristige Marktprognosen.

9.6. Zusammenfassung der Learnings und konkreten Umsetzungsschritte

„Der wichtigste Schritt ist immer der nächste.
Nicht Wissen macht den Unterschied – sondern Handeln.“
– Sprichwort

Drei Menschen, drei Wege – und was bleibt
Am Ende ihrer Reise blicken Lisa, Moritz und Patrick zurück – und nach vorne. **Lisa** spürt zum ersten Mal, dass ihr neues Geldbewusstsein nicht nur ihr Depot, sondern ihr Leben verändert hat. **Moritz** erkennt: Seine kleinen Routinen und der Mut, Fehler zu teilen, haben mehr gebracht als jede Marktanalyse. **Patrick** weiß jetzt: Es ist nie zu spät, Verantwortung für die eigenen Finanzen zu übernehmen – und anderen Mut zu machen.
Egal, wo du heute stehst – der nächste Schritt liegt in deiner Hand.

Was du in diesem Kapitel lernst
- Die wichtigsten Erkenntnisse aus allen Kapiteln auf einen Blick.
- Wie du aus Wissen echte Veränderung machst.
- Konkrete Tools und Mini-Schritte, die dich langfristig begleiten.

Die wichtigsten Learnings aus deiner Reise
- **Klarheit schlägt Komplexität**
  Deine Ziele und Werte sind wichtiger als jede Detailoptimierung.
- **Fehler sind Wachstumsbooster**
  Aus Fehlern zu lernen und sie zu teilen, macht dich stärker – und gibt anderen Mut.

- **Geduld ist deine Superkraft**
  Langfristiges Denken schlägt hektisches Agieren, auch in schwierigen Marktphasen.
- **Community macht stark**
  Der Austausch mit anderen bringt mehr, als allein zu tüfteln.
- **Routinen & Selbstführung**
  Kleine Rituale – wie der monatliche Kompass-Check – helfen, auf Kurs zu bleiben.
- **Freiheit ist individuell**
  Finanzielle Freiheit beginnt im Kopf – nicht auf dem Konto.
- **Umsetzen schlägt Abwarten**
  Jeder Mini-Schritt zählt, auch wenn er unscheinbar erscheint.
- **Mentale Modelle helfen bei Entscheidungen**
  Denkmodelle wie „Was brauche ich?“, „Was will ich?“, „Was lasse ich weg?“ geben Orientierung.

Dein Umsetzungs-Toolkit – jetzt starten!

- **Portfolio-Check**
  Überprüfe regelmäßig: Was passt noch zu mir, was kann raus?
- **Finanz-Kompass**
  Schreibe auf, was dich antreibt, welche Prinzipien dich leiten, was du nie tun willst.
- **Fehler-Tagebuch**
  Halte Lernmomente schriftlich fest – das bringt Gelassenheit und Wachstum.
- **Community nutzen**
  Suche Austausch, egal ob online, im Freundeskreis oder über neue Netzwerke.
- **Mentale Anker**
  Entwickle Sätze, die dich in turbulenten Zeiten erden („Mein Plan steht – ich bleibe ruhig.“)
- **Klarheit-Check**
  Monatlich oder quartalsweise innehalten: Bin ich noch auf meinem Weg?

O-Ton

„Es gibt nicht den perfekten Weg. Hauptsache, ich kann abends sagen: Ich habe selbst entschieden.“
– Jan, 40, Webentwickler

Manifest-Impuls – Dein persönlicher Antrieb: „Ich handle heute bewusst. Ich lerne aus jedem Schritt. Ich gestalte meine finanzielle Freiheit mit Mut und Klarheit." Schreibe diesen Satz auf, sage ihn dir vor – und lasse ihn dein täglicher Kompass sein.

Challenge – Der erste Schritt zählt: Notiere deinen nächsten kleinen Schritt, der dich deinem Ziel näherbringt – und setze ihn innerhalb von 48 Stunden um. Teile dein Commitment mit einem Freund, einer Freundin oder in einer Community, die dich begleitet.

Take-Aways – Das Wichtigste auf einen Blick

- Klarheit und Authentizität sind wichtiger als Perfektion.
- Fehler sind Teil des Weges – und der größte Treiber für persönliches Wachstum.
- Jeder kann starten – egal mit welchem Betrag, zu welchem Zeitpunkt.
- Kleine Routinen führen zu großen Veränderungen.
- Finanzielle Freiheit ist eine Haltung, kein Kontostand.
- Du bist Teil einer Community, die gemeinsam wächst.

So denken Lisa, Moritz & Patrick

Lisa: „Wirkliche Freiheit ist für mich, eigene Entscheidungen zu treffen – und auch Fehler machen zu dürfen."

Moritz: „Mein größter Aha-Moment: Es gibt nicht die eine Lösung, sondern meinen ganz eigenen Weg."

Patrick: „Am Ende zählt nicht nur das Ergebnis, sondern dass ich meinen Kurs gehalten habe."

Reflexionsfragen – Dein persönlicher Abschluss

1. Was war dein größtes Learning aus diesem Buch – und was willst du damit machen?
2. Welcher kleine Schritt bringt dich heute weiter?
3. Was hält dich noch zurück – und wie könntest du das überwinden?
4. Mit wem möchtest du deine Erkenntnisse teilen?
5. Was würdest du deinem „früheren Ich" heute raten?

Golden Nugget: Finanzielle Selbstbestimmung wächst mit jedem ehrlichen Schritt. Lass dich nicht vom Perfektionismus bremsen – sondern von deiner eigenen Klarheit antreiben.

Mentor-Moment: Am Ende bist du nicht reich, weil du alles richtig gemacht hast – sondern weil du losgegangen bist. Deine Geschichte beginnt immer mit dem ersten Schritt.

Lisa: „Der erste Schritt hat mich am meisten Überwindung gekostet – aber rückblickend war genau das der Beginn meiner Freiheit."
Moritz: „Nicht die perfekte Planung, sondern das Loslegen hat mir gezeigt, was ich wirklich kann und will."
Patrick: „Ich hätte nie gedacht, dass Klarheit und Mut wichtiger sind als der perfekte Zeitpunkt. Es war immer der nächste Schritt, der mich weitergebracht hat."

Social Proof
„Jedes Mal, wenn ich gezögert habe, ist nichts passiert. Aber jeder kleine Schritt, so unperfekt er war, hat mein Leben verändert."
– Elena, 34, Vertriebsmanagerin

Cliffhanger: Jetzt bist du bereit für das Grande Finale – den letzten Schritt auf deiner Finanzreise. Dort wartet das große „Warum", deine innere Haltung und die Kraft, mit Mut und Klarheit deinen Weg selbstbewusst weiterzugehen. Lass uns gemeinsam diesen entscheidenden Moment feiern – denn der beste Teil deiner Geschichte beginnt jetzt.

Faktencheck
☑ **Harvard Business Review (2022):** Regelmäßige Selbstreflexion und Zielüberprüfung erhöhen langfristige Investmentzufriedenheit und Resilienz.
☑ **Vanguard Research (2021):** Eine schriftlich dokumentierte Anlagestrategie erhöht die Wahrscheinlichkeit, langfristig auf Kurs zu bleiben, um das 2,5-fache.
☑ **Morningstar Mind the Gap Report (2023):** Investoren, die Fehler und Routinen dokumentieren, reduzieren das Risiko des „Behaviour Gap" um bis zu 2 % p. a.
☑ **University of Chicago Booth School of Business (2020):** Werte-Alignment führt zu 40 % weniger Stress und 30 % weniger Panik-Verkäufen.
☑ **London Business School (2023):** Disziplinierte Anlagestrategien bringen langfristig höhere und stabilere Renditen.
☑ **Nikkei Asia Review (2022):** Japanische Haushalte, die früh mit kleinen Beträgen starten, erzielen über Jahrzehnte signifikante Vermögenssteigerungen.
☑ **Peking University Financial Studies (2021):** Gemeinschaftliche Reflexion und Learning Groups erhöhen Durchhaltevermögen beim Vermögensaufbau deutlich.

☑ **Deutsche Bundesbank (2024):** Langfristige Sparpläne sind ein Schlüssel zur finanziellen Stabilität privater Haushalte.
☑ **Credit Suisse Pensionskassenstudie (2023):** Kontinuierliches Investieren mit klaren Regeln ist entscheidend für stabile Vermögensentwicklung.
☑ **OECD (2022):** Finanzielle Bildung korreliert signifikant mit Anlageerfolg und emotionaler Stabilität beim Investieren.
☑ **CFA Institute Research Foundation (2023):** Mentoring und Community-Support verbessern die Anleger-Performance und das Risikomanagement deutlich.

9.7. Der kritische Sven über Kapitel 9: Ausblick & Ermutigung – Dein Weg als Investor:in

„Ausblick motiviert – aber was ist, wenn die Realität am Ende doch anders spielt? Wie bleibe ich dran, wenn die Euphorie des Anfangs vorbei ist? Ich frage mich: Reicht die Inspiration, um wirklich ins Tun zu kommen und durchzuhalten – auch wenn es mal schwieriger wird? Für mich bleibt: Ein guter Ausblick gibt Mut, aber echte Veränderung entsteht durch konsequentes Handeln und regelmäßige Selbstreflexion. Wer begleitet mich, wenn neue Fragen auftauchen – und wie verhindere ich, dass ich wieder in alte Muster zurückfalle?"
– Sven

Leser:innen-Stimme
„Das Kapitel hat mir nochmal gezeigt, dass es nicht nur um Zahlen und Strategie geht, sondern um meinen persönlichen Weg. Es ist beruhigend, zu wissen, dass niemand perfekt startet – und dass Weitergehen wichtiger ist als immer alles richtig zu machen."
– Verena, 30, Sozialpädagogin

Abschlussstatement: Dein Investment-Weg ist einzigartig – und hört nie wirklich auf. Wer dranbleibt, sich austauscht und immer wieder reflektiert, wächst weit über das Depot hinaus. Ausblick ist nicht das Ziel, sondern der Start für alles, was kommt.

Social Proof
„Freiheit ist nicht das Ziel, sondern der Weg – und jeder Schritt bringt mich weiter."
– Nina, 37, Sozialpädagogin

Sven: „Freiheit heißt nicht, alles zu wissen – sondern trotzdem mutig voranzugehen."

CHECK-OUT-PROZESS
DEIN BUCH ENDET, DEIN ABENTEUER BEGINNT

Josef (Reiseleiter):
Liebe Lisa, Moritz, Patrick,
dieser Moment gehört euch. Nach all den Kapiteln, all den Learnings, Höhen und Tiefen, Stolpersteinen und Erfolgen halte ich heute nicht nur das Buch in der Hand – sondern auch diese Briefe für euch. Persönlich. Ehrlich. Voller Stolz.
Es sind keine bloßen Worte. Es sind meine Gedanken zu eurem Weg, zu eurer Entwicklung und zur Kraft, die ihr in euch tragt. Denn was ihr erreicht habt, ist mehr als ein Depot. Es ist eine Haltung. Ein Lebensgefühl. Euer Fundament für Freiheit.

Brief an Lisa
Liebe Lisa,
du bist Mutter, eine junge Frau, Energiespenderin für alle um dich herum. Dein Lachen ist ansteckend. Du hast dir nicht nur einen soliden ETF-Sparplan aufgebaut, sondern mit großer Sorgfalt Nachhaltigkeit in deine Entscheidungen integriert. Du denkst nicht nur an dich, sondern an die Welt, die deine Tochter einmal erben wird. Das macht dich für mich zu einer wahren Pionierin.
Ich bewundere deinen Mut, Fehler zuzulassen und daraus Kraft zu schöpfen. Du hast den Spagat geschafft zwischen Perfektionismus und pragmatischem Handeln. Ich bin wahnsinnig stolz auf dich. Und ich freue mich zu sehen, wie du mit jedem Schritt mehr zu deiner eigenen Finanzheldin wirst.
Deine klare Ausrichtung auf Werte zeigt: Erfolg misst sich nicht nur in Zahlen, sondern im Mut, Verantwortung zu übernehmen.
Ich wünsche dir alles Gute – glaub an dich und gehe unbeirrt deinen Weg weiter. Für dich und auch als Vorbild für deine Tochter.
Dein Josef

Lisa hält den Brief in der Hand. Ihre Augen glänzen. Ein kleines, stolzes Lächeln breitet sich aus. „Ich sehe, dass ich auf dem richtigen Weg bin. Das macht Mut für alles, was noch kommt." Sie atmet tief durch, fühlt sich bestätigt und voller Energie.

O-Ton zu Lisa
„Lisa, ich bin auch Mutter und oft am Limit zwischen Alltag, Kindern und der Sorge, bei Finanzen nie genug zu wissen. Deine Geschichte hat mich berührt, weil du Fehler und Zweifel zulässt und trotzdem deinen Weg gehst. Du gibst mir das Gefühl, dass ich nicht alles perfekt machen muss, um voranzukommen. Danke, dass du zeigst, wie man mit Herz und Pragmatismus finanzielle Freiheit für sich und die Familie möglich macht."
– Katharina, 34, Grundschullehrerin und Mutter von zwei Söhnen

Brief an Moritz
Lieber Moritz,
du bist ein kluger Kopf, ein kritischer Denker und gleichzeitig ein Mensch mit Herz und Humor. Deine Leidenschaft, Dinge zu hinterfragen und dich selbst weiterzuentwickeln, macht dich zu einem inspirierenden Wegbereiter. Du hast gelernt, dass Erfolg nicht nur durch Zahlen entsteht, sondern durch die Balance aus Disziplin und Gelassenheit.
Ich bewundere, wie du es schaffst, Technik, Tools und Strategie mit deinem persönlichen Gefühl zu verbinden. Dein Weg vom „Analysten" zum selbstbewussten Investor ist beeindruckend. Ich bin wahnsinnig stolz auf dich.
Deine Fähigkeit, auch in hektischen Zeiten den Fokus zu behalten und dich auf das Wesentliche zu konzentrieren, macht dich zu einem echten Vorbild. Du bist nicht nur Investor, sondern Gestalter deines Lebens – mit klaren Zielen und Mut zum Tun. Bleib so neugierig, kritisch und zugleich geduldig. Ich freue mich darauf, dich weiter auf deinem Weg zu begleiten.
Dein Josef

Moritz liest den Brief, seine Stirn entspannt sich. Er nickt langsam, als hätte er gerade die Erlaubnis bekommen, sein Tempo zu gehen. „Das gibt Kraft", sagt er leise. Für einen Moment fühlt er sich frei von Selbstzweifeln.

O-Ton zu Moritz
„Moritz, deine Mischung aus Neugier, Selbstkritik und Humor ist genau das, was mir oft gefehlt hat. Ich habe mich so oft in Zahlen und Tools verloren. Erst durch deine Geschichte habe ich verstanden, wie wichtig es ist, nicht alles zu kontrollieren, sondern auch mal loszulassen. Deine Reflexionen helfen mir, mich nicht von Perfektion treiben zu lassen, sondern auf meinen eigenen Weg zu vertrauen. Dafür danke ich dir."
– Tim, 29, Datenanalyst

Brief an Patrick

Lieber Patrick,
du bist das lebende Beispiel, dass es nie zu spät ist, klug und bewusst zu investieren. Deine Gelassenheit, trotz späterem Einstieg nicht aufzugeben, ist bewundernswert. Du hast gezeigt, dass Erfolg nicht nur in schnellen Gewinnen liegt, sondern in der Fähigkeit, dranzubleiben – auch wenn es mal holprig wird.
Ich schätze deine ruhige, analytische Art, die dich zu einem stabilen Fels in der oft stürmischen Börsenwelt macht. Dein Mut, Erfahrungen zu teilen und andere auf ihrem Weg zu unterstützen, macht dich zu einem echten Mentor und Vorbild. Deine Reise ist eine Inspiration. Nicht nur für späte Starter, sondern für alle, die lernen wollen, mit sich selbst und dem Markt im Reinen zu sein. Ich bin stolz auf deinen Weg und freue mich, dich auf dieser Reise begleitet zu haben.
Bleib dir treu, glaub an dich und geh deinen Weg mit dieser Kraft weiter.
Dein Josef

Patrick legt den Brief beiseite, atmet tief durch und lächelt. „Es ist gut zu wissen, dass mein Weg zählt. Auch wenn er anders ist." Er fühlt sich bestätigt und voller Zuversicht.

O-Ton zu Patrick

„Patrick, ich habe mit 57 zum ersten Mal investiert – und dachte, ich wäre viel zu spät dran. Deine Gelassenheit und dein ruhiger Blick auf die Börse haben mir Mut gemacht, dranzubleiben und meinen Weg zu finden, auch wenn ich manchmal unsicher bin. Du bist der Beweis, dass es keine Deadline für neue Ziele gibt. Danke, dass du deine Erfahrungen teilst und anderen Späteinsteiger:innen zeigst: Es ist nie zu spät, anzufangen."
– Roland, 58, Elektromeister und Quereinsteiger

Brief an Sven

Lieber Sven,
du warst nie einfach nur „der Kritiker". Du hast hinterfragt, widersprochen, auf Risiken und Schwächen hingewiesen und damit geholfen, das Buch schärfer, ehrlicher und robuster zu machen. Ich danke dir für deinen Mut, nicht einfach alles zu bejubeln, sondern auch da zu bohren, wo es unbequem wird.
Gerade durch deine Fragen und deine Skepsis haben wir die Perspektive immer wieder geweitet. Du hast gezeigt: An der Börse braucht es keine Schönfärberei, sondern echten Realitätsabgleich.

Ich bin dir dankbar für jede kritische Bemerkung, jedes „Stopp mal, das stimmt so nicht!“ und jeden Moment, in dem du mich (und alle Leser:innen) gezwungen hast, genauer hinzuschauen.
Bleib unbequem – für dich und für uns alle. Denn echte Entwicklung beginnt immer mit dem ehrlichen Zweifel.
Dein Josef

O-Ton zu Sven
„Sven, deine kritischen Fragen haben mir oft die Augen geöffnet. Manchmal warst du sogar meine innere Stimme, wenn ich wieder in einen Hype verfallen wollte. Du erinnerst mich daran, dass Zweifel kein Schwächezeichen sind, sondern die beste Basis für eigene, unabhängige Entscheidungen. Danke, dass du unbequem geblieben bist und so viele von uns inspiriert hast, selbst genauer hinzusehen.“
– Julia, 37, Produktmanagerin

Josef (Reiseleiter) – Abschluss im WhatsApp-Chat „Finanzreise 2100+“
Josef: Liebe Reisegruppe, ich bin so stolz auf euch alle! Nicht nur auf eure finanziellen Erfolge, sondern auf eure Entwicklung, euren Mut und eure Offenheit. Jede:r von euch hat seinen eigenen Weg gefunden und bewiesen: Finanzielle Freiheit ist eine Reise voller Wachstum – persönlich und finanziell.
Lisa, Moritz, Patrick – eure Geschichten sind kein Ende, sondern ein Anfang. Teilt sie, lebt sie und inspiriert andere.
Lasst uns gemeinsam weitergehen – Schritt für Schritt, mit Stolz und voller Zuversicht. Wir sind eine Gemeinschaft und jede:r von euch macht sie stärker.

Lisa: Danke, Josef. Das gibt mir Kraft, weiterzumachen, auch wenn es mal holprig wird. Ich fühle mich nicht mehr allein.

Moritz: Ich habe so viel gelernt, vor allem über mich selbst. Danke, dass ihr mich auf diesem Weg begleitet.

Patrick: Das Gefühl, Teil von etwas Größerem zu sein, macht alles leichter. Ich bin dabei – auf die nächsten 1.000 Schritte!

Josef: Die nächsten 1.000 Schritte gehen wir gemeinsam – vereint und stark. Schulter an Schulter, voller Mut und voller Vertrauen!

Golden Nugget: Finanzielle Freiheit ist keine Zahl, sondern ein Gefühl. Sie beginnt im Kopf und wächst mit jedem bewussten Schritt – allein oder gemeinsam. Deine Reise hat gerade erst begonnen.

Mentor-Tipp: Dein größter Schatz ist nicht dein Depotwert, sondern dein Durchhaltevermögen und dein Herz. Wer mit Mut und Ehrlichkeit unterwegs ist, wird mehr gewinnen, als er je erwartet hat.

Lisa: „Am meisten Freiheit spüre ich, wenn ich selbst entscheide – und mir erlaube, Fehler zu feiern, statt sie zu verstecken."
Moritz: „Die beste Investition war immer der Mut, weiterzumachen – egal, wie oft ich gezweifelt habe."
Patrick: „Für mich ist finanzielle Freiheit das gute Gefühl, nicht allein unterwegs zu sein – sondern Teil einer Gemeinschaft, die offen miteinander wächst."

Social Proof
„Für mich war der wichtigste Schritt nicht die erste Aktie, sondern der Moment, als ich verstanden habe: Freiheit bedeutet, nach meinen eigenen Regeln zu leben und trotzdem verbunden zu bleiben."
– Kaan, 41, Familienvater

Faktencheck
- ☑ **Harvard Business Review (2023):** Persönliche Reflexion und Commitment steigern die Wahrscheinlichkeit, finanzielle Ziele langfristig zu erreichen.
- ☑ **Yale School of Management (2022):** Soziale Unterstützung und Community fördern nachhaltiges Investmentverhalten und Resilienz.
- ☑ **Vanguard Research (2021):** Werteorientiertes Investieren führt zu höherer Zufriedenheit und verbessertem Anlageerfolg.
- ☑ **Morningstar Behavioral Insights (2022):** Emotionale Bindung an die Investmentstrategie reduziert impulsive Entscheidungen.
- ☑ **University of Chicago Booth School of Busine (2020):** Mentorenprogramme erhöhen den Erfolg von Privatanleger:innen signifikant.
- ☑ **Swiss Finance Institute (2023):** Individuelle Anpassung der Strategie an Lebensumstände steigert die Portfolio-Stabilität.
- ☑ **London Business School (2023):** Langfristige Investor:innen mit klarer Vision erzielen überdurchschnittliche Renditen.
- ☑ **Behavioural Insights Team UK (2022):** Regelmäßige Reflexion und Austausch fördern nachhaltiges finanzielles Verhalten.

☑ **Credit Suisse (2022):** Gemeinschaft und Austausch sind entscheidend für den langfristigen Anlageerfolg.
☑ **MIT Sloan School of Management (2023):** Positive Einstellung und Commitment wirken sich messbar auf die finanzielle Performance aus.
☑ **INSEAD Business School (2022):** Storytelling und persönliche Narrative erhöhen das Engagement und Durchhaltevermögen von Anleger:innen.

Bereit für den nächsten Schritt?
Deine Reise endet hier nicht. Du bist jetzt Teil einer starken Gemeinschaft, mit Tools, Wissen und Mut für deinen Weg. Behalte deine Briefe als Erinnerung, dein Commitment als Anker und schreibe deine Geschichte weiter.
Und weißt du was? Ich habe auch für dich einen ganz persönlichen Brief vorbereitet. Weil du mehr verdienst als nur ein Buch. Du verdienst Orientierung, Begleitung und das Feuer, das dich antreibt, weiterzugehen. Wenn du bereit bist, lade ich dich ein, diesen Weg nicht allein zu gehen.
Mit Inspirationen, Leitfäden und einer lebendigen Lernkultur an deiner Seite wächst du weiter, entdeckst neue Horizonte und gehst deinen eigenen Weg mit Selbstvertrauen und Klarheit.

Liebe Leserin, lieber Leser,
du hast es geschafft. Du hast dich auf eine Reise begeben, die Mut erfordert – Mut, alte Sicherheiten hinter dir zu lassen und Neues zu wagen. Ich bin unglaublich stolz auf dich. Du bist nicht einfach nur ein:e Leser:in. Du bist ein:e Macher:in, ein:e Gestalter:in deines Lebens.
Das Buch endet hier, doch dein Abenteuer beginnt genau jetzt. Du bist stärker, klüger und fokussierter als je zuvor. Und ich verspreche dir: Du musst diesen Weg nicht alleine gehen. Ich werde dich begleiten – mit allem, was du brauchst, um deinen Erfolg nicht nur zu erreichen, sondern zu leben.
Dein Vertrauen bedeutet mir viel. Danke, dass ich dich auf deinem Weg begleiten darf. Lass uns gemeinsam durchstarten – ich freue mich riesig auf das, was wir zusammen erreichen werden.
Mit Herz und voller Energie,
dein Josef

Mentor-Moment: Jetzt bist du dran: „Alles, was du brauchst, steckt schon in dir. Ich glaub an dich – jetzt ist deine Zeit.“

BONUSMATERIAL – MEHR ALS NUR WISSEN: DEIN PERSÖNLICHER WERKZEUGKASTEN FÜR DIE FINANZREISE

Du hast schon viel gelernt, bist gewachsen und hast deine ersten Schritte gemacht. Jetzt bekommst du von uns praktische Tools, die dich auf deinem Weg begleiten – klar, einfach und direkt anwendbar. Denn Wissen allein macht dich nicht zum:r Investor:in. Erst das Tun bringt dich weiter.

Herzlich willkommen im Bonuskapitel!
Hier findest du exklusive Zusatzmaterialien, die dich noch besser auf deinem Weg unterstützen: die Lieblingslinks von Lisa, Moritz und Patrick, ihre persönlichen Portfolios und sogar die drei besten KI-Prompts, die dir helfen, smart zu investieren. Dieses Kapitel ist dein persönlicher Vorteil – maßgeschneidert für alle, die mehr wollen und weiter wachsen möchten. Schau dich um, nutze die Ressourcen und mach den nächsten Schritt mit Selbstvertrauen und Klarheit.
Los geht's!

A) Deine Mitreisenden – Die echten Geschichten hinter dem Depot

Lisa, Moritz, Patrick und Sven – für jeden Weg das passende Vorbild

„Es gibt keine:n ideale:n Anleger:in – aber es gibt deinen idealen Weg."
– Josef Obergantschnig

Einleitung zum Bonus-Kapitel: Deine Mitreisenden – Die wahren Geschichten hinter den Strategien
Bevor du dein Buch zuschlägst, lade ich dich ein, einen letzten, ganz besonderen Blick hinter die Kulissen zu werfen: auf die Menschen, die diesen Ratgeber erst lebendig machen.
Lisa, Moritz und Patrick sind keine anonymen Beispiele aus dem Lehrbuch – sie sind echte Wegbegleiter:innen, mit denen du, vielleicht unbewusst, schon durch die Kapitel gegangen bist. Sie sind wie Spiegel, in denen du Facetten deines eigenen Lebens, deiner Fragen und deiner Fortschritte entdecken kannst.

Warum findest du diese drei Geschichten erst am Ende?
Weil finanzielle Selbstbestimmung keine Frage der Theorie ist, sondern von echten Biografien lebt. Die Reise von Lisa, Moritz und Patrick – vom WG-Tisch bis zum eigenen Depot, vom Spätstart bis zum „Ich mach das jetzt wirklich!“ – zeigt: Jede:r kann, jede:r darf, niemand muss perfekt sein.
Die drei stehen für unterschiedliche Wege, Zweifel, Anfänge und Aha-Momente. Ob du dich heute schon in einer der Geschichten wiederfindest oder vielleicht erst morgen – wichtig ist nur, dass du deinen ganz eigenen Weg gehst.
Nutze diese letzten Seiten, um dir selbst ein Stück näher zu kommen: Wo bist du schon Lisa, Moritz oder Patrick? Wo bist du einzigartig? Und welche Fragen möchtest du nach dem Zuklappen dieses Buches unbedingt weiterverfolgen?
Denn am Ende zählt nicht, dass du alles richtig machst – sondern dass du überhaupt losgehst.
Und dafür bist du nie allein.

Lisa – Die nachhaltige Alltagsoptimistin

Lisas Morgen beginnt oft im Spagat
Zwischen Brotdosen, Kita-Rucksack und einer dampfenden Tasse Kaffee schiebt sie die erste Mini-Checkliste des Tages über den Küchentisch. Während die Stadt langsam erwacht, gönnt sich Lisa zehn Minuten für sich: ein schneller Blick auf ihre Finanz-App, eine Frage an ihren Freund Moritz per Sprachnachricht („Kann ein Investment wirklich nachhaltig und rentabel sein?“) – dann geht’s schon weiter, Alltag und Klinik fordern sie.

Was du über Lisa wissen solltest
Lisa ist Anfang 30, Ärztin in Weiterbildung, Mutter einer kleinen Tochter namens Mia, Partnerin von Tom und Alltagsheldin. Ihr Weg zu finanzieller Selbstbestimmung begann in München, wo sie mit Moritz in einer WG lebte – zwischen Kaffeetassen, Excel-Listen und den ersten Gesprächen über ETFs und Alltagssorgen. Damals lernte sie auch Sophie kennen, die mit Moritz zusammen ist und Lisas Sinn für nachhaltige Investments teilt.
Nach dem Umzug mit ihrer Jungfamilie nach Köln – Jobchance in der Klinik, neues Umfeld, mehr Verantwortung – setzt Lisa ihre Routinen und Learnings konsequent fort: Sie liebt es urban und hell, braucht aber auch Natur, Struktur und kleine Inseln für sich. Perfektionismus und Selbstkritik begleiten sie, doch

sie weiß: Die Balance aus Pragmatismus, Familie und eigenen Werten ist ihr größtes Kapital. Ihre Verbindung zu Moritz, Sophie und Patrick lebt weiter – als Community, in der jede:r voneinander lernt, sich austauscht und Fehler teilen darf.

Was sie antreibt – und manchmal ausbremst

Lisa will nicht nur sparen, sondern bewusst und nachhaltig investieren – für ihre Tochter Mia, für ihre Werte, für ein Leben mit Möglichkeiten statt Angst vor der Zukunft.

Doch zwischen Schichtdienst, Kinderturnen und einem vollen Kopf bleibt oft wenig Zeit für langfristige Pläne.

Informationsflut, Angst vor Fehlern und der Anspruch, alles richtig machen zu wollen, bremsen sie manchmal aus. Ihre größte Sorge? Etwas Wichtiges zu verpassen – oder vor lauter Perfektionismus zu zögern, statt zu starten.

Kleine Rituale, große Wirkung

Lisa hat gelernt, dass es nicht die großen Schritte sind, die den Unterschied machen, sondern die kleinen, pragmatischen Routinen:

Jede Woche zehn Minuten für einen „Finanzmoment" – sei es ein Podcast, ein Abgleich mit ihrer nachhaltigen Watchlist oder ein kurzes Gespräch mit ihrem Partner. Ihre Checklisten sind keine Deko, sondern Rettungsanker: „Wenn ich es notiere, vergesse ich es nicht. Und wenn ich mal nachjustieren muss, ist das kein Rückschritt – sondern Fortschritt."

Woran Lisa misst, ob es läuft

- Hat meine Familie Sicherheit – heute und in zehn Jahren?
- Spiegelt mein Depot meine Werte wider?
- Habe ich heute zumindest einen kleinen Schritt gemacht?
- Bleibe ich auch bei Rückschlägen dran?

Was Lisa stark macht

Ihre Fähigkeit, Selbstkritik in Selbstfürsorge zu verwandeln:

„Früher dachte ich, ich müsste alles allein und fehlerfrei schaffen. Heute weiß ich: Lieber zehnmal neu anfangen, als nie anfangen. Und ich darf auch mal an mich denken – meine Tochter lernt am meisten, wenn sie sieht, dass ich für uns beide sorge."

Lisas Portfolio (Beispiel)

- 60 % nachhaltige Aktien-ETFs
- 30 % nachhaltige Anleihen
- 10 % Tagesgeld

(nicht immer perfekt, aber stetig angepasst und bewusst gewählt)

O-Ton Lisa
„Ich will nicht auf später hoffen, sondern heute mutig und klar handeln. Es sind die kleinen Schritte, die uns tragen – und manchmal reicht ein kurzer Blick auf meine To-do-Liste, um mich zu erinnern: Ich wachse mit jeder Entscheidung, die ich für meine Familie und mich treffe."

Social Proof & Community
Lisa ist kein Einzelfall. Leserinnen berichten immer wieder, dass sie sich gerade in den kleinen Fehlern und Routinen von Lisa wiedererkennen – sei es beim ersten ETF-Kauf, dem Stolpern über Fachbegriffe oder dem Moment, wenn nach Monaten plötzlich etwas einfach läuft.

Eine Leserin schrieb uns: „Ich dachte, ich wäre die Einzige, die ihre Finanzen irgendwie zwischen Brotdosen und Alltagschaos managt. Lisas Weg hat mir Mut gemacht, nicht alles perfekt machen zu müssen – Hauptsache, ich bleibe dran!"
– Tanja, 32, Mutter und Projektmanagerin in Teilzeit

Mentor-Moment – Lisas Golden Nugget: Finanzielle Selbstbestimmung heißt nicht, alles zu wissen oder nie zu scheitern – sondern: immer wieder für sich und die eigenen Werte loszugehen. Kleine Schritte sind besser als große Ausreden.

Dein nächster Schritt: „Was wäre heute dein kleiner Schritt in Richtung finanzielle Selbstbestimmung?"

Moritz – der analytische Selbstdenker

Wenn andere snoozen, plant Moritz schon sein Morgen
Mit dem ersten Cappuccino am Küchentisch öffnet er nicht WhatsApp, sondern seine Depot-App. Die Welt schläft noch, Moritz aber will wissen, ob sein System hält.

Er tippt Zahlen in seine Notion-Tabelle, prüft eine Aktie auf Reddit, schickt Lisa einen Meme-Link („Warum klingt sparen immer komplizierter als Kryptowährungen?") – und installiert im Hintergrund schon wieder ein neues FinTech-Tool, das prompt abstürzt.

Was du über Moritz wissen solltest

Moritz, Ende 20, UX-Designer (remote), lebt in München. Er liebt das Klettern, Indie-Filme, und taucht gern stundenlang in Podcasts, Finanz-Foren und neue Tools ab. Moritz war früher Lisas Mitbewohner in der legendären WG, wo zwischen Avocado-Toast, Meme-Geschichten und Watchlist-Tabellen das erste echte Interesse für Geld und Unabhängigkeit entstand.

Heute teilt er nicht nur mit Sophie, seiner Freundin und Studentin in München, seinen Alltag – sondern bleibt auch im engen Austausch mit Lisa und Patrick. Für Moritz ist das Finanzleben eine Mischung aus Selbstexperiment, Disziplin, Ironie und ständiger Suche nach Klarheit, ohne dabei die Freude am Scheitern zu verlieren.

Was ihn antreibt – und was ihn oft zögern lässt

Finanzielle Unabhängigkeit ist für Moritz kein Buzzword, sondern Ziel und Prozess zugleich. Er sucht Substanz, liebt Analysen, will alles selbst verstehen. Doch die Welt der Zahlen ist auch sein Labyrinth: Je mehr Daten, desto mehr Zweifel. Je mehr Meinungen, desto größer die Angst, den entscheidenden Fehler zu machen oder einen Trend zu verschlafen.

Sein größtes Learning? „Zu viele Optionen machen aus einem Macher einen Zuschauer. Und Klarheit wächst nicht aus Klicks, sondern aus Entscheidungen."

Routinen – zwischen Disziplin und „Jetzt reicht's"

Montags Deep Dive ins Portfolio (Notion, Excel, Vergleichstools).

Mittwochs Reddit-Update und „Was habe ich diese Woche noch nicht verstanden?"-Check.

Freitags das große Testen: „Noch eine App – diesmal klappt's bestimmt!" (Meist klappt's erst beim dritten Versuch.)

Wenn's zu viel wird, hilft nur: Handy weg, Kletterschuhe an.

Moritz weiß: „Perfektionismus ist mein Lieblings-Verhinderer. Aber lieber eine 80 %-Entscheidung als das nächste Reinfuchsen ins Detail."

Wie Moritz seinen Erfolg misst

- Bleibe ich meinem eigenen System treu?
- Entscheide ich – oder analysiere ich nur?
- Fokussiere ich auf mein Ziel, oder auf die nächste neue App?
- Schaffe ich die Balance zwischen Disziplin und Leichtigkeit?

Was Moritz stark macht

Ehrliche Selbstreflexion – und der Mut, Fehler zu machen

„Ich habe mehr aus meinen Invest-Fails gelernt als aus jeder Verdopplung. Mein bester Trick: Laut aussprechen, was ich falsch gemacht habe – dann ist der Druck raus. Und: Nur weil die neue App cool aussieht, muss sie nicht mein Problem lösen … aber ausprobieren werde ich sie trotzdem."

Moritz' Portfolio (Beispiel)

- 50 % Aktien-ETFs
- 20 % Anleihen
- 20 % Einzelaktien und Fonds in Nischenmärkten
- 10 % Gold und alternative Anlagen

(Strategisch, aber nie starr. Was nicht mehr passt, fliegt raus. Keine Angst vor dem „Reset"-Button.)

O-Ton Moritz: „Mir ist Klarheit wichtiger als Klicks. Lieber wenig, das ich verstehe, als Hypes, bei denen ich nur mitrenne. Am Ende zählt: Ist es wirklich mein System – oder nur der neueste Trend? Und wenn meine App heute crasht – na, dann halt wieder analog."

Social Proof & Community

Moritz ist der Typ, den viele Leser:innen kennen – oder selbst verkörpern.
„Ich hab mich ewig mit neuen Tools beschäftigt, aber nix umgesetzt. Moritz' Story zeigt: Der wichtigste Schritt ist, überhaupt zu starten – und sich Fehler zu erlauben."
– Julian, 29, IT-Berater

Viele berichten, wie befreiend es wirkt, auch mal öffentlich zuzugeben: „Heute wieder alles analysiert – und trotzdem nix gekauft. Morgen reicht ein kleiner Schritt."
„Moritz macht Overthinking nicht schick, sondern zeigt, wie's trotzdem geht. Und manchmal reicht ein Absturz der Lieblings-App, um zu merken: Entscheidungen passieren nicht digital, sondern im Kopf."

Mentor-Moment – Moritz' Golden Nugget: Wissen ist gut – aber echte Fortschritte entstehen, wenn du Fehler zulässt und trotzdem weitergehst. Es gibt keinen perfekten Moment. Aber es gibt dein Startsignal: jetzt.

Dein nächster Schritt: „Was wäre heute ein unperfekter, aber echter Schritt raus aus dem Analyse-Modus? Schreib ihn auf – und tu ihn."

Patrick – Der pragmatische Späteinsteiger

Neuanfang mit Ende 40 – Patrick nimmt Fahrt auf

Es gibt keinen perfekten Moment, um an der Börse zu starten – das weiß Patrick inzwischen. Mit **Ende 40, kurz vor der 50**, mitten im Familienleben, hat er sich zum ersten Mal an Aktien und ETFs gewagt. „Das ist doch was für Banker oder Hipster mit zu viel Freizeit", dachte er früher. Jetzt sitzt er an seinem Samstagmorgen-Finanzfrühstück – die Brötchen links, der Laptop rechts, ein Kuli dazwischen. Nebenbei ruft seine Tochter: „Papa, du rechnest schon wieder!" Patrick lächelt. Er weiß: **Jetzt ist der richtige Zeitpunkt. Für ihn.**

Was du über Patrick wissen solltest

Patrick, knapp 50, ursprünglich technischer Leiter im Mittelstand, lebt nach seiner Scheidung heute als selbstständiger Berater mit variablem Einkommen in Zürich. Seine neue Partnerin heißt Anna. Seine erwachsene Tochter Sophie (Mitte 20, Studentin in München) besucht ihn regelmäßig – sie ist die Freundin von Moritz, hat durch ihr Studium Lisa kennengelernt und hält die Fäden zwischen allen zusammen. Patrick liebt sein Sonntagsfrühstück mit Zopf, führt akribisch sein Haushaltsbuch und weiß, dass auch mit fast 50 jeder Tag ein Neustart sein kann. Auftragsakquise, Finanzplanung, Spaziergänge am Zürichsee und offene, generationenübergreifende Gespräche mit Sophie sind seine Kraftquellen.

Was ihn antreibt – und wo ihn die Zweifel packen

Patrick will keine Luftschlösser bauen – er will Sicherheit, Unabhängigkeit, Verantwortung. Er wünscht sich, dass am Monatsende noch etwas übrig bleibt – und im Notfall genug für die Familie da ist. Geld war für ihn lange ein Tabuthema: „Bloß nicht auffallen, bloß keinen Fehler machen." Heute traut er sich zu fragen – und wird überrascht: Seine Kollegen sind auch nicht schlauer, nur ein paar Jahre früher dran gewesen.

Sein größtes Learning? „Spät anfangen ist besser als nie anfangen. Und selbst wenn's schiefgeht: Wenigstens hab ich's probiert."

Alltag & Routinen – zwischen Zahlen, Familie und neuen Fragen
Samstag ist „Finanzzeit": Erst Brötchen holen, dann Portfolio-Check. Manchmal blättert Patrick lieber im Haushaltsbuch als im Depot – aber er weiß: Ohne Kontrolle kein Überblick, ohne Überblick kein ruhiger Schlaf. Abends fragt er seine Frau: „Wie viel riskieren wir? Was ist dir wichtig?" Und wenn wieder eine App abstürzt oder er sich im ETF-Dschungel verliert, lacht die Familie: „Papa, du bist jetzt unser Finanzchef – Hauptsache, die Kaffeemaschine läuft noch!"

Wie Patrick Fortschritt spürt
- Habe ich heute ein Aha-Erlebnis gehabt – egal wie klein?
- Konnte ich eine Entscheidung selbstbewusst treffen?
- Traue ich mich, offen über meine Fehler zu reden?
- Bleibe ich neugierig, auch wenn mir manchmal alles zu viel wird?

Was Patrick stark macht
Sein Pragmatismus – und die Ehrlichkeit, auch Schwäche zu zeigen: „Früher hab ich geglaubt, es wäre peinlich, mit 48 noch bei null anzufangen. Jetzt weiß ich: Das einzige Peinliche wäre, es nicht zu tun. Ich lasse mich lieber auslachen als ausbremsen."

Patricks Portfolio (Beispiel)
- 70 % Aktien-ETFs
- 20 % Anleihen
- 10 % Tagesgeld

(Simpel, flexibel, verständlich. Wenn er's nicht erklären kann, kommt's raus.)

O-Ton Patrick: „Ich hab immer gedacht, ich hätte den Zug verpasst. Aber die Bahn fährt jede Stunde. Mein Ziel: Ruhe im Kopf, Plan im Depot, Mut für neue Fragen. Und wenn ich's versemmel? Dann fang ich halt nochmal an – ist ja noch nicht zu spät, auch mit 50."

Social Proof & Community
Patrick spricht für alle, die spät loslegen – und oft zu streng mit sich sind.
„Mit 50 habe ich mehr Mut gebraucht als mit 20. Patrick zeigt, wie's trotzdem geht: Nicht perfekt, aber echt. Das macht Hoffnung."
– Anke, 54, Lehrerin, Rheinland

Viele berichten, wie erleichternd es ist, Fehler zuzugeben, Rückschläge zu teilen – und trotzdem Fortschritte zu machen. Patricks Weg zeigt: Es ist nie zu spät, neu zu denken – und die beste Strategie ist, überhaupt zu beginnen.

Mentor-Moment – Patricks Golden Nugget: Der beste Moment ist nie vorgestern – sondern immer jetzt. Nur wer losgeht, kommt auch irgendwo an.

Dein nächster Schritt: „Welche vermeintlich dumme Frage schiebst du vor dir her? Heute ist der perfekte Tag, sie zu stellen – vielleicht geht's uns allen genauso."

Sven – Der kritische Begleiter mit Wiener Schmäh und Klartext-DNA

Was wäre ein modernes Finanzbuch ohne die Stimme, die nie ganz zufrieden ist? Sven ist der Typ, der im Meeting nicht schweigt, wenn alle nicken. Kein Pessimist, sondern Realist – ein Kumpel, der nach der Präsentation fragt: „Und was, wenn es doch anders kommt?"
Im echten Leben ist Sven Anfang 40, Wirtschaftsingenieur, zwei Kinder – ein waschechter Hamburger, der für die Liebe und den Wiener Schmäh nach Österreich gezogen ist. Die hanseatische Klarheit hat er behalten, aber Wien hat ihm eine Extraportion Ironie und Gelassenheit geschenkt. Wenn er morgens seine Zeitung im Kaffeehaus liest, genießt er beides: die Gründlichkeit seiner Recherche und den feinen Humor der Wiener Nachbarn. Seine Partnerin sagt gern: „Klartext und Schmäh – das passt besser zusammen, als du denkst."
Sven steht für alles, was selten geworden ist: Ehrliche Zweifel, sachliche Gründlichkeit und die Bereitschaft, *noch einmal nachzufragen*, wenn alle schon zufrieden sind. Er hat mehr Finanzkrisen und Hypes überstanden, als viele für möglich halten würden. Seine Spezialität: Die unbequemen Fragen, die anderen oft zu spät einfallen.

In diesem Buch taucht Sven immer dann auf, wenn du als Leserin oder Leser es am nötigsten brauchst – aber nie zu oft.
Er kommt *selektiv* ins Spiel: Zweimal pro Kapitel, immer dann, wenn ETF-Mythen die Runde machen, Zahlen zu schön klingen oder eine Entscheidung einen echten Faktencheck verdient hat. Manchmal als kritische Stimme im O-Ton, manchmal als subtiler Challenge-Partner für deine nächste Finanzentscheidung.
Sven ist kein Gegenspieler, sondern ein unsichtbarer Sparringspartner auf Augenhöhe – mit Wiener Schmäh, norddeutscher Nüchternheit und einem Herzen für Ironie. Er sorgt dafür, dass du – und wir alle – nicht nur mit Zuversicht, sondern auch mit klarem Blick und echtem Wissen durchs Finanzleben gehst.

Kurzum:
Sven ist dein Fakten-Checker und Sparringspartner. Du triffst ihn pro Kapitel immer dann, wenn es am wichtigsten ist – und wirst ihn nach dem Lesen nicht mehr missen wollen.

Dein Fazit zu den Personas
Du bist kein Abziehbild dieser drei – du bist einzigartig. Vielleicht erkennst du dich in einem von ihnen wieder, vielleicht aber auch in mehreren. Wichtig ist: Dein Finanzweg ist so individuell wie dein Leben.

- Kurzer Reminder für Leser:innen
- Welcher der drei bist du heute?
- Was willst du morgen anders machen?

Golden Nugget: Die beste Strategie ist die, die zu dir passt – nicht die, die allen anderen gefällt.

Mentor-Moment: Du bist kein Musterdepot, sondern ein Original. Dein Weg ist so einzigartig wie du selbst. Trau dich, ihn zu gehen!

Mein persönliches Golden Nugget nach diesem Buch:

____

B) Glossar – Klartext für dein Finanzleben

Hier findest du die zentralen Begriffe aus dem Buch – einfach erklärt, mit Fokus auf das, was du wirklich brauchst. Keine Fachsimpelei. Sondern Klartext, damit du deine Finanzwelt besser verstehst und sicher navigierst.

Glossar – Teil 1: Von Aktie bis FIRE

Aktie
Ein Anteil an einem Unternehmen. Mit einer Aktie wirst du Miteigentümer – mit dem Recht auf Dividende (Gewinnbeteiligung) und Kursgewinne (Wertsteigerung).
Tipp: Schau nicht nur auf den Kurs, sondern auch auf die Stärke des Unternehmens dahinter.

Allokation (Asset Allocation)
Die Verteilung deines Vermögens auf verschiedene Anlageklassen (z. B. Aktien, Anleihen, Cash). Die zentrale Stellschraube für Risiko & Rendite.
Tipp: Überprüfe deine Allokation regelmäßig, damit sie zu deinen Zielen passt.

Ankereffekt
Du orientierst dich zu stark an alten Kursen – etwa dem letzten Höchststand oder deinem Einstiegspreis. Das verzerrt deine Bewertung und verhindert rationale Entscheidungen.
Tipp: Lass Zahlen für sich sprechen – nicht deine Gefühle.

Anleihe (Bond)
Ein verzinstes Wertpapier. Du leihst einem Staat oder Unternehmen Geld – bekommst dafür Zinsen. Am Ende der Laufzeit erhältst du dein Kapital zurück (wenn alles gut läuft).
Tipp: Anleihen bringen Stabilität, aber weniger Rendite als Aktien.

Benchmark
Ein Vergleichsmaßstab – z. B. ein Index wie der MSCI World. Du kannst prüfen, wie dein Depot im Vergleich abschneidet.
Tipp: Nutze Benchmarks, um deine Performance realistisch einzuschätzen.

Bestätigungsfehler (Confirmation Bias)
Du suchst gezielt nach Infos, die deine Meinung bestätigen – und blendest Gegenargumente aus. Das führt zu einseitigen Entscheidungen.
Tipp: Hinterfrage dich selbst und suche bewusst Gegenmeinungen.

Bullenmarkt
Marktphase mit länger anhaltenden steigenden Kursen. Das Gegenteil ist der Bärenmarkt (sinkende Kurse).
Tipp: Bleib wachsam, auch wenn die Stimmung euphorisch ist.

Cost-Average-Effekt
Vorteil von Sparplänen: Du investierst regelmäßig, kaufst bei hohen Kursen weniger, bei niedrigen mehr. So glättet sich dein Einstiegspreis.
Tipp: Nutze Sparpläne, um diszipliniert und entspannt zu investieren.

Crash
Ein plötzlicher, heftiger Kurssturz – wie ein Gewittersturm am Börsenhimmel. Emotional belastend, aber langfristig oft nur ein Kapitel in der Geschichte.
Tipp: Bleib ruhig, halte an deiner Strategie fest und sehe Crashs als Chance.

Depot
Dein Lager für Wertpapiere – ohne Depot keine Käufe oder Verkäufe.
Tipp: Vergleiche regelmäßig die Kosten und Services deines Depots.

Dispositionseffekt
Du sicherst Gewinne zu früh und hältst Verluste zu lange. Das kann deine Rendite schmälern.
Tipp: Lass Gewinner laufen und prüfe Verluste sachlich.

Diversifikation
Streuung deines Geldes auf verschiedene Titel, Märkte, Regionen. Verringert das Risiko, alles auf eine Karte zu setzen.
Tipp: Diversifiziere breit, aber verliere das Wesentliche nicht aus den Augen.

Dividende
Teil des Unternehmensgewinns, der an Aktionär:innen ausgeschüttet wird. Regelmäßiges Einkommen, aber kein Muss.
Tipp: Dividenden sind Bonus, kein Hauptkriterium.

Drawdown
Der maximale Verlust vom Höchststand bis zum Tiefpunkt eines Depots. Ehrliche Kennzahl für Schwankungen.
Tipp: Kenne deinen maximalen Drawdown – das hilft beim Risikomanagement.

Glossar – Teil 2: Von Endowment bis Zinseszins

Endowment-Effekt
Du bewertest Dinge höher, nur weil du sie besitzt. Im Depot heißt das: Zu lange an schlechten Titeln festhalten.
Tipp: Trenne Emotionen von Fakten bei deinen Entscheidungen.

ETF (Exchange Traded Fund)
Börsengehandelter Fonds, der einen Index abbildet. Günstig, transparent, ideal zum langfristigen Investieren.
Tipp: Starte mit ETFs, wenn du einfach und kostengünstig anlegen willst.

ESG (Environment – Social – Governance)
Kriterien für Umwelt, Soziales und Unternehmensführung. Nachhaltiges Investieren prüft diese Aspekte.
Tipp: Wähle deine Nachhaltigkeitskriterien bewusst – nicht jeder ESG-Fonds ist gleich.

FOMO (Fear of Missing Out)
Angst, etwas zu verpassen, führt zu unüberlegten Käufen.
Tipp: Bleib deinem Plan treu, statt Hypes zu folgen.

Fonds
Korb aus vielen Einzeltiteln, aktiv oder passiv gemanagt.
Tipp: Prüfe Kosten und Strategie vor dem Kauf.

FIRE (Financial Independence, Retire Early)
Bewegung für finanzielle Unabhängigkeit und frühen Ruhestand. Hohe Sparquote, disziplinierte Anlage.
Tipp: Setze dir realistische Ziele – und genieße den Weg.

Free Cashflow
Das Geld, das einem Unternehmen nach allen Ausgaben übrig bleibt – für Dividenden, Rückkäufe oder Wachstum.
Tipp: Achte bei Aktien auf einen positiven und stabilen Free Cashflow.

Growth-Unternehmen (Wachstumswert)
Aktien mit hohem Umsatz- und Gewinnwachstum, oft zukunftsorientiert, weniger Dividende.
Tipp: Wachstumswerte bieten Chancen – aber auch Volatilität.

Herdenverhalten
Folge nicht blind der Masse. Blasen entstehen, wenn alle das Gleiche tun.
Tipp: Bleib deinem eigenen Plan treu.

Home Bias
Übermäßige Investition im Heimatmarkt. Reduziert Diversifikation.
Tipp: Denke global, um Risiken zu streuen.

Index
Ein Korb von Wertpapieren, der einen Markt abbildet.
Tipp: Nutze Indizes als Basis für ETFs.

Inflation
Preissteigerungen mindern die Kaufkraft deines Geldes.
Tipp: Langfristiges Investieren schützt vor Kaufkraftverlust.

ISIN
Wertpapierkennnummer – der „Personalausweis" für Finanzprodukte.
Tipp: Nutze ISINs zur klaren Identifikation von Produkten.

KGV (Kurs-Gewinn-Verhältnis)
Bewertung von Aktien: Kurs geteilt durch Gewinn je Aktie. Nie isoliert betrachten!
Tipp: Vergleiche KGVs in der Branche, nicht alleinstehend.

Kontrollillusion
Glaube an den perfekten Timing-Moment. Meist Illusion.
Tipp: Konzentriere dich auf langfristige Planung statt Timing.

Liquidität
Wie schnell du ein Investment verkaufen kannst.
Tipp: Behalte immer einen liquiden Puffer für Notfälle.

Nachhaltigkeit
Berücksichtigung von Umwelt, Sozialem und Ethik in Investments.
Tipp: Definiere deine Werte und suche passende Investments.

Nachhaltigkeits-Rating
Bewertung von Fonds nach ESG-Kriterien.
Tipp: Ratings können helfen, sind aber nur ein Teil der Entscheidung.

Overconfidence (Selbstüberschätzung)
Zu hohe Sicherheit führt oft zu unnötigen Risiken.
Tipp: Bleib bescheiden und reflektiere deine Erfolge kritisch.

Portfolio
Deine Gesamtheit der Geldanlagen.
Tipp: Überprüfe dein Portfolio regelmäßig.

Rebalancing
Regelmäßiges Zurückführen des Portfolios auf ursprüngliche Verteilung.
Tipp: Nutze Rebalancing, um Risiko zu steuern.

Rendite (= Performance)
Wertentwicklung deiner Anlage.
Tipp: Achte auf reale Rendite (nach Inflation & Kosten).

Repräsentativitätsheuristik
Du glaubst, dass Trends ewig halten. Vorsicht!
Tipp: Hinterfrage aktuelle Trends kritisch.

Risiko
Möglichkeit von Schwankungen oder Verlusten.
Tipp: Definiere dein persönliches Risikoprofil.

Sparplan
Automatisches, regelmäßiges Investieren.
Tipp: Sparpläne fördern Disziplin und Kostenreduktion.

Sunk Cost Fallacy (Versunkene-Kosten-Fehlschluss)
Anhaltendes Festhalten an schlechten Investments wegen bereits investiertem Geld/Zeit.
Tipp: Trenne dich frühzeitig von Fehlentscheidungen.

Thesaurierend/Ausschüttend
Erträge werden reinvestiert oder ausgezahlt.
Tipp: Wähle je nach Strategie und Bedarf.

Topf-Modell
Aufteilung deines Vermögens in Sicherheit, Mittel- und Wachstumstöpfe.
Tipp: Nutze Topf-Modelle für Klarheit und Balance.

TER (Total Expense Ratio)
Gesamtkostenquote eines Fonds.
Tipp: Niedrige TER senkt langfristig die Kosten.

Value (Substanzwert)
Aktien mit stabilen Erträgen, günstiger Bewertung, solider Dividende.
Tipp: Value ist solide, aber oft unspektakulär.

Verlustaversion
Verluste schmerzen stärker als Gewinne erfreuen.
Tipp: Sei dir deiner Emotionen bewusst, um rationale Entscheidungen zu treffen.

Volatilität
Schwankungsbreite deiner Anlage.
Tipp: Volatilität ist normal – entscheide nach deinem Risikoprofil.

Währungsrisiko
Risiko von Wechselkursschwankungen.
Tipp: Überlege, wie viel Währungsrisiko du tragen willst.

Zinseszins
Kapital wächst, weil auch die Zinsen wieder Zinsen bringen.
Tipp: Je früher du startest, desto stärker wirkt der Zinseszins.

Zusätzliche Begriffe

Anlagestrategien
Unterschiedliche Methoden, um Geld anzulegen – zum Beispiel Value Investing (Fokus auf unterbewertete Unternehmen) oder Growth Investing (Fokus auf wachstumsstarke Firmen). Die richtige Strategie passt zu deinen Zielen und deiner Risikobereitschaft.
Tipp: Wähle eine Strategie, die du verstehst und langfristig durchhalten kannst.

Entnahmestrategie
Plane, wie du in der Ruhestandsphase oder bei Bedarf Geld aus deinem Vermögen entnimmst, ohne das Kapital zu schnell zu reduzieren.
Tipp: Eine durchdachte Entnahmestrategie sorgt für finanzielle Sicherheit und schützt vor vorzeitigem Vermögensverzehr.

Mentor-Moment zum Abschluss: Du musst nicht alle Begriffe im Schlaf können – aber du solltest wissen, was sie bedeuten, wenn es drauf ankommt. Denn nur wer versteht, bleibt ruhig – und trifft bessere Entscheidungen.

Ausblick: Du kennst jetzt die wichtigsten Begriffe – doch Wissen allein macht noch keine Veränderung. Im nächsten Kapitel findest du meine persönlichen Lieblings-Internetlinks. Sie helfen dir, dich sicher durch die Finanzwelt zu navigieren und immer am Ball zu bleiben.

C) Deine Top-Finanzlinks: Klarheit statt Chaos

Im Internet gibt es unzählige Finanzseiten – aber hier findest du die wenigen, die dich wirklich sicher navigieren lassen. Diese Links nutze ich, um den Überblick zu behalten und smart zu investieren.

Marktüberblick & Unternehmensanalyse

- **onvista.de** – Schnell und übersichtlich: Kurse, Charts, News
- **bloomberg.com** – Internationale Finanznachrichten und Analysen
- **finanzen.net** – Umfassend, mit Watchlists und App

ETF- & Fondsanalyse

- **justetf.com** – Top-Tool für ETF-Vergleiche und Sparpläne
- **morningstar.de** – Fondsbewertungen, Ratings, historische Daten
- **e-fund-research.com** – Detaillierte Fondsanalysen und Managerinterviews
- **cleanvest.org** – Nachhaltigkeits-Checks für Fonds und ETFs

Marktsentiment & Meinung

- **CNN Fear & Greed Index** – Angst oder Gier? Kompakte Stimmungsanalyse
- **finanzmarktwelt.de** – Kommentierte Tagesanalysen, kritisch & unterhaltsam

Unternehmenskennzahlen & Bewertungen

- **macrotrends.net** – Historische Charts zu KGV, Dividenden & mehr
- **lseg.com – ESG Scores** – Nachhaltigkeits-Ratings für Fonds und Unternehmen

Makroökonomie & globale Trends

- **tradingeconomics.com** – Weltweite Wirtschaftsindikatoren mit Prognosen
- **eurostat.eu** – Offizielle EU-Statistiken zu Inflation, Arbeitslosigkeit & mehr

Bonus-Tipp: Persönliche Strategie-Tools

- **finanzbildung.oenb.at** – Umfangreiche und unabhängige Finanzbildung der Österreichischen Nationalbank.
- **ETF-Rechner von Zinsen-Berechnen.de** – Sparplan-Simulationen leicht gemacht
- **Globalance.com** – Visuelle Impact-Analyse deiner Investments für mehr Nachhaltigkeit.

Mentor-Moment: Du brauchst keine 100 Seiten – du brauchst 10 gute. Und vor allem den Mut, sie wirklich zu nutzen. Wissen allein macht dich nicht zum Investor. Erst das Tun macht den Unterschied.

Hinweis: Einige in diesem Buch verwendete Aussagen, Zahlen oder Modelle basieren auf öffentlich zugänglichen Quellen zum Zeitpunkt der Veröffentlichung. Für alle praktischen Umsetzungen gelten individuelle Rahmenbedingungen – dieses Buch ersetzt keine persönliche Beratung.

D) Top-KI-Prompts für smarte Finanzentscheidungen

In der Welt der Finanzanalyse gewinnt Künstliche Intelligenz zunehmend an Bedeutung. Mit den richtigen KI-Prompts kannst du deine Analyse tiefgründiger, schneller und fundierter gestalten. Hier stelle ich dir vier praxiserprobte Prompts vor, die dir helfen, Geschäftsberichte, Unternehmens-USPs, Nachhaltigkeitsberichte und Unternehmensentwicklung kritisch und professionell zu durchleuchten.

1. Prompt: Geschäftsbericht prüfen – 10 Key-Issues hinterfragen

Was bezwecke ich?
Mit diesem Prompt nutzt du die Perspektive eines erfahrenen Fondsmanagers, der in einem vertraulichen One-to-One-Gespräch dem Vorstand kritische Fragen stellt. Ziel ist es, wichtige Risiken, Chancen und strategische Punkte zu identifizieren, die in einem klassischen Geschäftsbericht oft zu kurz kommen. So findest du die wirklich wichtigen Hebel und Schwachstellen des Unternehmens.

Benötigte Inputdaten

- Geschäftsbericht des Unternehmens (idealerweise der aktuellste, ggf. mit Vorjahresvergleich)
- Managementkommentar, Lagebericht, Risikobericht, Finanzzahlen

Optimaler Prompt
„Du bist ein Fondsmanager mit 25 Jahren Erfahrung und führst ein vertrauliches One-to-One-Gespräch mit dem Vorstand des Unternehmens, dessen Geschäftsbericht du genau kennst. Formuliere zehn prägnante, kritische Fragen, die du dem Vorstand stellen würdest, um die wichtigsten Chancen, Risiken und strategischen

Herausforderungen des Unternehmens zu verstehen. Berücksichtige dabei Marktumfeld, Finanzen, Wettbewerber, Innovation und Nachhaltigkeit."

2. Prompt: USP des Unternehmens – Geschäft, Produkte & Einzigartigkeit

Was bezwecke ich?
Hier analysierst du aus der Sicht des CEOs eines großen Mitbewerbers die Stärken eines Unternehmens. Du erfährst, was das Unternehmen einzigartig macht, wie es sein Geld verdient und warum Kund:innen genau dort kaufen. Das hilft dir, den Wettbewerb besser einzuschätzen und die Positionierung im Markt zu verstehen.
Benötigte Inputdaten

- Unternehmensprofil (Website, Geschäftsbericht, Investor Relations)
- Produktbeschreibungen und Marktinformationen

Optimaler Prompt
„Du bist CEO eines großen Mitbewerbers mit 25 Jahren Management-Erfahrung in dieser Branche. Beschreibe präzise und ehrlich, was das untersuchte Unternehmen auszeichnet: Für welche Produkte und Dienstleistungen steht es, wie verdient es sein Geld, welche Geschichte prägt es und was macht es für Kunden einzigartig. Betrachte auch die Wettbewerbsvorteile und Marktposition."

3. Prompt Nachhaltigkeitsbericht analysieren – Top-10-Maßnahmen & Fortschritt nach ESG

Was bezwecke ich?
Dieser Prompt verschafft dir einen klaren Überblick über die Nachhaltigkeitsstrategie eines Unternehmens. Du erfährst die wichtigsten Maßnahmen, die Ziele und den Fortschritt, aufgeschlüsselt nach den drei zentralen ESG-Bereichen: Environmental (Umwelt), Social (Soziales) und Governance (Unternehmensführung). Damit kannst du die Glaubwürdigkeit und Tiefe der Nachhaltigkeitsarbeit bewerten.

Benötigte Inputdaten

- Nachhaltigkeitsbericht des Unternehmens (aktueller Report)
- ESG-Daten, Ziele, Kennzahlen

Optimaler Prompt
„Analysiere den Nachhaltigkeitsbericht des Unternehmens. Fasse die Top-10-Maßnahmen zusammen, die das Unternehmen im Bereich Nachhaltigkeit umsetzt. Welche Ziele hat es definiert und wie ist der aktuelle Fortschritt? Gliedere deine Antwort klar in die Bereiche Environmental (E), Social (S) und Governance (G)."

4. Prompt: Unternehmensentwicklung der letzten 10 Jahre – Warren Buffett kritisch

Was bezwecke ich?
Hier nutzt du die kritische Sichtweise von Warren Buffett, um die Entwicklung eines Unternehmens über ein Jahrzehnt zu analysieren. Du erkennst, welche strategischen Maßnahmen das Management ergriffen hat, wie sich die Geschäftsfelder entwickelt haben, welche Herausforderungen es gab und ob das Unternehmen einen Burggraben (sustainable competitive advantage) besitzt. Die Beurteilung erfolgt auch aus zwei Perspektiven: Value Investing und Growth Investing.

Benötigte Inputdaten
- Geschäftsberichte und Jahresabschlüsse der letzten zehn Jahre
- Marktdaten, Wettbewerbsanalysen, Branchenberichte

Optimaler Prompt
„Du bist Warren Buffett, der das Unternehmen über die letzten zehn Jahre kritisch analysiert. Beschreibe, welche strategischen Maßnahmen das Management umgesetzt hat, wie sich die einzelnen Geschäftsfelder entwickelt haben und welche Herausforderungen das Unternehmen meistern musste. Beurteile, ob das Unternehmen einen Burggraben besitzt, und erkläre die Stärken und Schwächen aus der Sicht eines:r Value-Investor:in sowie eines:r Growth-Investor:in."

Fazit: Mit diesen vier Prompts kannst du als Privatanleger:in oder Finanzinteressierte:r deine Analyse auf ein ganz neues Level heben. Sie helfen dir, komplexe Dokumente verständlich zu machen, kritische Fragen zu stellen, nachhaltige Entscheidungen zu treffen und den Wettbewerb besser einzuschätzen. Nutze sie gezielt mit KI-Systemen, um dir wertvolle Zeit zu sparen und fundiertere Investitionsentscheidungen zu treffen.

E) Begleitung & Netzwerk, Bonusmaterialien, Community & Support

Du hast mit diesem Buch den ersten wichtigen Schritt gemacht – doch damit endet deine Reise nicht.

Wir begleiten dich weiter

- Praxis-Checklisten, FAQs, Excel-Tools & regelmäßige Updates helfen dir, dein Wissen direkt anzuwenden und immer auf dem neuesten Stand zu bleiben.
- Exklusiver Zugang zu Newslettern, Online-Kursen und Webinaren unterstützt dich dabei, dranzubleiben und dich stetig weiterzuentwickeln.
- Und das Highlight: Unser 12-Wochen-Mentoring-Programm, exklusiv und intensiv, mit nur zwölf Teilnehmer:innen.

Wichtig: Das Buch ist die Basis für das Programm – jedes Kapitel wird zum Lernbaustein, der dich systematisch und persönlich begleitet. Am Ende bist du fit, um deine Finanzen selbst sicher und selbstbewusst zu managen.
Bist du bereit für den nächsten Schritt?